第四版前言

任何一个文明社会的存在都不能没有税收。事实证明，当今社会，税收正越来越深刻地影响着人们的经济生活。在税收实践中，纳税主体应依法纳税，征税主体应依法征税，税法是国家法律的重要组成部分。高等院校的根本任务之一是为生产、建设、服务和管理第一线培养高端技能型人才，因此，高等院校普遍将"税法"列入经管类专业的专业基础课，以适应经管类专业人才培养目标的需要。本书自出版以来，一直坚持与时俱进，到目前已更新至第四版，形成了如下特点：

1. 明确的目标设置

独立设置知识目标、技能目标和素养目标，明确不同层次与视角的教学具体要求。线下设计"税收助发展　惠及你我他"专栏提供具体案例，线上课程提供"税收历史""党课系列"等栏目，将国家利益与纳税人义务、职业道德与法律遵从、知识技能与从业规范等与家国情怀、责任担当、法治意识和公民意识紧密联系并贯穿全书，以期将立德树人、课程思政通过教材落到实处。

2. 适度的内容安排

本书根据财经商贸大类专业基础课的要求安排教学内容，设置了税收基本理论、实体税收法律制度和税收征收管理法律制度三大部分，充分考虑学生初岗就业以及在初级、中级职业资格考试中的需求，以实体税收法律制度中的15个具体税种为本书的核心。紧紧围绕职业能力目标，以丰富的案例为载体，体现教学做一体的理念，达到训练学生熟练掌握税法知识和运用税法解决实际问题的能力。

3. 交互的习题自测

以节为最小知识点单元，设计"随堂演练"练习题，并以纸质与二维码两种形式显现，既可满足随堂选题边学边练的需求，又满足章节系统化检测的需求，激发学生学习兴趣。

4. 立体的线上资源

为更好地满足信息化条件下课堂教改创新的需要，以超星学习通为平台建设了课程资源库（课程网址：https: //mooc1.chaoxing.com/course-ans/courseportal/221995635.html），在提供教学所需的PPT教学课件等资源的基础上，制作了微课视频，以更好地满足信息化条件下课堂教学改革创新的教学所需。任课教师可以发送邮件获取该课程资源库的具体使用方法（作者邮箱：619069952@qq.com）。

本书主要作为高等职业院校、成人高等学校和本科院校经济管理类各专业学生的教学用书，也可作为各类企业在职会计、税务等人员的培训、自学教材，以及各类企业管理人员的参考读物。

　　本书由丽水职业技术学院教学团队老师集体编写，其中，王碧秀教授任主编，蔡梦颖提供、制作了相关教学资源。本书在编写过程中参考了不少专著和教材，得到了有关专家、学者、院校领导的大力支持，在此一并表示感谢！

　　由于编者水平有限，书中疏漏之处在所难免，敬请读者批评指正。

编 者

2024年8月

国家文化产业资金支持媒体融合重大项目

高等教育财务会计类专业教材

Tax Law

税法

（第四版）

王碧秀　主编

东北财经大学出版社　大连

Dongbei University of Finance & Economics Press

图书在版编目（CIP）数据

税法 / 王碧秀主编 . —4 版 . —大连：东北财经大学出版社，2024.8（2025.8重印）.
（高等教育财务会计类专业教材）. —ISBN 978-7-5654-5325-0

Ⅰ . D 922.22

中国国家版本馆 CIP 数据核字第 2024QF5060 号

东北财经大学出版社出版

（大连市黑石礁尖山街217号　邮政编码　116025）

网　址：http://www.dufep.cn

读者信箱：dufep@dufe.edu.cn

大连市东晟印刷有限公司印刷　　东北财经大学出版社发行

幅面尺寸：185mm×260mm　字数：494千字　印张：20.75　插页：1

2024 年 8 月第 4 版　　　　　　　2025 年 8 月第 3 次印刷

责任编辑：包利华　　　　　　　　责任校对：何　群

封面设计：原　皓　　　　　　　　版式设计：原　皓

定价：52.00 元

目　录

第五篇　税收征收管理法律制度

第一篇
税收基本理论

第一章　税收基本理论

第一章　税收基本理论

知识导航

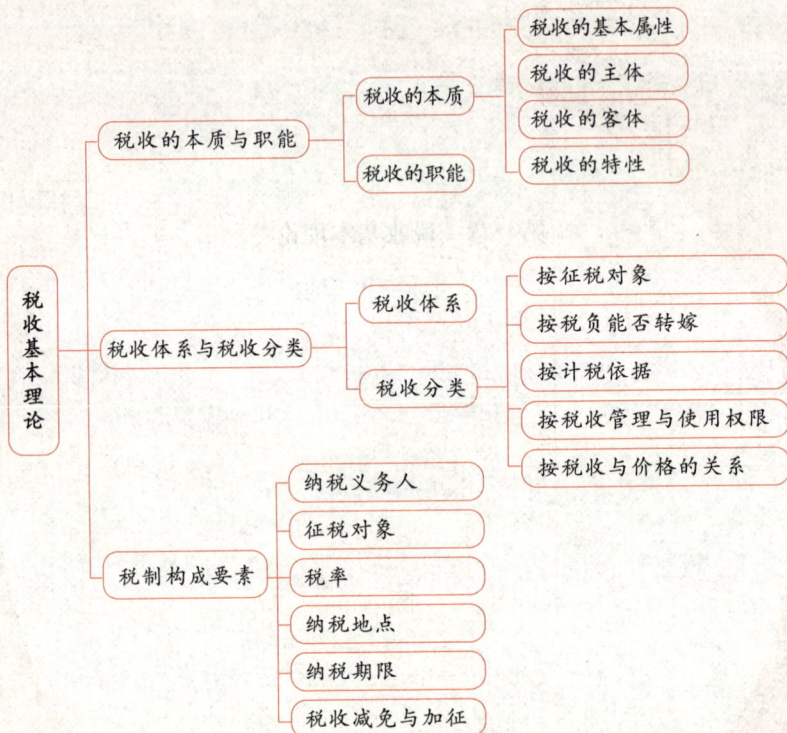

知识目标

1.描述税收主体和税收客体、税收"三性"特征及职能的具体内容
2.列举我国目前已开征税种的具体名称，并说出其对应的征收管理机关
3.列举说明税收分类的五种不同标志及分类结果
4.描述税制构成要素的具体内容

技能目标

1.能从税收特性及职能角度，对国家制定的具体税收政策进行普法宣传
2.能运用税收分类及税制构成要素的基本知识，分析具体税种的基本框架内容

素养目标

1.从国家治理现代化，理解税收产生的必然性及建立完善的税收法治体系是中国式现代化的内在要求

2.树立遵纪守法的价值观和人生观，做一个遵纪守法的好公民

3.以案例讨论形式，加强爱岗敬业、沟通合作等基本职业素养的培养

👉知识点👈

第一节　　税收的本质与职能

一、税收产生的必然性

人类要生存与发展，必须进行生产与消费。为了进行生产与消费，不仅要有资本、土地等生产资料和吃、穿、住、用等消费资料，而且要有和平的社会环境、安定的社会秩序和便利的公共设施等生产与消费的共同外部条件。和平的社会环境依靠国家执行国防事务职能实现。国家为执行国防事务职能，需要建设功能完备的军事设施，建立强大的常备军，组织各种形式的军事演练，由此发生的支出所需的资金主要来自税收。安定的社会秩序依靠国家执行法律事务职能实现。国家为执行法律事务职能，需要设立完备的立法机关、司法机关和行政机关，配备相应的人员，制定各种法律，召开各种会议，处理各种日常事务，由此发生的支出所需的资金也主要来自税收。国家为兴建公共工程和兴办公共事业，需要编制科学的发展规划，占有充足的人力和物力，组织公共工程和公共事业的建设，实施对公共工程与公共事业的管理，由此而发生的支出所需的资金仍然主要来自税收。因此，我们认为文明社会的存在不能没有税收。

二、税收的本质

（一）税收的基本属性

税收的基本属性是一种财富转移方式。在文明社会，财富的转移有三种基本类型：

1.政府之间的财富转移，包括下级政府对上级政府的贡献和上级政府对下级政府的补助。

2.经济活动主体之间的财富转移，包括以贡献为依据的收入分配和以货币为媒介的商品交换。

3.政府与经济活动主体之间的财富转移，包括由政府到经济活动主体的财富转移和由经济活动主体到政府的财富转移。其中，由经济活动主体到政府的财富转移又有两种类型：

（1）以私人权利为依据的财富转移，如经济活动主体因占有或使用国家所有的资源或资产而向政府交纳的租金、使用费。

（2）以公共权力或权利为依据的财富转移，包括没收、罚款、强制赔偿、课征等。其中，课征又有征用和征收两种方式。征用是政府直接占有经济活动主体的劳动力、土地等生产要素的形式与过程；征收是政府直接占有经济活动主体的产品或收入的形式与过程，一部分采取税收形式，另一部分采取行政收费的形式。

（二）税收的主体

税收的主体包括课征主体与缴纳主体两个方面。

1.课征主体。税收的课征主体是代表社会全体成员行使公共权力的政府。政府成为税收课征主体，是因为政府有征税的需要和权力。政府为了执行其职能，必须占有一部分经

济资源，而为了获得这部分经济资源，就必须向经济活动主体征税。同时，政府执行公共职能为人们创造了生产与消费的共同外部条件，保护并增加了经济活动主体的利益，由此取得了征税的权力。

2.缴纳主体。税收的缴纳主体就是经济活动主体。在任何经济社会，经济资源总是归经济活动主体占有和使用，物质财富总是由经济活动主体创造，实现的收入也总是首先归经济活动主体所有，只有经济活动主体才具有纳税的能力。同时，经济活动主体从事经济活动总离不开政府提供的和平环境、安定秩序和便利设施。经济活动主体创造的财富和实现的收入，不仅包含经济活动主体自身的贡献，还包含政府通过提供和平环境、安定秩序和便利设施的贡献。因此，任何一个经济活动主体都有义务将一部分收入缴纳给政府。

（三）税收的客体

税收的客体是国民收入。国民收入是社会存在与发展的经济基础。居民的消费、企业的投资、政府执行公共职能所发生的各种支出都是以国民收入为基础的，因此，只有国民收入才能成为税收的客体。同时，国民收入的创造，既离不开经济活动主体的贡献，也离不开政府提供的各种外部条件。因此，社会在一定时期所创造的国民收入，应当作为税收客体在政府与经济活动主体之间进行合理的分配。

（四）税收的特性

税收的特性是指税收所具有的无偿性、固定性和强制性，也叫税收的"三性"。它是税收区别于政府其他财政收入形式的标志。

1.无偿性。

税收的无偿性是指国家征税后，税款即成为国家的财政收入，国家不向纳税人支付任何直接的报酬。税收的无偿性具有两层含义：

（1）税收所体现的政府与经济活动主体之间的利益关系是一种互利关系，即政府一方面向经济活动主体提供和平、秩序和便利，另一方面向经济活动主体征税；经济活动主体一方面向政府纳税，另一方面享受政府提供的和平、秩序和便利。因此，两者的关系是一种互利关系。

（2）政府与各个经济活动主体之间的互利关系并不像商品的等价交换那样是一种完全对等的互利关系，而是一种不完全对等的互利关系，即纳税多的经济活动主体并不必然享受较大的利益，纳税少的经济活动主体也非必然享受较小的利益。

2.固定性。

税收的固定性是指国家在征税之前，以法律形式预先确定征税对象、征收标准、征税方法等基本内容，除国家特定权力机构外，任何单位与个人都不能随意改变。税收只有具备固定性，生产者才能从长远出发安排自己的生产经营活动，消费者才能从长远出发安排自己的消费活动，经济才能持续发展，社会才能不断进步。

3.强制性。

税收的强制性是指国家凭借政治权力，通过法律形式强制参与经济活动主体的收入分配，而非纳税人的自愿缴纳。具体来说，任何纳税主体都必须依法纳税，任何征税机关都必须依法征税，否则就要受到法律制裁。

根据文明社会税收存在的必要性和普遍性，以及中外学者对于税收本质的认识，我们可以将税收定义为：税收是国家为满足社会公共需要，凭借公共权力，按照法律所规定的标准和程序，参与国民收入分配，强制地、无偿地取得财政收入的一种方式。

三、税收的职能

不同的经济社会，政府的职能不同，执行职能的需要不同，税收的职能就不同。中国现阶段的税收职能主要包括收入手段和调节手段两个方面。

（一）收入手段职能

收入手段职能是指税收所具有的取得财政收入、满足政府执行职能的物质需要的能动性。中国现阶段，税收占财政收入的比重一直高达90%，究其原因主要是税收比其他政府收入形式具有如下优越性：

1.来源广泛。由于政府的公共职能惠及所有的经济活动主体，所有经济活动主体都有义务向政府纳税，因此，相对于租金、利润和行政收费等政府收入来源形式，税收的来源最为广泛。

2.数额确定。税收是按事先确定的范围和标准征收的，因此，相对于国家取得财政收入的其他形式，以税收形式取得财政收入的数额更具有确定性。

3.占有长久。相对于以公债形式取得的收入到期需要还本付息，以税收形式形成的收入，政府可以永久性占有和支配。

（二）调节手段职能

调节手段职能是指税收所具有的调节经济活动与社会生活、实现经济发展与社会进步的能动性。具体来说有如下几层含义：

1.调节资源配置。

在市场经济体制下，资源的配置是以市场调节为基础的，但由于不完全竞争等原因，完全由市场调节的资源配置无法达到资源配置的理想状态，这就需要政府对资源配置进行必要的调节。政府调节资源配置的手段主要有三种：一是法律手段，如反不正当竞争法；二是行政手段，如行政许可；三是经济手段，如财政政策、信贷政策等。税收是政府执行财政政策的重要手段，在调节产业结构、区域经济结构等方面具有其他经济手段所不可替代的作用。

2.调节收入分配。

在市场经济条件下，收入的分配主要是以要素的贡献为依据的。由于初始条件不均等，要素的禀赋存在差异，完全以要素的贡献为依据进行收入分配并不符合社会公认的公平状态，这就需要政府对收入分配进行必要的调节。政府调节收入分配的手段有三种：法律手段，如劳动者的最低工资制度；二是行政手段，如农产品价格支持政策；三是经济手段，如制定累进的所得税制。政府在运用经济手段调节收入分配时，必然将税收作为重要的杠杆。

3.调节经济总量。

税收在调节总供给上，主要是通过税收对资源开发、劳动供给、资本形成和技术进步等的影响，调节经济供给总量；税收在调节总需求上，主要是通过税收调节总消费、总投资和出口总额，达到调节总需求的目的。

【税收助发展　惠及你我他】

完善的税收法治体系是中国式现代化的内在要求

党的二十大报告明确指出，中国式现代化的本质要求是"坚持中国共产党领导，坚持中国特色社会主义，实现高质量发展，发展全过程人民民主，丰富人民精神世界，实现全体人民共同富裕，促进人与自然和谐共生，推动构建人类命运共同体，创造人类文明新形态。"

实现中国式现代化，必然要求国家治理体系和治理能力现代化，而法治体系是国家治理体系和治理能力的重要依托。要实现中国式现代化必然要依靠法治体系的保障。税收既是筹集财政收入的主要手段，又是引导资源配置、调控经济发展、调节收入和财富分配的重要手段，是支撑国家治理体系的主要财力保障和重要调控手段，在国家治理中发挥着基础性、支柱性和保障性的作用。

税收法治体系包括税收法律规范、税收法治实施、税收法治监督和税收法治保障等各个体系。其中：税收法律规范体系是税收立法及其形成的法律规范体系，是税收法治体系的前提和基础；税收法治实施体系涉及税收执法、司法、普法、守法等法律实施环节，是税收法治体系的重点和难点；税收法治监督体系是监督税收法律规范是否得到正确实施的制约机制，是税收法治体系的纠偏力量；税收法治保障体系则是从政治、组织、人才、技术、信息等相关方面为依法治税提供重要保障，是税收法治体系的支撑条件。

作为法治体系重要组成部分的税收法治体系的完善是中国式现代化的内在要求。在推进中国式现代化进程中必须构建科学完备的税收法治体系，保障税收充分发挥其职能作用，为筑牢现代化的根基建立长效机制。

随堂演练

Ⓐ单选题

1.税收的"三性"是一个完整的统一体，（　　　）是税收的核心特征。(知识点：税收性质)

A.合法性　　　　　B.固定性　　　　　C.无偿性　　　　　D.强制性

2."纳税人必须依法纳税，征税机关必须依法征税"这是税收（　　　）的要求。(知识点：税收性质)

A.合法性　　　　　B.固定性　　　　　C.无偿性　　　　　D.强制性

单选题

随堂演练

第二节　　税收体系与分类

一、税收体系

税收体系是构成税收制度的具体税收种类。一个国家一定历史时期的税收体系，是在综合公平、效率、适度、简便等税收原则基础上，对可供选择的征税对象进行筛选确定的。我国现行已开征的税种有增值税、消费税、关税、企业所得税、个人所得税、资源税、房产税、城镇土地使用税、车船税、土地增值税、车辆购置税、印花税、城市维护建设税、耕地占用税、契税、烟叶税、船舶吨税和环境保护税。我国现行开征的税种中，关税、船舶吨税及进口环节的增值税和消费税由海关征收，其他税种均由税务系统征税机关征收。

二、税收分类

（一）以征税对象为标准，可将税收分为流转税、所得税、财产税、资源税、行为税、特定目的税和烟叶税

1. 流转税，是指以商品或劳务的流转额为征税对象征收的一种税。此税种主要在生产、流通和服务领域中发挥调节作用，包括增值税、消费税和关税。

2. 所得税，是指以所得额为征税对象征收的一种税。此税种主要对生产经营者的利润和个人的纯收入发挥调节作用，包括企业所得税和个人所得税。

3. 财产税，是指以纳税人所拥有或支配的财产为征税对象征收的一种税。此税种主要对特定财产发挥调节作用，包括房产税、车船税等。

4. 资源税，是对开发、利用和占有国有自然资源的单位和个人征收的一种税。此税种主要对因开发和利用自然资源而形成的级差收入发挥调节作用，包括资源税、土地增值税和城镇土地使用税等。

5. 行为税，是指为了调节某些行为，以这些行为为征税对象征收的一种税。此税种主要对特定行为发挥调节作用，包括印花税、契税、车辆购置税、船舶吨税等。

6. 特定目的税，是指为了达到特定目的而征收的一种税。此税种主要是为了特定目的，对特定对象发挥调节作用，包括城市维护建设税、耕地占用税、环境保护税等。

7. 烟叶税，是指国家对收购烟叶的单位按收购烟叶金额征收的一种税。

（二）以税负能否转嫁为标准，可将税收分为直接税和间接税

1. 直接税，是指税负不能转嫁，只能由纳税人承担的一种税，如所得税类、财产税类等。

2. 间接税，是指纳税人能将税负全部或部分转嫁给他人的一种税，如流转税类。

（三）以计税依据为标准，可将税收分为从量税、从价税和复合税

1. 从量税，是以征税对象的自然实物量（重量、容积等）为标准，采用固定单位税额征收的一种税，如啤酒的消费税。

2. 从价税，是以征税对象的价值量为标准，按比例税率征收的一种税，如高档化妆品的消费税。

3. 复合税，是同时以征税对象的自然实物量和价值量为标准征收的一种税，如白酒的消费税。

（四）以税收管理与使用权限为标准，可将税收分为中央税、地方税、中央地方共享税

1. 中央税，是指管理权限归中央，税收收入归中央支配和使用的一种税，如关税、消费税、车辆购置税等。

2. 地方税，是指管理权限归地方，税收收入归地方支配和使用的一种税，如车船税、房产税、土地增值税等。

3. 中央地方共享税，是指主要管理权限归中央，税收收入由中央和地方共同享有，按一定比例分成的一种税，如增值税、资源税、企业所得税、印花税等。

（五）以税收与价格的关系为标准，可将税收分为价内税和价外税

1. 价内税，是指商品税金包含在商品价格之中，商品价格由"成本+税金+利润"构成的一种税。价内税有利于国家通过对税负的调整，直接调节生产和消费，但往往容易造

成对价格的扭曲。

2.价外税，是指商品价格中不包含商品税金，商品价格仅由成本和利润构成的一种税。价外税与企业的成本、利润、价格没有直接联系，能更好地反映企业的经营成果。

◆ 随堂演练

⑪ 单选题

1.以商品或服务的流转额为征税对象征收的一种税叫（　　）。（知识点：税收分类）

A.所得税　　　　　　　B.流转税　　　　　　　C.间接税　　　　　　　D.增值税

2.以下税种中，主要对生产经营者的利润和个人纯收入发挥调节作用的是（　　）。（知识点：税收分类）

A.所得税　　　　　　　B.流转税　　　　　　　C.行为税　　　　　　　D.资源税

3.按（　　）不同，税收可分为从量税、从价税和复合税。（知识点：税收分类）

A.征税对象　　　　B.税收与价格的关系　　　C.计税依据　　　D.税收管理与使用权限

⑪ 多选题

1.下列税种中，由海关负责征收的有（　　）。（知识点：税收体系）

A.关税　　　　　　　　B.船舶吨税　　　　　　　C.进口环节的增值税和消费税

D.房产税　　　　　　　E.印花税

2.下列各项中，具有间接税特征的有（　　）。（知识点：税收分类）

A.增值税　　　　　　　B.企业所得税　　　　　　C.消费税

D.关税　　　　　　　　E.个人所得税

3.下列税种中，属于行为税的有（　　）。（知识点：税收分类）

A.印花税　　　　　　　B.城市维护建设税　　　　C.车辆购置税

D.船舶吨税　　　　　　E.增值税

4.下列税种中，属于中央税的有（　　）。（知识点：税收分类）

A.关税　　　　　　　　B.消费税　　　　　　　　C.车辆购置税

D.增值税　　　　　　　E.企业所得税

随堂演练

第三节　　　　　　　税制构成要素

税制构成要素是指构成一个完整实体税种的法定基本要素。具体内容包括：

一、纳税义务人

纳税义务人简称纳税人，是指税法规定的直接负有纳税义务的单位和个人，包括法人和自然人。法人是指基于法律规定享有权利和具有行为能力，有独立财产和经费，能独立承担民事责任的社会组织，如机关法人、事业法人、企业法人和社团法人。自然人是基于自然规律而出生，有民事权利和义务的主体，如本国公民、外国人和无国籍人。注意纳税人与扣缴义务人、负税人的差异。

扣缴义务人是指按税法规定负有扣缴税款义务的单位和个人。确定扣缴义务人是加强税收源泉控制、简化征税手续、减少税款流失的需要。

负税人是指最终承担税款的单位和个人。负税人与纳税人不一定为同一人。一般来说，直接税的纳税人与负税人为同一人，间接税的纳税人与负税人为不同人。

二、征税对象

征税对象是指征税的目的物。征税对象体现不同税种征税的基本界限，决定不同税种的名称及各税种的性质，回答对什么征税的问题，是一种税区别于另一种税的主要标志。注意区分征税对象与税目、计税依据的差异。

税目是征税对象的具体化，反映各税种的具体征税范围，体现每个税种的征税广度。设置税目的目的：一是明确征税对象的具体范围；二是便于确定差别税率。

想一想

你认为所有税种都有设置税目的必要吗？

计税依据简称税基，是指计算应纳税额的基数。税额计算的基本等式是"税基×税率=应纳税额"。在该等式中，税基的计量单位有实物计量、价值计量及同时考虑实物计量与价值计量三种形式，即从量税、从价税和复合税。

三、税率

税率是应纳税额与计税依据之间的法定比例，是衡量税负轻重的重要标志，是税收制度的核心。其基本形式有：

（一）比例税率

比例税率，是指对同一征税对象，不分数额大小，规定相同的征收比例。我国现行的增值税、企业所得税等税种均采用比例税率。采用该税率形式，计算简便，符合税收效率原则，对同一征税对象的不同纳税人税负相同，但不分纳税人实际差异按同一税率征税，这与纳税人的实际负担能力不完全相符，难以体现税收的公平原则。

（二）累进税率

累进税率，是指把计税依据按一定的标准划分为若干个等级，从低到高分别规定逐级递增的税率。其特点是税率等级与计税依据的数额等级同方向变动，考虑了纳税人的不同负担能力，更加符合税收公平原则。累进税率按其累进依据和累进方式不同，有全额累进税率、超额累进税率和超率累进税率三种形式。

1. 全额累进税率，是指将计税依据按绝对额划分为若干个等级，从低到高每一个等级规定一个适用税率，当计税依据由低一级升到高一级时，全部计税依据均按高一级税率计算应纳税额。该方式计算简便，但累进程度急剧，特别是在两个等级的临界处，会出现应纳税额增加超过计税依据增加的不合理现象。

2. 超额累进税率，是指将计税依据按绝对额划分为若干个等级，从低到高每一个等级规定一个适用税率，一定数额的计税依据可以同时适用几个等级的税率，每超过一级，超过部分按高一级税率计税，各等级应纳税额之和为纳税人应纳税总额。该方式考虑了纳税人的不同负担能力，累进程度也比较缓和，是一种比较理想的税率形式。如我国居民个人综合所得个人所得税税率、经营所得个人所得税税率。

3. 超率累进税率，是指将计税依据按相对率划分为若干个等级，从低到高每一个等级规定一个适用税率，各个等级的计税依据分别按照本级的适用税率计算，各等级应纳税额之和为纳税人应纳税总额。超率累进税率的计税原理与超额累进税率相同，但以征税对象的相对数为累进依据，如土地增值税税率。

（三）定额税率

定额税率，是按征税对象确定的计算单位直接规定一个固定税额。其特点是税率与征税对象的价值量无关，不受征税对象价值量变化的影响。它适用于价格稳定或质量等级较为单一的征税对象，如城镇土地使用税税率、车船税税率等。

四、纳税地点

纳税地点是指纳税人缴纳税款的地点。纳税地点的确定必须遵守方便征税、利于源泉控税的原则。

五、纳税期限

纳税期限是指纳税人缴纳税款的期限，包括税款计算期和税款缴纳期。

税款计算期是指计算税款的期限，分为按次计算和按时间计算两种形式。按次计算是以发生纳税义务的次数作为税款计算期。按时间计算是以发生纳税义务的一定时间段作为税款计算期，如增值税税款按时间计算可分为10日、15日、1个月和1个季度。

税款缴纳期是税款计算期满后实际缴纳税款的期限。如增值税按时间计算税款时，以1个月或1个季度为一个纳税期的，自期满之日起15日申报缴税；以其他间隔期纳税的，自次月1日起15日内申报纳税。不经常发生应税交易的纳税人，可按次纳税。

◤ 想一想

如果你所在的企业增值税的税款计算期按时间计算，现让你选择具体的纳税期限，你会作怎样的决策？

六、税收减免

税收减免是对税率的重要补充，是税法普遍性与特殊性、统一性和灵活性的有机结合。税收减免的具体形式包括税基式减免、税率式减免、税额式减免三种。

（一）税基式减免

税基式减免，是通过直接缩小计税依据的方式来实现的税收减免，包括起征点、免征额、项目扣除等形式。其中，起征点是征税对象达到一定数额开始征税的起点。对征税对象数额未达到起征点的不征税，达到起征点的按全额征税。免征额是在征税对象的全部数额中免予征税的数额。对免征额的部分不征税，仅对超过免征额的部分征税。

◤ 小窍门

起征点："不到不征，一到全征"；免征额："不到不征，到了也只就超过部分征"。

【做中学·计算题】某纳税人某月取得的应税收入为500元，假设税法规定的起征点为300元，税率为10%，则应纳税额是多少？若税法规定免征额为300元，其应纳税额又是多少？

计算：起征点为300元时：应纳税额=500×10%=50（元）

免征额为300元时：应纳税额=（500-300）×10%=20（元）

（二）税率式减免

税率式减免，是通过直接降低税率的方式实现的税收减免，包括重新确定税率、选用其他税率、零税率等形式。

（三）税额式减免

税额式减免，是通过直接减少应纳税额的方式实现的税收减免，包括全部免征、减半征收、核定减免率、抵免税额等形式。

七、税收加征

税收加征方式有地方附加与加成征收两种方式。

地方附加是指地方政府按国家规定的比例随同正税一起征收的列入地方预算外收入的一种款项，如教育费附加。

加成征收是指在应纳税额基础上额外征收一定比例的税额。加成实际上是税率的一种延伸，增强了税制的灵活性与适应性。

♦ 随堂演练

⊗ 单选题

1.税法规定的纳税义务人是指（　　）的单位和个人。（知识点：税制构成要素——纳税人）

A.直接负有纳税义务　　B.最终负担税款　　　　C.代收代缴税款　　　　D.承担纳税担保

2.下列关于纳税人的说法中，不正确的是（　　）。（知识点：税制构成要素——纳税人）

A.纳税人可以是法人，也可以是自然人　　　　B.纳税人是由税法直接规定的

C.扣缴义务人是纳税人的一种特殊形式　　　　D.当存在税负转嫁时，纳税人与负税人不一致

3.税制构成要素中，用以区分不同税种的标志是（　　）。（知识点：税制构成要素——征税对象）

A.税率　　　　　　　　B.征税对象　　　　　　C.纳税人　　　　　　　D.税目

4.在税制构成要素中，（　　）是税收制度的核心，体现纳税人的税收负担。（知识点：税制构成要素——税率）

A.征税对象　　　　　　B.纳税期限　　　　　　C.税率　　　　　　　　D.税目

5.税收收入不受价格影响，只与征税对象实物量有关的税率是（　　）。（知识点：税制构成要素——税率）

A.定额税率　　　　　　B.比例税率　　　　　　C.累进税率　　　　　　D.约定税率

6.根据我国税法规定，下列税种中采用超率累进税率的税种是（　　）。（知识点：税制构成要素——税率）

A.城镇土地使用税　　　B.土地增值税　　　　　C.个人所得税　　　　　D.资源税

7.某纳税人某月取得收入250元，税率为10%，假定起征点和免征额均为240元，则按起征点和免征额办法计算，分别应纳税（　　）。（知识点：税制构成要素——税收减免）

A.25元和1元　　　　　　　　　　　　　　　　B.25元和24元

C.24元和1元　　　　　　　　　　　　　　　　D.1元和0元

8."国家需要重点扶持的高新技术企业，企业所得税适用税率为15%"这一规定体现的税收优惠政策属于（　　）。（知识点：税制构成要素——税收减免）

A.税基式减免　　　　　　　　　　　　　　　　B.税率式减免

C.税额式减免　　　　　　　　　　　　　　　　D.以上均不是

单选题

随堂演练

⊗ 多选题

1.下列关于负税人的说法中，正确的有（　　）。（知识点：税制构成要素——纳税人）

A.负税人是指最终承担税款的单位和个人　　　B.间接税的纳税人与负税人为不同人

C.直接税的纳税人与负税人为同一人　　　　　D.负税人由税法直接规定

E.负税人与纳税人始终是一致的

2.比例税率是指对同一征税对象不分数额大小规定相同的征收比例。以下有关比例税率的说法中，正确的有（　　）。（知识点：税制构成要素——税率）

A.计算简便，符合税收效率原则

B.对同一征税对象的不同纳税人税负相同

C. 不分纳税人实际环境差异按同一税率征税，与纳税人的实际负担能力不完全相符

D. 难以体现税收的公平原则

E. 对同一征税对象的不同纳税人税负有差异

3. 下列有关超额累进税率的说法中，正确的有（　　）。（知识点：税制构成要素——税率）

A. 与比例税率相比，计算过程比较烦琐

B. 与比例税率相比，考虑了纳税人的不同负担能力

C. 与比例税率相比，更能体现税收的公平原则

D. 我国综合所得个人所得税税率为超额累进税率

E. 我国土地增值税税率为超额累进税率

4. 假设某税种的税率为 10%，张三的应税收入为 999 元，李四的应税收入为 1 001 元。当起征点为 1 000 元时，下列说法中正确的有（　　）。（知识点：税制构成要素——减免税）

多选题

随堂演练

A. 张三的应纳税额为零

B. 李四的应纳税额为 100.1 元

C. 李四的应纳税额为 0.1 元

D. 张三的应纳税额为 99.9 元

E. 以上说法全部错误

第二篇
流转税

第二章　增值税

📝**知识导航**

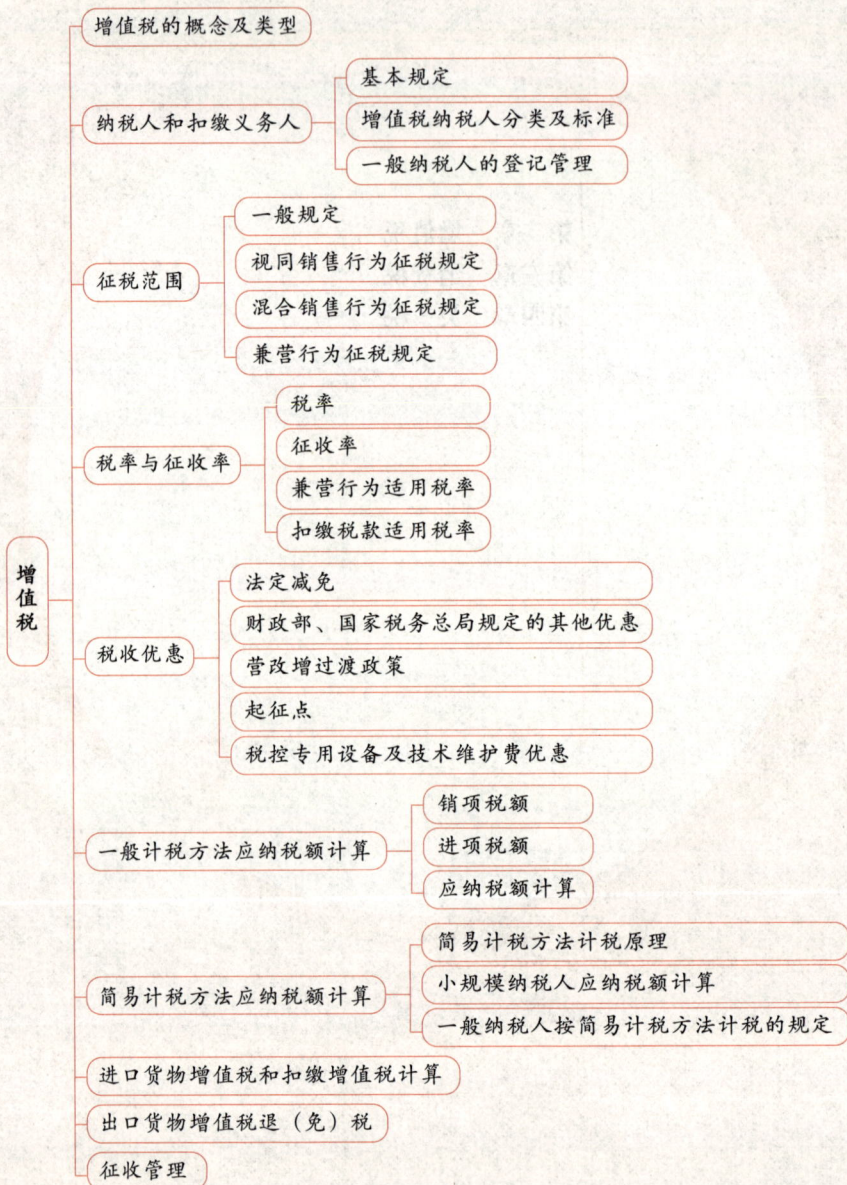

增值税的概念及类型

纳税人和扣缴义务人
- 基本规定
- 增值税纳税人分类及标准
- 一般纳税人的登记管理

征税范围
- 一般规定
- 视同销售行为征税规定
- 混合销售行为征税规定
- 兼营行为征税规定

税率与征收率
- 税率
- 征收率
- 兼营行为适用税率
- 扣缴税款适用税率

增值税

税收优惠
- 法定减免
- 财政部、国家税务总局规定的其他优惠
- 营改增过渡政策
- 起征点
- 税控专用设备及技术维护费优惠

一般计税方法应纳税额计算
- 销项税额
- 进项税额
- 应纳税额计算

简易计税方法应纳税额计算
- 简易计税方法计税原理
- 小规模纳税人应纳税额计算
- 一般纳税人按简易计税方法计税的规定

进口货物增值税和扣缴增值税计算

出口货物增值税退（免）税

征收管理

🖊**知识目标**

1.了解增值税的概念及基本类型

2.描述增值税纳税人、征税范围及税率（征收率）相关法律的具体规定

3.描述增值税优惠政策的具体规定

4.描述增值税一般计税方法的计算原理

5.描述增值税简易计税方法的计算原理

6.描述进口货物和扣缴义务人增值税应纳税额的计算

7.描述出口货物退（免）增值税"免抵退税法"与"免退税法"的基本原理

8.描述增值税纳税义务发生时间、纳税期限与纳税地点的具体规定

技能目标

1.能判断确定一般纳税人和小规模纳税人的身份

2.能判断确定增值税具体应税项目及可享受的税收优惠

3.能对不同应税项目选择适用的增值税税率或征收率

4.能计算一般纳税人、小规模纳税人以及进口货物增值税应纳税额

5.能判断确定出口货物执行的出口货物增值税退免政策，计算出口退（免）增值税税额

素养目标

1.通过对我国增值税从试点、建立、转型到完善的制度变革的学习，让学生了解我国依法治国、依法治税的具体目标，增强"四个自信"

2.通过对国家在减轻企业负担、优化产业结构、促进经济发展、解决特殊群体困难等方面的税收优惠政策的学习，深刻感受党和国家坚持"人民至上"的执政理念

3.引导学生与时俱进探索学习增值税最新法规，培养自主学习的能力

☞知识点☜

第一节　　　　　　　　　　　概　述

一、增值税的概念

增值税是以单位和个人生产经营过程中的应税交易行为取得的增值额为课税对象征收的一种税。其中，所谓"增值额"有两种理解，即理论增值额和法定增值额。

（一）理论增值额

理论增值额是企业在生产经营过程中新创造的那部分价值，即货物或劳务价值中的V+M部分，可以从以下两个方面理解：

1.从一个生产经营单位来看，增值额是指该单位销售货物或提供劳务的收入额扣除为生产经营这种货物（包括劳务，下同）而外购的那部分货物价款后的余额。

2.从某一货物来看，增值额是该货物经历的生产和流通的各个环节所创造的增值额之和，也即该货物的最终销售价格。表2-1列示的是一件成衣从布料生产到最终实现销售的各环节增值额与销售收入额的关系。

表 2-1　　　　　　　　　　商品生产经营各环节增值额与销售收入额的关系　　　　　　　单位：元

生产经营环节	销售收入	增值额
坯布生产	300	300−0=300
成衣生产	700	700−300=400
成衣批发	900	900−700=200
成衣零售	1 000	1 000−900=100
合计		1 000

从表 2-1 分析可知，就某一货物而言，其增值额等于货物进入最终消费时的销售价格。

（二）法定增值额

由于理论增值额的计算并无实际可操作性，实行增值税的国家据以计征增值税的增值额都是法定增值额。**法定增值额是指各国政府根据各自政策需要，通过法律规定的增值额。**法定增值额可能与理论增值额在数量上不完全一致，造成两者不一致的原因是各国在规定扣除范围时，对外购固定资产的处理方法不同。一般来说，各国在确定征税的增值额时，对外购的流动资产价款都允许从货物总价值中扣除，而对外购固定资产既有可以扣除的，也有不允许扣除的；允许扣除的，扣除情况也不完全一样。

假定某企业报告期货物销售额为 78 万元，从外单位购入的原材料等流动资产价款为 24 万元，购入机器设备等固定资产价款为 40 万元，当期计入成本的折旧费为 5 万元。根据上述条件计算该企业的不同国别增值税制度下的法定增值额，见表 2-2。

表 2-2　　　　　　　　　不同国别增值税制度下的法定增值额　　　　　　　单位：万元

项目	货物销售额	允许扣除的流动资产价款	允许扣除的固定资产价款	法定增值额	法定增值额与理论增值额的差额
甲国	78	24	0	54	+5
乙国	78	24	5	49	0
丙国	78	24	40	14	−35

实行增值税的国家都要在本国税制中规定法定增值额，其主要原因有：（1）利用增值税的开征为政府的经济政策和财政政策服务；（2）保证增值税计算的一致性，使增值税税负更加公平合理。

二、增值税的类型

增值税按对外购固定资产处理方式的不同，可划分为生产型增值税、收入型增值税和消费型增值税。

（一）生产型增值税

生产型增值税是指计算增值税时，不允许扣除任何外购固定资产的价款。作为课税基数的法定增值额除纳税人新创造的价值外，还包括当期计入成本的外购固定资产价款部分，即法定增值额相当于当期工资、利息、租金、利润等理论增值额和折旧额之和，其金额大于理论增值额。此类型的增值税对固定资产存在重复征税，不利于鼓励投资，但可以保证财政收入。我国1994年至2008年实行的就是生产型增值税。

（二）收入型增值税

收入型增值税是指计算增值税时，对外购固定资产价款只允许扣除当期计入产品价值的折旧费用部分。作为课税基数的法定增值额相当于当期工资、利息、租金、利润等，其金额等于理论增值额。此类型增值税从理论上讲是一种标准的增值税，但由于外购固定资产是以计提折旧的方式分期转入产品价值的，无法取得逐笔对应的外购凭证，无实际操作意义，因而实际中未被广泛应用。

（三）消费型增值税

消费型增值税是指计算增值税时，允许将当期购入的固定资产价款一次性全部扣除。作为课税基数的法定增值额相当于纳税人当期全部销售额扣除外购全部生产资料价款后的余额，其金额小于理论增值额。此类型增值税会减少财政收入，但可凭固定资产外购发票一次性扣除已纳税款，便于操作和管理，是三种类型中最简便、最能体现增值税优越性的一种。我国自2009年1月1日起执行消费型增值税。三种类型增值税比较见表2-3

表2-3　　　　　　　　　　三种类型增值税比较

类型	特点	优点	缺点	在我国实行时间
生产型增值税	1.法定增值额不允许扣除任何外购固定资产价款 2.法定增值额大于理论增值额	保证财政收入	重复征税，不利于鼓励投资	1994年至2008年
收入型增值税	1.对外购固定资产只允许扣除当期计入产品价值的折旧部分 2.法定增值额等于理论增值额	避免重复征税	以票扣税有困难	
消费型增值税	1.当期购入固定资产价款一次性全部扣除 2.法定增值额小于理论增值额	避免重复征税，便于操作	减少财政收入	2009年1月1日至今

三、增值税计税方法

增值税计税方法分为直接计算法和间接计算法两种类型。

1.直接计算法，是指首先计算出应税货物或劳务的增值额，然后用增值额乘以适用税率求出应纳税额的方法。这种方法的增值额很难准确计算，因此很少被采用。

2.间接计算法，是指不直接根据增值额计算增值税，而是首先以每一生产经营环节上发生的货物或劳务的销售额为计税依据，按规定税率计算出应税货物的整体税负，然后从整体税负中扣除法定的外购项目在以前环节已纳税款，最后求出应纳税额的方法。这种方法简便易行，计算准确，既适用于单一税率，又适用于多档税率，是实行增值税的国家广泛采用的计税方法。

【税收助发展　　惠及你我他】

深化增值税改革　强化国家治理能力

随堂演练

⑪单选题

消费型增值税的特点是（   ）。（知识点：增值税类型）

A.将当期购入固定资产价款一次性全部扣除

B.不允许扣除任何外购固定资产的价款

C.只允许扣除当期应计入产品价值的折旧部分

D.只允许扣除当期应计入产品价值的流动资产和折旧费

⑫多选题

1.从理论上讲，增值税的类型包括（   ）。（知识点：增值税类型）

A.分配型增值税   B.生产型增值税   C.收入型增值税

D.消费型增值税   E.固定型增值税

2.下列关于消费型增值税的说法中，正确的有（   ）。（知识点：增值税类型）

A.当期购入固定资产价款一次性全部扣除   B.法定增值额小于理论增值额

C.以票扣税便于操作   D.减少财政收入

E.完全避免重复征税

随堂演练

第二节　　　　　　　　　纳税人与扣缴义务人

一、增值税纳税人与扣缴义务人

（一）纳税人

在中华人民共和国境内销售或进口货物，提供加工、修理修配劳务（以下简称劳务），销售服务、无形资产和不动产的单位和个人为增值税纳税人。

单位包括企业、行政单位、事业单位、军事单位、社会团体及其他单位；个人包括个体工商户和其他个人。

单位以承包、承租、挂靠方式经营的，承包人、承租人、挂靠人（以下称承包人）以发包人、出租人、被挂靠人（以下称发包人）名义对外经营并由发包人承担相关法律责任的，以该发包人为纳税人；否则，以承包人为纳税人。

报关进口货物以进口货物的收货人或办理报关手续的单位和个人为进口货物的纳税人。代理进口货物以海关开具的完税凭证上的纳税人为纳税人。

（二）扣缴义务人

境外单位或个人在境内提供应税劳务，销售服务、无形资产或不动产，但在境内未设经营机构的，其应纳税款以境内代理人为扣缴义务人；在境内没有代理人的，以购买者为扣缴义务人。

二、增值税纳税人分类及其标准

根据增值税相关法律规定，依据纳税人会计核算是否健全及企业规模的大小两个标准，增值税纳税人可分为一般纳税人和小规模纳税人。

小规模纳税人是指年应税销售额在规定标准以下，并且会计核算不健全，不能按规定报送有关税务资料的增值税纳税人。根据财税〔2018〕33号文件规定，自2018年5月1日起，增值税小规模纳税人标准为年应征增值税销售额500万元及以下。

"年应税销售额"，是指纳税人在连续不超过12个月或四个季度的经营期内（含未取得收入的月份或季度）累计应征增值税的销售额，包括纳税申报销售额（包括自开发票和代开发票销售额、免税销售额、未开发票销售额）、稽查查补销售额、纳税评估调整销售额。销售服务、无形资产或不动产（以下简称"应税行为"）有扣除项目的纳税人，其应税行为年应税销售额按未扣除之前的销售额计算。纳税人偶然发生的销售无形资产、转让不动产的销售额，不计入应税行为年应税销售额。

"会计核算不健全"，是指不能按照国家统一的会计制度规定设置账簿，根据合法、有效凭证进行核算。

下列单位和个人有特殊规定：

1.年应税销售额超过小规模纳税人标准的其他个人按小规模纳税人纳税。

2.年应税销售额超过小规模纳税人规定标准，但不经常发生应税行为的单位和个体工商户，以及非企业性单位、不经常发生应税行为的企业，可选择按照小规模纳税人纳税。

三、一般纳税人的登记管理

增值税一般纳税人资格实行登记制度，政策依据为国家税务总局发布的、自2018年2月1日起执行的《增值税一般纳税人登记管理办法》。

（一）一般纳税人的登记管理

1.年应税销售额超过财政部、国家税务总局规定的小规模纳税人标准（简称"规定标准"）的，除另有规定外，应向主管税务机关办理一般纳税人登记。

2.年应税销售额未超过规定标准的纳税人，会计核算健全，能够提供准确税务资料的，可以向主管税务机关办理一般纳税人登记。

3.下列纳税人不办理一般纳税人登记：

（1）按照政策规定，选择按照小规模纳税人纳税的；

（2）年应税销售额超过规定标准的其他个人。

（二）一般纳税人登记程序

纳税人应当向其机构所在地主管税务机关办理一般纳税人登记。办理程序如下：

1.纳税人向主管税务机关填报"增值税一般纳税人登记表"，并提供税务登记证件（或营业执照）；

2.纳税人填报内容与税务登记信息一致的，主管税务机关当场登记；

3.纳税人填报内容与税务登记信息不一致或不符合填报要求的，税务机关应当场告知纳税人需要补正的内容。

（三）办理登记的时限

纳税人在年应税销售额超过规定标准月份（或季度）的所属申报期结束后15日内按规定办理相关手续；未按规定时限办理的，主管税务机关应当在规定时限结束后5日内制作"税务事项通知书"，告知纳税人应当在5日内向主管税务机关办理相关手续；逾期仍不办理的，次月起按销售额依照增值税税率计算应纳税额，不得抵扣进项税额，直至纳税人办理相关手续为止。

（四）其他纳税人的管理

纳税人年应税销售额超过规定标准，且符合有关政策规定，选择按小规模纳税人纳税的，应当向主管税务机关提交书面说明。个体工商户以外的其他个人年应税销售额超过规定标准的，不需要向主管税务机关提交书面说明。

　　纳税人自一般纳税人登记生效之日起，按照增值税一般计税方法计算应纳税额，并可以按照规定领用增值税专用发票，财政部、国家税务总局另有规定的除外。"生效之日"，是指纳税人办理登记的当月1日或次月1日，由纳税人在办理登记手续时自行选择。

◆随堂演练

①单选题

1.下列有关增值税纳税人的说法中，不正确的是（　　）。（知识点：纳税人和扣缴义务人）

A.从事销售或进口货物、提供应税劳务的其他个人不属于增值税的纳税义务人

B.单位租赁或承包给其他单位或个人经营的，一般以承租人或承包人为纳税义务人

C.报关进口货物，凡是海关的完税凭证开具给委托方的，对代理方不征增值税

D.境外的单位在境内销售应税劳务而境内未设有经营机构的，其应纳税款以代理人为扣缴义务人

2.甲进出口公司代理乙企业进口设备，同时委托丙货运代理人办理托运手续，海关进口增值税专用缴款书上的缴款单位是甲进出口公司。该进口设备的增值税纳税人是（　　）。（知识点：纳税人和扣缴义务人）

　　A.甲进出口公司　　　　B.乙企业　　　　C.丙货运代理人　　　　D.国外销售商

3.下列关于增值税纳税人的说法中，表述错误的是（　　）。（知识点：增值税纳税人分类与管理）

A.境外的单位和个人在境内销售应税劳务，但其在境内未设经营机构，其应纳税款以代理人为扣缴义务人

B.非企业性单位可以选择按小规模纳税人纳税

C.小规模纳税人实行简易办法征收增值税

D.单位租赁给其他单位或者个人经营的，以出租人为纳税人

4.下列选项中，应办理一般纳税人登记的是（　　）。（知识点：增值税纳税人分类与管理）

A.从事货物生产或提供应税劳务的纳税人，年应税销售额在50万元以上的

B.个体工商户以外的其他个人

C.从事货物批发或零售的纳税人，年应税销售额在80万元以上的

D.从事销售服务、无形资产或不动产的纳税人，年应税销售额为500万元以上的

5.下列关于增值税纳税人登记管理的说法中，不正确的是（　　）。（知识点：一般纳税人登记管理）

A.增值税纳税人年应税销售额超过小规模纳税人标准的，除另有规定外，应当向主管税务机关申请一般纳税人登记

B.非企业性单位、不经常发生应税行为的企业，可以选择按小规模纳税人纳税

C.纳税人年应税销售额超过规定标准的，在申报期结束后15个工作日内按照规定办理一般纳税人的登记

D.从事货物生产或提供应税劳务的纳税人，年应税销售额在50万元以上的，必须登记为增值税一般纳税人

6.下列关于纳税人办理一般纳税人登记的表述中，不正确的是（　　）。（知识点：一般纳税人登记管理）

A.向主管税务机关填报"增值税一般纳税人登记表"

B.不需要提供税务登记证件（或营业执照）

C.填报内容与税务登记信息一致的，主管税务机关当场登记

D.填报内容与税务登记信息不一致的，或不符合填列要求的，税务机关应当场告知纳税人需要认证的内容

②多选题

1.依据增值税的有关规定，境外单位或个人在境内发生增值税应税劳务而在境内未设立经营机构的，

单选题

随堂演练

增值税的扣缴义务人有（　　）。（知识点：纳税人和扣缴义务人）

  A.代理人   B.银行   C.购买者

  D.境外单位   E.境外个人

  2.下列关于增值税纳税人与扣缴义务人的表述中，正确的有（　　）。（知识点：纳税人和扣缴义务人）

  A.境外单位或个人在境内发生应税行为，在境内未设经营机构的，以购买方为增值税扣缴义务人

  B.年应税销售额超过规定标准但不经常发生应税行为的单位和个体工商户，可选择按照小规模纳税人纳税

  C.符合一般纳税人条件的纳税人应当向主管税务机关办理一般纳税人登记

  D.年应税销售额超过小规模纳税人规定标准但不经常发生应税行为的单位和个体工商户，必须按照一般纳税人纳税

  E.单位以承包、承租、挂靠方式经营的，承包人、承租人、挂靠人以发包人、出租人、被挂靠人名义对外经营并由发包人承担相关法律责任的，以该发包人、出租人、被挂靠人为纳税人

  3.增值税纳税人年应税销售额超过小规模纳税人标准的，除另有规定外，应申请一般纳税人登记。下列各项中应计入年应税销售额的有（　　）。（知识点：增值税纳税人分类与管理）

  A.预售销售额   B.免税销售额   C.税务机关代开发票销售额

  D.纳税评估调整销售额 E.稽查查补销售额

  4.下列纳税人，其年应税销售额超过增值税一般纳税人认定标准，可以不申请一般纳税人认定的有（　　）。（知识点：增值税纳税人分类与管理）

  A.事业单位   B.个体工商户   C.行政单位

  D.不经常发生应税行为的企业 E.销售增值税免税产品的企业

  5.下列符合增值税纳税人登记管理规定的有（　　）。（知识点：一般税纳税人登记管理）

  A.个体经营者不得认定为一般纳税人

  B.年应税销售额未超过规定的小规模纳税人标准以及新开业的纳税人，可以申请一般纳税人登记

  C.非企业性单位可以选择按小规模纳税人纳税

  D.除另有规定外，纳税人一经正式认定为一般纳税人，不得再转为小规模纳税人

  E.纳税人在年应税销售额超过规定标准的月份（或季度）的所属申报期结束后15日内按规定办理相关手续

多选题

随堂演练

第三节　征税范围

一、增值税征税范围的一般规定

  自2016年5月1日起，"营改增"在全国范围内全面推开后，增值税的征税范围涵盖了生产、批发、零售各环节的销售货物、进口货物、提供加工修配劳务，以及销售服务、无形资产和不动产。

（一）销售货物

  销售货物是指有偿转让货物的所有权。货物是指有形动产，包括电力、热力和气体。有偿是指从购买方取得货币、货物或其他经济利益。

（二）进口货物

  进口货物是指申报进入我国海关境内的货物。确定一项货物是否属于进口货物，必须看其是否办理了报关进口手续。

（三）提供加工、修理修配劳务

加工是指由委托方提供原料及主要材料，受托方按照委托方的要求制造货物并收取加工费的业务。修理修配是指受托方对损伤和丧失功能的货物进行修复，使其恢复原状和功能的业务。前述所指加工修理修配的对象是有形动产。

🚩**特别注意**

单位或个体工商户聘用的员工为本单位或雇主提供加工修理修配劳务不征增值税。

（四）销售服务

销售服务是指销售交通运输服务、邮政服务、电信服务、建筑服务、金融服务、现代服务、生活服务。其具体内容包括：

1.交通运输服务。

交通运输服务是指利用运输工具将货物或旅客送达目的地，使其空间位置得到转移的业务活动，包括陆路运输服务、水路运输服务、航空运输服务和管道运输服务。

（1）陆路运输服务。

陆路运输服务是指通过陆路（地上或地下）运送货物或旅客的运输业务活动，包括铁路运输服务和其他陆路运输服务。

❶铁路运输服务是指通过铁路运送货物或旅客的运输业务活动。

❷其他陆路运输服务是指铁路运输以外的陆路运输业务活动，包括公路运输、缆车运输、索道运输、地铁运输、城市轻轨运输等。

🚩**特别提醒**

出租车公司向使用本公司自有出租车的出租车司机收取的管理费用，按照陆路运输服务缴纳增值税。

（2）水路运输服务。

水路运输服务是指通过江、河、湖、川等天然、人工水道或海洋航道运送货物或旅客的运输业务活动。

水路运输的程租、期租业务，属于水路运输服务。程租业务是指运输企业为租船人完成某一特定航次的运输任务并收取租赁费的业务。期租业务是指运输企业将配备有操作人员的船舶承租给他人使用一定期限，承租期内听候承租方调遣，不论是否经营，均按天向承租方收取租赁费，发生的固定费用均由船东负担的业务。

（3）航空运输服务。

航空运输服务是指通过空中航线运送货物或旅客的运输业务活动。

航空运输的湿租业务，属于航空运输服务。湿租业务是指航空运输企业将配备有机组人员的飞机承租给他人使用一定期限，承租期内听候承租方调遣，不论是否经营，均按一定标准向承租方收取租赁费，发生的固定费用均由承租方承担的业务活动。

🚩**特别提醒**

航天运输服务按照航空运输服务缴纳增值税。航天运输服务是指利用火箭等载体将卫星、空间探测器等空间飞行器发射到空间轨道的业务活动。

（4）管道运输服务。

管道运输服务是指通过管道设施输送气体、液体、固体物质的运输业务活动。

📌**特别提醒**

无运输工具承运业务按照交通运输服务缴纳增值税。无运输工具承运业务是指经营者以承运人身份与托运人签订运输服务合同，收取运费并承担承运人责任，然后委托实际承运人完成运输服务的经营活动。

2.邮政服务。

邮政服务是指中国邮政集团公司及其所属邮政企业提供邮件寄递、邮政汇兑和机要通信等邮政基本服务的业务活动，包括邮政普遍服务、邮政特殊服务和其他邮政服务。

（1）邮政普遍服务。

邮政普遍服务是指函件、包裹等邮件寄递，以及邮票发行、报刊发行和邮政汇兑等业务活动。

（2）邮政特殊服务。

邮政特殊服务是指义务兵平常信函、机要通信、盲人读物和革命烈士遗物的寄递等业务活动。

（3）其他邮政服务。

其他邮政服务是指邮册等邮品销售、邮政代理等业务活动。

3.电信服务。

电信服务是指利用有线、无线的电磁系统或光电系统等各种通信网络资源，提供语音通话服务，传送、发射、接收或应用图像、短信等电子数据和信息的业务活动，包括基础电信服务和增值电信服务。

（1）基础电信服务。

基础电信服务是指利用固网、移动网、卫星、互联网，提供语音通话服务的业务活动，以及出租或出售带宽、波长等网络元素的业务活动。

（2）增值电信服务。

增值电信服务是指利用固网、移动网、卫星、互联网、有线电视网络，提供短信和彩信服务、电子数据和信息的传输及应用服务、互联网接入服务等业务活动。

📌**特别提醒**

卫星电视信号落地转接服务，按照增值电信服务缴纳增值税。

4.建筑服务。

建筑服务是指各类建筑物、构筑物及其附属设施的建造、修缮、装饰，线路、管道、设备、设施等的安装以及其他工程作业的业务活动，包括工程服务、安装服务、修缮服务、装饰服务和其他建筑服务。

（1）工程服务。

工程服务是指新建、改建各种建筑物、构筑物的工程作业，包括与建筑物相连的各种设备或支柱、操作平台的安装或装设工程作业，以及各种窑炉和金属结构工程作业。

（2）安装服务。

安装服务是指生产设备、动力设备、起重设备、运输设备、传动设备、医疗实验设备以及其他各种设备、设施的装配、安置工程作业，包括与被安装设备相连的工作台、梯子、栏杆的装设工程作业，以及被安装设备的绝缘、防腐、保温、油漆等工程作业。

🚩 **特别提醒**

固定电话、有线电视、宽带、水、电、燃气、暖气等经营者向用户收取的安装费、初装费、开户费、扩容费以及类似收费，按照安装服务缴纳增值税。

（3）修缮服务。

修缮服务是指对建筑物、构筑物进行修补、加固、养护、改善，使之恢复原来的使用价值或延长其使用期限的工程作业。

（4）装饰服务。

装饰服务是指对建筑物、构筑物进行修饰装修，使之美观或具有特定用途的工程作业。

（5）其他建筑服务。

其他建筑服务是指上列工程作业之外的各种工程作业服务，如钻井（打井）、拆除建筑物或构筑物、平整土地、园林绿化、疏浚（不包括航道疏浚）、建筑物平移、搭脚手架、爆破、矿山穿孔、表面附着物（包括岩层、土层、沙层等）剥离和清理等工程作业。

5.金融服务。

金融服务是指经营金融保险的业务活动，包括贷款服务、直接收费金融服务、保险服务和金融商品转让。

（1）贷款服务。

贷款是指将资金贷与他人使用而取得利息收入的业务活动，包括各种占用、拆借资金取得的收入、融资性售后回租、押汇、罚息、票据贴现、转贷等业务取得的利息及利息性质的收入。

🚩 **特别提醒**

以货币资金投资收取的固定利润或保底利润，按照贷款服务缴纳增值税。

（2）直接收费金融服务。

直接收费金融服务是指为货币资金融通及其他金融业务提供相关服务并且收取费用的业务活动，包括提供货币兑换、账户管理、电子银行、信用卡、信用证、财务担保、资产管理、信托管理、基金管理、金融交易场所（平台）管理、资金结算、资金清算、金融支付等服务。

（3）保险服务。

保险服务是指投保人根据合同约定，向保险人支付保险费，保险人对合同约定的可能发生的事故因其发生所造成的财产损失承担赔偿保险金责任，或当被保险人死亡、伤残、疾病或达到合同约定的年龄、期限等条件时承担给付保险金责任的商业保险行为，包括人身保险服务和财产保险服务。

（4）金融商品转让。

金融商品转让是指转让外汇、有价证券、非货物期货和其他金融商品所有权的业务活动。其中，其他金融商品转让包括基金、信托、理财产品等各类资产管理产品和各种金融衍生品的转让。

6.现代服务。

现代服务是指围绕制造业、文化产业、现代物流产业等提供技术性、知识性服务的业务活动，包括研发和技术服务、信息技术服务、文化创意服务、物流辅助服务、租赁服务、鉴证咨询服务、广播影视服务、商务辅助服务和其他现代服务。

（1）研发和技术服务。

研发和技术服务包括研发服务、合同能源管理服务、工程勘察勘探服务、专业技术服务。其中：

❶研发服务也称技术开发服务，是指就新技术、新产品、新工艺或新材料及其系统进行研究与试验开发的业务活动。

❷合同能源管理服务是指节能服务公司与用能单位以契约形式约定节能目标，节能服务公司提供必要的服务，用能单位以节能效果支付节能服务公司投入及其合理报酬的业务活动。

❸工程勘察勘探服务是指在采矿、工程施工前后，对地形、地质构造、地下资源蕴藏情况进行实地调查的业务活动。

❹专业技术服务是指气象服务、地震服务、海洋服务、测绘服务、城市规划、环境与生态监测服务等专项技术服务。

（2）信息技术服务。

信息技术服务是指利用计算机、通信网络等技术对信息进行生产、收集、处理、加工、存储、运输、检索和利用，并提供信息服务的业务活动，包括软件服务、电路设计及测试服务、信息系统服务、业务流程管理服务和信息系统增值服务。其中：

❶软件服务是指提供软件开发服务、软件维护服务、软件测试服务的业务活动。

❷电路设计及测试服务是指提供集成电路和电子电路产品设计、测试及相关技术支持服务的业务活动。

❸信息系统服务是指提供信息系统集成、网络管理、网站内容维护、桌面管理与维护、信息系统应用、基础信息技术管理平台整合、信息技术基础设施管理、数据中心、托管中心、信息安全服务、在线杀毒、虚拟主机等业务活动，包括网站对非自有的网络游戏提供的网络运营服务。

❹业务流程管理服务是指依托信息技术提供的人力资源管理、财务经济管理、审计管理、税务管理、物流信息管理、经营信息管理和呼叫中心等服务的活动。

❺信息系统增值服务是指利用信息系统资源为用户附加提供的信息技术服务，包括数据处理、分析和整合、数据库管理、数据备份、数据存储、容灾服务、电子商务平台等。

（3）文化创意服务。

文化创意服务包括设计服务、知识产权服务、广告服务和会议展览服务。其中：

❶设计服务是指把计划、规划、设想通过文字、语言、图画、声音、视觉等形式传递出来的业务活动，包括工业设计、内部管理设计、业务运作设计、供应链设计、造型设计、服装设计、环境设计、平面设计、包装设计、动漫设计、网游设计、展示设计、网站设计、机械设计、工程设计、广告设计、创意策划、文印晒图等。

❷知识产权服务是指处理知识产权事务的业务活动，包括对专利、商标、著作权、软件、集成电路布图设计的登记、鉴定、评估、认证、检索服务。

❸广告服务是指利用图书、报纸、杂志、广播、电视、电影、幻灯、路牌、招贴、橱

窗、霓虹灯、灯箱、互联网等各种形式为客户的商品、经营服务项目、文体节目或通告、声明等委托事项进行宣传和提供相关服务的业务活动，包括广告代理和广告的发布、播映、宣传、展示等。

❹会议展览服务是指为商品流通、促销、展示、经贸洽谈、民间交流、企业沟通、国际往来等举办或组织安排的各类展览和会议的业务活动。

（4）物流辅助服务。

物流辅助服务包括航空服务、港口码头服务、货运客运场站服务、打捞救助服务、装卸搬运服务、仓储服务和收派服务。其中：

❶航空服务包括航空地面服务和通用航空服务。航空地面服务是指航空公司、飞机场、民航管理局、航站等向在境内航行或在境内机场停留的境内外飞机或其他飞行器提供的导航等劳务性地面服务的业务活动，包括旅客安全检查服务、停机坪管理服务、机场候机厅管理服务、飞机清洗消毒服务、空中飞行管理服务、飞机起降服务、飞行通信服务、地面信号服务、飞机安全服务、飞机跑道管理服务、空中交通管理服务等。通用航空服务是指为专业工作提供飞行服务的业务活动，包括航空摄影、航空培训、航空测量、航空勘探、航空护林、航空吊挂播洒、航空降雨、航空气象探测、航空海洋监测、航空科学实验等。

❷港口码头服务是指港务船舶调度服务、船舶通信服务、航道管理服务、航道疏浚服务、灯塔管理服务、航标管理服务、船舶引航服务、理货服务、系解缆服务、停泊和移泊服务、海上船舶溢油清除服务、水上交通管理服务、船只专业清洗消毒检测服务和防止船只漏油服务等为船只提供服务的业务活动。

特别提醒

港口设施经营人收取的港口设施保安费按照港口码头服务缴纳增值税。

❸货运客运场站服务是指货运客运场站提供货物配载服务、运输组织服务、中转换乘服务、车辆调度服务、票务服务、货物打包整理、铁路线路使用服务、加挂铁路客车服务、铁路行包专列发送服务、铁路到达和中转服务、铁路车辆编解服务、车辆挂运服务、铁路接触网服务、铁路机车牵引服务等业务活动。

❹打捞救助服务是指提供船舶人员救助、船舶财产救助、水上救助和沉船沉物打捞服务的业务活动。

❺装卸搬运服务是指使用装卸搬运工具或人力、畜力将货物在运输工具之间、装卸现场之间或运输工具与装卸现场之间进行装卸和搬运的业务活动。

❻仓储服务是指利用仓库、货场或其他场所代客贮放、保管货物的业务活动。

❼收派服务是指接受寄件人委托，在承诺的时限内完成函件和包裹的收件、分拣、派送服务的业务活动。其中，收件服务是指从寄件人收取函件和包裹，并运送到服务提供方同城的集散中心的业务活动。分拣服务是指服务提供方在其集散中心对函件和包裹进行归类、分发的业务活动。派送服务是指服务提供方从其集散中心将函件和包裹送达同城的收件人的业务活动。

（5）租赁服务。

租赁服务包括融资租赁服务和经营租赁服务。

❶融资租赁服务是指具有融资性质和所有权转移特点的租赁活动，即出租人根据承租

人所要求的规格、型号、性能等条件购入有形动产或不动产租赁给承租人，合同期内租赁物所有权属于出租人，承租人只拥有使用权，合同期满付清租金后，承租人有权按照残值购入租赁物，以拥有其所有权。不论出租人是否将租赁物销售给承租人，均属于融资租赁。按照标的物的不同，融资租赁服务可分为有形动产融资租赁服务和不动产融资租赁服务。

❷经营租赁服务是指在约定时间内将有形动产或不动产转让给他人使用，且租赁物所有权不变更的业务活动。按照标的物的不同，经营租赁服务可分为有形动产经营租赁服务和不动产经营租赁服务。

水路运输的光租业务、航空运输的干租业务属于经营租赁。光租业务是指运输企业将船舶在约定的时间内出租给他人使用，不配备操作人员，不承担运输过程中发生的各项费用，只收取固定租赁费的业务活动。干租业务是指航空运输企业将飞机在约定的时间内出租给他人使用，不配备机组人员，不承担运输过程中发生的各项费用，只收取固定租赁费的业务活动。

⚑ **特别提醒**

将建筑物、构筑物等不动产或飞机、车辆等有形动产的广告位出租给其他单位或个人用于发布广告，按照经营租赁服务缴纳增值税。车辆停放服务、道路通行服务（包括过路费、过桥费、过闸费等）等按照不动产经营租赁服务缴纳增值税。

（6）鉴证咨询服务。

鉴证咨询服务包括认证服务、鉴证服务和咨询服务。其中：

❶认证服务是指具有专业资质的单位利用检测、检验、计量等技术，证明产品、服务、管理体系符合相关技术规范、相关技术规范的强制性要求或标准的业务活动。

❷鉴证服务是指具有专业资质的单位受托对相关事项进行鉴证，发表具有证明力的意见的业务活动，包括会计鉴证、税务鉴证、法律鉴证、职业技能鉴定、工程造价鉴证、工程监理、资产评估、环境评估、房地产土地评估、建筑图纸审核、医疗事故鉴定等。

❸咨询服务是指提供信息、建议、策划、顾问等服务的活动，包括金融、软件、技术、财务、税收、法律、内部管理、业务运作、流程管理、健康等方面的咨询。

⚑ **特别提醒**

翻译服务和市场调查服务按照咨询服务缴纳增值税。

（7）广播影视服务。

广播影视服务包括广播影视节目（作品）的制作服务、发行服务和播映（含放映，下同）服务。其中：

❶广播影视节目（作品）制作服务是指进行专题（特别节目）、专栏、综艺、体育、动画片、广播剧、电视剧、电影等广播影视节目和作品制作的服务，包括与广播影视节目和作品相关的策划、采编、拍摄、录音、音视频文字图片素材制作、场景布置、后期的剪辑、翻译（编译）、字幕制作、片头、片尾、片花制作、特效制作、影片修复、编目和确权等业务活动。

❷广播影视节目（作品）发行服务是指以分账、买断、委托等方式，向影院、电台、电视台、网站等单位和个人发行广播影视节目（作品）以及转让体育赛事等活动的报道及播映权的业务活动。

❸广播影视节目（作品）播映服务是指在影院、剧院、录像厅及其他场所播映广播影视节目（作品），以及通过电台、电视台、卫星通信、互联网、有线电视等无线或有线装置播映广播影视节目（作品）的业务活动。

（8）商务辅助服务。

商务辅助服务包括企业管理服务、经纪代理服务、人力资源服务、安全保护服务。其中：

❶企业管理服务是指提供总部管理、投资与资产管理、市场管理、物业管理、日常综合管理等服务的业务活动。

❷经纪代理服务是指各类经纪、中介、代理服务，包括金融代理、知识产权代理、货物运输代理、代理报关、法律代理、房地产中介、职业中介、婚姻中介、代理记账、拍卖等。其中：货物运输代理服务是指接受货物收货人、发货人、船舶所有人、船舶承租人或船舶经营人的委托，以委托人的名义，为委托人办理货物运输、装卸、仓储和船舶进出港口、引航、靠泊等相关手续的业务活动。

❸人力资源服务是指提供公共就业、劳务派遣、人才委托招聘、劳动力外包等服务的业务活动。

❹安全保护服务是指提供保护人身安全和财产安全，维护社会治安等的业务活动，包括场所住宅保安、特种保安、安全系统监控以及其他安保服务。

（9）其他现代服务。

其他现代服务是指除研发和技术服务、信息技术服务、文化创意服务、物流辅助服务、租赁服务、鉴证咨询服务、广播影视服务和商务辅助服务以外的现代服务。

7.生活服务。

生活服务是指为满足城乡居民日常生活需求提供的各类服务活动，包括文化体育服务、教育医疗服务、旅游娱乐服务、餐饮住宿服务、居民日常服务和其他生活服务。

（1）文化体育服务。

文化体育服务包括文化服务和体育服务。其中：

❶文化服务是指为满足社会公众文化生活需求提供的各种服务，包括文艺创作、文艺表演、文化比赛，图书馆的图书和资料借阅，档案馆的档案管理，文物及非物质文化遗产保护，组织举办宗教活动、科技活动、文化活动，提供游览场所。

❷体育服务是指组织举办体育比赛、体育表演、体育活动，以及提供体育训练、体育指导、体育管理的业务活动。

（2）教育医疗服务。

教育医疗服务包括教育服务和医疗服务。其中：

❶教育服务是指提供学历教育服务、非学历教育服务、教育辅助服务的业务活动。其中：学历教育服务是指根据教育行政管理部门确定或认可的招生和教学计划组织教学，并颁发相应学历证书的业务活动，包括初等教育、初级中等教育、高级中等教育、高等教育等。非学历教育服务包括学前教育、各类培训、演讲、讲座、报告会等。教育辅助服务包括教育测评、考试、招生等服务。

❷医疗服务是指提供医学检查、诊断、治疗、康复、预防、保健、接生、计划生育、防疫等方面的服务，以及与这些服务有关的提供药品、医用材料器具、救护车、病房住宿和伙食的业务。

（3）旅游娱乐服务。

旅游娱乐服务包括旅游服务和娱乐服务。其中：

❶旅游服务是指根据旅游者的要求，组织安排交通、游览、住宿、餐饮、购物、文娱、商务等服务的业务活动。

❷娱乐服务是指为娱乐活动同时提供场所和服务的业务，具体包括歌厅、舞厅、夜总会、酒吧、台球、高尔夫球、保龄球、游艺（包括射击、狩猎、跑马、游戏机、蹦极、卡丁车、热气球、动力伞、射箭、飞镖）。

（4）餐饮住宿服务。

餐饮住宿服务包括餐饮服务和住宿服务。其中：

❶餐饮服务是指通过同时提供饮食和饮食场所的方式为消费者提供饮食消费服务的业务活动。

❷住宿服务是指提供住宿场所及配套服务等的活动，包括宾馆、旅馆、旅社、度假村和其他经营性住宿场所提供的住宿服务。

（5）居民日常服务。

居民日常服务是指主要为满足居民个人及其家庭日常生活需求提供的服务，包括市容市政管理、家政、婚庆、养老、殡葬、照料和护理、救助救济、美容美发、按摩、桑拿、氧吧、足疗、沐浴、洗染、摄影扩印等服务。

（6）其他生活服务。

其他生活服务是指除文化体育服务、教育医疗服务、旅游娱乐服务、餐饮住宿服务和居民日常服务之外的生活服务。

（五）销售无形资产

销售无形资产是指转让无形资产所有权或使用权的业务活动。

无形资产是指不具实物形态，但能带来经济利益的资产，包括技术、商标、著作权、商誉、自然资源使用权和其他权益性无形资产。技术包括专利技术和非专利技术。自然资源使用权包括土地使用权、海域使用权、探矿权、采矿权、取水权和其他自然资源使用权。其他权益性无形资产包括基础设施资产经营权、公共事业特许权、配额、经营权（包括特许经营权、连锁经营权、其他经营权）、经销权、分销权、代理权、会员权、席位权、网络游戏虚拟道具、域名、名称权、肖像权、冠名权、转会费等。

（六）销售不动产

销售不动产是指转让不动产所有权的业务活动。

不动产是指不能移动或移动后会引起性质、形状改变的财产，包括建筑物、构筑物等。建筑物包括住宅、商业营业用房、办公楼等可供居住、工作或进行其他活动的建造物。构筑物包括道路、桥梁、隧道、水坝等建造物。

🚩特别提醒

转让建筑物有限产权或永久使用权的，转让在建的建筑物或构筑物所有权的，以及在转让建筑物或构筑物时一并转让其所占土地的使用权的，按照销售不动产缴纳增值税。

（七）与征税范围相关的其他规定

1.不属于销售服务、无形资产和不动产的情形。

销售服务、无形资产和不动产，是指有偿提供服务，有偿转让无形资产或不动产，但下列非经营活动的情形除外：

（1）行政单位收取的同时满足以下条件的政府性基金或行政事业性收费：由国务院或财政部批准设立的政府性基金；由国务院或省级人民政府及其财政、价格主管部门批准设立的行政事业性收费；收取时开具省级以上（含省级）财政部门监（印）制的财政票据；所收款项全额上缴财政。

（2）单位或个体工商户聘用的员工为本单位或雇主提供取得工资的服务。

（3）单位或个体工商户为聘用的员工提供服务。

（4）财政部和国家税务总局规定的其他情形。

2.在我国境内销售货物、劳务、服务、无形资产和不动产的界定。

属于增值税征税范围的销售货物、劳务、服务、无形资产和不动产，其业务必须符合我国税法关于"在我国境内"界定的相关规定：

（1）货物是指货物的起运地或所在地在我国境内。

（2）劳务是指发生地在境内。

（3）服务、无形资产是指服务（租赁不动产除外）或无形资产（自然资源使用权除外）的销售方或购买方在境内。

（4）不动产是指所销售或租赁的不动产在我国境内。

（5）自然资源使用权是指所销售自然资源使用权的自然资源在我国境内。

3.境外单位或个人发生的下列行为不属于在境内销售服务或无形资产：

（1）向境内单位或个人销售完全在境外发生的服务。

（2）向境内单位或个人销售完全在境外使用的无形资产。

（3）向境内单位或个人出租完全在境外使用的有形动产。

（4）向境内单位或个人提供的工程施工地点在境外的建筑服务、工程监理服务。

（5）向境内单位或个人提供的工程、矿产资源在境外的工程勘察勘探服务。

（6）向境内单位或个人提供的会议展览地点在境外的会议展览服务。

（7）为出境的函件、包裹在境外提供的邮政服务、收派服务。

二、视同销售行为的征税规定

增值税视同销售行为是指为了平衡税收负担，控制逃税，对不完全具备一般意义上的销售行为，税法规定应当视同销售征收增值税的行为。根据现行增值税法规规定，下列行为应视同销售征收增值税：

1.将货物交付其他单位或个人代销。

2.销售代销货物。

3.设有两个以上机构并实行统一核算的纳税人，将货物从一个机构移送至其他机构用于销售，但相关机构设在同一县（市）的除外。所谓"用于销售"是指销售机构向购货方开具发票并收取货款。

4.将自产或委托加工的货物用于免税项目、简易计税项目。

5.将自产、委托加工的货物用于集体福利或个人消费。

6.将自产、委托加工或购进的货物作为投资提供给其他单位或个体工商户。

7.将自产、委托加工或购进的货物分配给股东或投资者。

8.将自产、委托加工或购进的货物无偿赠送给其他单位或个人。

9.单位或个体工商户向其他单位或个人无偿提供服务、转让无形资产或不动产，但用于公益事业或以社会公众为对象的除外。

特别提醒

视同销售行为中，所涉及的外购货物进项税额，凡符合规定的，允许作为当期进项税额抵扣。其中，购进货物用于4、5项的，进项税额不得抵扣，已经抵扣的，应作进项税额转出处理。

三、混合销售行为的征税规定

一项销售行为如果既涉及货物又涉及服务，为混合销售行为。判定混合销售行为成立必须同时满足以下两个标准：

1.销售行为必须是一项行为；

2.该项行为必须既涉及服务又涉及货物。

"货物"是指《中华人民共和国增值税暂行条例》（简称"《增值税暂行条例》"）中规定的有形动产；"服务"是指属于增值税征收范围的交通运输服务、建筑服务、金融服务、邮政服务、电信服务、现代服务、生活服务。

从事货物的生产、批发或零售的单位和个体工商户的混合销售行为，按照销售货物缴纳增值税；其他单位和个体工商户的混合销售行为，按照销售服务缴纳增值税。

四、兼营行为的征税规定

兼营行为是指纳税人的经营范围既包括销售货物和加工修理修配劳务，又包括销售服务、无形资产或不动产，但销售货物、加工修理修配劳务、服务、无形资产或不动产不同时发生在同一项销售行为中。

纳税人兼营销售货物、劳务、服务、无形资产或不动产适用不同税率或征收率的，应当分别核算适用不同税率或征收率的销售额；未分别核算销售额的，从高适用税率或征收率计征增值税。

混合销售行为与兼营行为的比较见表2-4。

表2-4　　　　　　　　　混合销售行为与兼营行为的比较

行为类别	差　异		相同点
	判断标准	税务处理	
混合销售行为	强调在同一项销售行为中存在着两类经营项目的混合，有从属关系	按"经营主业"缴纳增值税	两种行为的经营范围都有销售货物、提供劳务两类经营项目
兼营行为	强调同一纳税人存在两类经营项目，但不是发生在同一销售行为中，无从属关系	按"核算水平"分别核算的，分别按增值税适用税率；否则从高征税	

随堂演练

㊀单选题

1.下列选项中，不属于现代服务的是（　　）。（知识点：增值税征税范围一般规定）

A.文化创意服务　　　B.融资租赁服务　　　C.教育医疗服务　　　D.商务辅助服务

2.下列服务项目中，属于增值税增值电信服务的是（　　）。（知识点：增值税征税范围一般规定）

A.外文翻译　　　B.网络教育服务　　　C.快递服务　　　D.互联网接入服务

3.下列有关增值税应税服务范围的表述中，不正确的是（　　）。（知识点：增值税征税范围一般规定）

A.出租车公司向使用本公司自有出租车的出租车司机收取的管理费用，按陆路运输服务征收增值税

B.航空运输的湿租业务，属于航空运输服务

C.远洋运输的程租、期租业务，属于水路运输服务

D.航空地面服务属于航空运输服务的范围

4.下列单位提供的服务中，属于增值税应税服务应该纳税的是（　　）。（知识点：增值税征税范围一般规定）

A.某动漫设计公司为其他单位提供动漫设计服务

B.某广告公司聘用广告制作人才为本公司设计广告

C.某运输企业为洪水灾区无偿提供汽车运输服务

D.某电影放映单位为希望小学无偿提供电影《暖春》的放映服务

5.下列有关增值税范围的表述中，不正确的是（　　）。（知识点：增值税征税范围一般规定）

A.航天运输服务按照交通运输业缴纳增值税

B.广告代理服务按文化创意服务缴纳增值税

C.港口设施经营人收取的港口设施保安费按照物流辅助服务缴纳增值税

D.期租业务按有形动产租赁缴纳增值税

6.单位或个体经营者的下列业务中，应视同销售征收增值税的是（　　）。（知识点：视同销售行为的征税规定）

A.个体商店代销鲜奶　　　　　　　　　　B.企业将外购的货物用于集体福利

C.商场将购买的商品发给职工　　　　　　D.饭店购进啤酒用于餐饮服务

7.下列行为中，属于视同销售行为征收增值税的是（　　）。（知识点：视同销售行为的征税规定）

A.企业将购进的白酒作为福利发给职工

B.企业将上月购进的生产用钢材用于建造职工浴室

C.纳税人将委托加工的货物赠送给关联企业

D.企业将自制货物用于换取生产资料

8.单位或个体经营者的下列业务中，应视同销售征收增值税的是（　　）。（知识点：视同销售行为的征税规定）

A.将委托加工收回的货物用于个人消费　　B.将外购的小汽车用于抵偿债务

C.商场将购买的商品发给职工　　　　　　D.公司购进建材用于职工宿舍的建设

9.下列各项中，属于视同销售行为应当计算销项税额的是（　　）。（知识点：视同销售行为的征税规定）

A.企业将自产的服装作为福利发给职工　　B.企业将购买的货物用于个人消费

C.企业将外购的服装发给职工　　　　　　D.企业将自产的货物抵偿债务

10.单位或个体经营者的下列业务中，应视同销售征收增值税的是（　　）。（知识点：视同销售行为的征税规定）

A.个体商店代销鲜花　　　　　　　　　　B.电信部门安装电话并提供电话机

C.商场将购买的商品发给职工　　　　　　D.商场采取"以旧换新"方式销售新型手表

11.根据增值税的相关规定，下列各项中表述错误的是（　　）。（知识点：视同销售行为的征税规定）

A.外购货物用于对外投资应视同销售征收增值税

B.将货物交付其他单位代销属于视同销售，应征收增值税

C.销售代销货物不属于视同销售，不征增值税

D.受托方代销货物取得委托方开具的增值税专用发票，可以抵扣进项税额

12.下列各项中，属于增值税视同销售行为应当计算销项税额的是（　　）。（知识点：视同销售行为的征税规定）

A.将自产的货物用于个人消费　　　　　　　B.将购买的货物用于集体福利

C.将自产的货物用于换取生产资料　　　　　D.将购买的货物奖励给内部员工

13.下列选项中属于视同销售行为，应当计算销项税额的是（　　）。（知识点：视同销售行为的征税规定）

A.将外购的材料用于修建职工宿舍楼　　　　B.将购买的货物用于个人消费

C.将自产的服装发给职工　　　　　　　　　D.将自产的货物用于换取生产资料

14.下列关于增值税混合销售行为的表述中，正确的是（　　）。（知识点：混合销售行为和兼营行为的征税规定）

A.计算机生产企业销售计算机并负责安装调试，属于增值税混合销售

B.从事货物的生产、批发或零售的单位和个体工商户的混合销售行为，按照销售服务缴纳增值税

C.其他单位和个体工商户的混合销售行为，按照销售货物缴纳增值税

D.某药店销售药品，还提供医疗服务，属于增值税混合销售

15.下列各项中，不属于增值税混合销售行为的是（　　）。（知识点：混合销售行为和兼营行为的征税规定）

A.纳税人销售林木的同时提供林木管护劳务

B.某诊所提供医疗服务，还销售药品

C.电梯销售商销售电梯并负责安装电梯

D.塑钢门窗销售商店在销售产品的同时又为客户提供安装服务

16.下列各项中，属于增值税混合销售行为的是（　　）。（知识点：混合销售行为和兼营行为的征税规定）

A.电梯销售商销售电梯的同时又为其他客户提供安装服务

B.汽车销售公司销售汽车并为其他客户提供装饰服务

C.铝合金门窗厂销售门窗并负责安装

D.某药店销售药品，还提供医疗服务

17.下列选项中，属于增值税混合销售行为的是（　　）。（知识点：混合销售行为和兼营行为的征税规定）

A.某商场销售货物并建立餐饮中心为顾客提供餐饮服务

B.汽车销售公司销售汽车并为其他客户提供装饰服务

C.纳税人销售林木的同时提供林木管护劳务

D.宾馆附设烟酒销售部

18.纳税人兼有不同税率的销售货物、加工修理修配劳务、服务、无形资产或不动产，未分别核算销售额的（　　）。（知识点：混合销售行为和兼营行为的征税规定）

单选题

A.从低适用税率　　　　　　　　　　　　　B.从高适用税率

C.由主管税务机关确定适用税率　　　　　　D.适用平均税率

随堂演练

⑭多选题

1.下列属于增值税征税范围的有（　　）。（知识点：增值税征税范围一般规定）

A.单位聘用的员工为本单位提供的运输业务

B.航空运输企业提供的湿租业务

C.出租车公司向使用本公司自有出租车的司机收取的管理费用

D.广告公司提供的广告代理业务

E.房地产评估咨询公司提供的房地产评估业务

2.下列选项中，不属于在境内销售服务、无形资产或不动产的有（　　　）。(知识点：增值税征税范围一般规定)

A.服务（租赁不动产除外）的销售方在境内　　　B.所销售的不动产在境外

C.所销售自然资源使用权的自然资源在境内　　　D.服务（租赁不动产除外）的购买方在境内

E.所租赁的不动产在境外

3.根据增值税相关规定，下列行为中属于视同销售的有（　　　）。(知识点：视同销售行为的征税规定)

A.将自产、委托加工或购进的货物用于个人消费

B.将自产、委托加工或购进的货物分配给股东或投资者

C.将自产、委托加工或购进的货物作为投资提供给其他单位

D.将自产、委托加工或购进的货物用于集体福利

E.将自产、委托加工或购进的货物无偿赠送给其他单位或个人

4.根据增值税相关规定，下列行为中应视同销售货物征收增值税的有（　　　）。(知识点：视同销售行为的征税规定)

A.将自产的办公桌用于财务部门办公使用　　　B.将外购的服装作为春节福利发给企业员工

C.将委托加工收回的卷烟用于赠送客户　　　D.将新研发的玩具交付某商场代为销售

E.将外购的水泥用于本企业职工宿舍楼的修建

5.下列行为中，属于增值税视同销售行为的有（　　　）。(知识点：视同销售行为的征税规定)

A.在同一个县（市）范围内设有两个机构并实行统一核算的纳税人，将货物从一个机构移送另一机构用于销售

B.将外购的货物抵付员工工资

C.将自产货物作为股利分配给股东

D.将外购的货物用于集体福利

E.将委托加工收回的货物用于个人消费

多选题

随堂演练

第四节　　税率与征收率

一、税率

（一）13%基本税率

一般纳税人除适用低税率和零税率之外的销售货物和进口货物、提供加工修理修配劳务、有形动产租赁服务计征增值税，适用13%基本税率。

（二）9%低税率

一般纳税人提供交通运输服务、邮政服务、建筑服务、基础电信服务、不动产租赁服务，销售不动产，转让土地使用权以及销售或进口下列货物计征增值税，适用9%低税率：农产品（含粮食）、食用盐、食用植物油、自来水、热水、暖气、冷气、石油液化气、天然气、煤气、沼气、居民用煤炭制品、二甲醚、化肥、农药、农机、农膜、饲料、图书、报纸、杂志、音像制品、电子出版物。

（三）6%低税率

一般纳税人提供现代服务（租赁除外）、增值电信服务、金融服务、生活服务，销售无形资产（转让土地使用权除外）计征增值税，适用6%低税率。

（四）零税率

1.零税率适用范围。

出口货物及部分跨境服务计征增值税适用零税率。跨境服务适用零税率的具体范围如下：

（1）国际运输服务，包括在境内载运旅客或货物出境、在境外载运旅客或货物入境和在境外载运旅客或货物。

（2）航天运输服务。

（3）向境外单位提供的完全在境外消费的下列服务：❶研发服务；❷合同能源管理服务；❸设计服务；❹广播影视节目（作品）的制作和发行服务；❺软件服务；❻电路设计及测试服务；❼信息系统服务；❽业务流程管理服务；❾离岸服务外包业务，包括信息技术外包服务、技术性业务流程外包服务、技术性知识流程外包服务；❿转让技术。

2.程租、期租和湿租业务零税率适用范围。

（1）境内单位或个人提供程租服务，如果租赁的交通工具用于国际运输服务和中国港澳台地区运输服务，由出租方按规定申请适用增值税零税率。

（2）境内单位和个人向境内单位或个人提供期租、湿租服务，如果承租方利用租赁的交通工具向其他单位或个人提供国际运输服务和港澳台运输服务，由承租方适用增值税零税率。

（3）境内单位或个人向境外单位或个人提供期租、湿租服务，由境内实际承运人适用增值税零税率。

（4）境内单位和个人以无运输工具承运方式提供的国际运输业务，由境内实际承运人适用增值税零税率；无运输工具承运业务的经营者适用增值税免税政策。

3.关于完全在境外消费的界定。

完全在境外消费是指：

（1）服务的实际接受方在境外，且与境内的货物和不动产无关。

（2）无形资产完全在境外使用，且与境内的货物和不动产无关。

（3）财政部和国家税务总局规定的其他情形。

4.放弃零税率的规定。

境内单位和个人销售适用增值税零税率的服务或无形资产的，可以放弃适用增值税零税率，选择免税或按规定缴纳增值税。放弃适用增值税零税率后，36个月内不得再申请适用增值税零税率。

增值税适用税率汇总见表2-5。

表2-5　　　　　　　　　　　　　　增值税适用税率汇总

税率类型	税率	适用范围
基本税率	13%	销售或进口货物、提供应税劳务、提供有形动产租赁服务
低税率	9%	销售或进口税法列举的货物
		提供交通运输服务、邮政服务、建筑服务、基础电信服务、不动产租赁服务，销售不动产，转让土地使用权
	6%	提供现代服务（租赁除外）、增值电信服务、金融服务、生活服务，销售无形资产（转让土地使用权除外）
零税率	0	出口货物、劳务或境内单位和个人发生的跨境应税行为

二、征收率

增值税征收率是指对特定货物或特定纳税人发生应税行为在某一生产流通环节应纳税额与销售额的比率。增值税征收率适用于两种情形：一是小规模纳税人；二是一般纳税人发生应税行为按规定选择简易计税方法计税的。增值税征收率有法定征收率3%及特殊征收率5%、2%、1.5%、0.5%，具体见表2-6。

表2-6　　　　　　　　　　　　　　增值税征收率适用情况汇总表

类型		适用范围
法定征收率	3%	**小规模纳税人** 2023年1月1日至2027年12月31日减按1%计税
		生产销售货物，选择简易计税方法计税的情形：①县级及县级以下小型水力发电单位生产的电力；②建筑用和生产建筑材料所用的砂、土、石料或其他矿物连续生产的砖、瓦、石灰；③用微生物、微生物代谢产物、动物毒素、人或动物的血液或组织制造的生物制品；④商品混凝土（仅限于以水泥为原料生产的水泥混凝土）；⑤自来水；⑥寄售商店代销寄售物品（包括居民个人寄售的物品在内）；⑦典当业销售死当物品；⑧生产销售和批发、零售罕见病药品及抗癌药；⑨单采血浆站销售非临床用人体血液；⑩药品经营企业销售生物制品；⑪兽用药品经营企业销售兽用生物制品；⑫公共交通运输服务；⑬经认定的动漫企业为开发动漫产品提供的动漫脚本编撰、形象设计、背景设计、动画设计、分镜、动画制作、摄制、描线、上色、画面合成、配音、配乐、音效合成、剪辑、字幕制作、压缩转码服务，以及在境内转让动漫版权；⑭电影放映服务、仓储服务、装卸搬运服务、收派服务和文化体育服务；⑮以清包工方式提供的建筑服务；⑯为甲供工程提供的建筑服务。上述第①项至第⑤项需为纳税人自产货物
	一般纳税人	销售服务，选择简易计税方法计税的情形：①公共交通运输服务；②经认定的动漫企业为开发动漫产品提供的动漫脚本编撰、形象设计等服务，以及在境内转让动漫版权；③电影放映服务、仓储服务、装卸搬运服务、收派服务和文化体育服务；④以纳入营改增试点之日前取得的有形动产为标的物提供的经营租赁服务；⑤在纳入营改增试点之日前签订的尚未执行完毕的有形动产租赁合同；⑥公路经营企业中的一般纳税人收取营改增试点前开工的高速公路的车辆通行费；⑦提供物业管理服务的纳税人，向服务接受方收取的自来水水费；⑧非企业性单位中的一般纳税人提供的研发和技术服务、信息技术服务、鉴证咨询服务，以及销售技术、著作权等无形资产，提供技术转让、技术开发和与之相关的技术咨询、技术服务；⑨一般纳税人提供非学历教育服务、教育辅助服务
		提供建筑服务，选择简易计税方法的情形：①以清包工方式提供的建筑服务；②为甲供工程提供的建筑服务；③为建筑工程老项目提供的建筑服务；④销售自产机器设备的同时提供安装服务，分别核算机器设备和安装服务的销售额，安装服务可以按照甲供工程选择适用简易计税方法计税；⑤销售外购机器设备的同时提供安装服务，如果已经按照兼营的有关规定，分别核算机器设备和安装服务的销售额，安装服务可以按照甲供工程选择适用简易计税方法计税；⑥跨县（市）提供建筑服务，选择适用简易计税方法计税的，应以取得的全部价款和价外费用扣除支付的分包款后的余额为销售额，按照3%的征收率计算应纳税额；⑦建筑工程总承包单位为房屋建筑的地基与基础、主体结构提供工程服务，建设单位自行采购全部或部分钢材、混凝土、砌体材料、预制构件的，适用简易计税方法计税

续表

类型		适用范围
特殊征收率	5%	小规模纳税人｜销售或出租不动产（个人出租住房除外）
		一般纳税人｜①销售、出租2016年4月30日前取得（含自建）的不动产，选择简易计税方法的；②提供人力资源外包服务，选择简易计税方法的；③房地产开发企业销售自行开发的房地产老项目，选择简易计税方法的
		纳税人｜提供劳务派遣服务，选择差额计税的
	2%	小规模纳税人｜销售自己使用过的固定资产，按照3%征收率减按2%计征增值税
		一般纳税人｜销售自己使用过的未抵扣进项税额的固定资产，适用简易计税方法，按照3%征收率减按2%计征增值税
		纳税人｜销售旧货，按照简易计税方法，按照3%征收率减按2%计征增值税
	1.5%	个人（含个体工商户和自然人）出租住房，适用5%减按1.5%计征增值税
	0.5%	自2020年5月1日至2027年12月31日，对从事二手车经销的纳税人销售其收购的二手车，按照简易计税办法依3%征收率减按0.5%计征增值税

三、兼营行为适用税率

纳税人兼营销售货物、劳务、服务、无形资产或不动产适用不同税率或征收率的，应当分别核算适用不同税率或征收率的销售额；未分别核算销售额的，从高适用税率或征收率。

四、扣缴增值税适用税率

境内的购买方为境外单位和个人扣缴增值税的，按照适用税率扣缴增值税。

随堂演练

①单选题

1.根据增值税相关政策规定，提供有形动产租赁服务适用的增值税税率为（　　）。（知识点：税率）

A.13%　　　　　　B.10%　　　　　　C.9%　　　　　　D.6%

2.增值税一般纳税人提供物流辅助服务适用的增值税税率为（　　）。（知识点：税率）

A.17%　　　　　　B.6%　　　　　　C.11%　　　　　　D.13%

3.下列关于增值税适用税率的表述中，正确的是（　　）。（知识点：税率）

A.单位和个人提供的国际运输服务，税率为零

B.提供的交通运输业服务，税率为7%

C.单位和个人向境外单位提供的研发服务，税率为6%

D.提供有形动产租赁服务，税率为6%

4.下列不适用9%低税率的是（　　）。（知识点：税率）

A.食用植物油　　　B.天然气　　　　C.图书　　　　　D.中成药

5.下列选项中，适用6%税率的是（　　）。（知识点：税率）

A.建筑服务　　　B.转让土地使用权　　　C.增值电信服务　　　D.不动产租赁服务

6.下列有关增值税适用税率的说法中，正确的是（　　）。（知识点：税率）

A.一般纳税人提供鉴证咨询服务，适用税率为6%

B.小规模纳税人提供交通运输服务，适用税率为6%

C.境内单位和个人向境外单位提供研发和设计服务，按6%税率征收增值税

D.一般纳税人提供基础电信服务，适用税率为6%

Ⅱ 多选题

1.下列货物中，适用9%增值税税率的有（　　）。（知识点：税率）

A.图书　　　　　　　　　　B.报纸　　　　　　　　　　C.杂志

D.音像制品　　　　　　　　E.电子出版物

2.下列选项中，适用9%增值税税率的有（　　）。（知识点：税率）

A.邮政代理业务　　　　　　B.远洋运输的程租业务　　　C.航空运输的干租业务

D.出租出售带宽业务　　　　E.装卸搬运服务

3.下列选项中，适用3%征收率减按2%征收增值税的有（　　）。（知识点：征收率）

A.一般纳税人销售旧货

B.一般纳税人销售2008年12月31日前购进或自制的固定资产

C.小规模纳税人销售旧货

D.小规模纳税人销售自己使用过的固定资产

E.小规模纳税人销售自己使用过的除固定资产以外的物品

4.一般纳税人销售下列自产货物，可以选择按3%征收率计算增值税的有（　　）。（知识点：征收率）

A.县级及县级以下小型水力发电单位生产的电力

B.建筑用和生产建筑材料所用的砂、土、石料

C.自来水厂和自来水公司销售自来水

D.以清包工方式提供的建筑服务

E.以水泥为原料生产的水泥混凝土

第五节　　税收优惠

一、法定免税项目

《增值税暂行条例》规定下列项目免征增值税：

1.农业生产者销售自产农产品。农业指种植业、养殖业、林业、牧业、水产业。农业生产者包括从事农业生产的单位和个人。农产品是指初级农产品，具体由财政部、国家税务总局确定。

自2013年4月1日起，纳税人采取"公司+农户"经营模式从事畜禽饲养，纳税人回收再销售畜禽，属于农业生产者销售自产农产品，免征增值税。

2.避孕药品和用具。

3.古旧图书。特指向社会收购的古书和旧书。

4.直接用于科学研究、科学试验和教学的进口仪器、设备。

5.外国政府、国际组织无偿援助的进口物资和设备。

6.由残疾人组织直接进口供残疾人专用的物品。

7.其他个人（即自然人）销售自己使用过的物品。

二、特定免税项目

财政部、国家税务总局规定的免征增值税项目如下：

（一）与销售货物有关的免税项目

1.对承担粮食收储任务的国有粮食购销企业销售的粮食免征增值税。除经营军队用粮、救灾救济粮、水库移民口粮免征增值税外，其他企业经营粮食一律征收增值税。自2014年5月1日起，该政策适用范围扩大到粮食和大豆，并且可对免税业务开具增值税专用发票。

2.政府储备食用植物油的销售免征增值税，其他销售食用植物油的业务一律照章征收增值税。

3.销售饲料免征增值税。宠物饲料不属于免征增值税饲料。饲料添加剂不属于饲料征税范围。

4.自2012年1月1日起，对从事蔬菜批发、零售的纳税人销售的蔬菜免征增值税。

5.自2012年10月1日起，对从事农产品批发、零售的纳税人销售的部分鲜活肉蛋产品免征增值税。其中，鲜活肉产品是指猪、牛、羊、鸡、鸭、鹅及其整块或者分割的鲜肉、冷藏或者冷冻肉，内脏、头、尾、骨、蹄、翅、爪等组织；鲜活蛋产品是指鸡蛋、鸭蛋、鹅蛋，包括鲜蛋、冷藏蛋以及对其进行破壳分离的蛋液、蛋黄和蛋壳。

6.对供热企业向居民个人供热取得的采暖费收入免征增值税。向居民个人供热取得的采暖费收入包括供热企业直接向居民个人收取的、通过其他单位向居民个人收取的和由单位代居民个人缴纳的采暖费。通过热力产品经营企业向居民个人供热的，应当根据热力产品经营企业实际从居民个人取得的采暖费收入占该经营企业采暖费总收入的比例，计算免征增值税。

（二）与销售服务有关的免税项目

1.托儿所、幼儿园提供的保育和教育服务。托儿所、幼儿园包括公办和民办的托儿所、幼儿园、学前班、幼儿班、保育院、幼儿院。

公办托儿所、幼儿园免征增值税的收入是指在省级财政部门和价格主管部门审核报省级人民政府批准的收费标准以内收取的教育费、保育费。民办托儿所、幼儿园免征增值税的收入是指在报经当地有关部门备案并公示的收费标准范围内收取的教育费、保育费。超过规定收费标准的收费，以开办实验班、特色班和兴趣班等为由另外收取的费用以及与幼儿入园挂钩的赞助费、支教费等超过规定范围的收入，不属于免征增值税收入。

2.养老机构提供的养老服务。

3.残疾人福利机构提供的育养服务。

4.婚姻介绍服务。

5.殡葬服务。

6.残疾人员本人为社会提供的服务。

7.学生勤工俭学提供的服务。

8.农业机耕、排灌、病虫害防治、植物保护、农牧保险以及相关技术培训业务，家禽、牲畜、水生动物的配种和疾病防治。

9.纪念馆、博物馆、文化馆、文物保护单位管理机构、美术馆、展览馆、书画院、图书馆在自己的场所提供文化体育服务取得的第一道门票收入。

10.寺院、宫观、清真寺和教堂举办文化、宗教活动的门票收入。

11.福利彩票、体育彩票的发行收入。

12.社会团体收取的会费。

13.医疗机构提供的医疗服务。非营利性医疗机构自产自用的制剂免征增值税。

14.从事学历教育的学校提供的符合下列条件的教育服务收入免征增值税：

（1）提供学历教育的学校提供的教育服务收入。学校：包括符合规定的从事学历教育的民办学校。提供教育服务免征增值税的收入是指对列入规定招生计划的在籍学生提供学历教育服务取得的收入，具体包括经有关部门审核批准并按规定标准收取的学费、住宿费、课本费、作业本费、考试报名费收入，以及学校食堂提供餐饮服务取得的伙食费收入。

（2）政府举办的从事学历教育的高等、中等和初等学校（不含下属单位）举办进修班、培训班取得的全部归该学校所有的收入。全部归该学校所有是指举办进修班、培训班取得的全部收入进入该学校统一账户，并纳入预算全额上缴财政专户管理，同时由该学校对有关票据进行统一管理和开具。

（3）政府举办的职业学校设立的主要为在校学生提供实习场所，并由学校出资自办、由学校负责经营管理、经营收入归学校所有的企业，从事"现代服务"（不含融资租赁服务、广告服务和其他现代服务）、"生活服务"（不含文化体育服务、其他生活服务和桑拿、氧吧）取得的收入。

15.军队转业干部就业：

（1）从事个体经营的军队转业干部，自领取税务登记证件（或加载统一社会信用代码的营业执照，下同）之日起，其提供的应税服务3年内免征增值税。

（2）为安置自主择业的军队转业干部就业而新开办的企业，凡安置自主择业的军队转业干部占企业总人数60%（含）以上的，自领取税务登记证件之日起，其提供的应税服务3年内免征增值税。

16.随军家属就业：

（1）为安置随军家属就业而新开办的企业，自领取税务登记证件之日起，其提供的应税服务3年内免征增值税。享受税收优惠政策的企业，随军家属必须占企业总人数60%（含）以上。

（2）从事个体经营的随军家属，自办理税务登记事项之日起，其提供的应税服务3年内免征增值税。

17.同时符合下列条件的合同能源管理服务：

（1）节能服务公司实施合同能源管理项目相关技术，应当符合国家市场监督管理总局规定的技术要求。

（2）节能服务公司与用能企业签订节能效益分享型合同，其合同格式和内容符合相关规定。

18.台湾航运公司、航空公司从事海峡两岸海上直航、空中直航业务在大陆取得的运输收入。

19.纳税人提供的直接或间接国际货物运输代理服务。

20.自2022年1月1日起，对法律援助人员按照《中华人民共和国法律援助法》规定获得的法律援助补贴。

（三）销售无形资产

1.个人转让著作权免征增值税。

2.纳税人提供技术转让、技术开发和与之相关的技术咨询、技术服务免征增值税。与技术转让、技术开发相关的技术咨询、技术服务是指转让方（或受托方）根据技术转让或开发合同的规定，为帮助受让方（或委托方）掌握所转让（或委托开发）的技术而提供的技术咨询、技术服务业务，且这部分技术咨询、技术服务的价款与技术转让或者技术开发的价款应当在同一张发票上开具。

（四）销售不动产及不动产租赁服务

1.个人销售自建自用住房免征增值税。

2.涉及家庭财产分割的个人无偿转让不动产、土地使用权免征增值税。

家庭财产分割包括下列情形：离婚财产分割；无偿赠与配偶、父母、子女、祖父母、外祖父母、孙子女、外孙子女、兄弟姐妹；无偿赠与对其承担直接抚养或者赡养义务的抚养人或者赡养人；房屋产权所有人死亡，法定继承人、遗嘱继承人或者受遗赠人依法取得房屋产权。

3.北京市、上海市、广州市和深圳市之外的地区个人，将购买不足2年的住房对外销售的，按照5%的征收率全额缴纳增值税；个人将购买2年以上（含2年）的住房对外销售的，免征增值税。

北京市、上海市、广州市和深圳市个人，将购买不足2年的住房对外销售的，按照5%的征收率全额缴纳增值税；个人将购买2年以上（含2年）的非普通住房对外销售的，以销售收入减去购买住房价款后的差额按照5%的征收率缴纳增值税；个人将购买2年以上（含2年）的普通住房对外销售的，免征增值税。

4.个人出租住房，应按照5%的征收率减按1.5%计算应纳增值税。

5.将土地使用权转让给农业生产者用于农业生产免征增值税。

纳税人采取转包、出租、互换、转让、入股等方式将承包地流转给农业生产者用于农业生产取得的收入，免征增值税。

6.土地所有者出让土地使用权和土地使用者将土地使用权归还给土地所有者免征增值税。土地所有者依法征收土地，并向土地使用者支付土地及其相关有形动产、不动产补偿费的行为，属于土地使用者将土地使用权归还给土地所有者的情形。

7.县级以上地方人民政府或自然资源行政主管部门出让、转让或收回自然资源使用权（不含土地使用权）免征增值税。

8.军队空余房产租赁收入免征增值税。

（五）金融服务

1.下列利息收入免征增值税：

（1）国家助学贷款。

（2）国债、地方政府债。

（3）人民银行对金融机构的贷款。

（4）住房公积金管理中心用住房公积金在指定的委托银行发放的个人住房贷款。

（5）外汇管理部门在从事国家外汇储备经营过程中，委托金融机构发放的外汇贷款。

2.保险公司开办的一年期以上人身保险产品取得的保费收入免征增值税。

3.下列金融商品转让收入免征增值税：

（1）证券投资基金管理人运用基金买卖股票、债券。

（2）个人从事金融商品转让业务。

4.金融同业往来利息收入免征增值税。

（六）进口货物

1.对中国经济图书进出口公司、中国出版对外贸易总公司为大专院校和科研单位免税进口的图书、报刊等资料，在其销售给上述院校和单位时，免征国内销售环节增值税。

2.对中国教育图书进出口公司、北京中科进出口公司、中国国际图书贸易总公司销售给高等学校、科研单位和北京图书馆的进口图书、报刊资料免征增值税。

3.对中国科技资料进出口总公司为科研单位、大专院校进口的用于科研、教学的图书、文献、报刊及其他资料（包括只读光盘、缩微平片、胶卷、地球资源卫星照片、科技和教学声像制品）免征国内销售环节增值税。

4.对中国图书进出口总公司销售给国务院各部委、各直属机构及各省、自治区、直辖市所属科研机构和大专院校的进口科研、教学书刊免征增值税。

5.自2018年5月1日起，对进口抗癌药品，减按3%征收进口环节增值税；自2019年3月1日起，对进口罕见病药品，减按3%征收进口环节增值税。自2021年1月1日至2030年12月31日，对卫生健康委委托进口的抗艾滋病病毒药物，免征进口关税和进口环节增值税。

三、临时减免税项目

（一）孵化服务

自2019年1月1日至2027年12月31日，国家级、省级科技企业孵化器、大学科技园和国家备案众创空间对其向在孵对象提供孵化服务取得的收入，免征增值税。

孵化服务是指为在孵对象提供的经纪代理、经营租赁、研发和技术、信息技术、鉴证咨询服务。在孵对象是指符合认定和管理办法规定的孵化企业、创业团队和个人。

（二）社区家庭服务业

自2019年6月1日至2025年12月31日，下列收入免征增值税：

1.为社区提供养老、托育、家政等服务的机构，提供社区养老、托育、家政服务取得的收入，免征增值税。

2.符合下列条件的家政服务企业提供家政服务取得的收入，免征增值税：

（1）与家政服务员、接受家政服务的客户就提供家政服务行为签订三方协议；

（2）向家政服务员发放劳动报酬，并对家政服务员进行培训管理；

（3）通过建立业务管理系统对家政服务员进行登记管理。

（三）边销茶

自2023年9月22日至2027年12月31日，对边销茶生产企业销售自产的边销茶及经销企业销售的边销茶，免征增值税。

（四）推动普惠金融发展

1.2027年12月31日前，纳税人为农户、小型企业、微型企业及个体工商户借款、发行债券提供融资担保取得的担保费收入，以及为原担保提供再担保取得的再担保费收入，免征增值税。

2.2027年12月31日前，对经省级地方金融监督管理部门批准成立的小额贷款公司取得的农户小额贷款利息收入，免征增值税。

（五）扶贫货物捐赠

自2019年1月1日至2025年12月31日，对单位或个体工商户将自产、委托加工或购买的货物通过公益性社会组织、县级及以上人民政府及其组成部门和直属机构，或直接无偿捐赠给目标脱贫地区的单位和个人，免征增值税。在政策执行期限内，目标脱贫地区实现脱贫的，可继续适用免征增值税政策。

（六）阶段性减免小规模纳税人增值税

1.自2023年1月1日至2027年12月31日，对月销售额10万元以下（含本数）的增值税小规模纳税人免征增值税。

2.自2023年1月1日至2027年12月31日，增值税小规模纳税人适用3%征收率的应税销售收入，减按1%征收率征收增值税；适用3%预征率的预缴增值税项目，减按1%预征率预缴增值税。

小规模纳税人减按1%征收率征收增值税的，按下列公式计算销售额：

销售额=含税销售额÷（1+1%）

【税收助发展　惠及你我他】

输血给氧　焕发个体经济生机活力

街边大姐的小饭馆、农贸市场里大叔的水果摊、楼下阿姨的小超市……数以亿计的个体工商户，遍布在城乡的各个角落里。据市场监管总局统计，截至2023年1月，我国市场主体达1.7亿户，其中个体工商户1.14亿户，约占总量的三分之二。他们是我国国民经济的小细胞，在稳增长、促就业、惠民生等方面发挥了不可或缺的积极作用。

中国中小企业协会公布的经济运行数据显示，2023年1月份，中国中小企业发展指数为88.9，比2022年12月回升1个点，上升幅度达到近两年来最高。其中，反映企业信心状况的宏观经济感受指数为98.7，比上月上升2.1点。这份信心既来自个体工商户从业者固有的韧性、奋斗，更来自国家不断出台新政策营造的良好营商环境。

2022年11月开始施行的《促进个体工商户发展条例》，从登记注册、经营场所供给以及资金、财税、金融、社保、创业就业、社区便民、知识产权保护等多方面，对个体工商户发展提供了全方位支持，有效激发个体工商户创业创新活力。从实体税种来看，仅增值税一个税种就出台一系列的减免税优惠政策。从2023年1月1日至2027年12月31日，增值税小规模纳税人月销售额10万元以下的免征增值税，增值税小规模纳税人适用3%征收率的应税销售收入减按1%征收增值税，金融机构向小型企业、微型企业及个体工商户发放小额贷款的利息收入免征增值税，纳税人为农户、小微企业及个体工商户提供融资担保及再担保业务免征增值税等。国家出台的这些既"补血"又"造血"的优惠政策措施，必将使个体经济焕发出更强的生机活力，进而助推经济的高质量发展。

资料来源　思客. 这些国民经济的"小细胞"，激活了中国经济！[EB/OL].［2023-02-28］. https: //sdxw.iqilu.com/share/YS0yMS0xNDE5Nzg4NQ==.html. 有删减。

（七）二手车经销企业销售旧车

自2023年9月22日至2027年12月31日，对从事二手车经销的纳税人销售其收购的二手车，按照简易办法依3%征收率减按0.5%征收增值税，并按下列公式计算销售额：

销售额=含税销售额/（1+0.5%）

（八）研发机构采购国产设备

自2021年1月1日至2027年12月31日，对研发机构采购国产设备，全额退还增值税。

（九）出口货物保险

自2022年1月1日至2025年12月31日，对境内单位和个人发生的下列跨境应税行为免征增值税：以出口货物为保险标的的产品责任保险；以出口货物为保险标的的产品质量保证保险。

（十）图书批发、零售

自2021年1月1日起至2027年12月31日，免征图书批发、零售环节增值税。

四、增值税即征即退

（一）资源综合利用产品和劳务

一般纳税人销售自产的资源综合利用产品和提供资源综合利用劳务（以下称销售综合利用产品和劳务），可按规定比例享受增值税即征即退政策。综合利用的资源名称、综合利用产品和劳务名称、技术标准和相关条件、退税比例等按照《资源综合利用产品和劳务增值税优惠目录（2022年版）》（以下称《目录》）相关规定执行。

纳税人从事《目录》所列的资源综合利用项目，其申请享受增值税即征即退政策时，应同时符合下列条件：

1.纳税人在境内收购的再生资源，应按规定从销售方取得增值税发票；适用免税政策的，应按规定从销售方取得增值税普通发票。销售方为依法依规无法申领发票的单位或者从事小额零星经营业务的自然人，应取得销售方开具的收款凭证及收购方内部凭证，或者税务机关代开的发票。纳税人从境外收购的再生资源，应按规定取得海关进口增值税专用缴款书，或者从销售方取得具有发票性质的收款凭证、相关税费缴纳凭证。

纳税人应当取得上述发票或凭证而未取得的，该部分再生资源对应产品的销售收入不得适用即征即退规定。

$$\text{不得适用即征即退当期销售综合利用产品规定的销售收入} = \text{和劳务的销售收入} \times \frac{\text{纳税人应当取得发票或凭证而未取得的购入再生资源成本}}{\text{当期购进再生资源的全部成本}}$$

纳税人应当在当期销售综合利用产品和劳务销售收入中剔除不得适用即征即退政策部分的销售收入后，计算可申请的即征即退税额：

$$\text{可申请退税额} = \left[\left(\begin{matrix} \text{当期销售综合利用} \\ \text{产品和劳务的} \\ \text{销售收入} \end{matrix} - \begin{matrix} \text{不得适用即征} \\ \text{即退规定的} \\ \text{销售收入} \end{matrix} \right) \times \begin{matrix} \text{适用} \\ \text{税率} \end{matrix} - \begin{matrix} \text{当期即征} \\ \text{即退项目的} \\ \text{进项税额} \end{matrix} \right] \times \begin{matrix} \text{对应的} \\ \text{退税比例} \end{matrix}$$

【做中学·计算题】甲公司为增值税一般纳税人，其主营业务为利用废渣生产水泥，假定满足即征即退的其他条件，退税比例为70%。2024年5月水泥不含税销售额为2 000万元，当期购进废渣的全部成本为 1 000 万元。当期可抵扣进项税额 100 万元。

计算：

假设当期购进废渣全部取得增值税发票。则：应交增值税=2 000×13%-100=160（万元），申请退税额=160×70%=112（万元）。

假设当期购进废渣中 400 万元属于应取得发票而未取得。则：应交增值税=2 000×13%-100=160（万元），不得适用即征即退规定的销售收入=2 000×400÷1 000=800（万元），可申请退税额=〔（2 000-800）×13%-100〕×70%=39.2（万元）。

2.纳税人应建立再生资源收购台账，留存备查。

3.销售综合利用产品和劳务，不属于国家发展改革委发布的《产业结构调整指导目录》中的淘汰类、限制类项目。

4.销售综合利用产品和劳务，不属于生态环境部《环境保护综合名录》中的"高污染、高环境风险"产品或重污染工艺。

5.综合利用的资源，属于生态环境部发布的《国家危险废物名录》列明的危险废物的，应当取得省级或市级生态环境部门颁发的《危险废物经营许可证》，且许可经营范围包括该危险废物的利用。

6.纳税信用级别不为 C 级或 D 级。

7.纳税人申请享受本公告规定的即征即退政策时，申请退税税款所属期前 6 个月（含所属期当期）不得发生下列情形：（1）因违反生态环境保护的法律法规受到行政处罚（警告、通报批评或单次 10 万元以下罚款、没收违法所得、没收非法财物除外；单次 10 万元以下含本数，下同）。（2）因违反税收法律法规被税务机关处罚（单次 10 万元以下罚款除外），或发生骗取出口退税、虚开发票的情形。

（二）风力发电

自 2015 年 7 月 1 日起，对纳税人销售自产的利用风力生产的电力产品，实行增值税即征即退 50% 的政策。

（三）黄金期货交易

上海期货交易所会员和客户通过上海期货交易所销售标准黄金（持上海期货交易所开具的黄金结算专用发票），发生实物交割但未出库的，免征增值税；发生实物交割并已出库的，由税务机关按照实际交割价格代开增值税专用发票，并实行增值税即征即退的政策，同时免征城市维护建设税和教育费附加。

（四）铂金交易

1.对中博世金科贸有限责任公司通过上海黄金交易所销售的进口铂金，以上海黄金交易所开具的《上海黄金交易所发票》（结算联）为依据，实行增值税即征即退政策。中博世金科贸有限责任公司进口的铂金没有通过上海黄金交易所销售的，不得享受增值税即征即退政策。

2.国内铂金生产企业自产自销的铂金也实行增值税即征即退政策。

（五）修理修配劳务

对飞机维修劳务增值税实际税负超过 6% 的部分即征即退。

（六）软件产品

增值税一般纳税人销售其自行开发生产的软件产品，按 13% 的税率征收增值税后，对其增值税实际税负超过3%的部分实行即征即退政策。进口软件产品进行本地化改造后对外销售，其销售的软件产品可享受软件产品增值税即征即退政策。

享受增值税即征即退政策的软件产品应满足下列条件：取得软件产业主管部门颁发的《软件产品登记证书》或著作权行政管理部门颁发的《计算机软件著作权登记证书》。增值税即征即退税额的计算公式如下：

即征即退税额=当期软件产品增值税应纳税额－当期软件产品销售额×3%

当期软件产品增值税应纳税额=当期软件产品销项税额－当期软件产品可抵扣进项税额

当期软件产品销项税额=当期软件产品销售额×适用税率

【做中学·计算题】某软件开发企业为增值税一般纳税人，2024年6月销售自行开发生产的软件产品，取得不含税销售额68 000元，从国外进口软件进行本地化改造后对外销售，取得不含税销售额200 000元。本月购进一批电脑用于软件设计，取得的增值税专用发票注明金额100 000元。计算该企业上述业务应退增值税税额。

计算：

应纳税额=68 000×13%+200 000×13%－100 000×13%=21 840（元）

税负=21 840÷（68 000+200 000）×100%=8.15%

退税=21 840－（68 000+200 000）×3%=13 800（元）

（七）管道运输服务

一般纳税人提供管道运输服务，对其增值税实际税负超过3%的部分实行增值税即征即退政策。

（八）有形动产融资租赁和售后回租服务

经人民银行、银监会（现为国家金融监督管理总局）或者商务部批准从事融资租赁业务的试点纳税人中的一般纳税人，提供有形动产融资租赁服务和有形动产融资性售后回租服务，对其增值税实际税负超过3%的部分实行增值税即征即退政策。

（九）安置残疾人

安置残疾人的单位和个体工商户，按纳税人安置残疾人的人数限额即征即退增值税。安置的每位残疾人每月可退还的增值税具体限额，由县级以上税务机关根据纳税人所在区县（含县级市、旗，下同）适用的经省（含自治区、直辖市、计划单列市）人民政府批准的月最低工资标准的4倍确定。退税额计算公式如下：

本期应退增值税额=本期所含月份每月应退增值税额之和

月应退增值税额=本月安置残疾人员人数×本月月最低工资标准的4倍

该政策仅适用于生产销售货物，提供加工、修理修配劳务，以及提供现代服务和生活服务税目（不含文化体育服务和娱乐服务）范围的服务取得的收入之和，占其增值税收入的比例达到50%的纳税人，但不适用于上述纳税人直接销售外购货物（包括商品批发和零售）以及销售委托加工的货物取得的收入。

如果纳税人既适用促进残疾人就业增值税优惠政策，又适用重点群体、退役士兵、随军家属、军转干部等支持就业的增值税优惠政策的，纳税人可自行选择适用的优惠政策，但不能累加执行。一经选定，36个月内不得变更。

五、增值税先征后退

自2021年1月1日至2027年12月31日，执行下列增值税先征后退政策：

（一）对下列出版物在出版环节执行增值税100%先征后退的政策

1.中国共产党和各民主党派的各级组织的机关报纸和机关期刊，各级人大、政协、政府、工会、共青团、妇联、残联、科协的机关报纸和机关期刊，新华社的机关报纸和机关期刊，军事部门的机关报纸和机关期刊。上述各级组织不含其所属部门。

2.专为少年儿童出版发行的报纸和期刊，中小学的学生教科书。

3.专为老年人出版发行的报纸和期刊。

4.少数民族文字出版物。

5.盲文图书和盲文期刊。

6.经批准在内蒙古、广西、西藏、宁夏、新疆五个自治区内注册的出版单位出版的出版物。

7.列入《适用增值税100%先征后退政策的特定图书、报纸和期刊名单》的图书、报纸和期刊。

（二）对下列出版物在出版环节执行增值税50%先征后退的政策

1.各类图书、期刊、音像制品、电子出版物，但规定执行增值税100%先征后退的出版物除外。

2.列入《适用增值税50%先征后退政策的报纸名单》的报纸。

（三）对下列印刷、制作业务执行增值税100%先征后退的政策

1.对少数民族文字出版物的印刷或制作业务。

2.列入《适用增值税100%先征后退政策的新疆维吾尔自治区印刷企业名单》的新疆维吾尔自治区印刷企业的印刷业务。

六、扣减增值税规定

（一）退役士兵创业就业

1.自2023年1月1日至2027年12月31日，自主就业退役士兵从事个体经营的，自办理个体工商户登记当月起，在3年（36个月）内按每户每年20 000元为限额依次扣减其当年实际应缴纳的增值税、城市维护建设税、教育费附加、地方教育附加和个人所得税。限额标准最高可上浮20%，各省、自治区、直辖市人民政府可根据本地区实际情况在此幅度内确定具体限额标准。

纳税人年度应缴纳税款小于上述扣减限额的，减免税额以其实际缴纳的税款为限；大于上述扣减限额的，以上述扣减限额为限。纳税人的实际经营期不足1年的，应当按月换算其减免税限额。换算公式为：

减免税限额=年度减免税限额÷12×实际经营月数

2.自2023年1月1日至2027年12月31日，企业招用自主就业退役士兵，与其签订1年以上期限劳动合同并依法缴纳社会保险费的，自签订劳动合同并缴纳社会保险当月起，在3年内按实际招用人数予以定额依次扣减增值税、城市维护建设税、教育费附加、地方教育附加和企业所得税优惠。定额标准为每人每年6 000元，最高可上浮50%，各省、自治区、直辖市人民政府可根据本地区实际情况在此幅度内确定具体定额标准。

企业按招用人数和签订的劳动合同时间核算企业减免税总额，在核算减免税总额内每月依次扣减增值税、城市维护建设税、教育费附加和地方教育附加。企业实际应缴纳的增值税、城市维护建设税、教育费附加和地方教育附加小于核算减免税总额的，以实际应缴纳的增值税、城市维护建设税、教育费附加和地方教育附加为限；实际应缴纳的增值税、城市维护建设税、教育费附加和地方教育附加大于核算减免税总额的，以核算减免税总额为限。

纳税年度终了，如果企业实际减免的增值税、城市维护建设税、教育费附加和地方教育附加小于核算减免税总额，企业在企业所得税汇算清缴时以差额部分扣减企业所得税。当年扣减不完的，不再结转以后年度扣减。

自主就业退役士兵在企业工作不满1年的，应当按月换算减免税限额。计算公式为：

$$企业核算减免税总额=\sum 每名自主就业退役士兵本年度在本单位工作月份 \div 12 \times 具体定额标准$$

企业招用自主就业退役士兵既可以适用上述规定的税收优惠政策，又可以适用其他扶持就业专项税收优惠政策的，企业可以选择适用最优惠的政策，但不得重复享受。

（二）重点群体创业就业

自2023年1月1日至2027年12月31日，脱贫人口、持《就业创业证》（注明"自主创业税收政策"或"毕业年度内自主创业税收政策"）或《就业失业登记证》（注明"自主创业税收政策"）的人员从事个体经营的，自办理个体工商户登记当月起，在3年（36个月）内按每户每年20 000元为限额依次扣减其当年实际应缴纳的增值税、城市维护建设税、教育费附加、地方教育附加和个人所得税。限额标准最高可上浮20%，各省、自治区、直辖市人民政府可根据本地区实际情况在此幅度内确定具体限额标准。

纳税人年度应缴纳税款小于上述扣减限额的，减免税额以其实际缴纳的税款为限；大于上述扣减限额的，以上述扣减限额为限。

上述人员具体包括：（1）纳入全国扶贫开发信息系统的建档立卡贫困人口。（2）在人力资源社会保障部门公共就业服务机构登记失业半年以上的人员。（3）零就业家庭、享受城市居民最低生活保障家庭劳动年龄内的登记失业人员。（4）毕业年度内高校毕业生。高校毕业生是指实施高等学历教育的普通高等学校、成人高等学校应届毕业的学生；毕业年度是指毕业所在自然年，即1月1日至12月31日。

（三）招用贫困人口、失业人员

自2023年1月1日至2027年12月31日，企业招用脱贫人口，以及在人力资源社会保障部门公共就业服务机构登记失业半年以上且持《就业创业证》或《就业失业登记证》（注明"企业吸纳税收政策"）的人员，与其签订1年以上期限劳动合同并依法缴纳社会保险费的，自签订劳动合同并缴纳社会保险当月起，在3年（36个月）内按实际招用人数予以定额依次扣减增值税、城市维护建设税、教育费附加、地方教育附加和企业所得税优惠。定额标准为每人每年6 000元，最高可上浮30%，各省、自治区、直辖市人民政府可根据本地区实际情况在此幅度内确定具体定额标准。

按上述标准计算的税收扣减额应在企业当年实际缴纳的增值税、城市维护建设税、教育费附加、地方教育附加和企业所得税税额中扣减，纳税人当年扣减不完的，不再结转以后年度扣减。

（四）税控系统专用设备和技术维护费用

自2011年12月1日起，增值税纳税人购买增值税税控系统专用设备支付的费用以及缴纳的技术维护费（以下称两项费用）可在增值税应纳税额中全额抵减。具体规定如下：

　　1.增值税纳税人2011年12月1日（含）以后初次购买增值税税控系统专用设备（包括分开票机）支付的费用，可凭购买增值税税控系统专用设备取得的增值税专用发票，在增值税应纳税额中全额抵减（抵减额为价税合计额），不足抵减的可结转下期继续抵减。增值税纳税人非初次购买增值税税控系统专用设备支付的费用，由其自行负担，不得在增值税应纳税额中抵减。

　　2.增值税纳税人2011年12月1日以后缴纳的技术维护费，可凭技术维护服务单位开具的技术维护费发票，在增值税应纳税额中全额抵减，不足抵减的可结转下期继续抵减。技术维护费按照价格主管部门核定的标准执行。

　　3.增值税一般纳税人支付的两项费用在增值税应纳税额中全额抵减的，其增值税专用发票不作为增值税抵扣凭证，其进项税额不得从销项税额中抵扣。

七、起征点

　　对个人销售额未达到规定起征点的，免征增值税。增值税起征点的适用范围限于个人，不包括认定为一般纳税人的个体工商户。

　　1.按期纳税的，增值税起征点为月销售额5 000～20 000元（含本数）。

　　2.按次纳税的，增值税起征点为每次（日）销售额300～500元（含本数）。

　　起征点的调整由财政部和国家税务总局规定。省、自治区、直辖市财政厅（局）和税务局应当在规定的幅度内，根据实际情况确定本地区适用的起征点，并报财政部和国家税务总局备案。

随堂演练

①单选题

1.根据增值税相关规定，下列项目中应当征收增值税的是（　　）。（知识点：减免税优惠）

A.根据国家指令无偿提供的铁路运输服务　　B.个人转让著作权

C.单位聘用的员工为本单位修理机器　　D.纳税人提供的矿产资源开采劳务

2.根据增值税相关规定，以下项目中应征增值税的是（　　）。（知识点：减免税优惠）

A.销售直接用于科学研究、科学试验和教学的进口仪器设备

B.个人销售自己使用过的物品

C.古旧图书销售

D.驾校收入

②多选题

1.下列各项中，属于免征增值税项目的有（　　）。（知识点：减免税优惠）

A.托儿所、幼儿园提供的保育和教育服务　　B.养老机构提供的养老服务

C.残疾人福利机构提供的育养服务　　D.残疾人员本人为社会提供的服务

E.个人转让著作权收入

2.下列关于增值税减免税的表述中，正确的有（　　）。（知识点：减免税优惠）

A.农业生产者销售自产农产品免征增值税

B.增值税小规模纳税人月销售额不超过3万元的免征增值税

C.从事蔬菜批发、零售的纳税人销售的蔬菜免征增值税

D.非营利性医疗机构自产自用的制剂免征增值税

E.直接用于科学研究、科学试验和教学的进口仪器、设备免征增值税

随堂演练

第六节　　一般计税方法增值税应纳税额计算

一、一般计税方法增值税应纳税额计算原理

一般计税方法，也叫购进扣税法。一般计税方法下，增值税应纳税额等于当期销项税额抵扣当期进项税额后的余额。计算公式如下：

当期应纳税额=当期销项税额−当期进项税额

当期销项税额小于当期进项税额不足抵扣时，其不足部分可以结转下期继续抵扣。

该方法适用于一般纳税人销售货物、劳务、服务、无形资产或不动产应征增值税的计算。

二、销项税额

销项税额是指纳税人发生应税行为，按照销售额和增值税税率计算，并向购买方收取的增值税税额。计算公式如下：

销项税额=销售额×增值税税率

（一）销售额确定的一般规定

销售额是指纳税人发生应税行为向购买方收取的全部价款和价外费用。价外费用是指价外收取的各种性质的收费。但下列项目不属于价外费用：

1.向购买方收取的销项税额。如果收取货款实行价税合计定价，含税价款应换算为不含税价。计算公式如下：

不含税销售额=含税销售额÷（1+增值税税率）

特别注意

价外收费一律视为含税收入。

消费税是价内税，凡征收消费税的货物在计征增值税时，其应税销售额应包括消费税税额。

2.受托加工应征消费税的货物，由受托方代收代缴的消费税。

3.同时满足以下条件的政府性基金或行政事业性收费：（1）由国务院或财政部批准设立的政府性基金，由国务院或省级人民政府及其财政、价格主管部门批准设立的行政事业性收费；（2）收取时开具省级以上（含省级）财政部门监（印）制的财政票据；（3）所收款项全额上缴财政。

【做中学·计算题】甲公司为一般纳税人，某月销售农用机械一批，取得不含税销售额430 000元，另收取包装费15 000元。甲公司上述业务增值税销项税额是多少？

计算：包装费属价外费用，应视同含税收入。农用机械增值税适用税率为9%。

销项税额=430 000×9%+15 000÷（1+9%）×9%=39 938.53（元）

4.同时符合以下条件的代垫运费：承运部门的运费发票开具给购买方，并且由纳税人将该项发票转交给购买方。

【做中学·计算题】甲公司销售给乙公司某类商品15 000件，每件不含税售价为20.5元，交由A运输公司运输，并代垫运输费用6 800元，运费发票已转交给乙公司。该商品适用的增值税税率为13%，计算甲公司上述业务的增值税销项税额。

计算：甲公司代垫运费符合"承运部门的运费发票开具给购买方，并且由纳税人将该项发票转交给购买方"的条件，因此，收取的代垫运费不属于价外费用。

销项税额=15 000×20.5×13%=39 975（元）

5.以委托方名义开具发票代委托方收取的款项。例如，销售货物的同时代办保险等而向购买方收取的保险费，以及向购买方收取的代购买方缴纳的车辆购置税、车辆牌照费等。

（二）特殊销售方式的销售额确定

1.折扣销售。

（1）折扣销售，也叫商业折扣。它是对由于购买数量大等原因而给予的价格优惠。该折扣在销售实现时发生并确定，因此税法规定，折扣销售只要在同一张发票上"金额"栏分别注明的，可以按折扣后的销售额征收增值税；仅在发票"备注"栏注明折扣额的，折扣额不得从销项税额中扣除。将折扣额另开发票，不论其财务上如何处理，均不得从销售额中减除折扣额。

（2）销售折扣，也叫现金折扣。它是为鼓励购买方及早偿还货款而给予的价格优惠。该折扣只有在收到货款时才能确定，因此税法规定，销售折扣的折扣额不得从销售额中扣除。

（3）销售折让。它是为保证商业信誉，对已售商品存在质量、品种不符等问题而给予购买方的价格补偿。该折让发生在货物销售之后，因此税法规定，折让额可从折让当期销售额中扣除。

特别注意

对于销售回扣，其实质是一种变相的商业贿赂，不得从销售额中减除。

【做中学·计算题】某商场为增值税一般纳税人，某年5月1日批发销售给A企业空调100台，合同标价为每台1 800元（不含税），因批量购买给予7折优惠，同时约定付款条件为"5/10，2/20，N/30"。商场开具发票时将折扣额与销售额开在同一张专用发票上，当月10日收到A企业支付的全部货款。该商场上述销售业务增值税销项税额是多少？

计算：商场采取的是"折扣销售"与"销售折扣"相结合的促销方式。其中：7折优惠属于折扣销售，发票开具符合税法规定，折扣额准予扣除；约定"5/10，2/20，N/30"的付款条件属于销售折扣，折扣额不得扣除。

销售额=100×1 800×70%=126 000（元）

销项税额=126 000×13%=16 380（元）

2.以旧换新。

以旧换新是指纳税人在销售过程中，折价回收同类旧货物，并以折价款部分冲减新货物价款的一种销售方式。

除金银首饰外的货物以旧换新销售，应按新货物的同期销售价格确定销售额，不得扣减旧货物的收购价格；金银首饰以旧换新业务，按销售方实际收取的不含税价确认计税销售额。

【做中学·计算题】某商业零售企业为增值税一般纳税人，采取以旧换新方式销售玉石首饰，旧玉石首饰作价78万元，实际收取新旧首饰差价款共计90万元；采取以旧换新方式销售原价为3 500元的金项链200件，每件收取差价款1 500元。计算上述业务增值税销项税额。

计算：玉石首饰按新货物的同期销售价格确定销售额；金项链应按销售方实际收取的不含税价确认计税销售额。

销项税额＝（78+90+200×1 500÷10 000）÷（1+13%）×13%=22.78（万元）

3.还本销售。

还本销售是指销货方将货物出售后，按约定时间一次或分次将购货款部分或全部退还给购货方的一种销售方式。退还的货款即为还本支出。还本销售应以所售货物的销售价格确定销售额，不得从销售额中扣减还本支出。

4.以物易物。

以物易物是指购销双方以同等价款的货物相互结算货款以实现货物销售的一种购销方式。以物易物购销双方均应作正常的购销业务处理，以各自收到或发出的货物核算销售额并计算应纳或应扣的增值税税额。对换出的货物必须计算销项税额。对换入的货物，如果能够取得增值税专用发票的，可以抵扣其进项税额；如果未取得增值税专用发票，不得抵扣其进项税额。

5.包装物押金计税的规定。

（1）一般规定。纳税人为销售货物而出租出借包装物收取的押金，单独记账核算，时间在1年内又未过期的，不并入销售额征税；但对逾期未收回不再退还的包装物押金，应按所包装货物的适用税率计算增值税。押金收入应视为含税收入。

（2）特殊规定。对销售除啤酒、黄酒外的其他酒类产品收取的包装物押金，无论是否返还以及会计上如何核算，均应并入当期销售额征税。啤酒、黄酒押金按是否逾期处理。

6.直销企业销售。

直销企业的经营模式主要有两种：一是直销员按照批发价向直销企业购买货物，再按照零售价向消费者销售货物；二是直销员仅起到中介介绍作用，直销企业按照零售价向直销员介绍的消费者销售货物，并另外向直销员支付报酬。根据直销企业的经营模式，直销企业增值税的销售额的确定分以下两种：

（1）直销企业先将货物销售给直销员，直销员再将货物销售给消费者的，直销企业的销售额为其向直销员收取的全部价款和价外费用。直销员将货物销售给消费者时，应按照现行规定缴纳增值税。

（2）直销企业通过直销员向消费者销售货物，直接向消费者收取货款，直销企业的销售额为其向消费者收取的全部价款和价外费用。

7.贷款服务。

贷款服务，以提供贷款服务取得的全部利息及利息性质的收入为销售额。

银行提供贷款服务按期计收利息的，结息日当日计收的全部利息收入，均应计入结息日所属期的销售额，按照现行规定计算缴纳增值税。

8.直接收费金融服务。

直接收费金融服务，以提供直接收费金融服务收取的手续费、佣金、酬金、管理费、服务费、经手费、开户费、过户费、结算费、转托管费等各类费用为销售额。

（三）视同销售行为的销售额确定

由于视同销售行为一般不以资金形式反映，因而就会出现视同销售而无销售价款的情形。因此，税法规定，当纳税人发生视同销售无价款结算的情形时，应由税务机关按下列顺序确定其销售额：

1.按纳税人最近时期同类应税行为的平均销售价格确定。

2.按其他纳税人最近时期同类应税行为的平均销售价格确定。

3.按组成计税价格确定。其计算公式为：

组成计税价格=成本+利润=成本×（1+成本利润率）

属于应征消费税的货物，其组成计税价格应加计消费税税额。计算公式如下：

组成计税价格=成本×（1+成本利润率）+消费税=成本×（1+成本利润率）÷（1-消费税税率）

上述公式中的"成本"为发生应税行为产生的实际成本；"成本利润率"除应征消费税的货物应根据国家税务总局在《消费税若干具体问题的规定》中规定的成本利润率计算外，一律按10%计算。

纳税人发生应税行为价格明显偏低并无正当理由的，税务机关有权按与上述视同销售行为同样的方法核定销售额。

【做中学·计算题】某服装厂为增值税一般纳税人，专门为本厂职工特制一批服装并免费分发给职工。账务资料显示该批服装的生产成本合计10万元。你认为上述业务需要计征增值税吗？如果要计征增值税，计算其增值税销项税额。

计算：企业将自产货物用于职工福利的应视同销售计征增值税；无同类产品销售额或价格明显偏低的，应按组成计税价格计税。服装适用的增值税税率为13%。则：

销项税额=10×（1+10%）×13%=1.43（万元）

（四）差额征税销售额确定

1.金融商品转让，按卖出价扣除买入价后的余额为销售额。

转让金融商品出现的正负差，按盈亏相抵后的余额为销售额。若相抵后出现负差，可结转下一纳税期与下期转让金融商品销售额相抵，但年末时仍出现负差的，不得转入下一个会计年度。

金融商品的买入价，可选择按照加权平均法或移动加权平均法进行核算，选择后36个月内不得变更。

【做中学·计算题】某企业为增值税一般纳税人，2024年5月买入A上市公司股票，买入价280万元，支付手续费0.084万元。当月卖出其中的50%，发生买卖负差10万元。2024年6月，卖出剩余的50%，卖出价200万元，支付手续费0.06万元，印花税0.2万元。计算该企业2024年6月上述业务应缴纳的增值税税额。（以上价格均为含税价格）

计算：金融商品转让，按照卖出价扣除买入价后的余额为销售额，转让金融商品出现的正负差，按盈亏相抵后的余额为销售额。

应纳增值税=（200-280×50%-10）÷（1+6%）×6%=2.83（万元）

2.融资租赁和融资性售后回租。

（1）融资租赁服务，以取得的全部价款和价外费用，扣除支付的借款利息、发行债券利息和车辆购置税后的余额为销售额。

（2）融资性售后回租服务，以取得的全部价款和价外费用（不含本金），扣除对外支付的借款利息、发行债券利息后的余额作为销售额。

3.经纪代理服务，以取得的全部价款和价外费用，扣除向委托方收取并代为支付的政府性基金或行政事业性收费后的余额为销售额。

4.签证代理服务，以取得的全部价款和价外费用，扣除向服务接受方收取并代为支付给外交部和外国驻华使（领）馆的签证费、认证费后的余额为销售额。

5.航空运输服务销售额，不包括代收的机场建设费和代售其他航空运输企业客票而代收转付的价款。

6.客运场站服务，以取得的全部价款和价外费用扣除支付给承运方运费后的余额为销售额。

🔻注意

从承运方取得的增值税专用发票注明的增值税，不得抵扣。

7.纳税人提供旅游服务，可以选择以取得的全部价款和价外费用，扣除向旅游服务购买方收取并支付给其他单位或个人的住宿费、餐饮费、交通费、签证费、门票费和支付给其他接团旅游企业的旅游费用后的余额为销售额。

向旅游服务购买方收取并支付的上述费用，不得开具增值税专用发票，可以开具普通发票。

【做中学·计算题】某旅游公司为增值税一般纳税人，2024年7月取得旅游费收入共计680万元，其中向境外旅游公司支付境外旅游费63.6万元，向境内其他单位支付旅游交通费60万元，住宿费24万元，门票费21万元，签证费1.8万元。支付本单位导游餐饮住宿费共计2.2万元，旅游公司选择按照扣除支付给其他单位相关费用后的余额为计税销售额，并开具普通发票（以上金额均含税）。

计算：应纳增值税额＝（680-63.6-60-24-21-1.8）÷（1+6%）×6%=28.85（万元）

8.房地产开发企业中的一般纳税人销售其开发的房地产项目（选择简易计税方法的房地产老项目除外），以取得的全部价款和价外费用，扣除受让土地时向政府部门支付的土地价款后的余额为销售额。

房地产老项目，是指"建筑工程施工许可证"注明的合同开工日期在2016年4月30日前的房地产项目。

9.纳税人按照上述1～8项的规定，从全部价款和价外费用中扣除价款，应当取得符合法律、行政法规和国家税务总局规定的有效凭证；否则不得扣除。有效凭证包括：

（1）支付给境内单位或个人的款项，以发票为合法有效凭证。

（2）支付给境外单位或个人的款项，以该单位或个人的签收单据为合法有效凭证。

（3）缴纳的税款，以完税凭证为合法有效凭证。

（4）扣除的政府性基金、行政事业性收费或向政府支付的土地价款，以省级以上（含省级）财政部门监制的财政票据为合法有效凭证。

（5）国家税务总局规定的其他凭证。

三、进项税额

进项税额是纳税人购进货物、加工修理修配劳务、服务、无形资产、不动产，支付或负担的增值税税额。

进项税额与销项税额是互相对应的两个概念。在购销业务中，对于销售方而言，在收回货款的同时，收回销项税额；对于购买方而言，在支付货款的同时，支付进项税额。也就是说，销售方的销项税额就是购买方的进项税额。

对于任何一个增值税一般纳税人，在其经营过程中，都会同时以卖方和买方的身份存在，既会有收取的销项税额，也会有支付的进项税额。增值税一般纳税人采用购进扣税法计税时，当期应纳税额的多少，不仅取决于销项税额，还与可抵扣的进项税额有关。但是并非所有支付或负担的增值税都可以在销项税额中抵扣，税法对哪些进项税额可以抵扣、哪些进项税额不能抵扣作了严格的规定。

（一）准予抵扣的进项税额

1.以票抵扣。

纳税人购进货物、加工修理修配劳务、服务、无形资产、不动产取得下列法定扣税凭证，可根据凭证上注明的增值税税额直接抵扣，不需要纳税人计算：

（1）从销售方取得的增值税专用发票（含税控机动车销售统一发票）上注明的增值税额。

（2）从海关取得的海关进口增值税专用缴款书上注明的增值税额。对海关开具的增值税专用缴款书上标明有两个单位名称，既有代理进口单位名称，又有委托进口单位名称的，只准予其中取得专用缴款书原件的一个单位抵扣税款。

（3）从境外单位或个人购进货物、服务、无形资产或不动产，自税务机关或扣缴义务人取得的解缴税款的完税凭证上注明的增值税额。

纳税人凭完税凭证抵扣进项税额的，应当具备书面合同、付款证明和境外单位的对账单或发票。资料不全的，其进项税额不得从销项税额中抵扣。

2.购进农产品进项税额扣除。

（1）纳税人购进农产品，取得一般纳税人开具的增值税专用发票或海关进口增值税专用缴款书的，以增值税专用发票或海关进口增值税专用缴款书上注明的增值税额为进项税额。

（2）从按照简易计税方法依照3%征收率计算缴纳增值税的小规模纳税人取得增值税专用发票的，以增值税专用发票上注明的金额和9%的扣除率计算进项税额。

（3）纳税人取得（开具）农产品销售发票或收购发票的，以农产品销售发票或收购发票上注明的农产品买价和9%的扣除率计算进项税额。计算公式为：

进项税额=买价×9%

（4）纳税人购进用于生产或委托加工13%税率货物的农产品，按照10%的扣除率计算进项税额。其中，9%是凭票据实抵扣或凭票计算抵扣进项税额，1%是在生产领用农产品当期加计抵扣进项税额。计算公式为：

生产领用农产品加计扣除进项税额=生产领用部分农产品买价×加计扣除率（1%）

生产领用农产品可扣除进项税额=生产领用部分农产品买价×扣除率（10%）

【做中学·计算题】某生产企业为增值税一般纳税人，生产的产品均适用13%的增值税税率。2024年10月销售产品取得不含税销售额200万元，当月从农业生产者购进农产品作为生产用原材料，收购发票上注明买价为70万元，当月领用56万元农产品用于加工；另购进其他原材料，取得增值税专用发票注明的金额100万元，税额13万元。请计算当月该企业应纳增值税。

计算：从农业生产者购进农产品作为生产用原材料，按收购发票注明的买价和9%扣除率计算进项税额（即 70×9%）；当月领用原材料用于加工，可按 1% 加计抵扣进项税额（即 56×9%÷9%×1%）；购进其他原材料，按增值税专用发票注明税额凭票抵扣进项税额。则：

　　　　进项税额=70×9%+56×9%÷9%×1%+13=19.86（万元）

　　　　销项税额=200×13%=26（万元）

　　　　当月该企业应纳增值税=26-19.86=6.14（万元）

　　（5）购进烟叶准予抵扣的增值税进项税额，按照规定的收购烟叶实际支付的价款总额和烟叶税以及法定扣除率计算。计算公式如下：

　　　　准予抵扣进项税额=（收购烟叶实际支付价款总额+烟叶税应纳税额）×扣除率

　　烟叶收购单位应将价外补贴与烟叶收购价格在同一张农产品收购发票或销售发票上分别注明，否则，价外补贴不得计算增值税进项税额进行抵扣。

　　【做中学·计算题】某卷烟厂为增值税一般纳税人，主要生产A牌卷烟及雪茄烟，8月从烟农手中购进烟叶，买价为 100 万元，并按规定支付了 10% 的价外补贴，当月全部将其运往甲企业委托加工烟丝，发生运费取得增值税专用发票，注明运费金额 8 万元。计算上述业务允许抵扣的进项税额。

　　计算：收购烟叶实际支付金额=100×（1+10%）=110（万元）

　　烟叶税应纳税额=110×20%=22（万元）

　　因为烟丝适用的增值税税率为 13%，所以烟叶应按 10% 扣除率计算进项税额。

　　收购烟叶允许抵扣进项税额=（110+22）×10%+8×9%=13.92（万元）

🔍**知识链接**

烟叶税简介

　　2017 年 12 月 27 日，第十二届全国人民代表大会常务委员会第三十一次会议通过了《中华人民共和国烟叶税法》。烟叶税是对我国境内收购烟叶（指烤烟叶、晾晒烟叶）的行为以收购金额为征税依据而征收的一种税。它体现了国家对烟草"寓禁于征"的政策。

　　烟叶税的纳税人为在我国境内收购烟叶的单位，即依照《中华人民共和国烟草专卖法》规定的有权收购烟叶的烟草公司或受其委托收购烟叶的单位。

　　烟叶税以纳税人收购烟叶实际支付的价款总额为计税依据，依照 20% 税率计征。其中，实际支付价款总额包括纳税人支付给烟叶销售者的烟叶收购价款和价外补贴。价外补贴统一暂按烟叶收购价款的 10% 计算。计算公式为：

　　　　实际支付价款总额=收购价款×（1+10%）

　　　　应纳税额=实际支付价款总额×税率

　　烟叶税由税务机关征收。纳税义务发生时间为纳税人收购烟叶的当天。纳税人应当于纳税义务发生之日起 15 日内申报纳税。

　　3.购进国内旅客运输服务进项税额扣除。

　　纳税人购进国内旅客运输服务未取得增值税专用发票的，暂按照以下规定确定进项税额：

　　（1）取得增值税电子普通发票的，为发票上注明的税额。

　　（2）取得注明旅客身份信息的航空运输电子客票行程单的，为按照下列公式计算的进项税额：

航空旅客运输进项税额=（票价+燃油附加费）÷（1+9%）×9%

（3）取得注明旅客身份信息的铁路车票的，为按照下列公式计算的进项税额：

铁路旅客运输进项税额=票面金额÷（1+9%）×9%

（4）取得注明旅客身份信息的公路、水路等其他客票的，为按照下列公式计算的进项税额：

公路、水路等其他旅客运输进项税额=票面金额÷（1+3%）×3%

特别注意

❶非实名制票不能计算抵扣；❷国内旅客运输服务，限于与本单位签订了劳动合同的员工，以及本单位作为用工单位接受的劳务派遣员工发生的国内旅客运输服务。

【做中学·计算题】2024年4月，甲公司员工李某出差乘坐飞机取得的航空运输电子客票行程单上注明的票价为2 160元、燃油附加费为20元、民航发展基金为100元；乘坐高铁取得的铁路车票上注明的票价为109元；乘坐轮渡取得的船票注明的价格为360.5元；乘坐网约车取得的国内旅客运输服务的增值税电子普通发票注明的金额为200元、税额为6元。计算甲公司上述业务本月可抵扣的进项税额。

计算：取得航空运输电子客票行程单可抵扣的进项税额=（2 160+20）÷（1+9%）×9%=180（元）；取得铁路车票可抵扣的进项税额=109÷（1+9%）×9%=9（元）；取得船票可抵扣的进项税额=360.5÷（1+3%）×3%=10.5（元）；取得国内旅客运输服务的增值税电子普通发票凭票抵扣，可抵扣进项税额=6元。

甲公司本月上述业务可抵扣进项税额合计=180+9+10.5+6=205.5（元）

4.进项税额加计抵减。

2023年1月1日至2027年12月31日，下列企业可按当期可抵扣进项税额的一定比例享受加计抵减增值税优惠政策：

（1）高新技术企业（含所属的非法人分支机构）中的制造业一般纳税人（以下称先进制造业企业），加计抵减比例为5%。

（2）集成电路设计、生产、封测、装备、材料企业（以下称集成电路企业），加计抵减比例为15%。

（3）生产销售先进工业母机主机、关键功能部件、数控系统（统称先进工业母机产品）的增值税一般纳税人（以下称工业母机企业），加计抵减比例为15%。

加计抵减额具体计算方法步骤如下：

第一步：计算当期计提加计抵减额，公式如下：

当期计提加计抵减额=当期可抵扣进项税额×加计抵减比例

计提加计抵减额时，下列三种情形不得加计抵减：

❶按现行规定不得从销项税额中抵扣的进项税额不得计提加计抵减额；已计提加计抵减额的进项税额按规定已作进项税额转出处理的，应在进项税额转出当期，相应调减加计抵减额。

❷纳税人兼营出口货物劳务、发生跨境应税行为且无法划分不得计提加计抵减额的进项税额的，按以下公式计算：

$$不得计提加计抵减额的进项税额 = 当期无法划分的全部进项税额 \times \frac{当期出口货物劳务和发生跨境应税行为的销售额}{当期全部销售额}$$

❸集成电路企业外购芯片对应的进项税额不得计提加计抵减额。

第二步，计算当期实际可抵减的加计抵减额总额，公式如下：

当期抵减的加计抵减额总额=期初加计抵减额余额+当期计提加计抵减额-当期调减加计抵减额

第三步，区分不同情形确定当期实际加计抵减额。

❶抵减前的应纳税额等于零的，当期可抵减加计抵减额全部结转下期抵减。

❷抵减前的应纳税额大于零，且大于当期可抵减加计抵减额总额的，当期可抵减加计抵减额全额从抵减前的应纳税额中抵减。

❸抵减前的应纳税额大于零，但小于或等于当期可抵减加计抵减额的，以当期可抵减加计抵减额抵减应纳税额至零。未抵减完的当期可抵减加计抵减额，结转下期继续抵减。

另外，适用进项税额加计抵减政策还需注意以下问题：❶企业可计提但未计提的加计抵减额，可在确定适用加计抵减政策当期一并计提；❷企业应单独核算加计抵减额的计提、抵减、调减、结余等变动情况；❸企业同时符合多项增值税加计抵减政策的可以择优选择适用，但在同一期间不得叠加适用。

【做中学·计算题】甲企业为先进制造业企业的一般纳税人，适用增值税加计抵减优惠政策。2024年9月销项税额为86万元，进项税额为86万元（均符合加计抵减条件），上月末加计抵减额余额为零。该企业9月实际应缴纳的增值税为多少万元？

计算：当月应计提加计抵减额=86×5%=4.3（万元），上月末加计抵减额余额为零，当月可抵减加计抵减额总额为4.3万元。

当月加计抵减前增值税应纳税额=86-86=0（元），不需要加计抵减增值税，可抵减加计抵减额4.3万元全部结转下月继续抵减。

【做中学·计算题】续上，若甲企业2024年10月有关增值税资料如下：销项税额为86万元，进项税额为62万元（均符合加计抵减条件），进项税额转出12万元（对应的进项税前期已经加计抵减）。该企业10月实际缴纳的增值税为多少万元？

计算：当月应计提加计抵减额=62×5%=3.1（万元），当月因有进项税额转出，应调减加计抵减额=12×5%=0.6（万元），当月可抵减加计抵减额总额=4.3+3.1-0.6=6.8（万元）。

当月加计抵减前增值税应纳税额=86-（62-12）=36（万元）

当月加计抵减前增值税应纳税额为正数，且大于当期可抵减加计抵减额6.8万元，当期可抵减加计抵减额全额从抵减前的应纳税额中抵减。

当月增值税实际应纳税额=36-6.8=29.2（万元）

【做中学·计算题】续上，若甲企业2024年11月有关增值税资料如下：销项税额为83万元，进项税额为80万元（均符合加计抵减条件）。该企业11月实际缴纳的增值税为多少万元？

计算：当月应计提加计抵减额=80×5%=4（万元），期初加计抵减额余额为零，当月可抵减加计抵减额总额为4万元。

当月加计抵减前增值税应纳税额=83-80=3（万元）

当月加计抵减前增值税应纳税额为正数，且小于当期可抵减加计抵减额4万元，以当月可抵减加计抵减额抵减应纳税额至零，则11月实际缴纳的增值税为零，尚未抵减完的当月可抵减加计抵减额=4-3=1（万元），结转下月继续抵减。

（二）不得抵扣的进项税额

下列项目的进项税额不得从销项税额中抵扣：

1.用于简易计税方法计税项目、免征增值税项目、集体福利或个人消费的购进货物、劳务、服务、无形资产和不动产。个人消费包括纳税人的交际应酬消费。

上述涉及的固定资产、无形资产、不动产仅指专用于上述项目的固定资产、无形资产、不动产；发生兼用于上述项目的可以抵扣。

2.非正常损失的购进货物，以及相关的加工修理修配劳务和交通运输服务。

3.非正常损失的在产品、产成品所耗用的购进货物（不包括固定资产）、加工修理修配劳务和交通运输服务。

4.非正常损失的不动产，以及该不动产所耗用的购进货物、设计服务和建筑服务。

5.非正常损失的不动产在建工程所耗用的购进货物、设计服务和建筑服务。纳税人新建、改建、扩建、修缮、装饰不动产，均属于不动产在建工程。

上述4、5项所称的货物是指构成不动产实体的材料和设备，包括建筑装饰材料和给排水、采暖、卫生、通风、照明、通信、煤气、消防、中央空调、电梯、电气、智能化楼宇设备及配套设施。

非正常损失是指因管理不善造成货物被盗、丢失、霉烂变质，以及因违反法律法规造成货物被依法没收、销毁、拆除的情形。

6.购进的贷款服务、餐饮服务、居民日常服务和娱乐服务。纳税人接受贷款服务向贷款方支付的与该笔贷款直接相关的投融资顾问费、手续费、咨询费等费用，其进项税额不得从销项税额中抵扣。

（三）抵减发生期进项税额的规定（进项税额转出）

已抵扣进项税额的购进货物、劳务、服务及无形资产或不动产，发生税法规定不得抵扣的行为时，其已抵扣的进项税额应从当期进项税额中扣减，即作进项税额转出处理。进项税额转出金额确定的方法：

1.能确定原已抵扣进项税额的，按原抵扣的进项税额转出。

【做中学·计算题】甲企业12月份外购原材料，取得防伪税控增值税专用发票，注明金额200万元、增值税26万元，运输途中发生损失5%，经查实属于非正常损失。向农民收购一批免税农产品，收购凭证上注明的买价为40万元（假设适用9%的扣除率）；支付运输费用，取得的增值税专用发票上注明的运费为3万元。购进后将其中的60%用于企业职工食堂。计算准予抵扣的进项税额。

计算：运输途中发生损失5%，经查实属于非正常损失，进项税额不得抵扣；购进农产品用于企业职工食堂的部分，进项税额不得抵扣。

准予抵扣的进项税额=26×（1-5%）+（40×9%+3×9%）×（1-60%）=26.248（万元）

【做中学·计算题】某化妆品厂为增值税一般纳税人，10月份材料领用情况如下：在建的职工文体中心领用外购材料，购进成本为25万元，其中包括运费5万元；生产车间领用外购原材料，购进成本为125万元。计算进项税额转出额。

计算：将购进材料用于集体福利，不可以抵扣进项税额，应作进项税额转出处理。

进项税额转出=（25-5）×13%+5×9%=3.05（万元）

【做中学·计算题】甲食品公司9月份购进的免税农产品（已按9%的扣除率计算抵扣

进项税额）因保管不善发生霉烂，账面成本为 3 000 元，其中包括运费成本 100 元，已抵扣进项税额。计算进项税额转出额。

计算：进项税额转出＝（3 000－100）÷（1－9%）×9%+100×9%=295.81（元）

2.无法准确确定需转出的进项税额时，按当期实际成本乘以征税时该货物或应税劳务适用的税率计算应扣减的进项税额。即：

进项税额转出＝实际成本×税率

3.按净值的进项税额转出。

已抵扣进项税额的固定资产、无形资产，发生除简易计税方法计税项目、免征增值税项目以外的税法规定的不得抵扣情形的，按下列公式计算不得抵扣的进项税额：

不得抵扣的进项税额＝固定资产（不动产除外）、无形资产净值×适用税率

4.不动产进项税额转出。

已抵扣进项税额的不动产，发生非正常损失，或改变用途，专用于简易计税方法计税项目、免征增值税项目、集体福利或个人消费的，按照下列公式计算不得抵扣的进项税额：

不得抵扣的进项税额＝已抵扣进项税额×不动产净值率

不动产净值率＝（不动产净值÷不动产原值）×100%

5.分解计算不得抵扣增值税进项税额。

一般计税方法的纳税人，兼营简易计税方法计税项目、免征增值税项目而无法划分不得抵扣的进项税额的，按下列公式计算不得抵扣的进项税额：

$$\begin{matrix} \text{不得抵扣的} \\ \text{进项税额} \end{matrix} = \begin{matrix} \text{当期无法划分的} \\ \text{全部进项税额} \end{matrix} \times \left(\begin{matrix} \text{当期简易计税方法} \\ \text{计税项目销售额} \end{matrix} + \begin{matrix} \text{免征增值税} \\ \text{项目销售额} \end{matrix} \right) \div \begin{matrix} \text{当期全部} \\ \text{销售额} \end{matrix}$$

▶ **特别提醒**

❶不得抵扣且未抵扣进项税额的固定资产（不动产除外）、无形资产，发生用途改变，用于允许抵扣进项税额的应税项目，可在用途改变的次月按照下列公式计算可以抵扣的进项税额：

可以抵扣的进项税额＝固定资产、无形资产净值÷（1+适用税率）×适用税率

固定资产、无形资产净值，是指纳税人根据财务会计制度计提折旧或摊销后的余额。

❷按照规定不得抵扣进项税额的不动产，发生用途改变，用于允许抵扣进项税额项目的，按照下列公式在改变用途的次月计算可抵扣进项税额：

可抵扣进项税额＝增值税扣税凭证注明或计算的进项税额×不动产净值率

【做中学·计算题】某企业为增值税一般纳税人，兼营增值税应税项目和免税项目。5 月份应税项目取得不含税销售额 1 200 万元，免税项目取得销售额 1 000 万元；当月购进用于应税项目的材料支付价款 700 万元，购进用于免税项目的材料支付价款 400 万元，当月购进应税项目和免税项目共用的自来水支付进项税额 0.6 万元，购进共用的电力支付价款 8 万元，进项税额无法在应税项目和免税项目之间准确划分，当月购进项目均取得增值税专用发票，在当月符合抵扣规定并抵扣。计算该企业当月应纳增值税税额。

计算：当月购进自来水、电力不予抵扣的进项税额=（0.6+8×13%）×1 000÷（1 000+1 200）

=0.7455（万元）

当月应纳增值税税额=1 200×13%-700×13%-（0.6+8×13%-0.7455）=64.1055（万元）

四、一般计税方法应纳税额计算

（一）计算应纳税额的时间界定

1.销项税额的时间界定。

增值税纳税人应税销售行为发生后，什么时间计算销项税额，关系到当期销项税额的大小。关于销项税额的确定时间，总原则是销项税额的确定不得滞后。税法按增值税纳税义务发生时间对销项税额的"当期"作了明确规定。销售货物或应税劳务，为收讫销售款项或取得索取销售款项凭据的当天；先开具发票的，为开具发票的当天。具体规定如下：

（1）采取直接收款方式销售货物，不论货物是否发出，均为收到销售款项或取得索取销售款项凭据的当天。

（2）采取托收承付和委托银行收款方式销售货物，为发出货物并办妥托收手续的当天。

（3）采取赊销和分期收款方式销售货物，为书面合同约定的收款日期的当天；无书面合同或合同没有约定收款日期的，为发出货物的当天。

（4）采取预收货款方式销售货物，为货物发出的当天。但生产销售生产工期超过12个月的大型机械设备、船舶、飞机等货物，为收到预收款或书面合同约定的收款日期的当天。

（5）委托其他纳税人代销货物，为收到代销单位销售的代销清单或收到全部或部分货款的当天；未收到代销清单及货款的，其纳税义务发生时间为发出代销商品满180天的当天。

（6）销售应税劳务，为提供劳务同时收讫销售款项或取得索取销售款项凭据的当天。

（7）纳税人发生视同销售货物行为，为货物移送的当天。

（8）对于纳税人提供建筑服务、租赁服务采取预收款方式的，为收到预收款的当天。

（9）纳税人发生视同销售服务、无形资产或不动产情形的，为服务、无形资产转让完成的当天或不动产权属变更的当天。

2.进项税额抵扣时限界定。

根据《关于取消增值税扣税凭证认证确认期限等增值税征管问题的公告》（国家税务总局公告2019年第45号），增值税一般纳税人取得2017年1月1日及以后开具的增值税专用发票、海关进口增值税专用缴款书、机动车销售统一发票、收费公路通行费增值税电子普通发票，取消认证确认、稽核比对、申报抵扣的期限。纳税人在进行增值税纳税申报时，应当通过本省（自治区、直辖市和计划单列市）增值税发票综合服务平台对上述扣税凭证信息进行用途确认。

（二）扣减当期销项税额的处理

纳税人在销售货物发生销货退回或销售折让时，销货方对当期销项税额的调整按下列规定执行：因销货退回或折让而退还给购买方的增值税，应从发生销货退回或折让当期的销项税额中扣减。

（三）扣减当期进项税额的处理

1.进货退回或折让的税务处理。

纳税人在购进货物发生进货退回或折让时，购货方对当期进项税额调整按下列规定执行：因进货退回或折让而从销货方收回的增值税额，应从发生进货退回或折让当期的进项税额中扣减。

2.对商业企业向供货方收取的返还收入的税务处理。

对商业企业向供货方收取的与商品销售量、销售额挂钩的各种返还收入，均按平销返利行为的规定冲减当期增值税进项税额。

当期应冲减的进项税额=当期取得的返还资金÷（1+购进货物增值税税率）×购进货物增值税税率

商业企业向供货方收取的各种返还收入，一律不得开具增值税专用发票。

（四）一般纳税人一般计税方法增值税应纳税额计算案例分析

一般纳税人增值税应纳税额计算的基本步骤如下：

第一步，计算当期销项税额。

第二步，分析确定或计算确定当期允许抵扣的进项税额（包括进项税额转出及加计抵减进项税额）。

第三步，根据"当期应纳税额=当期销项税额-当期进项税额"公式计算当期实际应纳税额。

【做中学·计算题】某生产企业为增值税一般纳税人，10月份发生以下经济业务，计算该企业10月份应缴纳的增值税税额。

（1）购进生产用原材料一批，已验收入库，取得增值税专用发票，注明价款500 000元、税额为65 000元。另支付购货运输费50 000元，取得增值税专用发票，注明税额4 500元。

（2）购进生产用设备一台，取得增值税专用发票，注明价款200 000元、税额26 000元。

（3）向农业生产者个人购入免税农产品一批（用于非农产品生产），取得经税务机关批准的收购凭证，支付收购价款300 000元。

（4）购入自用小轿车一辆，取得增值税专用发票，注明价款150 000元、税额19 500元。

（5）将本企业生产的一批产品用于企业办公楼建造，该产品成本价为100 000元，市场不含税销售价为180 000元。

（6）销售甲商品给某商场，开具增值税专用发票，注明货款700 000元、税额91 000元。

（7）销售乙商品给某公司，开具货物零售普通发票，注明价款226 000元。

（8）接受某单位委托加工应税产品一批，收取委托方提供的原材料58 700元，收取加工费19 775元。

计算：

第一步，计算进项税额。

购进材料取得增值税专用发票，其支付的增值税允许抵扣。

购进固定资产取得增值税专用发票，支付的增值税允许抵扣。

向农业生产者购进农产品用于非农产品生产，取得经税务机关批准的收购凭证，按农产品买价和10%的扣除率计算的增值税允许抵扣。

自2013年8月1日起，纳税人购进自用的消费品小轿车，支付的增值税允许抵扣。

允许抵扣进项税额合计=65 000+4 500+26 000+300 000×10%+19 500=145 000（元）

第二步，计算销项税额。

将自产产品用于企业办公楼建造属于视同销售，应计征增值税，有同类产品市场价的按市场价计税。

销售甲商品给某商场应计征增值税。

销售乙商品给某公司应计征增值税，开具普通发票的含税价应换算为不含税价计税。

接受外单位委托加工收取的加工费应按不含税价计征增值税。

销项税额合计=180 000×13%+91 000+226 000÷（1+13%）×13%+19 775÷（1+13%）×13%
=142 675（元）

第三步，计算10月份应纳税额。

当期应纳税额=142 675-145 000=-2 325（元）

负数表示留至下期继续抵扣。

随堂演练

单选题

1.某汽车生产企业8月份销售小汽车10辆，收取小汽车不含税价款1 000 000元，另代收牌照费1 500元，代收保险费3 500元，向购货方收取车辆装饰费2 500元、优质服务费20 000元，则该汽车生产企业上述业务计税销售额为（ ）元。（知识点：销售额的确定）

A.1 019 911.5　　　　B.1 023 706.90　　　　C.1 020 512.82　　　　D.1 006 410.26

2.下列折扣销售项目中，不可以从增值税计税销售额中扣除的是（ ）。（知识点：销售额的确定）

A.折扣额与销售额同开在一张发票金额栏情形下的折扣额

B.销售折扣额

C.销售折让额

D.销售退货额

3.下列有关增值税计税销售额的表述中，不正确的有（ ）。（知识点：销售额的确定）

A.自产货物用于实物折扣的应视同销售货物，该实物款额不得从货物销售额中扣除

B.纳税人销售啤酒收取的包装物押金，应于包装物押金逾期时并入销售额征收增值税

C.纳税人采取以旧换新方式销售货物的，一律以新货物的同期销售价格减去旧货物作价后的余额作为计税依据

D.受托加工应征消费税的货物，由受托方代收代缴的消费税不属于价外费用

4.某啤酒厂为增值税一般纳税人，8月销售啤酒取得销售额800万元，已开具增值税专用发票，收取包装物押金22.6万元，本月逾期未退还包装物押金为56.5万元。8月该啤酒厂增值税销项税额为（ ）万元。（知识点：销项税额计算）

A.116.24　　　　B.110.5　　　　C.144.50　　　　D.145.95

5.某商业企业月初购进一批饮料，取得增值税专用发票，注明价款80 000元、增值税10 400元，支付不含税运输费1 000元，上述业务均取得增值税专用发票并在当月符合抵扣规定，月末将其中的10%作为福利发给职工，则本月可以抵扣的进项税额为（ ）元。（知识点：可抵扣进项税额计算）

A.12 683.50　　　　B.13 024.50　　　　C.12 990　　　　D.9 441

6.某增值税一般纳税人9月从农业生产者手中购进免税农产品（用于生产属于农产品的货物），支付

金额10万元，本月支付运费20万元，取得增值税普通发票，本月允许抵扣的进项税额为（　　）万元。(知识点：可抵扣进项税额计算)

　　A.1　　　　　　　　　B.0.9　　　　　　　　　C.2.7　　　　　　　　　D.2.83

　　7.某企业为增值税一般纳税人，采用一般计税方法计算增值税。2024年5月购入一栋办公楼，取得对方开具的增值税专用发票，注明不含税金额为5 000万元，则该企业当年购入办公楼可以抵扣的进项税额为（　　）万元。(知识点：不动产进项税额计算)

　　A.450　　　　　　　　B.180　　　　　　　　　C.220　　　　　　　　　D.0

　　8.某食用油加工厂为增值税一般纳税人，2024年8月因发生自然灾害损失了库存的一批包装物，成本为20 000元，已抵扣进项税额。外购的一批免税农产品因管理不善发生霉烂，账面成本为43 000元（其中运费成本为3 000元），已抵扣进项税额。假定购入的农产品已按10%的扣除率计算抵扣进项税额，则该加工厂当期应转出进项税额（　　）元。(知识点：进项税额转出计算)

　　A.5 977.01　　　　　B.4 714.44　　　　　　C.8 822.60　　　　　　D.9 618.39

　　9.下列项目所包含的进项税额中，不得从销项税额中抵扣的是（　　）。(知识点：不得抵扣进项税额)

　　A.生产过程中出现的报废产品　　　　　　　B.用于返修产品修理的易损零配件

　　C.生产企业用于经营管理的办公用品　　　　D.生产免税药品耗用的外购材料

　　10.某企业是增值税一般纳税人，发生的下列项目中，应将其已经申报抵扣的进项税额从当期进项税额剔除的是（　　）。(知识点：不得抵扣进项税额)

　　A.车间报废产品所耗用的购进货物

　　B.由于管理不善被盗的产成品所耗用的购进货物

　　C.将购进的货物分配给股东

　　D.将购进的货物无偿赠送给某单位

　　11.根据增值税有关规定，下列进项税额中不得从销项税额中抵扣的是（　　）。(知识点：不得抵扣进项税额)

　　A.因自然灾害损失的产品所耗用的进项税额

　　B.购进同时用于增值税应税项目和非增值税应税项目的固定资产所支付的进项税额

　　C.项目运营方利用信托资金融资，在项目建设期内取得的增值税专用发票上注明的税额

　　D.纳税人经税务机关核准恢复抵扣进项税额资格后，其在停止抵扣进项税额期间发生的进项税额

　　12.甲企业为增值税一般纳税人，2024年6月从某花木栽培公司购入花卉1 100盆，取得增值税普通发票，注明价款110 580元。该企业将该批花卉的1/4用于赠送某企业节日庆典，其余全部卖给客户，取得不含税销售额705 000元。甲企业当月应纳增值税（　　）元。(知识点：一般纳税人应纳税额计算)

　　A.89 415　　　　　　B.96 374.96　　　　　C.102 243.45　　　　　D.74 647.8

　　13.甲企业为增值税一般纳税人，某月采用分期收款方式销售产品，合同约定不含税销售额150万元，当月应收取60%的货款。由于购货方资金周转发生困难，本月实际收到货款50万元，甲企业按照实际收款额开具增值税专用发票。当月职工宿舍楼装修，购进中央空调，取得增值税专用发票，注明价款10万元。当月甲企业应纳增值税（　　）万元。(知识点：一般纳税人应纳税额计算)

　　A.11.7　　　　　　　B.5.1　　　　　　　　　C.13.6　　　　　　　　　D.3.6

　　14.某企业为增值税一般纳税人，2024年5月进行设备更新换代，将一台旧设备出售，收取价款20万元。该设备系2009年购进，购进时该企业为小规模纳税人。该企业销售旧设备应纳增值税（　　）万元。(知识点：销售已使用过的固定资产增值税计算)

　　A.2.91　　　　　　　B.3.4　　　　　　　　　C.0.4　　　　　　　　　D.0.39

　　15.某企业2024年5月转让6年前建造的办公楼，取得销售收入1 500万元。该办公楼账面原值为905万元，已提折旧270万元。该企业为一般纳税人，选择简易办法计税。2024年5月该企业应纳增值

税（　　　）万元。(知识点：转让不动产增值税计算)

A.28.57　　　　　　B.10.95　　　　　　C.57.14　　　　　　D.71.43

16.某生产企业为增值税一般纳税人，2024年5月将闲置半年的一处厂房对外出租，一次性收取全年租金50万元（含税）。该企业采用简易计税方法，则该企业2024年5月应缴纳的增值税为（　　　）万元。(知识点：不动产租赁增值税计算)

A.4.95　　　　　　B.2.38　　　　　　C.2.5　　　　　　D.5.5

⚫多选题

1.下列关于增值税的计税销售额的说法中，正确的有（　　　）。(知识点：特殊销售方式的销售额)

A.以物易物方式销售货物，双方是既买又卖的业务，分别按购销业务处理

B.以旧换新方式销售货物，以实际收取的不含增值税的价款计算缴纳增值税（金银首饰除外）

C.还本销售方式销售货物，以实际销售额计算缴纳增值税

D.销售折扣方式销售货物，不得从计税销售额中扣减折扣

E.直销企业先将货物销售给直销员，直销员再将货物销售给消费者的，直销企业的销售额为其向直销员收取的全部价款和价外费用

2.下列关于增值税特殊销售方式的说法中，不正确的有（　　　）。(知识点：特殊销售方式的销售额)

A.为了鼓励购买方及时偿付货款而给予的销售折扣准予从销售额中减除

B.对销售除啤酒、黄酒以外的其他酒类产品收取的包装物押金，无论是否返还以及会计上如何核算，均应并入销售额征税

C.纳税人采取以旧换新方式销售货物的，一律按照新货物的同期销售价格确定销售额

D.采取以物易物方式销售货物的，双方都不得抵扣换进货物的进项税

E.纳税人采取还本销售货物的，不得从销售额中减除还本支出

3.下列表述中，符合税法有关规定的有（　　　）。(知识点：特殊销售方式的销售额)

A.纳税人采取还本销售货物的，不得从销售额中减除还本支出

B.纳税人销售啤酒收取的包装物押金，应于包装物押金逾期时，并入销售额中征收增值税

C.纳税人采取以旧换新方式销售货物的，应以新货物的同期销售价格减去旧货物作价后的余额作为计税依据

D.采取以物易物方式销售货物的，双方都不得抵扣换进货物的进项税额

E.销售折让可以从销售额中扣除计征增值税

4.下列项目中，支付的增值税不得从销项税额中抵扣的有（　　　）。(知识点：进项税额抵扣)

A.因自然灾害毁损的库存商品

B.因管理不善被盗窃的产成品所耗用的外购原材料

C.贷款利息支出

D.生产免税产品接受的设计服务

E.外购的自用小轿车

第七节　简易计税方法增值税应纳税额计算

一、简易计税方法计税原理

简易计税方法下，增值税应纳税额为销售额与征收率的乘积。公式表示为：

应纳税额=销售额×征收率

小规模纳税人应纳增值税适用简易计税方法；一般纳税人在特殊情况下也可选择适用简易计税方法计征增值税。

上述两种增值税计税方法中，销售额均为不含增值税销售额，无论是一般纳税人还是小规模纳税人，其内涵相同。纳税人采用销售额和应纳税额合并定价方法的，应按照下列公式进行换算：

销售额=含税销售额÷（1+税率或征收率）

二、小规模纳税人简易计税

（一）销售货物、劳务、服务、不动产等情形增值税计算

小规模纳税人适用简易方法计征增值税，不同类型业务适用征收率及应纳税额计算公式归纳见表2-7。

表2-7　　　　　　　　　　　　　　小规模纳税人简易计税

适用情形		适用征收率	计税依据或计算公式
货物、劳务、服务一般销售		3%	应纳税额=不含税销售额×征收率，其中： 不含税销售额=含税销售额÷（1+征收率）
销售自己使用过的固定资产		依3%征收率减按2%计征	应纳税额=含税销售额÷（1+3%）×2%
销售自己使用过的物品		依3%征收率计征增值税	应纳税额=含税销售额÷（1+3%）×3%
销售旧货		依3%征收率减按2%计征	应纳税额=含税销售额÷（1+3%）×2%
销售二手车		减按0.5%计征	应纳税额=含税销售额÷（1+0.5%）×0.5%
销售不动产	非房企	5%	差额计税：全部价款和价外费用减该项不动产购置原价或取得不动产时评估作价后的余额为计税依据
		5%	全额计税：全部价款和价外费用为计税依据
	房企	5%	全额计税：全部价款和价外费用为计税依据
	其他个人	5%	差额计税：全部价款和价外费用减该项不动产购置原价或取得不动产时评估作价后的余额为计税依据
出租不动产		5%	应纳税额=含税租金÷（1+5%）×5%
		5%	
个人出租住房		依5%征收率减按1.5%计征	应纳税额=含税租金÷（1+5%）×1.5%

【做中学·计算题】某食品厂为增值税小规模纳税人，8月购进一批模具，取得增值税普通发票，注明价税合计金额4 000元；以赊销方式销售一批饼干，货已发出，开具了增值税普通发票，注明价税合计金额60 000元，截至8月底收到50 000元货款。计算该食品厂当月应纳增值税额。

计算：小规模纳税人应纳增值税采用简易计税方法，适用的征收率为3%，则：

应纳增值税=60 000÷（1+3%）×3%=1 747.57（元）

【做中学·计算题】某酒厂为增值税小规模纳税人，2023年8月销售自己已使用6年的机器设备，取得含税销售额120 000元，销售自己使用过的包装物，取得含税销售额60 000

元。计算该酒厂上述业务应纳增值税额。

计算：销售自己使用过的固定资产按3%征收率减按2%征收增值税，销售自己使用过的物品按3%征收率征收增值税。

应纳增值税=120 000÷（1+3%）×2%+60 000÷（1+3%）×3%=4 077.67（元）

（二）购进税控收款机的进项税额抵扣

增值税小规模纳税人购置税控收款机，经主管税务机关审核批准后，可凭购机时取得的增值税专用发票上注明的增值税税额抵免当期应纳增值税，或按购机时取得的普通发票注明的价款，依下列公式计算可抵扣的税额：

可抵免的税额=价款÷（1+13%）×13%

当期应纳税额不足抵免的，未抵免的部分可在下期继续抵免。

【做中学·计算题】某商业零售企业为增值税小规模纳税人，2024年6月购进货物（商品）取得普通发票，共计支付金额120 000元；经主管税务机关核准购进税控收款机一台取得普通发票，支付金额5 800元；本月内销售货物取得零售收入共计158 080元。计算该企业6月份应缴纳的增值税。

计算：购进税控收款机可抵免的税额=5 800÷（1+13%）×13%=667.26（元）

应纳增值税=158 080÷（1+3%）×3%-667.26=3 937.01（元）

三、一般纳税人简易计税

一般纳税人发生应税行为选择适用简易计税方法计税的情形在本章第四节已述及，不再重述。

【做中学·计算题】2024年5月，某建筑安装公司（增值税一般纳税人）以清包工方式提供建筑服务，取得含税收入1 000万元；销售2016年4月30日前自建的不动产，取得含税收入800万元。上述业务均选择简易计税方法计税。计算该公司当月应纳增值税税额。

计算：一般纳税人，以清包工方式提供建筑服务适用3%征收率，销售不动产适用征收率为5%。

应纳增值税=1 000÷（1+3%）×3%+800÷（1+5%）×5%=67.22（万元）

【做中学·计算题】某生产企业为增值税一般纳税人，2024年8月将一处闲置厂房对外出租，该厂房系2016年2月购置，一次性收取全年含税租金60万元，该企业采用简易计税方法计税，计算该企业2024年8月应缴纳的增值税税额。

计算：一般纳税人出租其2016年4月30日前取得的不动产，可以选择适用简易计税方法，按照5%的征收率计算应纳税额。纳税人提供租赁服务采取预收款方式的，其纳税义务发生时间为收到预收款的当天。

该企业应纳增值税=60÷（1+5%）×5%=2.86（万元）

【做中学·计算题】某旧机动车交易公司（二手车经销商）为增值税一般纳税人，2024年10月收购旧机动车（二手车）50辆，支付含税收购款350万元；销售旧机动车60辆，取得含税销售收入480万元。计算2024年10月该旧机动车交易公司应纳增值税税额。

计算：自2020年5月1日至2027年12月31日，从事二手车经销的纳税人销售其收购的二手车，由原按照简易办法依3%征收率减按2%征收增值税，改为减按0.5%征收增值税。

应纳增值税税额=480÷（1+0.5%）×0.5%=2.39（万元）

◆随堂演练

㈠单选题

1. 某商场为增值税小规模纳税人，5月实行还本销售家具，家具现零售价为25 000元。5年后还本，该商场上述业务增值税计税销售额为（　　）。（知识点：销售额的确定）

    A.25 000元　　　　B.24 038.46元　　　　C.24 271.84元　　　　D.不征税

2. 某生产企业为增值税小规模纳税人，10月对部分资产盘点后进行处理：销售边角废料，由税务机关代开增值税专用发票，取得不含税收入4.5万元；销售两年前购入并使用过的小汽车1辆，取得含税收入7.8万元。该企业上述业务应缴纳增值税（　　）万元。（知识点：小规模纳税人增值税计算）

    A.0.32　　　　B.0.29　　　　C.0.27　　　　D.0.16

3. 某商店为增值税小规模纳税人，6月份采取"以旧换新"方式销售24K金项链一条，新项链对外销售价格为8 700元，旧项链作价5 000元，向消费者收取新旧差价款3 700元；另采取"以旧换新"方式销售洗衣机一台，新洗衣机对外销售价格为3 600元，旧洗衣机作价800元，向消费者收取新旧差价款2 800元。假如以上价款中均含增值税，则该商店6月份应缴纳增值税（　　）元。（知识点：小规模纳税人增值税计算）

    A.212.62　　　　B.270　　　　C.131.07　　　　D.276.70

4. 星光广告公司为营改增试点的小规模纳税人，为海天公司发布产品广告，收取海天公司广告费20万元，星光广告公司应缴纳增值税（　　）万元。（知识点：小规模纳税人增值税计算）

    A.1.2　　　　B.1.0　　　　C.0.58　　　　D.0

5. 下列关于固定资产处理的说法中，正确的是（　　）。（知识点：固定资产税务处理）

A. 小规模纳税人销售自己使用过的固定资产，应按3%征收率征收增值税

B. 小规模纳税人销售自己使用过的除固定资产以外的物品，应减按2%征收率征收增值税

C. 增值税一般纳税人销售自己使用过的2009年1月1日以后购进的固定资产，按照4%征收率减半征收增值税

D. 增值税小规模纳税人购置税控收款机，经主管税务机关审核批准后，可凭购进税控收款机取得的增值税专用发票，按照发票上注明的增值税额，抵免当期应纳增值税

6. 下列选项中，符合增值税有关政策的是（　　）。（知识点：固定资产税务处理）

A. 一般纳税人销售2008年12月31日以前购进或自制的固定资产，按简易办法依3%征收率减按2%征收增值税

B. 一般纳税人销售2008年12月31日以后购进或自制的固定资产，按简易办法依4%征收率征收增值税

C. 小规模纳税人销售自己使用过的固定资产，按简易办法依4%征收率减半征收增值税

D. 小规模纳税人销售自己使用过的除固定资产以外的物品，按3%征收率减半征收增值税

7. 某企业为增值税小规模纳税人，主要从事汽车修理业务。2024年6月份提供汽车修理业务取得收入25万元，销售汽车装饰用品取得收入20万元；购进的修理用配件因管理不善被盗，账面成本为0.6万元；当月购进税控收款机一批，取得的增值税普通发票上注明的金额为7.64万元。该企业6月份应缴纳的增值税税额为（　　）万元。（知识点：小规模纳税人增值税计算）

    A.0.15　　　　B.1.44　　　　C.0.62　　　　D.0.43

8. 某食品厂为增值税小规模纳税人，2024年8月份销售糕点一批，取得含税销售额40 000元，经主管税务机关核准购进税控收款机一台，取得的增值税普通发票上注明的价税合计为1 800元。该食品厂当月应纳增值税（　　）元。（知识点：小规模纳税人增值税计算）

    A.957.97　　　　B.1 112.62　　　　C.1 165.05　　　　D.111.05

随堂演练

第八节 进口货物增值税应纳税额及扣缴义务人应扣增值税额计算

一、进口货物应纳税额计算

对报关进口的货物，以进口货物的收货人或办理报关手续的单位和个人为进口货物的纳税人。对委托代理进口应征增值税的货物，鉴于代理进口货物的海关完税凭证有的开具给委托方、有的开具给受托代理人的特殊性，对代理进口货物以海关开具的完税凭证上的纳税人为增值税纳税人。

无论是一般纳税人还是小规模纳税人，申报进口货物均应缴纳增值税，并按规定的组成计税价格和规定的税率计算增值税。计算公式为：

应纳税额=组成计税价格×税率

其中，进口货物的增值税税率与增值税一般纳税人在国内销售同类货物的税率相同。

组成计税价格=关税完税价格+关税+消费税

或　　　　　　=（关税完税价格+关税）÷（1-消费税税率）

【做中学·计算题】某服装生产企业为增值税一般纳税人，2024年3月进口一批面料，买价85万元，境外运费及保险费共计5万元。已知面料适用的增值税税率为13%、关税率为10%，计算进口增值税。

计算：关税完税价格=85+5=90（万元）

组成计税价格=90+90×10%=99（万元）

进口环节应纳增值税=99×13%=12.87（万元）

二、扣缴义务人应扣税额计算

境外单位或个人在中国境内发生应税行为，但在境内未设立经营机构的，扣缴义务人应按扣缴计税方法扣缴增值税税额。计算公式为：

应扣缴税额=接受方支付的价款÷（1+税率）×税率

【做中学·计算题】2024年3月，境外某公司为我国甲企业提供技术咨询服务，取得含税价款300万元，该境外公司在境内未设立经营机构。计算甲企业应当扣缴的增值税税额。

计算：境外公司在中国境内未设立经营机构，其提供技术咨询服务的增值税应按6%税率，由甲企业代扣代缴。

应扣缴增值税=300÷（1+6%）×6%=16.98（万元）

随堂演练

⊕单选题

1.进口消费税应税货物，其增值税的组成计税价格为（　　）。(知识点：进口货物增值税计算)

A.关税完税价格+关税

B.货物到岸价格+关税+消费税

C.关税完税价格+关税+消费税

D.成本×（1+成本利润率）

2.某汽车贸易进出口公司为小规模纳税人，6月进口2辆小汽车，到岸价格为20万美元，含境外负担的税金0.2万美元，当月外汇中间价为1美元=6.8元人民币，关税税额为9万元。该小汽车适用的增值税税率为13%、消费税税率为5%，则该公司应纳进口环节增值税（　　）万元。(知识点：进口货物增值税计算)

A.19.84　　　　　　B.26.52　　　　　　C.29.32　　　　　　D.26.53

3.某企业进口小型机器一批，关税完税价格为150万元（假设该机器的进口关税税率为20%），支付国内运输企业的运输费用0.2万元（取得增值税专用发票）。该企业进口环节应纳增值税（　　）万元。
（知识点：进口货物增值税计算）

A.23.4　　　　　　B.25.5　　　　　　C.28.5　　　　　　D.30

4.某汽车生产企业7月进口内燃发动机的小汽车成套配件一批，境外成交价格为136万美元，运抵中国境内输入地点起卸前的运输费为10万美元、保险费为2万美元。小汽车成套配件进口关税税率为25%，人民币汇率中间价为1美元兑换人民币6.85元。该汽车生产企业进口小汽车成套配件应纳增值税（　　）万元。（知识点：进口货物增值税计算）

A.286.17　　　　　　B.206.26　　　　　　C.164.74　　　　　　D.211.65

5.某商贸企业8月份进口机器一台，关税完税价格为200万元（假设该机器的进口关税税率为20%），支付国内运输企业的不含税运输费用0.2万元（取得增值税专用发票）；本月售出，取得不含税销售额350万元，则本月应纳增值税（　　）万元。（知识点：进口货物增值税计算）

A.28.5　　　　　　B.40.8　　　　　　C.14.282　　　　　　D.18.7

6.某化妆品生产企业2024年8月从国外进口一批香粉（高档化妆品），关税完税价格为60 000元，缴纳关税35 000元，取得海关进口增值税专用缴款书，当月已向税务机关申请并通过认证，则该企业进口环节应纳增值税（　　）元。（知识点：进口货物增值税计算）

A.18 071.56　　　　　　B.23 000　　　　　　C.19 000　　　　　　D.14 529.4

随堂演练

第九节　　出口货物增值税的退（免）税

出口环节退（免）税，是指在国际贸易业务中，对报关出口的货物或劳务和服务退还在国内各生产环节和流转环节按税法规定已缴纳的增值税，或免征应缴纳的增值税。这是一种在国际贸易中通常采用并为世界各国普遍接受的，目的在于鼓励各国出口货物劳务服务公平竞争的税收措施。

一、出口退（免）税基本政策

我国出口退（免）税基本政策有免税并退税、免税不退税和不免税不退税三种类型。

（一）免税并退税

免税是指对货物、劳务和服务在出口环节免征增值税；退税是指对货物、劳务和服务在出口前实际承担的税收负担按规定的退税率计算予以退还。

（二）免税不退税

免税是指对货物、劳务和服务在出口环节免征增值税；不退税是由于货物、劳务和服务在出口前各环节均免征增值税，其价格本身不含增值税，因此不需退税。适用增值税免税政策的出口货物、劳务和服务主要有：

1.增值税小规模纳税人出口的货物。

2.避孕药品和用具，古旧图书。

3.软件产品。

4.含黄金、铂金成分的货物，钻石及其饰品。

5.国家计划内出口的卷烟。

6.已使用过的设备。其具体范围是指购进时未取得增值税专用发票、海关进口增值税专用缴款书但其他相关单证齐全的已使用过的设备。

7.非出口企业委托出口的货物。

8.非列名生产企业出口的非视同自产货物。

9.农业生产者自产农产品。

10.油画、花生果仁、黑大豆等财政部和国家税务总局规定的出口免税的货物。

11.外贸企业取得普通发票、废旧物资收购凭证、农产品收购发票、政府非税收入票据的货物。

12.来料加工复出口的货物。

13.特殊区域内的企业出口的特殊区域内的货物。

14.以人民币现金作为结算方式的边境地区出口企业从所在省（自治区）的边境口岸出口到接壤国家的一般贸易和边境小额贸易出口货物。

15.以旅游购物贸易方式报关出口的货物。

（三）不免税不退税

不免税不退税，也称征税政策。不免税是指对出口货物、劳务和服务在出口环节视同内销照章征收增值税；不退税是指对货物、劳务和服务在出口前所负担的增值税不予退还。例如，出口企业或其他单位销售给特殊区域内的生活消费用品和交通运输工具。

二、"免税并退税"政策适用范围

下列出口货物和劳务，除适用增值税"免税不退税"和"不免税不退税"政策外，实行出口免税并退税政策：

（一）出口企业出口货物

出口企业是指生产企业和外贸企业。

出口货物是指向海关报关后实际离境并销售给境外单位或个人的货物。出口方式分为自营出口货物和委托出口货物两类。

（二）出口企业或其他单位视同出口货物

1.出口企业对外援助、对外承包、境外投资的出口货物。

2.出口企业经海关报关进入国家批准的出口加工区、保税物流园区、保税港区、综合保税区等特殊区域并销售给特殊区域内单位或境外单位、个人的货物。

3.免税品经营企业销售的货物，国家规定不允许经营和限制出口的货物、卷烟和超出免税品经营企业经营范围的货物除外。

4.出口企业或其他单位销售给用于国际金融组织或外国政府贷款国际招标建设项目的中标机电产品。

5.生产企业向海上石油天然气开采企业销售的自产的海洋工程结构物。

6.出口企业或其他单位销售给国际运输企业用于国际运输工具上的货物，包括用于外轮供应公司、远洋运输供应公司销售给外轮、远洋国轮的货物，以及自2011年1月1日起，国内航空供应公司生产销售给国内和国外航空公司国际航班的航空食品。

7.出口企业或其他单位销售给特殊区域内生产企业生产耗用且不向海关报关而输入特殊区域的水（包括蒸汽）、电力、燃气。

（三）出口企业对外提供加工修理修配劳务

对外提供加工修理修配劳务是指对进境复出口货物或从事国际运输的运输工具进行的加工修理修配。

（四）一般纳税人提供适用零税率的应税服务

自2016年5月1日起，单位和个人跨境应税行为适用增值税零税率。具体内容在本章"第四节　税率与征收率"已讲述，此处不重复。

三、增值税出口退税率

（一）退税率的一般规定

除财政部和国家税务总局明确的增值税出口退税率外，出口货物、劳务的退税率为其适用的增值税税率。调整出口货物退税率的执行时间及出口货物的时间，以出口货物报关单上注明的出口日期为准，调整跨境应税行为退税率的执行时间及销售跨境应税行为的时间，以出口发票的开具日期为准。

（二）退税率的特殊规定

1. 外贸企业购进按简易计税办法征税的出口货物、从小规模纳税人购进的出口货物，其退税率分别为按简易计税办法实际执行的征收率、小规模纳税人征收率。上述出口货物取得增值税专用发票的，退税率按照增值税专用发票上的税率和出口货物退税率孰低的原则确定。

2. 出口企业委托加工修理修配货物，其加工修理修配费用的退税率，为出口货物的退税率。

3. 适用不同退税率的货物劳务，未分开报关、核算或划分不清的，从低适用退税率。

四、增值税退（免）税办法选择

出口货物、劳务、服务、无形资产，适用增值税免税并退税政策的，具体有免抵退税和免退税两种方法。各方法的含义及适用范围见表2-8。

表2-8　　　　　　　　　　　　　增值税退（免）税计算方法

退（免）税计算方法及含义		适用范围
免抵退税	"免"指免征出口环节增值税；"抵"指对相应的进项税额抵减应纳税额；"退"指未抵减完的部分予以退还	①生产企业出口自产货物和视同自产货物；②对外提供加工修理修配劳务；③列名的生产企业出口非自产货物；④适用零税率跨境服务；⑤外贸企业直接将服务或自行研发的无形资产出口
免退税	"免"指免征出口环节增值税；"退"指对相应的进项税额予以退还	有进出口经营权的外贸企业直接出口或委托其他外贸企业代理出口的货物，以及其他特准退税的企业出口的货物

五、增值税退（免）税的计税依据

出口货物劳务的增值税退（免）税的计税依据，按出口货物劳务的出口发票（外销发票）、其他普通发票或购进出口货物劳务的增值税专用发票、海关进口增值税专用缴款书确定。增值税退（免）税的计税依据具体见表2-9。

表 2-9　　　　　　　　　　　增值税退（免）税计税依据

纳税人	具体业务	（退税）计税依据
生产企业	出口货物劳务（进料加工复出口货物除外）	出口货物劳务的实际离岸价（FOB）
	进料加工复出口货物	出口货物离岸价扣除出口货物所含海关保税进口料件金额后的余额
	国内购进无进项税额且不计提进项税额的免税原材料加工后出口的货物	出口货物的离岸价扣除出口货物所含国内购进免税原材料金额后的余额
外贸企业	出口货物（委托加工修理修配货物除外）	购进出口货物的增值税专用发票注明的金额或海关进口增值税专用缴款书注明的完税价格
	委托加工修理修配货物	加工修理修配费用增值税专用发票注明的金额
零税率应税服务	实行免抵退税办法的	①国际铁路运输或航空运输为清算后的实际运输收入；②其他零税率应税服务为应税服务收入
	实行退免税办法的	购进应税服务的增值税专用发票或税收缴款凭证上的税额

六、增值税免抵退税和退免税的计算

（一）生产企业出口货物、劳务、服务增值税"免抵退税"计算

依下列步骤和公式计算：

第一步，计算当期应纳税额：

1. $当期应纳税额 = 当期内销货物销项税额 - \left(当期进项税额 - 当期免抵退税不得免征和抵扣税额\right) - 上期留抵税额$

2. $当期免抵退税不得免征和抵扣税额 = 出口货物离岸价 \times 汇率 \times \left(出口货物适用税率 - 出口货物退税率\right) - 当期免抵退税不得免征和抵扣税额抵减额$

3. $当期免抵退税不得免征和抵扣税额抵减额 = 当期免税购进原材料价格 \times \left(出口货物适用税率 - 出口货物退税率\right)$

如果当期没有免税购进原材料，前述公式中的3不用计算。

若上述计算结果为正数，说明从内销货物销项税额中抵扣后仍有余额，该余额则为企业当期应纳的增值税税额，无退税额；若计算结果为负数，则"当期期末留抵税额=当期应纳税额的绝对值"，即有应退税额。应退税额大小在下面步骤分析确定。

第二步，计算当期免抵退税额：

1. 当期免抵退税额=当期出口货物离岸价×汇率×出口货物退税率-当期免抵退税额抵减额

2. 当期免抵退税额抵减额=当期免税购进原材料价格×出口货物退税率

如果当期没有免税购进原材料，上述公式中的2不用计算。

第三步，计算当期应退税额和免抵税额：

1. 当期应纳税额≥0，则：

当期应退税额=0

2. 当期应纳税额<0，且当期期末留抵税额≤当期免抵退税额，则：

当期应退税额＝当期期末留抵税额

当期免抵税额＝当期免抵退税额－当期应退税额

3.当期应纳税额<0，且当期期末留抵税额>当期免抵退税额，则：

当期应退税额＝当期免抵退税额

当期免抵税额＝0

当期期末留抵税额为当期增值税纳税申报表中的"期末留抵税额"。

【做中学·计算题】某自营出口生产企业为增值税一般纳税人，出口货物的征税率为13%、退税率为10%。某年3月购进原材料一批，取得的增值税专用发票注明的价款为200万元，外购货物准予抵扣的进项税额为26万元，货已入库。上期期末留抵税额为3万元。当月内销货物销售额为100万元，销项税额为13万元。本月出口货物销售折合人民币200万元。计算该企业本期免抵退税额、应退税额、免抵税额。

计算：当期免抵退税不得免征和抵扣税额＝200×（13%-10%）＝6（万元）

当期应纳增值税额＝100×13%-（26-6）-3＝-10（万元）

当期出口货物免抵退税额＝200×10%＝20（万元）

当期应退税额＝10万元

当期免抵税额＝20-10＝10（万元）

（二）外贸企业出口货物、劳务、服务增值税"退免税"计算

1.外贸企业出口委托加工修理修配货物以外的货物。

增值税应退税额＝购进出口货物的增值税专用发票注明的金额×出口货物退税率

2.外贸企业出口委托加工修理修配货物。

增值税应退税额＝加工修理修配费用增值税专用发票注明的金额×出口货物退税率

（三）与增值税退（免）税相关的其他规定

1.退税率低于适用税率的，相应计算出的差额部分的税款计入出口货物劳务成本。

2.出口企业既有适用增值税免抵退项目，也有增值税即征即退、先征后退项目的，增值税即征即退和先征后退项目不参与出口项目免抵退税计算。出口企业应分别核算增值税免抵退项目和增值税即征即退、先征后退项目，并分别申请享受增值税免抵退税和增值税即征即退、先征后退政策。

随堂演练

⑪单选题

1.下列选项中，不适用增值税免税政策的出口货物、劳务的是（　　　）。（知识点：出口退税政策）

A.增值税小规模纳税人出口的货物　　　　B.出口古旧图书

C.国家计划内出口的卷烟　　　　D.进料加工复出口的货物

2.对于下列出口货物、劳务，不适用免征增值税政策的是（　　　）。（知识点：出口退税政策）

A.出口古旧图书

B.非列名生产企业出口的非视同自产货物

C.出口软件产品

D.出口企业销售给用于国际金融组织或外国政府贷款国际招标建设项目的中标机电产品

3.下列选项中，适用免税不退税政策的是（　　　）。（知识点：出口退税政策）

A.增值税小规模纳税人出口的货物

B.生产企业向海上石油天然气开采企业销售的自产的海洋工程结构物

C.出口企业对外援助的出口货物

D.出口企业或其他单位提供虚假备案单证的货物

4.下列选项中，不适用出口免征增值税政策的是（　　）。*（知识点：出口退税政策）*

A.已使用过的设备（购进时未取得增值税专用发票）

B.非出口企业委托出口的货物

C.农业生产者自产农产品

D.进料加工复出口的货物

5.某自营出口生产企业是增值税一般纳税人，出口货物的增值税征税率为13%、退税率为10%。2024年7月发生业务：购原材料一批，取得的增值税专用发票注明的价款为300万元，进项税额39万元。该发票7月符合抵扣规定。当月进料加工免税进口料件的组成计税价格为150万元。上期期末留抵税额为22万元。本月内销货物不含税销售额为120万元。本月出口货物销售额折合人民币260万元。该企业当月应退的增值税为（　　）万元。*（知识点：免抵退税法）*

A.11　　　　　　　　B.48.20　　　　　　　　C.33.80　　　　　　　　D.27.80

6.某电器生产企业自营出口自产货物，2024年6月末计算出的期末未抵扣完的增值税为15万元，当期免抵退税额为27万元，则当期免抵税额为（　　）万元。*（知识点：免抵退税法）*

A.0　　　　　　　　B.12　　　　　　　　C.15　　　　　　　　D.27

7.某制药企业为增值税一般纳税人，2024年10月外购原材料取得增值税专用发票，注明进项税额223.75万元（符合抵扣规定）。当月内销药品取得不含税销售额550万元，外销药品取得收入205万美元（美元与人民币的比价为1∶6.8）。该药品适用的增值税税率为13%、出口退税率为10%。该制药企业10月应退的增值税为（　　）万元。*（知识点：免抵退税法）*

A.75.4　　　　　　　　B.65.60　　　　　　　　C.64.65　　　　　　　　D.110.43

单选题

随堂演练

⑭多选题

下列出口货物，可享受增值税"免税不退税"政策的有（　　）。*（知识点：退免税政策）*

A.属于小规模纳税人的生产性企业自营出口的自产货物

B.对外承接修理修配业务的企业用于对外修理修配的货物

C.加工企业来料加工复出口的货物

D.出口的古旧图书

E.纳税人出口旧设备（购进设备时取得了专用发票）

多选题

随堂演练

⑭不定项选择题

某化工生产企业（增值税一般纳税人）兼营内销与外销，2024年6月发生以下业务：（1）国内采购原料，取得增值税专用发票，注明价款100万元，进项税额为13万元；（2）当月进料加工免税进口料件的组成计税价格为50万元；（3）内销货物不含税价为80万元，外销货物销售额为120万元。该货物的出口退税率为10%，另有上期留抵税额2万元。*（知识点：免抵退税法）*

根据上述资料回答下列问题：

（1）下列计算免抵退税不得免征和抵扣税额抵减额的方法中，正确的有（　　）。

A.免抵退税不得免征和抵扣税额抵减额=50×（13%−10%）=1.5（万元）

B.免抵退税不得免征和抵扣税额抵减额=50×13%=6.5（万元）

C.免抵退税不得免征和抵扣税额抵减额=50×10%=5（万元）

D.免抵退税不得免征和抵扣税额抵减额=120×3%=3.6（万元）

（2）下列计算免抵退税不得免征和抵扣税额的方法中，正确的有（　　）。

A.免抵退税不得免征和抵扣税额=120×（13%−10%）=3.6（万元）

B.免抵退税不得免征和抵扣税额=100×（13%-10%）-2=1（万元）

C.免抵退税不得免征和抵扣税额=120×10%-2=10（万元）

D.免抵退税不得免征和抵扣税额=120×（13%-10%）-1.5=2.1（万元）

（3）下列计算正确的有（　　　　）。

A.当期应纳税额=-2.5万元

B.免抵退税抵减额=50×10%=5（万元）

C.免抵退税额=120×10%-5=7（万元）

D.应退税额=2.5万元

E.当期免抵税额=7-2.5=4.5（万元）

第十节　　　　　　　　征收管理

一、纳税义务发生时间

增值税纳税义务发生时间是指增值税纳税义务人、扣缴义务人发生应税、扣缴税款行为应承担纳税义务、扣缴义务的时间。纳税义务发生时间一经确定，必须在此时间计算应缴税款。我国现行增值税纳税义务发生时间主要依据权责发生制和收付实现制基础确定。具体来说，增值税纳税义务发生时间为销售货物或应税劳务、服务，收讫销售款项或取得索取销售款项凭据的当天；先开具发票的，为开具发票的当天。

二、纳税期限

增值税的纳税期限分别为1日、3日、5日、10日、15日、1个月或1个季度。具体纳税期限，由主管税务机关根据纳税人应纳税额的大小分别核定；不能按固定期限纳税的，可以按次纳税。以1个季度为纳税期限的规定适用于小规模纳税人、银行、财务公司、信托投资公司、信用社以及财政部和国家税务总局规定的其他纳税人。

纳税人以1个月或1个季度为一期纳税的，自期满之日起15日内申报纳税；以1日、3日、5日、10日或15日为一期纳税的，自期满之日起5日内预缴税款，于次月1日起15日内申报纳税并结清上月应纳税款。

扣缴义务人解缴税款的期限，依照纳税人相关规定执行。

进口货物应当自海关填发增值税专用缴款书之日起15日内缴纳税款。

三、纳税地点

1.固定业户应当向其机构所在地或居住地主管税务机关申报纳税。

总机构和分支机构不在同一县（市）的，应当分别向各自所在地的主管税务机关申报纳税；经财政部和国家税务总局或其授权的财政和税务机关批准，可以由总机构汇总向总机构所在地主管税务机关申报纳税；跨县（市）提供建筑服务或销售取得的不动产，应按规定在建筑服务发生地或不动产所在地预缴税款后，向机构所在地主管税务机关进行纳税申报。

2.非固定业户应当向应税行为发生地主管税务机关申报纳税；未申报纳税的，由其机构所在地或居住地主管税务机关补征税款。

3.其他个人提供建筑服务，销售或租赁不动产，转让自然资源使用权，应向建筑服务发生地、不动产所在地、自然资源所在地主管税务机关申报纳税。

4.纳税人跨县（市）提供建筑服务，在建筑服务发生地预缴税款后，向机构所在地主管税务机关进行纳税申报。

5.纳税人销售不动产，在不动产所在地预缴税款后，向机构所在地主管税务机关进行纳税申报。

6.纳税人租赁不动产，在不动产所在地预缴税款后，向机构所在地主管税务机关进行纳税申报。

7.进口货物，向报关地海关申报纳税。

8.扣缴义务人，向其机构所在地或居住地主管税务机关申报缴纳其扣缴的税款。

★随堂演练

㈠单选题

1.下列各项中，符合增值税纳税义务发生时间规定的是（　　）。（知识点：纳税义务发生时间）

A.将货物对外捐赠，为货物移送的当天

B.采用预收货款结算方式的，为合同约定的收款日期的当天

C.采用直接收款方式销售的，为发出货物的当天

D.委托其他纳税人代销货物的，为收到货款的当天

2.关于增值税纳税义务发生时间的下列说法中，错误的是（　　）。（知识点：纳税义务发生时间）

A.采取预收款方式销售货物的，为货物发出的当天

B.先开具发票的，为开具发票的当天

C.进口货物为报关进口的当天

D.将货物交付给他人代销，为发出代销货物的当天

3.下列结算方式中，以货物发出的当天为增值税纳税义务发生时间的是（　　）。（知识点：纳税义务发生时间）

A.预收货款　　　　　　B.赊销　　　　　　　C.分期收款　　　　　　D.将货物交付他人代销

4.A公司采取预收货款方式向B公司销售货物，双方于2024年4月18日签订了一份买卖合同，合同约定B公司于5月28日向A公司预付货款，但A公司在5月10日就收到B公司的预付货款；A公司于6月30日发出货物。按我国《增值税暂行条例》及其实施细则的规定，A公司的增值税纳税义务发生时间应当为（　　）。（知识点：纳税义务发生时间）

A.4月18日　　　　　　B.5月20日　　　　　　C.5月28日　　　　　　D.6月30日

5.下列关于增值税纳税地点的表述中，错误的是（　　）。（知识点：纳税地点）

A.进口货物，应当由进口人或其代理人向报关地海关申报纳税

B.固定业户到外县（市）销售货物或提供应税劳务的，应当向机构所在地主管税务机关申请开具外出经营活动税收管理证明，向其机构所在地主管税务机关申报纳税

C.非固定业户销售货物或提供应税劳务，应当向机构所在地主管税务机关申报纳税

D.扣缴义务人应当向其机构所在地或居住地主管税务机关申报缴纳其扣缴的税款

随堂演练

第三章　消费税

✎ **知识导航**

```
                    ┌─ 消费税的概念与特点
                    │
                    │  纳税人与扣缴义务人、征税
                    ├─ 对象、征税环节和税率
                    │                                    ┌─ 自产销售应纳税额计算
  ┌────┐            │                                    │
  │消费│            │                                    ├─ 自产自用应纳税额计算
  │    ├──────────┤              ┌─ 不同环节应纳税额计算 │
  │税  │            ├─ 应纳税额计算┤                     ├─ 委托加工应纳税额计算
  └────┘            │              └─ 已纳税款扣除的计算   │
                    │                                    ├─ 进口环节应纳税额计算
                    └─ 征收管理                           │
                                                         ├─ 批发环节应纳税额计算
                                                         │
                                                         └─ 零售环节应纳税额计算
```

✎ **知识目标**

1.能描述消费税的概念与特点

2.能描述消费税纳税人、征税范围和税率的具体规定

3.能描述自产销售、自产自用、委托加工、进口以及批发环节、零售环节应税消费品应纳税额计算原理

4.能描述用外购或委托加工应税消费品连续生产应税消费品已纳税款扣除的计算

5.能描述消费税纳税义务发生时间、纳税地点及纳税期限的具体规定

✎ **技能目标**

1.能判断确定具体的应税消费品项目,并区分计算其消费税应纳税额

2.能对消费税纳税义务发生时间、纳税期限和纳税地点作出正确的选择

✎ **素养目标**

1.通过消费税设置目的、消费税税目与税率等知识的讲述,体会税收的导向功能,领会坚持绿色发展的治国理政战略思想

2.通过消费税基本知识学习,引导学生树立正确的消费观和幸福观,做一个遵纪守法的好公民

3.引导学生与时俱进探索学习消费税最新法规,培养自主学习的能力

☞知识点☜

第一节　　　　　　　　　　　　　概　述

一、消费税的概念

根据《中华人民共和国消费税暂行条例》（以下简称《消费税暂行条例》）的规定，*消费税是对在我国境内从事生产、委托加工和进口应税消费品的单位和个人，就其销售额或销售数量，在特定环节征收的一种税*。在我国现行税制结构体系中，消费税是与增值税配套的一个税种。它是国家根据产业政策的要求，在普遍征收增值税的基础上，选择部分消费品再征收一道特殊的流转税，目的是引导消费和生产结构，调节收入分配，增加财政收入。

我国消费税是1994年国家税制改革中新设置的一个税种，当时选择了烟、酒、化妆品、护肤护发品、贵重首饰及珠宝玉石、鞭炮及焰火、汽油、柴油、汽车轮胎、摩托车、小汽车等11类应税产品作为征税对象。随着社会经济的发展，为了进一步完善消费税税制，财政部、国家税务总局于2006年3月20日联合发布了《关于调整和完善消费税政策的通知》，从当年4月1日起，对我国消费税税目、税率及相关政策进行调整，新增成品油、木制一次性筷子、实木地板、高尔夫球及球具、高档手表5个税目。2008年11月5日，国务院第34次常务会议修订通过《消费税暂行条例》。为促进环境治理和节能减排，自2014年11月29日起，提高了汽油、石脑油、溶剂油、润滑油、柴油、航空煤油和燃料油消费税单位税额。自2014年12月1日起，取消对气缸容量250毫升（不含）以下的小排量摩托车、汽车轮胎及酒精征收消费税，将"酒及酒精"品目相应改为"酒"。为促进节能环保，自2015年2月1日起，对电池、涂料征收消费税。自2016年10月起，取消对普通美容、修饰类化妆品征收消费税，将"化妆品"税目名称更名为"高档化妆品"。自2016年12月1日起，对超豪华小汽车（每辆零售价130万元）在零售环节加征10%的消费税。自2022年11月1日起，将电子烟纳入消费税征收范围。2025年7月20日起，扩大超豪华小汽车的征税范围（每辆零售价90万元）。

二、消费税的特点

（一）征税项目具有选择性

我国现行税制中，消费税征税项目主要选择特殊消费品、奢侈品、高能耗消费品、不可再生资源消费品和税基宽广、消费普遍、不影响生活水平，但又具有一定财政意义的普通消费品。目前我国消费税税目有15个。

（二）征税环节具有单一性

消费税在生产（进口）、流通或消费的某一环节一次征收（卷烟、超豪华小汽车除外），而不是在消费品生产、流通或消费的每个环节多次征收。

（三）征收方法具有多样性

为适应不同应税消费品的情况，消费税在征收方法设计上不力求一致。对一部分价格差异较大，且便于按价格核算的应税消费品，依消费品或消费行为的价格实行从价定率征收；对一部分价格差异较小、品种、规格比较单一的大宗应税消费品，依消费品的数量实行从量定额征收；对一些特殊的消费品在实行从价定率征收的同时，还对其实行从量定额征收。

（四）税收调节具有特殊性

税收调节的特殊性主要体现在两个方面：一是对需要限制或控制消费的消费品规定较高的税率，体现特殊的调节目的；二是消费税与有关税种（如增值税）配合加重或双重调节。

（五）消费税具有转嫁性

消费税是一种流转税，消费品中所含的消费税税款最终均转嫁到消费者身上，由消费者负担。

消费税与增值税的异同比较见表3-1。

表 3-1 消费税与增值税的异同比较

	不　同	相　同
征收范围	消费税征税范围目前为15种应税消费品；而增值税为所有的货物和应税劳务、应税行为	对于应税消费品既要缴纳增值税也要缴纳消费税，在某一指定的环节两个税同时征收时，从价定率方法下两者的计税依据相同
征税环节	消费税（一般）是一次性征收；而增值税在货物的每一个流转环节全部征收	
计税方法	消费税有从价征收、从量征收和复合征收，根据应税消费品选择一种计税方法；而增值税是根据纳税人选择计税方法	

第二节　纳税人与扣缴义务人、征税对象、征税环节和税率

一、纳税人与扣缴义务人

（一）纳税人

消费税纳税人是指在我国境内从事生产、委托加工和进口，以及在特定环节销售特定应税消费品的单位和个人。"单位"是指企业、行政单位、事业单位、军事单位、社会团体及其他单位；"个人"是指个体工商户及其他个人。特定环节的特定应税消费品的单位和个人包括金银首饰、钻石饰品零售商，卷烟、电子烟的批发商，超豪华小汽车零售商。

进口应税消费品，从事进口应税消费品的进口人或者代理人缴纳消费税。

个人携带或者邮寄入境的应税消费品的消费税，连同关税一并计征，由携带入境者或者收件人缴纳消费税。

（二）扣缴义务人

委托加工的应税消费品，委托方为消费税纳税人，其应纳消费税由受托方（受托方为个人除外）在向委托方交货时代收代缴税款。

跨境电子商务零售进口商品按照货物征收进口环节消费税，购买跨境电子商务零售进口商品的个人作为纳税人，电子商务企业、电子商务交易平台企业或物流企业为代收代缴义务人。

二、征税对象

我国现行消费税征税对象有15个税目，具体内容如下：

（一）烟

本税目下设卷烟、雪茄烟、烟丝和电子烟4个子目。

1.卷烟。卷烟按价格和来源分为两类：❶甲类卷烟，是指每标准条（200支）不含增值税调拨价在70元（含）以上的卷烟、进口卷烟和政府规定的其他卷烟（如白包卷烟、手工卷烟）；❷乙类卷烟，是指每标准条不含增值税调拨价在70元以下的卷烟。

2.雪茄烟。雪茄烟包括各种规格、型号的雪茄烟。

3.烟丝。烟丝包括以烟叶为原料生产加工的未经卷制的散装烟，如斗烟、莫合烟、烟末、水烟、黄红烟丝等。

4.电子烟。电子烟包括烟弹、烟具和烟弹与烟具组合销售的电子烟产品。

（二）酒

本税目下设白酒、黄酒、啤酒、其他酒4个子目。

1.白酒是指以高粱、玉米、大米、小麦、薯类等为原料，经过糖化、发酵后，采用蒸馏方法酿制的酒。

2.黄酒是指以糯米、粳米、玉米、大米、小麦、薯类等为原料，经加温、糖化、发酵压榨酿制的酒。其征税范围包括各种原料酿制的黄酒和酒精度超过12度（含）的土甜酒。

3.啤酒是指以大麦或其他粮食为原料，加入啤酒花，经糖化、发酵、过滤酿制的含有二氧化碳的酒。啤酒征税范围包括各种包装和散装的啤酒。

特别提醒

饮食业、商业、娱乐业举办的啤酒屋（啤酒坊）利用啤酒生产设备生产的啤酒，应当征收消费税。无醇啤酒、啤酒源、菠萝啤酒和果酒，比照啤酒征税。

4.其他酒是指除白酒、黄酒、啤酒以外的，酒精度在1度以上的各种酒。

葡萄酒按"其他酒"子目征收消费税。

配制酒是指以发酵酒、蒸馏酒或食用酒精为酒基，加入可食用或药食两用的辅料或食品添加剂，进行调配、混合或再加工制成的，并改变了其原酒基风格的饮料酒。配制酒消费税适用税率按照以下规定执行：

（1）以蒸馏酒或食用酒精为酒基，同时符合以下条件的配制酒，按"其他酒"征收消费税：具有国家相关部门批准的国食健字或卫食健字文号；酒精度低于38度（含）。

（2）以发酵酒为酒基，酒精度低于20度（含）的配制酒，按"其他酒"征收消费税。

（3）其他配制酒，按"白酒"征收消费税。

特别提醒

调味料酒不征消费税。

（三）高档化妆品

高档化妆品是指生产（进口）环节销售（完税）价格（不含增值税）在10元/毫升（克）或15元/片（张）及以上的美容、修饰类化妆品和护肤类化妆品，包括高档美容、修饰类化妆品，高档护肤类化妆品和成套化妆品。

> **特别提醒**
>
> 舞台、戏剧、影视演员化妆用的上妆油、卸妆油、油彩，不属于消费税征税范围。

（四）贵重首饰及珠宝玉石

贵重首饰包括以金、银、白金、宝石、珍珠、钻石、翡翠、珊瑚、玛瑙等贵重、稀有物质及其他金属、人造宝石等制作的纯金银首饰及镶嵌首饰。

珠宝玉石包括钻石、珍珠、松石、青金石、欧泊石、橄榄石、长石、玉、石英、玉髓、石榴石、锆石、尖晶石、黄玉、碧玺、金绿玉、刚玉、琥珀、珊瑚、煤玉、龟甲、合成刚玉、合成宝石、双合石、玻璃仿制品等。

> **特别提醒**
>
> 宝石坯是经采掘、打磨、初级加工的珠宝玉石半成品，应按规定征收消费税。

（五）鞭炮、焰火

鞭炮是指多层纸密裹火药，接以药引线制成的一种爆炸品；焰火指烟火剂。

> **特别提醒**
>
> 体育上用的发令纸、鞭炮药引线，不属于本税目征税范围。

（六）成品油

本税目下设汽油、柴油、溶剂油、航空煤油、石脑油、润滑油、燃料油7个子目。

1.汽油是指用原油或其他原料生产的辛烷值不小于66的可用作汽油发动机燃料的各种轻质汽油。以汽油、汽油组分调和生产的甲醇汽油、乙醇汽油也属于本税目。

2.柴油是指用原油或其他原料生产的倾点或凝点在-50号至30号的可用作柴油发动机燃料的各种轻质油和以柴油组分为主、经调和精制可以用作柴油发动机的非标油。

自2009年1月1日起，对同时符合下列条件的纯生物柴油免征消费税：

（1）生产原料中废弃的动物油和植物油用量所占比重不低于70%。

（2）生产的纯生物柴油符合国家《柴油机燃料调合用生物柴油（BD100）》标准。

对不符合规定的生物柴油，或者以柴油、柴油组分调和生产的生物柴油亦照章征收消费税。

3.溶剂油是用原油或其他原料生产的用于涂料、油漆、食用油、印刷油墨、皮革、农药、橡胶、化妆品生产和机械清洗、胶粘行业的轻质油。橡胶填充油、溶剂油原料，属于溶剂油征税范围。

4.航空煤油也叫喷气燃料，是以原油或其他原料生产的用于喷气发动机和喷气推进系统燃料的各种轻质油。

5.石脑油又叫化工轻油，是以原油或其他原料生产的用于化工原料的轻质油。

6.润滑油是用原油或其他原料生产的用于内燃机、机械加工过程的润滑产品。

7.燃料油也称重油、渣油，是用原油或其他原料生产的主要用于电厂发电、锅炉用燃料、加热炉燃料、冶金和其他工业炉燃料。自2009年1月1日起，对成品油生产企业在生产成品油过程中，作为燃料、动力及原料消耗掉的自产成品油，免征消费税。对用于其他用途或直接对外销售的成品油照章征收消费税。

（七）摩托车

摩托车的征收范围包括气缸容量250毫升和250毫升（不含）以上的摩托车。

（八）小汽车

本税目下设乘用车、中轻型商用客车和超豪华小汽车3个子目。

1.乘用车包括含驾驶员座位在内最多不超过9个座位（含）的、在设计和技术特性上用于载运乘客和货物的各类乘用车。

2.中轻型商用客车包括含驾驶员座位在内的座位数在10～23座（含23座）的、在设计和技术特性上用于载运乘客和货物的各类中轻型商用客车。用排气量小于1.5升（含）的乘用车底盘（车架）改装、改制的车辆属于乘用车征收范围。用排气量大于1.5升的乘用车底盘（车架）或用中轻型商用客车底盘（车架）改装、改制的车辆属于中轻型商用客车征税范围。

特别提醒

车身长度大于7米（含），并且座位数在10～23座（含）以下的商用客车，不属于中轻型商用客车，不征消费税。

3.超豪华小汽车为每辆零售价格90万元（不含增值税）及以上的各种动力类型（含纯电动力、燃料电池等动力类型）的乘用车和中轻型商用客车。

特别提醒

电动汽车、沙滩车、雪地车、卡丁车、高尔夫车，不征消费税。对纯电动、燃料电池等没有汽缸容量（排气量）的超豪华小汽车仅在零售环节征收消费税。

（九）高尔夫球及球具

高尔夫球及球具是指从事高尔夫球运动所需的各种专用装备，包括高尔夫球、高尔夫球杆、高尔夫球包（袋）等。高尔夫球杆的杆头、杆身和握把属于本税目征税范围。

（十）高档手表

高档手表是指不含增值税销售价格每只在10 000元（含）以上的各类手表。

（十一）游艇

游艇是指艇身长度大于8米（含）小于90米（含），内置发动机，可以在水上移动，主要用于水上运动和休闲娱乐等非营利活动的各类机动艇。

（十二）木制一次性筷子

木制一次性筷子是指以木材为原料，经锯断、浸泡、旋切、刨切、烘干、筛选、包装等环节加工而成的一次性使用的筷子。未经打磨、倒角的木制一次性筷子也属于本税目征税范围。

（十三）实木地板

实木地板是指以木材为原料，经锯割、干燥、刨光、截断、开榫等工序加工而成的地面装饰材料，包括各类规格的实木地板、实木指接地板、实木复合地板及用于装饰墙壁、天棚的侧端面为榫、槽的实木装饰板。未经涂饰的素板属于本税目征税范围。

（十四）电池

电池是一种将化学能、光能等直接转换为电能的装置，一般由电极、电解质、容器、极端，通常还有隔离层组成的基本功能单元，以及用一个或多个基本功能单元装配成的电池组，包括原电池、蓄电池、燃料电池、太阳能电池和其他电池。

对无汞原电池、金属氢化物镍蓄电池（又称"氢镍蓄电池"或"镍氢蓄电池"）、锂原电池、锂离子蓄电池、太阳能电池、燃料电池和全钒液流电池，免征消费税。

（十五）涂料

涂料是指涂于物体表面能形成具有保护、装饰或特殊性能的固态涂膜的一类液体或固体材料之总称。对施工状态下挥发性有机物（Volatile Organic Compounds，VOC）含量低于420克/升（含）的涂料，免征消费税。

外购电池、涂料大包装改成小包装或者外购电池、涂料不经加工只贴商标的行为，视同应税消费税的生产行为。

【税收助发展　惠及你我他】

调节消费结构，引导合理消费

我国消费税的征收原理为对于一些已经征收了增值税的消费品，再对其加征消费税，这使得消费税具备了独有的调控功能。消费税有选择地对部分消费品征税，通过调整消费税征税范围和实行差别税率等方式，从而对消费者的消费行为进行引导，进而调节消费者的消费结构。我国消费税的课税对象按性质可以划分为三类，主要包括：高档消费品、损害身体健康消费品和高耗能高污染消费品。

高档消费品一般是指奢侈品，如高档手表等。对于不是生活所必须消费的高档消费品，提高价格会使需求量大幅减少，因为其需求弹性较大，对其课征消费税，通过提高消费品价格的方式减少消费者的需求，从而有效引导消费者的消费行为。高档消费品的消费者主要是一些高收入者，根据纳税人的纳税能力征税，可以遵循量能课税原则，有利于调节居民收入分配差距，实现政府促进社会公平的政策目标。

损害身体健康消费品主要包括烟、酒类等，若对这类消费品的消费量不加以控制，会给消费者的身体造成危害，通过对该类消费品征税可以抑制消费者的消费行为，进而引导居民形成一个健康的消费结构。

高能耗高污染消费品是一些会给资源环境带来不良影响的产品，如小汽车、电池和涂料等，一方面该类消费品的使用会污染环境，另一方面过度消费还会使不可再生资源枯竭，因此对该类消费品征税能够增加消费者的消费成本，提高人们保护环境的理念，促使消费者寻找可替代产品，减少对此类商品的消费，进而调节居民消费结构，最终实现保护环境防治污染的目标。

三、消费税的征税环节

（一）生产环节

1.纳税人生产应税消费品直接对外销售的，在销售时纳税。

2.纳税人自产自用的应税消费品，用于连续生产应税消费品的，不纳税；用于其他方面的，于移送使用时纳税。

（二）委托加工环节

纳税人委托加工应税消费品的，委托方是消费税的纳税义务人，由受托方（个人除外）在向委托方交货时代收代缴消费税税款；委托个人加工的应税消费品，由委托方收回后缴纳消费税。

（三）进口环节

进口应税消费品，在进口环节应缴纳消费税。

（四）批发环节

批发环节的应税消费品特指卷烟。

（五）零售环节

零售环节的应税消费品特指金银首饰、钻石及钻石饰品，以及超豪华小汽车。

四、税率

（一）税率形式

我国现行消费税税率有比例税率、定额税率和复合税率三种。适用定额税率的税目有：啤酒、黄酒、成品油；适用复合税率的税目有：卷烟、白酒。各种应税消费品的具体税率见表3-2。

表 3-2　　　　　　　　　　消费税税目税率（税额）表

税　　目			税率/税额
一、烟	1.卷烟	生产环节 甲类卷烟	56%
			0.003元/支（0.6元/条）（150元/箱）
		乙类卷烟	36%
			0.003元/支（0.6元/条）（150元/箱）
		批发环节	11%
			0.005元/支（1元/条）（250元/箱）
	2.雪茄烟		36%
	3.烟丝		30%
	4.电子烟	生产环节	36%
		批发环节	11%
二、酒	1.白酒		20%
			0.5元/斤
	2.啤酒（含果啤）	甲类啤酒	250元/吨
		乙类啤酒	220元/吨
	3.黄酒		240元/吨
	4.其他酒		10%
三、高档化妆品			15%
四、贵重首饰及珠宝玉石	零售环节		5%
	其他环节		10%
五、鞭炮、焰火			15%
六、成品油	1.汽油		1.52元/升
	2.柴油		1.2元/升
	3.溶剂油		1.52元/升
	4.润滑油		1.52元/升
	5.石脑油		1.52元/升
	6.燃料油		1.2元/升
	7.航空煤油		1.2元/升

续表

税　目			税率/税额
七、摩托车		气缸容量为250毫升	3%
		气缸容量在250毫升以上的	10%
八、小汽车	1.乘用车	气缸容量（排气量）在1.0升（含）以下的	1%
		气缸容量在1.0升以上至1.5升（含）的	3%
		气缸容量在1.5升以上至2.0升（含）的	5%
		气缸容量在2.0升以上至2.5升（含）的	9%
		气缸容量在2.5升以上至3.0升（含）的	12%
		气缸容量在3.0升以上至4.0升（含）的	25%
		气缸容量在4.0升以上的	40%
	2.中轻型商用客车		5%
	3.超豪华小汽车（零售环节）	每辆零售价格90万元（不含增值税）及以上的各种动力类型的乘用车和中轻型商用客车	10%
九、高尔夫球及球具			10%
十、高档手表			20%
十一、游艇			10%
十二、木制一次性筷子			5%
十三、实木地板			5%
十四、电池			4%
十五、涂料			4%

（二）最高税率运用

1.纳税人兼营不同税率应税消费品的，应分别核算其销售额和销售量；未分别核算的，从高适用税率。

2.纳税人将应税消费品与非应税消费品以及适用不同税率的应税消费品组成套装消费品销售的，应根据成套消费品的销售金额按应税消费品中适用税率最高的消费品税率征收消费税。

（三）适用税率的特殊规定

1.卷烟适用税率。

（1）生产环节卷烟适用复合税率。从量税率为0.003元/支；从价税率按以下类别选择确定：甲类卷烟，56%；乙类卷烟，36%。

（2）卷烟批发环节适用复合税率：从价税率11%，从量税率0.005元/支。

2.白酒适用税率。

（1）外购酒精生产的白酒，按酒精所用原料确定白酒的适用税率。

（2）以外购的不同品种的白酒勾兑的白酒，一律按照白酒的税率征收消费税。

（3）对用粮食和薯类、糠麸等多种原料混合生产的白酒一律按照白酒的税率征收消费税。

3.啤酒适用税率。

对啤酒生产企业销售的啤酒，不得以向其关联企业的啤酒销售公司销售的价格作为确定消费税税额的标准，而应当以其关联企业的啤酒销售公司对外的销售价格（含包装物及包装物押金，不含供重复使用的塑料周转箱的押金）作为确定消费税税额的标准，并依此确定该啤酒消费税单位税额。啤酒按照出厂价格分类确定：

（1）甲类啤酒，指每吨不含增值税出厂价在3 000元（含）以上的啤酒和娱乐业、饮食业自制的啤酒，从量税率为250元/吨。

（2）乙类啤酒，是指每吨不含增值税出厂价不足3 000元的啤酒，从量税率为220元/吨。

4.超豪华小汽车适用税率。

对超豪华小汽车，在生产（进口）环节按现行税率（5%）征收消费税的基础上，在零售环节加征消费税，税率为10%。但对纯电动、燃料电池等没有汽缸容量（排气量）的超豪华小汽车仅在零售环节征收消费税。

随堂演练

①单选题

1.下列单位中不属于消费税纳税人的是（   ）。（知识点：纳税人）

A.生产销售应税消费品（金银首饰除外）的单位　B.委托加工应税消费品的单位

C.进口应税消费品的单位　　　　　　　　　　D.受托加工应税消费品（非金银首饰）的单位

2.下列关于消费税纳税人的说法中，正确的是（   ）。（知识点：纳税人）

A.委托加工卷烟的纳税人是委托方

B.零售金银首饰的纳税人为消费者

C.受托加工白酒的李某为消费税的纳税人

D.进口小汽车的进口企业不缴纳消费税

3.依据消费税法律制度规定，下列行为中应缴纳消费税的是（   ）。（知识点：纳税人）

A.进口卷烟　　　　　B.进口服装　　　　C.零售实木地板　　　D.零售白酒

4.关于消费税征税范围的下列说法中，正确的是（   ）。（知识点：征税范围）

A.对饮食业、娱乐业举办的啤酒屋生产的啤酒，只征收消费税，不征收增值税

B.宝石坯属于珠宝玉石半成品，所以不征收消费税

C.以柴油、柴油组分调和生产的生物柴油属于成品油征税范围

D.调味料酒按照"其他酒"的税率征收消费税

5.下列消品中，属于消费税征税范围的是（   ）。（知识点：征税范围）

A.高尔夫球包　　　　B.竹制筷子　　　　C.普通护肤护发品　　　D.电动汽车

6.下列项目中，应征收消费税的是（   ）。（知识点：征税范围）

A.影视演员用的上妆油

B.成品油生产企业在生产成品油过程中作为燃料、动力及原料消耗掉的自产成品油

C.以发酵酒为酒基，酒精度低于20度（含）的配制酒

D.汽车轮胎

7.根据消费税法律制度规定，下列各项中，既要缴纳增值税又要缴纳消费税的是（   ）。（知识点：征税环节）

A.商场销售卷烟　　　　　　　　　　B.商场销售白酒

C.商场销售金银首饰　　　　　　　　D.商场销售高档化妆品

8.下列关于消费税税率的说法中,不正确的是（　　　）。（知识点：税率）

A.黄酒、啤酒采用定额税率形式

B.纳税人将应税消费品与非应税消费品组成套装消费品销售的,应分别核算其销售额和销售量,分
别计征消费税

C.自2015年5月10日起,将卷烟批发环节从价税率由5%提高至11%,并按0.005元/支加征从量税

D.非标准条包装卷烟应当折算成标准条包装卷烟的数量,以其实际销售收入计算确定其
折算成标准条包装后的实际销售价格,并确定适用的比例税率

9.下列各项中,进口时从量计征消费税的是（　　　）。（知识点：税率）

A.葡萄酒　　　　　　　　　　　　　B.啤酒

C.小汽车　　　　　　　　　　　　　D.摄像机

⑩多选题

1.下列关于消费税纳税人的说法中,正确的有（　　　）。（知识点：纳税人）

A.零售钻石首饰的纳税人是消费者　　B.委托加工黄酒的纳税人是受托加工企业

C.携带卷烟入境的纳税人是携带者　　D.邮寄入境的应税消费品纳税人是收件人

E.批发卷烟的纳税人是生产企业

2.下列选项中,属于消费税征税范围的有（　　　）。（知识点：征税范围）

A.实木地板　　　　　B.果木酒　　　　　　C.电动汽车

D.高尔夫球　　　　　E.价值8 000元的手表

3.根据消费税法律制度规定,下列业务中应当征收消费税的有（　　　）。（知识点：征税环节）

A.卷烟厂将自产卷烟用于馈赠　　　　B.日化厂将自产的高档化妆品用于分配利润

C.汽车厂将自产的小汽车用于赞助　　D.酒厂将自产的白酒用于对外投资

E.珠宝店进口钻石饰品

4.下列消费品中,实行从量定额与从价定率相结合的复合计征办法征收消费税的有（　　　）。（知识
点：税率）

A.卷烟　　　　　　　B.成品油　　　　　　C.白酒

D.小汽车　　　　　　E.黄酒

5.下列关于现行消费税规定的说法中,正确的有（　　　）。（知识点：税率）

A.计算啤酒出厂价格时,包装物押金中不包括重复使用的塑料周转箱的押金

B.两种消费品组合形成套装销售的,从高适用税率征收消费税

C.粮食白酒定额税率为每斤0.5元,比例税率为20%

D.未经国务院批准纳入计划的企业和个人生产的卷烟属于非法生产,暂不征收消费税

E.卷烟批发环节按照11%加0.005元/支的税率征收消费税

第三节　计税依据和应纳税额计算

一、计税依据确定

消费税计征办法有从价定率、从量定额,以及从价定率和从量定额复合计税三种。不
同计征办法计税依据确定方法不同。

（一）从量定额应税消费品计税依据

实行从量定额办法征税的,消费税应纳税额等于销售数量乘以定额税率。因此,从量

定额征税的应税消费品，通常以每单位应税消费品的重量、容积或数量为计税依据，并按每单位应税消费品规定固定税额计征消费税税额。具体来说，不同应税行为计税依据按下列原则确定：

1.销售应税消费品的，为应税消费品的销售数量。

2.自产自用应税消费品的，为应税消费品的移送使用数量。

3.委托加工应税消费品的，为纳税人收回的应税消费品数量。

4.进口应税消费品的，为海关核定的应税消费品进口数量。

同时要注意实际销售过程中，不同产品的计量单位换算。《中华人民共和国消费税暂行条例实施细则》对部分应税消费品计量单位的换算标准规定如下：

黄酒　1吨=962升　　啤酒　1吨=988升　　汽油　1吨=1 388升
柴油　1吨=1 176升　　航空煤油　1吨=1 246升　　石脑油　1吨=1 385升
溶剂油　1吨=1 282升　　润滑油　1吨=1 126升　　燃料油　1吨=1 015升

（二）从价定率应税消费品计税依据

1.销售额的确定。

实行从价定率办法征税的应税消费品计税依据为销售应税消费品从购买方收取的全部价款和价外费用。由于消费税和增值税实行交叉征收，消费税为价内税，增值税为价外税，这一特点决定了实行从价定率征税的应税消费品，原则上消费税与增值税的计税依据一致，即都是含消费税而不含增值税的销售额。具体内容见增值税销售额确定相关章节，此处不重述。

2.包装物销售及押金的税务处理，见表3-3。

表3-3　　　　　　　　　　包装物销售及押金的税务处理

项目		税务处理规定
包装物销售		应税消费品连同包装物销售的，无论包装物是否单独计价，也不论在会计上如何核算，均应并入应税消费品的销售额征收消费税
包装物押金	一般应税消费品	收取时不并入销售额征税
		逾期未收回的包装物不再退还的或已收取超过12个月的押金，并入应税消费品销售额，按照应税消费品的适用税率征收消费税
	酒类产品（不包括黄酒和啤酒）	无论押金是否返还及会计上如何核算，均应并入酒类产品销售额征收消费税
	包装物既作价销售，又收取押金	包装物在规定的期限内不予退还的，均应并入应税消费品的销售额，按照应税消费品的适用税率征收消费税

（三）复合计征应税消费品计税依据

卷烟、白酒采用复合计征方法计税。应纳税额等于应税销售数量乘以定额税率再加上应税销售额乘以比例税率。

纳税人生产销售卷烟和白酒，从量定额计税依据为实际销售数量，从价定率计税依据为销售额。进口、委托加工、自产自用卷烟、白酒，从量定额计税依据分别为海关核定的进口数量、委托加工收回数量、移送使用数量。

（四）计税依据特殊规定

1. 卷烟最低计税价格的核定。

（1）最低计税价格核定范围。卷烟生产企业在生产环节销售的所有牌号、规格的卷烟。

（2）最低计税价格核定标准。计税价格由国家税务总局按照卷烟批发环节销售价格扣除卷烟批发环节批发毛利核定并发布。公式为：

某牌号、规格卷烟计税价格=批发环节销售价格×（1-适用的批发毛利率）

（3）计税价格适用原则。实际销售价格高于核定计税价格的，按实际销售价格征收消费税；反之，按计税价格征收消费税。

2. 白酒最低计税价格核定。

（1）最低计税价格核定范围。白酒生产企业销售给销售单位的白酒，以及纳税人将委托加工收回的白酒销售给销售单位，生产企业消费税计税价格为销售单位对外销售价格（不含增值税）70% 以下的，税务机关应核定消费税最低计税价格。

（2）最低计税价格核定标准。白酒生产企业销售给销售单位的白酒，生产企业消费税计税价格为销售单位对外销售价格 70% 以上（含 70%）的，暂不核定消费税最低计税价格，生产企业消费税计税价格为销售单位对外销售价格 70% 以下的，由税务机关按下列公式核算消费税最低计税价格，核定比例统一确定为 60%。

$$\frac{当月该品牌、规格白酒}{消费税计税价格} = \frac{该品牌、规格白酒销售}{单位上月平均销售价格} × 核定比例$$

（3）重新核定。已核定最低计税价格的白酒，销售单位对外销售价格持续上涨或下降时间达到 3 个月以上、累计上涨或下降幅度在 20%（含）以上的白酒，税务机关重新核定最低计税价格。

（4）计税价格适用原则。已核定最低计税价格的白酒，生产企业实际销售价格高于消费税最低计税价格的，按实际销售价格申报纳税；实际销售价格低于消费税最低计税价格的，按最低计税价格申报纳税。白酒生产企业未按规定上报销售单位销售价格的，主管税务局应按照销售单位销售价格征收消费税。

3. 自设非独立核算门市部计税的规定。

纳税人通过自设非独立核算门市部销售的自产应税消费品，应当按照门市部对外销售额或者销售数量计征消费税。

4. 应税消费品用于其他方面的规定。

纳税人用于以物易物（换取生产资料或消费资料）、投资入股、抵偿债务等方面的应税消费品，应当以纳税人同类应税消费品的最高销售价格为依据计征消费税。

5. 套装产品的计税依据。

纳税人将自产的应税消费品与外购或自产的非应税消费品组成套装销售的，以套装产品的销售额（不含增值税）为计税依据计算消费税。

6. 电子烟生产环节纳税人从事电子烟代加工业务的计税规定。

电子烟生产环节纳税人从事电子烟代加工业务的，应当分开核算持有商标电子烟的销售额和代加工电子烟的销售额；未分开核算的，一并缴纳消费税。

7.计税价格的核定权限。

卷烟、白酒、小汽车的计税价格由国家税务总局核定，送财政部备案；其他应税消费品的计税价格由省、自治区和直辖市税务局核定；进口的应税消费品的计税价格由海关核定。

二、应纳税额的计算

（一）自产销售应纳税额的一般计算

按照现行消费税法律制度规定，消费税应纳税额的计算方法有从价定率、从量定额和复合计税三种。具体内容归纳见表3-4。

表3-4　　　　　　　　　　　消费税应纳税额计算方法汇总

计税方法	公　式	适用范围
从价定率	应纳税额=销售额×比例税率	除适用从量定额、复合计税外的其他税目
从量定额	应纳税额=销售数量×定额税率	啤酒、黄酒、成品油
复合计税	应纳税额=销售额×比例税率+销售数量×定额税率	白酒、卷烟

【做中学·计算题】某化妆品生产企业2024年1月销售给经销商甲高档化妆品120箱，销售价为800元/箱；销售给经销商乙同类高档化妆品60箱，销售价为1 000元/箱。当月，还将20箱同类高档化妆品发给其原材料供应商以抵偿上月所欠货款。以上售价均为不含税价格，计算该化妆品生产企业上述业务应纳消费税税额。

计算：纳税人用于抵偿债务的应税消费品，应当以纳税人同类应税消费品的最高销售价格作为计税依据计算消费税。高档化妆品消费税从价计征，适用的消费税税率为15%。

应纳消费税税额=（120×800+60×1 000+20×1 000）×15%=26 400（元）

【做中学·计算题】某啤酒厂为增值税一般纳税人，2024年8月销售啤酒100吨，每吨出厂价格2 900元（不含增值税），另收取非重复使用的包装物押金226元/吨。计算该啤酒厂8月应缴纳的消费税税额。

计算：啤酒消费税从量计征。判断啤酒定额税率的每吨出厂价格=2 900+226÷（1+13%）=3 100（元），每吨出厂价在3 000元以上，适用单位税额250元。

应纳消费税税额=销售数量×定额税率=100×250=25 000（元）

【做中学·计算题】2024年3月，A卷烟厂与某商场签订购销合同，采取赊销方式销售给该商场M牌卷烟50箱，取得不含税价款100万元，合同约定本月收回50%的货款，由于该商场资金周转问题，卷烟厂本月实际收到40%的货款。计算A卷烟厂3月应纳消费税税额。

计算：卷烟消费税复合计征。纳税人采取分期收款方式销售的，消费税纳税义务发生时间为书面合同约定的收款日期的当天，则计税销售额为50万元。M牌卷烟每标准条售价为80元（即1 000 000÷50÷250）大于70元，则适用的比例税率为56%。

应纳消费税税额=100×50%×56%+50×50%×150÷10 000=28.375（万元）

（二）自产自用应税消费品应纳税额计算

1.消费税征收管理。

自产自用是指纳税人生产应税消费品后，不是直接用于对外销售，而是用于连续生产应税消费品或用于其他方面。

　　用于连续生产应税消费品，是指纳税人将自产自用的应税消费品作为直接材料生产最终应税消费品，自产自用应税消费品构成最终应税消费品的实体。对自产自用的应税消费品，用于连续生产应税消费品的，不再征税，体现了税不重征和计税简便的原则。

　　用于其他方面的，是指纳税人将自产自用应税消费品用于生产非应税消费品、在建工程、管理部门、非生产机构、提供劳务、馈赠、赞助、集资、广告、样品、职工福利、奖励等方面。纳税人自产自用的应税消费品，用于其他方面的，于移送使用时纳税。

　　2.消费税应纳税额计算。

　　（1）从价定率计税。

　　纳税人自产自用应税消费品从价定率计征消费税的，消费税计税依据和应纳税额计算具体分以下两种情况：

　　❶有同类消费品销售价格的，按照纳税人生产的同类消费品销售价格计征消费税。

　　同类消费品销售价格是指纳税人当月销售的同类消费品的销售价格。如果当月同类消费品各期销售价格高低不同，应按销售数量加权平均计算。但销售的应税消费品有下列情况之一的，不得列入加权平均计算：销售价格明显偏低又无正当理由的；无销售价格的。如果当月无销售或者当月未完结，应按照同类消费品上月或最近月份的销售价格计算纳税。

　　❷没有同类消费品销售价格的，按组成计税价格计征消费税。计算公式如下：

　　组成计税价格=成本×（1+成本利润率）÷（1-消费税比例税率）

　　应纳税额=组成计税价格×消费税比例税率

　　【做中学·计算题】某化妆品厂将一批自产高档化妆品用于集体福利，生产成本为35 000元；将新研制的香水用于广告样品，生产成本为20 000元，上述货物已全部发出，均无同类产品售价。计算该化妆品厂上述业务应纳消费税税额。已知高档化妆品的成本利润率为5%，适用的消费税税率为15%。

　　计算：高档化妆品用于集体福利和广告样品，应视同销售计征消费税。无同类产品售价的，按组成计税价格计税。

　　应纳消费税税额=（35 000+20 000）×（1+5%）÷（1-15%）×15%=10 191.18（元）

　　（2）从量定额计税。

　　从量定额计税的以移送使用数量为计税依据，应纳税额的计算公式如下：

　　应纳税额=移送使用数量×消费税定额税率

　　【做中学·计算题】某啤酒厂将自产啤酒20吨赠送给某啤酒节，每吨啤酒成本为1 000元，无同类产品售价。计算上述业务应纳消费税税额。已知该啤酒的消费税定额税率为220元/吨。

　　计算：应纳消费税税额=20×220=4 400（元）

　　（3）复合计税。

　　复合计税的计税依据分别为组成计税价格和移送使用数量，计算公式如下：

　　组成计税价格=（成本+利润+自产自用数量×消费税定额税率）÷（1-消费税比例税率）

　　应纳税额=组成计税价格×消费税比例税率+自产自用数量×消费税定额税率

　　其中，成本是指应税消费品的生产成本；利润是指根据应税消费品的全国平均成本利润率计算的利润。

应税消费品的全国平均成本利润率由国家税务总局确定，见表3-5。

表3-5　　　　　　　　　　　应税消费品全国平均成本利润率表

序号	种类	成本利润率（%）	序号	种类	成本利润率（%）
1	甲类卷烟、电子烟	10	11	摩托车	6
2	乙类卷烟	5	12	乘用车	8
3	雪茄烟	5	13	中轻型商用客车	6
4	烟丝	5	14	高尔夫球及球具	10
5	粮食白酒	10	15	高档手表	20
6	薯类白酒	5	16	游艇	10
7	其他酒	5	17	木制一次性筷子	5
8	高档化妆品	5	18	实木地板	5
9	鞭炮、焰火	5	19	电池	4
10	贵重首饰及珠宝玉石	6	20	涂料	7

【做中学·计算题】某白酒生产企业本月举办展销会，将特制100斤新品白酒赠送给来宾，该批白酒成本为50 000元，无同类售价。该白酒的成本利润率为10%。计算该企业上述业务应纳消费税税额。

计算：应纳消费税税额=［50 000×（1+10%）+100×0.5］÷（1-20%）×20%+100×0.5=13 812.5（元）

3.用外购应税消费品连续生产应税消费品应纳税额计算。

一般情况下，消费税实行"一物一税，税不重征"原则，因此，以应税消费品生产应税消费品的，对用于生产的应税消费品，不征消费税；若用于生产的应税消费品为已税消费品的，应当从生产的应税消费品的应纳消费税中扣除其已纳消费税。

（1）扣税范围。

现行消费税法规规定，准予从应纳消费税中扣除的已纳消费税的应税消费品范围如下：

❶以外购的已税烟丝为原料生产的卷烟。

❷以外购的已税高档化妆品为原料生产的高档化妆品。

❸以外购的已税珠宝玉石为原料生产的贵重首饰及珠宝玉石。

❹以外购的已税鞭炮、焰火为原料生产的鞭炮、焰火。

❺以外购的已税杆头、杆身和握把为原料生产的高尔夫球杆。

❻以外购的已税木制一次性筷子为原料生产的木制一次性筷子。

❼以外购的已税实木地板为原料生产的实木地板。

❽以外购的已税汽油、柴油、石脑油、燃料油、润滑油为原料生产的成品油。

❾以外购葡萄酒为原料生产的葡萄酒。

上列应税消费品中，在零售环节纳税的金银首饰，不得扣除外购珠宝玉石已纳的消费税。在批发环节纳税的卷烟，不得扣除生产环节已纳的消费税。

（2）抵扣税款的计算方法。

❶从价定率计税应税消费品抵扣税额的计算公式为：

$$\frac{当期准予扣除的外购}{应税消费品已纳税额}=\frac{当期准予扣除的外购}{应税消费品买价}×\frac{外购应税消费品}{适用税率}$$

其中：

$$\text{当期准予扣除的外购应税消费品买价} = \text{期初库存的外购应税消费品买价} + \text{当期购进的应税消费品买价} - \text{期末库存的外购应税消费品买价}$$

【做中学·计算题】某卷烟生产企业5月外购烟丝，取得增值税专用发票，注明的税款为6.5万元，当月生产领用80%，月初尚有库存的外购烟丝2万元，月末库存烟丝12万元。计算该卷烟生产企业当月应纳消费税中可扣除的消费税税额。（烟丝的消费税税率为30%）

计算：当月外购烟丝的买价=6.5÷13%=50（万元）

生产领用部分的买价=50×80%=40（万元）

或　生产领用部分的买价=2+50-12=40（万元）

准予扣除的消费税税额=40×30%=12（万元）

❷从量定额计税应税消费品抵扣税款的计算公式为：

$$\text{当期准予扣除的外购应税消费品已纳税额} = \text{当期准予扣除的外购应税消费品数量} \times \text{外购应税消费品单位税额}$$

其中：

$$\text{当期准予扣除的应税消费品数量} = \text{期初库存的应税消费品数量} + \text{当期购进的应税消费品数量} - \text{期末库存的应税消费品数量}$$

上述公式中的"买价"是指纳税人取得外购应税消费品增值税专用发票上注明的销售额；"数量"是指纳税人取得外购应税消费品专用发票上注明的应税消费品的销售数量。

【做中学·计算题】某卷烟厂2月库存烟丝（全部为外购）账户资料显示：月初库存50 000元，本月购进200 000元，月末库存66 000元，减少部分全部为生产卷烟领用。本月生产销售卷烟20标准箱，每标准条调拨价为56元，取得不含税销售额280 000元，款项已收。计算该卷烟厂2月份应纳消费税税额。

计算：销售卷烟应纳消费税税额=20×150+280 000×36%=103 800（元）

生产领用金额=50 000+200 000-66 000=184 000（元）

准予扣除的外购烟丝已纳消费税税额=184 000×30%=55 200（元）

本月实际应纳消费税税额=103 800-55 200=48 600（元）

（三）委托加工应税消费品应纳税额计算

1.委托加工应税消费品的确定。

作为委托加工应税消费品必须具备两个条件：（1）由委托方提供原料和主要材料；（2）受托方只收取加工费和代垫部分辅助材料。无论是受托方还是委托方，凡不符合上述规定条件的，都不能按委托加工应税消费品进行税务处理，只能按照销售自制应税消费品缴纳消费税。

2.代收代缴税款规定。

委托加工应税消费品，受托方（个体经营者除外）负有代收代缴义务，由受托方向委托方交货时代收代缴消费税。纳税人委托个体经营者加工应税消费品的，于委托方收回后在委托方所在地缴纳消费税。

委托加工应税消费品，受托方在交货时已代收代缴消费税，委托方将收回的应税消费品，以不高于受托方的计税价格出售的，不再缴纳消费税；委托方以高于受托方的计税价格出售的，应按规定申报缴纳消费税，但在计税时准予扣除受托方已代收代缴的消费税。

3.委托加工应税消费品应纳税额计算。

不同计税方法下，委托加工业务消费税的计算公式见表3-6。

表3-6 委托加工业务消费税计算方法汇总

计税方式	应纳税额计算公式
从价定率	①受托方有同类消费品销售价格的： 应纳税额=同类消费品单位销售价格×委托加工数量×消费税比例税率 ②受托方没有同类消费品销售价格的： 应纳税额=组成计税价格×消费税比例税率 组成计税价格=（材料成本+加工费）÷（1-消费税比例税率）
从量定额	应纳税额=委托加工数量×消费税定额税率
复合计税	①受托方有同类消费品销售价格的： 应纳税额=同类消费品销售价格×消费税比例税率+委托加工数量×消费税定额税率 ②受托方没有同类消费品销售价格的： 应纳税额=组成计税价格×消费税比例税率+委托加工数量×消费税定额税率 组成计税价格=（材料成本+加工费+委托加工数量×消费税定额税率）÷（1-消费税比例税率）

注意

从价定率计税方式下，"材料成本"是指委托方所提供加工材料的实际成本。委托加工应税消费品的纳税人，必须在委托加工合同上如实注明（或者以其他方式提供）材料成本，凡未提供材料成本的，受托方主管税务机关有权核定其材料成本。"加工费"是指受托方加工应税消费品向委托方所收取的全部费用（包括代垫辅助材料的实际成本）。

【做中学·计算题】某高尔夫球俱乐部委托甲企业加工一批高尔夫球杆，受托加工合同注明俱乐部提供原材料的实际成本为7 000元；应支付甲企业加工费2 000元，其中包括代垫的辅助材料500元。甲企业无同类产品销售价格，该高尔夫球俱乐部委托加工的高尔夫球杆是否应缴纳消费税？如果需要，其消费税的应纳税额是多少？

计算：高尔夫球杆属于消费税应税范围，从价定率计征消费税。同时上述行为属于委托加工行为，且受托方无同类产品销售价格，应按组成计税价格确定计税依据。

组成计税价格=（7 000+2 000）÷（1-10%）=10 000（元）

应纳税额=10 000×10%=1 000（元）

【做中学·计算题】甲烟草集团公司、乙卷烟厂均为增值税一般纳税人。甲烟草集团公司3月采购烟叶一批，成本为800万元，当月全部发往乙卷烟厂，委托乙卷烟厂加工甲类卷烟500箱。乙卷烟厂以每箱不含税0.1万元，共收取加工费50万元并开具增值税专用发票。当月乙卷烟厂按正常进度投料加工生产卷烟200箱交由甲烟草集团公司收回。甲类卷烟生产环节消费税为56%，定额税率为150元/箱。计算乙卷烟厂3月加工卷烟应当代收代缴的消费税税额。

计算：甲烟草集团公司为卷烟纳税人，委托加工卷烟消费税应按委托方收回卷烟数量和组成计税价格复合计税，并由乙卷烟厂代收代缴。

代收代缴的消费税=（800×200÷500+0.1×200+200×150÷10 000）÷（1-56%）×56%+200×150÷10 000
=439.55（万元）

4.以委托加工收回应税消费品连续生产应税消费品消费税的计算。

纳税人以委托加工收回的下列应税消费品连续生产应税消费品的，在计算消费税时可以扣除委托加工收回应税消费品已纳的消费税：

（1）以委托加工收回的已税烟丝为原料生产的卷烟。

（2）以委托加工收回的已税高档化妆品为原料生产的高档化妆品。

（3）以委托加工收回的已税珠宝玉石为原料生产的贵重首饰及珠宝玉石。

（4）以委托加工收回的已税鞭炮、焰火为原料生产的鞭炮、焰火。

（5）以委托加工收回的已税杆头、杆身和握把为原料生产的高尔夫球杆。

（6）以委托加工收回的已税木制一次性筷子为原料生产的木制一次性筷子。

（7）以委托加工收回的已税实木地板为原料生产的实木地板。

（8）以委托加工收回的已税汽油、柴油、石脑油、燃料油、润滑油为原料生产的成品油。

准予扣除已纳税额的计算公式如下：

$$
\begin{array}{l}
当期准予扣除的应税 \\
消费品已纳税额
\end{array}=
\begin{array}{l}
期初库存的应税 \\
消费品已纳税额
\end{array}+
\begin{array}{l}
当期收回的应税 \\
消费品已纳税额
\end{array}-
\begin{array}{l}
期末库存的应税 \\
消费品已纳税额
\end{array}
$$

【做中学·计算题】甲化妆品厂发出材料委托A日化厂加工香水精200瓶，A日化厂同类香水精不含税售价为每瓶450元。加工的香水精本月全部收回，支付加工费并取得增值税专用发票，其消费税已由A日化厂代收代缴。委托加工收回的香水精的50%当月全部对外销售，实现不含税销售额5万元；另50%用于本厂高档化妆品生产，本月生产的高档化妆品全部实现对外销售，实现不含税销售额37万元。计算甲化妆品厂销售高档化妆品应纳消费税税额。上述香水精属于消费税征税范围的高档化妆品。

计算：A日化厂受托加工香水精，应按A日化厂同类货物销售价格计税，则：

应代收消费税税额=200×450×15%=13 500（元）

甲化妆品厂收回香水精对外销售不再征收消费税，另外一半用于生产高档化妆品的已由A日化厂扣缴的消费税可以扣除，则：

允许扣除消费税税额=13 500×50%=6 750（元）

销售化妆品实际应纳消费税税额=370 000×15%-6 750=48 750（元）

（四）进口应税消费品应纳税额计算

1.进口一般消费品应纳税额计算。

进口应税消费品于报关进口时由海关代征消费税，具体计算公式见表3-7。

表3-7　　　　　　进口应税消费品消费税计算方法汇总

计税方式	应纳税额计算公式
从价定率	组成计税价格=（关税完税价格+关税）÷（1-消费税比例税率） 应纳税额=组成计税价格×消费税比例税率
从量定额	应纳税额=进口数量×消费税定额税率
复合计税	组成计税价格=（关税完税价格+关税+进口数量×消费税定额税率）÷（1-消费税比例税率） 应纳税额=组成计税价格×消费税比例税率+进口数量×消费税定额税率

【做中学·计算题】某公司进口实木地板一批，关税完税价格为400 000元，关税税率为50%。计算上述业务海关应代扣的消费税税额。已知实木地板的消费税税率为5%。

计算：组成计税价格=400 000×（1+50%）÷（1-5%）=631 578.95（元）

应纳消费税税额=631 578.95×5%=31 578.95（元）

2.进口卷烟消费税应纳税额计算。

为统一进口卷烟与国产卷烟的消费税，进口卷烟消费税适用比例税率必须按国家统一规定的方法确定。进口卷烟的消费税应纳税额计算应按下列程序进行：

（1）计算确定进口卷烟消费税适用比例税率。计算公式为：

每标准条进口卷烟确定 = （关税完税价格+关税+定额税率0.6元）÷（1-36%）
消费税适用比例税率的价格

适用比例税率选择原则：上式计算结果≥70元时，适用比例税率为56%；上式计算结果<70元时，适用比例税率为36%。

（2）计算进口卷烟消费税组成计税价格。

进口卷烟消费税组成计税价格=（关税完税价格+关税+从量消费税）÷（1-消费税比例税率）

（3）计算进口卷烟应纳消费税税额。

应纳税额=进口卷烟消费税组成计税价格×消费税比例税率+从量消费税

【做中学·计算题】某烟草公司3月进口卷烟100标准箱，海关核定的关税完税价格为140万元。已知进口卷烟的关税税率为20%。计算该烟草公司进口卷烟应纳的消费税。

计算：第一步，计算确定进口卷烟适用消费税比例税率。

每标准条卷烟关税完税价格=1 400 000÷100÷250=56（元）

每标准条卷烟的关税=56×20%=11.2（元）

每标准条进口卷烟确定消费税适用比例税率的价格=（56+11.2+0.6）÷（1-36%）=105.94（元）>70元

所以，进口卷烟适用的消费税比例税率为56%。

第二步，计算进口卷烟应纳消费税税额。

进口卷烟的组成计税价格=（140+140×20%+100×150÷10 000）÷（1-56%）=385.23（万元）

应纳消费税税额=385.23×56%+150×100÷10 000=217.23（万元）

（五）批发环节征收消费税的规定

1.卷烟批发环节征收消费税的规定。

（1）纳税义务人：在中国境内从事卷烟批发业务的单位和个人。

（2）征税范围：纳税人批发销售所有牌号、规格的卷烟。

（3）计税方法及税率：卷烟复合计税，比例税率为11%，定额税率为0.005元/支。

（4）计税依据：

❶应将卷烟销售额与其他商品销售额分开核算；未分开核算的，一并征收消费税。

❷卷烟批发企业之间销售的卷烟不缴纳消费税，只有将卷烟销售给其他单位和个人时才缴纳消费税。

❸卷烟批发企业在计算卷烟消费税时不得扣除卷烟生产环节已缴纳的消费税税额。

❹纳税人兼营卷烟批发和零售业务的，应当分别核算批发和零售环节的销售额、销售数量；未分别核算批发和零售环节销售额、销售数量的，按照全部销售额、销售数量计征批发环节消费税。

【做中学·计算题】2024年2月，某卷烟批发企业（持有烟草批发许可证）向商场批发甲类卷烟24万支，取得不含税销售额18.6万元，向其他批发单位批发甲类卷烟50万支，取得不含税销售额30万元。计算该卷烟批发企业2月应纳消费税税额。

计算：纳税人（卷烟批发商）销售给纳税人以外的单位和个人的卷烟于销售时纳税，纳税人（卷烟批发商）之间销售的卷烟不征消费税。卷烟批发环节消费税税率为11%、0.005元/支。

应纳消费税税额=18.6×11%+24×0.005=2.17（万元）

2.电子烟批发环节征收消费税的规定。

自2022年11月1日起，对电子烟批发环节征收消费税。

（1）纳税义务人：在中国境内批发电子烟的单位为消费税纳税人。电子烟批发环节纳税人，是指取得烟草专卖批发企业许可证并经营电子烟批发业务的企业。

（2）征收范围：电子烟。

（3）计税方法和税率：从价定率计税，适用税率为11%。

（4）计税依据：纳税人批发电子烟的，按照批发电子烟的销售额计算纳税。

（六）零售环节征收消费税的规定

1.金银首饰。

（1）金银首饰、钻石及钻石饰品消费税征收环节为零售环节。"金银首饰"特指金、银和金基、银基合金首饰，以及金、银和金基、银基合金的镶嵌首饰。

（2）对既销售金银首饰，又销售非金银首饰的生产经营单位，应分别核算两类商品的销售额。凡划分不清楚或不能分别核算，在生产环节销售的，一律从高适用税率计征消费税；在零售环节销售的，一律按金银首饰计征消费税。

（3）计税依据。

❶正常销售。纳税人销售金银首饰，其计税依据为不含增值税的销售额。

❷带料加工。带料加工的金银首饰，应按受托方销售同类金银首饰的销售价格确定计税依据计算消费税；没有同类金银首饰销售价格的，按照组成计税价格计算纳税。

组成计税价格=（材料成本+加工费）÷（1-金银首饰消费税税率）

❸以旧换新。纳税人采取以旧换新方式销售金银首饰的，按实际收取的不含增值税价款计征消费税。

❹金银首饰与其他产品组成套装消费品销售的，应按销售额全额计征消费税。

❺金银首饰连同包装物销售的，无论包装物是否单独计价，也无论会计上如何核算，均应并入金银首饰的销售额计征消费税。

【做中学·计算题】2024年5月，某商场首饰部发生如下销售业务：采用以旧换新方式销售金银首饰，该批首饰市场零售价为14.04万元，旧首饰作价5.85万元（含税），商场实际收到8.19万元；修理金银首饰取得含税收入2.34万元；零售镀金首饰取得含税收入7.02万元。计算该商场当月应纳消费税税额。（金银首饰消费税税率为5%）

计算：纳税人采用以旧换新方式销售的金银首饰，应按实际收取的不含增值税的全部价款确定计税依据征收消费税；修理、清洗金银首饰不征消费税；镀金首饰不属于零售环节征收消费税的金银首饰范围，不在零售环节计征消费税。

该商场当月应纳消费税=81 900÷（1+13%）×5%=3 623.89（元）

2.超豪华小汽车。

超豪华小汽车零售环节纳税人为将超豪华小汽车销售给消费者的单位和个人。

超豪华小汽车，除在生产（进口）环节按现行税率征收消费税外，还应在零售环节加征消费税，税率为10%。其在零售环节消费税应纳税额的计算公式为：

应纳税额=零售环节销售额（不含增值税）×零售环节税率

国内汽车生产企业直接销售给消费者的超豪华小汽车，消费税税率按照生产环节税率和零售环节税率加总计算。其消费税应纳税额的计算公式为：

应纳税额=销售额×（生产环节税率+零售环节税率）

【做中学·计算题】某4S店为增值税一般纳税人，2024年5月向消费者销售超豪华小汽车，取得不含增值税销售额2 000万元；向消费者销售普通小汽车（即不含增值税零售价每台低于130万元），取得含增值税销售额339万元。该超豪华小汽车生产环节消费税税率为40%，零售环节消费税税率为10%。计算该4S店5月应缴纳的消费税税额。

计算：零售环节销售超豪华小汽车从价计征消费税。

应纳消费税=2 000×10%=200（万元）

零售环节销售普通小汽车，不需要缴纳消费税。

🔖 随堂演练

⑭ 单选题

1.根据消费税法律制度规定，下列说法中不正确的是（　　　）。（知识点：征税范围与计税依据）

A.凡是征收消费税的消费品都征收增值税

B.凡是征收增值税的货物都征收消费税

C.应税消费品征收增值税的，其税基含有消费税

D.应税消费品征收消费税的，其税基不含有增值税

2.纳税人销售应税消费品向购买方收取的下列各项费用，不应计入销售额征收消费税的是（　　　）。（知识点：计税依据）

A.返还利润

B.违约金

C.品牌使用费

D.承运部门的运费发票开给购买方且由销售方转交给购买方的运输费用

3.纳税人销售应税消费品收取的下列款项，应计入消费税计税依据的是（　　　）。（知识点：计税依据）

A.集资款　　　　　　　　　　　　　B.符合条件的代为收取的行政事业性收费

C.增值税销项税额　　　　　　　　　D.未逾期的黄酒包装物押金

4.下列关于白酒消费税最低计税价格的说法中，错误的是（　　　）。（知识点：计税依据）

A.白酒生产企业销售给销售单位的白酒，生产企业消费税计税价格低于销售单位对外销售价格（不含增值税）70%以下的，税务机关应核定消费税最低计税价格

B.已核定最低计税价格的白酒，生产企业实际销售价格高于消费税最低计税价格的，按最低计税价格申报纳税

C.白酒消费税最低计税价格由白酒生产企业自行申报，税务机关核定

D.白酒生产企业未按规定上报销售单位销售价格的，主管税务机关应按照销售单位的销售价格征收消费税

5.下列关于卷烟消费税计税依据的表述中，错误的是（　　　）。（知识点：计税依据）

A.卷烟的计税价格由省级税务局核定

B.卷烟消费税最低计税价格核定范围为卷烟生产企业在生产环节销售的所有牌号、规格的卷烟

C.计税价格由国家税务总局按照卷烟批发环节销售价格扣除卷烟批发环节批发毛利核定并发布

D.实际销售价格低于计税价格和核定价格的卷烟，按计税价格或核定价格征收

6.企业生产的下列消费品中，无须缴纳消费税的是（   ）。（知识点：自产自用消费品应纳税额计算）

A.地板企业生产用于装修本企业办公室的实木地板

B.汽车企业生产用于本企业管理部门的轿车

C.化妆品企业生产用于交易会样品的高档化妆品

D.卷烟企业生产用于连续生产卷烟的烟丝

7.下列选项中，应征收消费税的是（   ）。（知识点：自产自用消费品应纳税额计算）

A.化妆品生产企业将自产高档化妆品发给职工作为福利

B.商店销售外购啤酒

C.汽车4S店销售小汽车（不包括超豪华小汽车）

D.商店零售卷烟

8.下列各项行为中，不需缴纳消费税的是（   ）。（知识点：自产自用消费品应纳税额计算）

A.将自产的应税消费品对外交换其他应税消费品

B.将自产的应税消费品对外投资的

C.将自产的高档化妆品用于继续生产高档化妆品

D.将自产的应税消费品对外交换其他非应税消费品

9.下列关于领用外购已税高档化妆品继续生产高档化妆品的消费税处理，正确的是（   ）。（知识点：外购应税消费品已纳税款的扣除）

A.外购已税高档化妆品的消费税可以按购进入库数量在应纳消费税税款中扣除

B.外购已税高档化妆品的消费税可以按生产领用数量在应纳消费税税款中扣除

C.外购已税高档化妆品的消费税可以按出厂销售数量在应纳消费税税款中扣除

D.外购已税高档化妆品的消费税不可以在应纳消费税税款中扣除

10.下列业务中，可以抵扣已纳消费税的是（   ）。（知识点：外购应税消费品已纳税款的扣除）

A.外购已税烟丝生产的卷烟　　　　　　　B.外购已税珠宝玉石生产的金银首饰

C.委托加工收回的高档化妆品直接出售　　D.委托加工收回的白酒生产的药酒

11.企业发生的下列行为中，需要缴纳消费税的是（   ）。（知识点：委托加工应税消费品应纳税额计算）

A.将自产的应税消费品用于抵债　　　　　B.委托加工收回的应税消费品用于投资

C.委托加工收回的应税消费品直接出售　　D.将外购的高档化妆品作为职工福利发放

12.某化妆品厂受托加工一批高档化妆品，委托方提供的原材料成本为300 000元。该厂收取加工费100 000元、代垫辅助材料款25 000元。该厂没有同类高档化妆品销售价格。该厂应代收代缴消费税（   ）元。（以上款项均不含增值税）（知识点：委托加工应税消费品应纳税额计算）

A.75 000　　　　　　　B.190 285.71　　　　　　C.200 142.86　　　　　　D.220 250

13.下列关于委托加工应税消费品的表述中，错误的是（   ）。（知识点：委托加工应税消费品应纳税额计算）

A.委托个体经营者加工应税消费品，于委托方收回后在委托方所在地缴纳消费税

B.委托加工的应税消费品，按照委托方的同类消费品的销售价格计算纳税

C.受托方代收代缴委托方应纳的消费税，但不代收代缴委托方应缴纳的增值税

D.委托加工收回的已税消费品直接销售的，不再缴纳消费税

14.根据现行消费税相关政策的规定，下列说法中正确的是（   ）。（知识点：委托加工应税消费品应纳税额计算）

A.纳税人将自产的应税消费品用于赠送，按同类消费品的最高价格计算应纳消费税

B.纳税人用外购的已税珠宝玉石生产的金银镶嵌首饰，在计税时，可以扣除外购珠宝玉石的已纳税款

C.委托加工的应税消费品，按照受托方的同类消费品的销售价格计算纳税；没有同类消费品销售价

格的，按照组成计税价格计算纳税

D.纳税人通过自设非独立核算门市部销售的自产应税消费品，应当按照移送数量计算征收消费税

15.下列各项中，不属于委托加工应税消费品消费税的组成计税价格中的项目的是（　　）。（知识点：委托加工应税消费品应纳税额计算）

A.委托方支付的加工费用　　　　　　　　B.受托方提供加工材料的实际成本

C.受托方代垫辅助材料的价格　　　　　　D.委托方提供加工材料的实际成本

16.某百货公司为增值税一般纳税人，10月份直接零售金首饰6 000克，每克零售价为300元；采取以旧换新方式销售金首饰800克，收取差价款120 000元。该公司10月份应缴纳消费税（　　）元。（知识点：金银首饰征收消费税税额计算）

A.78 640.25　　　　　B.84 955.75　　　　　C.96 000　　　　　D.12 082.36

17.纳税人采取以旧换新方式销售金银首饰，应按照（　　）确定销售额。（知识点：金银首饰征收消费税税额计算）

A.旧金银首饰的同期销售价格　　　　　　B.新金银首饰的同期销售价格

C.新金银首饰与旧金银首饰价格的差额　　D.组成计税价格

18.某商业企业（增值税一般纳税人）10月份向消费者个人销售金银首饰取得收入58 950元，零售金银镶嵌首饰取得收入35 780元，销售镀金首饰取得收入85 000元，销售镀金镶嵌首饰取得收入12 378元，取得金银首饰的修理清洗收入780元。该企业上述业务应缴纳的消费税为（　　）元。（知识点：零售环节消费税税额计算）

A.4 191.59　　　　　B.5 983.16　　　　　C.4 081.62　　　　　D.0

19.根据现行消费税的相关规定，下列有关消费税计税依据的说法中，正确的是（　　）。（知识点：零售环节消费税税额计算）

A.纳税人销售金银首饰，计税依据为含增值税的销售额

B.金银首饰连同包装物销售，计税依据为含包装物金额的销售额

C.带料加工金银首饰，计税依据为受托方收取的加工费

D.以旧换新销售金银首饰，计税依据为新金银首饰的销售额

20.下列关于金银首饰消费税计税依据的说法中，不正确的是（　　）。（知识点：零售环节消费税税额计算）

A.金银首饰连同包装物销售的，无论包装物是否单独计价，也无论会计上如何核算，均应并入金银首饰的销售额，计征消费税

B.带料加工的金银首饰，应按受托方销售同类金银首饰的销售价格确定计税依据征收消费税

C.纳税人采取以旧换新方式销售的金银首饰，应按实际收取的不含增值税的全部价款确定计税依据

D.纳税人采取翻新改制方式销售的金银首饰，以同类产品的售价作为计税依据

21.某商贸企业从国外进口一辆中轻型商务用车作为企业班车，海关审定的关税完税价格为18万元，关税税率为30%，消费税税率为5%。该商贸企业进口商务用车应纳进口环节税金（　　）万元。（知识点：进口环节消费税税额计算）

A.9.36　　　　　B.9.38　　　　　C.9.83　　　　　D.13.28

㈡多选题

1.纳税人销售应税消费品收取的下列款项中，应计入消费税计税依据的有（　　）。（知识点：计税依据）

A.集资款　　　　　　　　　　　　　　　B.增值税销项税额

C.未逾期的啤酒包装物押金　　　　　　　D.白酒品牌使用费

E.装卸费

2.纳税人销售应税消费品向购买方收取的下列各项费用中，应计入销售额征收消费税的有（　　）。

（知识点：计税依据）

A.手续费　　　　　　　　B.优质费　　　　　　　　C.增值税销项税额

D.储备费　　　　　　　　E.违约金

3.下列行为中，既缴纳增值税又缴纳消费税的有（　　）。（知识点：自产自用消费品应纳税额计算）

A.酒厂将自产的白酒赠送给协作单位

B.卷烟厂将自产的烟丝移送用于生产卷烟

C.日化厂将自产的香水精（属高档化妆品）移送用于生产护肤品

D.汽车厂将自产的应税小汽车赞助给某艺术节组委会

E.地板厂将生产的新型实木地板奖励给有突出贡献的职工

4.下列消费品移送使用时应缴纳消费税的有（　　）。（知识点：自产自用消费品应纳税额计算）

A.自产烟丝移送用于生产卷烟　　　　　B.自产卷烟用于职工福利

C.自产高档化妆品用作广告样品　　　　D.自产的木制一次性筷子用于生产高档筷子

E.外购烟丝移送用于生产卷烟

5.某汽车制造厂生产的小汽车用于以下方面，应缴纳消费税的有（　　）。（知识点：自产自用消费品应纳税额计算）

A.用于本厂研究做碰撞试验　　　　　　B.投资给某企业

C.移送改装分厂改装加长型豪华小轿车　D.赠送当地公安机关办案用

E.自产小汽车用于奖励企业先进职工

6.纳税人自产自用的应税消费品用于下列方面，应视同销售计算消费税的有（　　）。（知识点：自产自用消费品应纳税额计算）

A.用于生产非应税消费品　　　　　　　B.用于连续生产其他应税消费品

C.用于在建工程　　　　　　　　　　　D.用于馈赠

E.用于职工福利

7.依据消费税相关规定，下列应税消费品中，准予扣除外购已纳消费税的有（　　）。（知识点：外购应税消费品已纳税款的扣除）

A.以已税烟丝为原料生产的卷烟　　　　B.以已税珠宝玉石为原料生产的钻石首饰

C.以已税粮食白酒连续生产的药酒　　　D.以已税润滑油为原料生产的应税成品油

E.以已税杆头、杆身和握把为原料生产的高尔夫球杆

8.下列选项中，不可以抵扣外购应税消费品的已纳消费税税额的有（　　）。（知识点：外购应税消费品已纳税款的扣除）

A.为生产高档化妆品而领用的外购已税高档化妆品

B.为生产金银镶嵌首饰而领用的外购已税珠宝玉石

C.为生产实木地板而领用的外购已税实木地板

D.领用外购已税白酒勾兑白酒

E.为生产卷烟而领用的外购已税烟丝

9.根据消费税法律制度规定，下列行为中不征收消费税的有（　　）。（知识点：委托加工应税消费品应纳税额计算）

A.某企业外购大包装润滑油不经加工只贴商标后销售的

B.某卷烟厂自产烟丝用于生产卷烟的

C.某化妆品生产企业将外购高档化妆品大包装加工成小包装后销售的

D.某企业收回委托加工的已税高档化妆品直接销售的

E.某地板厂自设非独立核算门市部销售自产的实木地板

10.根据现行政策，下列各项中符合委托加工应税消费品消费税处理规定的有（　　）。（知识点：委托加工应税消费品应纳税额计算）

托加工应税消费品应纳税额计算）

A.受托方未代扣代缴的，由受托方补缴

B.受托方无同类消费品销售价格的，应按"（材料成本+加工费）÷（1+消费税比例税率）"计算

C.委托方收回后以不高于受托方计税价格出售的应税消费品，受托方在交货时已代扣代缴消费税的，不再征收消费税

D.委托方收回后以高于受托方计税价格出售的应税消费品，受托方在交货时已代扣代缴消费税的，也不再征收消费税

E.实行复合计税办法计算纳税的组成计税价格计算公式为：组成计税价格=（材料成本+加工费+委托加工数量×消费税定额税率）÷（1-消费税比例税率）

11.根据现行消费税的规定，下列说法中正确的有（　　）。（知识点：委托加工应税消费品应纳税额计算）

A.纳税人将自产的应税消费品用于换取生产资料，应当按同类消费品的最高售价计算

B.纳税人用外购的已税珠宝玉石生产的改在零售环节征收消费税的金银首饰（镶嵌首饰）、钻石首饰，在计税时，一律不得扣除外购珠宝玉石的已纳税款

C.委托加工的应税消费品，按照受托方的同类消费品的销售价格计算纳税；没有同类消费品销售价格的，按照组成计税价格计算纳税

D.委托加工的应税消费品，按照委托方的同类消费品的销售价格计算纳税；没有同类消费品销售价格的，按照组成计税价格计算纳税

E.纳税人通过自设非独立核算门市部销售的自产应税消费品，应当按照门市部对外销售额或者销售数量计算征收消费税

12.下列各项中属于委托加工应税消费品消费税组成计税价格中的项目的有（　　）。（知识点：委托加工应税消费品应纳税额计算）

A.委托方提供加工材料的实际成本　　　　　B.增值税税额

C.代垫辅助材料的实际成本　　　　　　　　D.受托方代收代缴的消费税

E.加工费

13.某酒厂进口一批药酒，海关应征进口关税20万元（关税税率假定为30%），消费税税率为10%，则下列表述正确的有（　　）。（知识点：进口环节消费税税额计算）

A.进口时应缴纳消费税9.63万元　　　　　B.进口时应缴纳消费税8.67万元

C.进口时应缴纳增值税12.519万元　　　　D.进口时应缴纳增值税14.73万元

E.进口时完税价格为66.67万元

多选题

随堂演练

第四节　征收管理

一、纳税义务发生时间

原则上消费税纳税义务发生时间的规定与增值税相同。

1.纳税人销售应税消费品，其纳税义务发生时间为：

（1）采取赊销和分期收款结算方式的，为销售合同规定的收款日期当天；书面合同没有约定收款日期或无书面合同的，为发出应税消费品的当天。

（2）采取预收货款结算方式的，为发出应税消费品的当天。

（3）采取托收承付或委托银行收款方式结算的，为发出应税消费品并办妥托收手续的当天。

（4）采取其他结算方式的，为收讫销售款项或者取得索取销售款项凭据的当天。

2.纳税人自产自用应税消费品的，为移送使用的当天。

3.纳税人委托加工应税消费品的，为纳税人提货的当天。

4.纳税人进口应税消费品的，为报关进口的当天。

二、纳税地点

纳税人生产销售的应税消费品，以及自产自用的应税消费品，除国家另有规定外，应当向纳税人机构所在地或居住地主管税务机关申报纳税。

委托加工的应税消费品，除受托方为个人外，由受托方向其机构所在地或居住地主管税务机关解缴税款，但委托个人加工的应税消费品，由委托方向其机构所在地或居住地主管税务机关申报纳税。

进口应税消费品，由进口人或其代理人向报关地海关申报纳税。

纳税人到外县（市）销售或委托外县（市）代销自产应税消费品的，于应税消费品销售后，向纳税人机构所在地或居住地主管税务机关申报纳税。

纳税人的总机构与分支机构不在同一县（市）的，应分别向各自机构所在地主管税务机关申报纳税；经财政部、国家税务总局或其授权的财政、税务机关批准，也可以由总机构汇总向总机构所在地主管税务机关申报纳税（如卷烟消费税）。

纳税人的总机构与分支机构不在同一县（市），但在同一省（自治区、直辖市）范围内，经省（自治区、直辖市）财政厅（局）、税务局审批同意，可以由总机构汇总向总机构所在地的主管税务机关申报缴纳消费税。

三、纳税期限

消费税纳税期限分别为1日、3日、5日、10日、15日、1个月或1个季度。具体纳税期限，由主管税务机关根据纳税人应纳税额的大小分别核定，不能按固定期限纳税的，可以按次纳税。

纳税人以1个月或1个季度为一期纳税的，自期满之日起15日内申报纳税；以1日、3日、5日、10日或15日为一期纳税的，自期满之日起5日内预缴税款，于次月1日起15日内申报纳税并结清上月应纳税款。

纳税人进口应税消费品，应当自海关填发税款缴款书之日起15日内缴纳税款。

随堂演练

①单选题

1.纳税人委托个体经营者加工应税消费品，消费税应（　　）。（知识点：纳税地点）

A.由受托方代收代缴　　　　　　　B.由委托方在受托方所在地缴纳

C.由委托方收回后在委托方所在地缴纳　　　D.由委托方在受托方或委托方所在地缴纳

2.下列关于现行消费税的纳税地点的说法中，不正确的是（　　）。（知识点：纳税地点）

A.纳税人销售应税消费品，一般应当向纳税人机构所在地的主管税务机关申报纳税

B.卷烟批发企业，总分机构不在同一地区的，应在各分支机构所在地申报纳税

C.纳税人到外县（市）销售应税消费品的，于应税消费品销售后，向纳税人机构所在地或者居住地主管税务机关申报纳税

D.委托加工的应税消费品，受托方为企业等单位的，由受托方向所在地主管税务机关申报缴纳消费税

3.根据消费税纳税义务发生时间的规定，以发出应税消费品当天为纳税义务发生时间的是（　　）。（知识点：纳税义务发生时间）

A.采取预收货款结算方式销售应税消费品　　B.采取分期收款方式销售应税消费品

C.采取赊销结算方式销售应税消费品　　D.纳税人采取其他结算方式的

4.下列各项中，符合消费税纳税义务发生时间规定的是（　　）。（知识点：纳税义务发生时间）

A.进口的应税消费品，为取得进口货物的当天

B.自产自用的应税消费品，为移送使用的当天

C.委托加工的应税消费品，为支付加工费的当天

D.采取预收货款结算方式的，为收到预收款的当天

5.下列关于消费税纳税义务发生时间及纳税地点的说法中，不正确的是（　　）。（知识点：纳税义务发生时间与纳税地点）

A.纳税人采取分期收款结算方式的，其纳税义务发生时间为书面合同约定的收款日期的当天

B.纳税人委托加工的应税消费品，其纳税义务发生时间为纳税人提货的当天

C.纳税人到外县（市）销售自产应税消费品的，于应税消费品销售后，向机构所在地主管税务机关申报纳税

D.纳税人销售的应税消费品，其总机构和分支机构不在同一县（市）的，必须由总机构汇总向总机构所在地的主管税务机关申报纳税

❖多选题

1.下列关于消费税纳税义务发生时间的说法中，正确的有（　　）。（知识点：纳税义务发生时间）

A.某酒厂销售葡萄酒20箱并收取价款4 800元，其纳税义务发生时间为收款的当天

B.某汽车厂自产自用3台小汽车，其纳税义务发生时间为移送使用的当天

C.某烟花厂采用托收承付结算方式销售焰火，其纳税义务发生时间为发出焰火并办妥托收手续的当天

D.某化妆品厂采用赊销方式销售高档化妆品，合同约定的收款日期为6月30日，实际收到货款时间为7月28日，其纳税义务发生时间为6月30日

E.某手表厂采取预收货款方式销售高档手表，其纳税义务发生时间为销售合同约定的收款日期

2.下列关于消费税纳税地点的表述中，正确的有（　　）。（知识点：纳税地点）

A.纳税人销售应税消费品应向机构所在地或居住地的主管税务机关申报纳税

B.纳税人到外县（市）销售或者委托外县（市）代销自产应税消费品，于应税消费品销售后，向机构所在地或居住地主管税务机关申报纳税

C.纳税人的总机构与分支机构不在同一县（市）的，应当分别向各自机构所在地主管税务机关申报纳税

D.委托加工应税消费品，一律由委托方向其机构所在地税务机关申报纳税

E.委托加工应税消费品，一般由受托方和委托方本着方便缴纳的原则就近向税务机关缴纳税款

第四章　关　税

✎ 知识导航

关税的概念与分类
- 按征税对象分类
- 按计税方式分类
- 按征税性质分类

关税

纳税人与扣缴义务人、征税范围和税率

关税完税价格
- 进口货物完税价格
  - 进口货物的成交价格
  - 成交价格的调整项目
  - 特殊进口货物的完税价格
  - 进口货物相关费用的核定
- 出口货物完税价格

关税减免

应纳税额计算
- 进口关税计算
- 出口关税计算

征收管理

✎ 知识目标

1. 了解关税的特点，描述关税的分类
2. 识记关税纳税人、征税范围和税率的具体规定
3. 识记进口货物、进境物品、出口货物完税价格确定的具体规定
4. 识记不同成交价格条件下进（出）口货物完税价格及关税应纳税额计算公式
5. 描述关税税收优惠政策的具体内容
6. 描述关税征收管理的具体规定

✎ 技能目标

1. 能判断确定具体进出口货物、进境物品的纳税人
2. 能对具体的进出口货物、物品关税适用税率作出正确的选择
3. 能正确计算一般进口货物、特殊进口货物和出口货物的完税价格
4. 能正确选择关税应纳税额计算方法，并计算关税应纳税额
5. 能对关税的申报、缴纳、退还、补征和追征等行为作出正确的判断处理

✎ 素养目标

1. 通过关税分类、税率设置等内容的讲述，结合当前中美贸易摩擦动因的讨论，使学生深刻认识关税在维护国家主权，保护与促进本国经济发展中的重要作用，激发学生家国情怀
2. 引导学生关心时事，与时俱进探索学习关税最新法规，培养自主学习的能力

🖙知识点🖘

第一节 　　　　　　　　　　　概　述

一、关税的概念

我国现行关税的法律依据是，2024年4月26日十四届全国人大常委会第九次会议表决通过的《中华人民共和国关税法》（以下简称《关税法》），以及国务院关税税则委员会发布的《中华人民共和国进出口税则（2024）》（以下简称《进出口税则》），前者自2024年12月1日起施行。

根据《关税法》规定，关税是以进出口货物和进境物品为征税对象，由海关在进出口环节征收的一种税。关税除了具有一般税收的特点外，还具有以下特点：

1. 征收对象是进出境的货物和物品。这里所指的"境"是指"关境"，即指海关法规可以全面实施的领域。货物和物品只有进出关境时，才能被征收关税。

2. 关税是单一环节的价外税。征收关税时，其关税的完税价格不包括关税。

3. 有较强的涉外性。关税税则的制定、税率的高低，直接影响到国际贸易的开展，关税政策措施与经济政策、外交政策密切相关。

【税收助发展　惠及你我他】

中国实施2024年关税调整方案，体现大国担当

《2024年关税调整方案》（以下简称《方案》）规定，自2024年1月1日起，对1010项商品实施低于最惠国税率的进口暂定税率。具体涉及三大方面：一是助推先进制造业创新发展，降低氯化锂、低砷萤石、燃料电池用气体扩散层等国内短缺的资源、关键设备和零部件的进口关税；二是以高质量供给满足居民消费需求，对部分抗癌药、罕见病药的药品和原料等实施零关税，降低特殊医学用途配方食品等的进口关税；三是促进新材料产业发展，降低甜玉米、芫荽、牛蒡种子的进口关税，降低高纯铝出口关税。

自2024年1月1日起，在我国加入世界贸易组织承诺范围内，提高乙烯、丙烯、6代以下液晶玻璃基板等部分商品进口关税，对20个协定项下、原产于30个国家或地区的部分商品实施协定税率，继续对与我国建交并完成换文手续的最不发达国家实施特惠税率。

面对贸易保护主义、单边主义抬头的风险挑战，中国公布并实施2024年的关税调整方案，积极推进自由贸易，优化外贸发展环境，体现了与世界各国共享发展红利的大国担当。中国将继续坚定推进高水平对外开放，倡导普惠包容的经济全球化，同各方共同维护自由贸易和多边贸易体制，增强世界经济发展的活力。

二、关税的分类

（一）按征税对象分类

按征税对象，关税分为进口关税、出口关税和过境关税。

1. 进口关税，是海关对进口货物和进境物品征收的关税。进口关税有正税和附加税之分。正税是按照税则中法定税率征收的进口税；附加税是在征收进口正税的基础上额外加征的关税，主要为了保护本国生产和增加财政收入，用以补充正税的不足，通常属于临时

性的限制进口措施。附加税的目的和名称繁多，如反倾销税、反补贴税、报复关税、紧急进口税等。附加税不是一个独立的税种，是从属于进口正税的。

2.出口关税，是海关对出口货物和出境物品征收的关税。征收出口关税会增加出口货物的成本，不利于本国产品在国外的竞争，因此，目前各发达国家一般都取消了出口关税。部分国家基于限制本国某些产品或自然资源的输出等原因，对部分出口货物征收出口关税。

3.过境关税，是指对过境货物征收的关税，主要目的是增加财政收入。

（二）按计税方式分类

按计税方式，关税分为从量税和从价税。此外，各国常用的标准还有复合税、滑准税。

1.从价税，是指以货物的价格为征税标准而征收的关税。

2.从量税，是指按货物的计量单位作为征税标准而征收的关税。

3.复合税，也叫混合税，是指对货物征税时既采用从量又采用从价两种标准征收的关税。

4.滑准税，是指在税则中预先按产品的价格高低分档制定若干不同税率，然后根据进出口商品价格的变动而增减进出口税率的一种关税。

（三）按征税性质分类

按征税性质，可将关税分为普通关税、优惠关税和差别关税三类。它们主要适用于进口关税。

1.普通关税，又称一般关税，是对与本国没有签署贸易或经济互惠等友好协定的国家原产的货物征收的非优惠关税。

2.优惠关税，一般是互惠关税，是优惠协定双方互相给对方优惠关税待遇。优惠关税一般有特定优惠关税、普遍优惠关税和最惠国待遇三种。

（1）特定优惠关税，又称特惠税，是指某一国家对另一国家或某些国家对另外一些国家的某些方面予以特定优惠关税待遇，而他国不得享受的一种关税制度。

（2）普遍优惠制，也称普惠制，是发达国家对从发展中国家或地区输入的产品，特别是制成品和半制成品普遍给予优惠关税待遇的一种制度。普惠制有三条基本原则：普遍原则、非歧视原则和非互惠原则。

（3）最惠国待遇，它规定缔约国双方相互将现在和将来所给予任何第三国的优惠待遇，同样适用于对方。

3.差别关税，主要分为加重关税、反补贴关税、反倾销关税等。

（1）加重关税，是出于某种原因或为达到某种目的，而对某国货物或某种货物的输入加重征收的关税。

（2）反补贴关税，是对接受任何津贴或补贴的外国进口货物所附加征收的一种关税。

（3）反倾销关税，是对外国的倾销商品，在征收正常关税的同时附加征收的一种关税。

◆ 课程思政点睛

从关税的种类、特点，帮助学生树立正确的国家贸易利益观。

随堂演练

⑪单选题

1.下列关于关税特点的说法中,正确的是（ ）。（知识点：关税概念）

A.关税的高低对进口国的生产影响较大,对国际贸易影响不大

B.关税是多环节价内税

C.关税是单一环节的价外税

D.关税不仅对进出境的货物征收,还对进出境的劳务征收

2.在关税税则中,预先按产品的价格高低分档制定若干不同的税率,根据进出口商品价格的变动而增减进出口税率的关税是（ ）。（知识点：关税分类）

A.选择税　　　　　B.滑准税　　　　　C.复合税　　　　　D.差别税

⑫多选题

下列关于关税分类的说法中,错误的有（ ）。（知识点：关税分类）

A.按征税性质,分为进口关税、出口关税、过境关税

B.按征税方式,分为从量税和从价税

C.按征税对象,分为普通关税和优惠关税

D.优惠关税一般有特定优惠关税、普遍优惠关税和最惠国待遇三种

E.差别关税主要分为加重关税、反补贴关税、反倾销关税等

随堂演练

第二节　纳税人与扣缴义务人、征税范围和税率

一、纳税人与扣缴义务人

关税纳税人为进口货物收货人、出口货物发货人、进出境物品的携带人或收件人。

从事跨境电子商务零售进口的电子商务平台经营者、物流企业和报关企业,以及法律、行政法规规定负有代扣代缴、代收代缴关税税款义务的单位和个人,是关税的扣缴义务人。

二、征税范围

关税的征税范围包括准许进出境的货物、进境物品。货物是指贸易性商品；物品是指入境旅客随身携带的行李物品、个人邮递物品、各种运输工具上的服务人员携带进口的自用物品、馈赠物品以及其他方式进境的个人物品。

因品质、规格原因或不可抗力,出口货物自出口之日起1年内原状复运进境的,不征收进口关税。因品质、规格原因或不可抗力,进口货物自进口之日起1年内原状复运出境的,不征收出口关税。

因残损、短少、品质不良或规格不符原因,进出口货物的发货人、承运人或保险公司免费补偿或更换的相同货物,进出口时不征收关税。被免费更换的原进口货物不退运出境或原出口货物不退运进境的,海关应当对原进出口货物重新按照规定征收关税。

三、关税税率

（一）进口关税税率

1.进口货物关税税率。

（1）进口货物关税税率形式。

进口货物关税税率形式有最惠国税率、协定税率、特惠税率、普通税率、关税配额税

率和暂定税率。

❶最惠国税率。原产于共同适用最惠国待遇条款的世界贸易组织成员的进口货物，原产于与中华人民共和国签订含有相互给予最惠国待遇条款的双边贸易协定的国家或地区的进口货物，以及原产于中华人民共和国境内的进口货物，适用最惠国税率。

❷协定税率。原产于与中华人民共和国签订含有关税优惠条款的区域性贸易协定的国家或地区的进口货物，适用协定税率。

❸特惠税率。原产于与中华人民共和国签订含有特殊关税优惠条款的贸易协定的国家或地区的进口货物，适用特惠税率。

❹普通税率。原产于除适用最惠国税率、协定税率、特惠税率国家或地区以外的国家或地区的进口货物，以及原产地不明的进口货物，适用普通税率。

❺关税配额税率。按照国家规定实行关税配额管理的进口货物，关税配额内的，适用关税配额税率；关税配额外的，按其适用税率的规定执行。

❻暂定税率。适用最惠国税率、协定税率、特惠税率、关税配额税率的进口货物在一定期限内可以实行暂定税率。

（2）进口货物关税税率适用顺序。

当最惠国税率低于或等于协定税率时，协定有规定的，按相关协定的规定执行；协定无规定的，两者从低适用。

适用最惠国税率的进口货物有暂定税率的，应当适用暂定税率；适用协定税率、特惠税率的进口货物有暂定税率的，应当从低适用税率；适用普通税率的进口货物，不适用暂定税率。

2.进境物品的进口税及税率。

进境物品的关税以及进口环节海关代征税合并叫进口税。海关总署规定数额以内的个人自用进境物品，免征进口税。超过海关总署规定数额但仍在合理数量以内的个人自用进境物品，由进境物品的纳税人在进境物品放行前按照规定缴纳进口税。超过合理、自用数量的进境物品应当按照进口货物依法办理相关手续。我国进境物品进口税税率见表4-1。

表 4-1　　　　　　　　中华人民共和国进境物品进口税税率表

税目序号	物品名称	税率（%）
1	书报、刊物、教育用影视资料；计算机、视频摄录一体机、数字照相机等信息技术产品；食品、饮料；金银；家具；玩具、游戏品、节日或其他娱乐用品；药品①	13
2	运动用品（不含高尔夫球及球具）、钓鱼用品；纺织品及其制成品；电视摄像机及其他电器用具；自行车；税目1、3中未包含的其他商品	20
3②	烟、酒；贵重首饰及珠宝玉石；高尔夫球及球具；高档手表；高档化妆品	50

注：①对国家规定减按3%征收进口环节增值税的进口药品，按照货物税率征税。②税目3所列商品的具体范围与消费税征收范围一致。

（二）出口关税税率

我国出口关税税率为一栏税率，即出口税率。国家仅对少数资源性产品及易于竞相杀价、盲目出口、需要规范出口秩序的半制成品征收出口关税。

适用出口税率的出口货物在一定期限内可以实行暂定税率。适用出口税率的出口货物有暂定税率的，适用暂定税率。

（三）关税税率的适用

1.特殊关税措施适用税率。

（1）按照有关法律、行政法规的规定对进口货物采取反倾销、反补贴、保障措施的，其税率的适用按照《中华人民共和国反倾销条例》、《中华人民共和国反补贴条例》和《中华人民共和国保障措施条例》的有关规定执行。征收反倾销税、反补贴税、保障措施关税、临时反倾销税、临时反补贴税、临时保障措施关税，由国务院关税税则委员会另行决定。

（2）任何国家或者地区违反与中华人民共和国签订或者共同参加的贸易协定及相关协定，对中华人民共和国在贸易方面采取禁止、限制、加征关税或者其他影响正常贸易的措施的，对原产于该国家或者地区的进口货物可以征收报复性关税，适用报复性关税税率。征收报复性关税及实施相关排除措施，由国务院关税税则委员会另行规定。

2.进出口关税税率适用日期。

（1）进出口货物、进境物品，应当适用纳税人、扣缴义务人完成申报之日实施的税率。进口货物到达前，经海关核准先行申报的，应当适用装载该货物的运输工具申报进境之日实施的税率。

（2）有下列情形之一的，应当适用纳税人、扣缴义务人办理纳税手续之日实施的税率：

❶保税货物不复运出境，转为内销。

❷减免税货物经批准转让、移作他用或者进行其他处置。

❸暂时进境货物不复运出境或者暂时出境货物不复运进境。

❹租赁进口货物留购或者分期缴纳税款。

（3）补征或退还关税税款，应当按照上述（1）或（2）的规定确定适用的税率。因纳税人、扣缴义务人违反规定需要追征税款的，应当适用违反规定行为发生之日实施的税率；行为发生之日不能确定的，适用海关发现该行为之日实施的税率。

🔖随堂演练

Ⓜ单选题

1.关于关税税率的适用，下列表述不正确的是（　　）。（知识点：税率）

A.进出口货物应按纳税人申报进口或出口之日实施的税率征收

B.加工贸易进料、件等属于保税性质的进口货物，如经批准转为内销，应按向海关申报转为内销之日实施的税率征收

C.暂时进口货物转为正式进口需予补税时，应按其申报暂时进口之日实施的税率征收

D.进出口货物到达前，经海关核准先行申报的，应按装载此货物的运输工具申报进境之日实施的税率征收

2.适用于原产于与我国签订有特殊优惠关税协定的国家或地区的进口货物的关税税率是（　　）。（知识点：税率）

A.最惠国税率　　　　B.特惠税率　　　　C.普通税率　　　　D.协定税率

Ⓜ多选题

1.根据关税法律制度规定，进境物品的纳税义务人是指（　　）。（知识点：纳税人）

A.携带物品进境的入境人员　　　　　　B.进境邮递物品的收件人

C.以其他方式进口物品的收件人　　　　　　　D.进境物品的邮寄人

E.海关根据实际情况确定的人员

2.以下关于关税税率适用性的说法中，正确的有（　　）。(知识点：税率)

A.我国进口税则设有最惠国税率、协定税率、特惠税率、普通税率、关税配额税率等

B.按照特定减免税办法批准予以减免税的进口货物，后因情况改变经海关批准转让需要补税的，应按该货物原申报进口之日实施的税率征税

C.分期支付租金的租赁进口货物，分期付税时，应按该项货物原进口之日实施的税率征税

D.我国出口关税为一栏税率

E.暂时进口货物的补税和退税，适用该进口货物原申报出口之日所实施的税率

随堂演练

第三节　　关税完税价格

关税完税价格是海关以进出口货物的实际成交价格为基础，经调整确定的计征关税的价格。海关审定完税价格的主要法律依据有《关税法》和《中华人民共和国海关审定进出口货物完税价格办法》。以下分一般进口货物的完税价格、特殊进口货物的完税价格、进境物品的完税价格和出口货物的完税价格四种类型讲述完税价格的审查原则。

一、一般进口货物的完税价格

进口货物的完税价格以成交价格以及该货物运抵中华人民共和国境内输入地点起卸前的运输及其相关费用、保险费为基础确定。

(一) 进口货物的成交价格

进口货物的成交价格，是指卖方向中华人民共和国境内销售货物时买方为进口该货物向卖方实付、应付的，并按照规定调整后的价款总额，包括直接支付的价款和间接支付的价款。

进口货物的成交价格应当符合下列条件：

1.对买方处置或者使用进口货物不予限制，但法律、行政法规规定实施的限制、对货物转售地域的限制和对货物价格无实质性影响的限制除外。

2.该货物的成交价格没有因搭售或者其他因素的影响而无法确定。

3.卖方不得从买方直接或间接获得因该货物进口转售、处置或使用而产生的任何收益，或者虽有收益但能够按照规定进行调整。

4.买卖双方没有特殊关系，或虽有特殊关系但未对成交价格产生影响。

(二) 应计入完税价格的调整项目

以成交价格为基础审查确定进口货物的完税价格时，未包括在该货物实付、应付价格中的下列费用或价值应当计入完税价格：

1.由买方负担的购货佣金以外的佣金和经纪费。其中，购货佣金是指买方为购买进口货物向自己的采购代理人支付的劳务费用。经纪费是指买方为购买进口货物向代表买卖双方利益的经纪人支付的劳务费用。

2.由买方负担的与该货物视为一体的容器的费用。

3.由买方负担的包装材料费用和包装劳务费用。

4.与该货物的生产和向中华人民共和国境内销售有关的，由买方以免费或以低于成本

的方式提供并可以按适当比例分摊的料件、工具、模具、消耗材料及类似货物的价款，以及在中华人民共和国境外开发、设计等相关服务的费用。

5.作为该货物向中华人民共和国境内销售的条件，买方必须支付的、与该货物有关的特许权使用费。

6.卖方直接或间接从买方获得的该货物进口后转售、处置或者使用的收益。

（三）不计入完税价格的调整项目

进口时在货物的价款中列明的下列费用、税收，不计入该货物的计税价格：

1.厂房、机械、设备等货物进口后进行建设、安装、装配、维修和技术服务的费用，但保修费用除外。

2.进口货物运抵中华人民共和国境内输入地点起卸后的运输及其相关费用、保险费。

3.进口关税及国内税收。

（四）进口货物完税价格中相关费用的确定

1.进口货物的运费。

进口货物的运输及相关费用，应当按照买方实际支付或应当支付的费用计算。如果进口货物的运输及相关费用无法确定的，海关应当按照该货物进口同期的正常运输成本审核确定。

运输工具作为进口货物，利用自身动力进境的，海关在审查确定完税价格时，不再另行计算运费。

2.进口货物的保险费。

进口货物的保险费应当按照实际支付的费用计算。如果进口货物的保险费无法确定或未实际发生，海关应当按照"货价加运费"两者总额的3‰计算保险费，其计算公式如下：

保险费＝（货价+运费）×3‰

3.邮运进口的货物，应当以邮费作为运输及相关费用、保险费。

【做中学·计算题】有进出口经营权的某外贸公司，10月份经有关部门批准从境外进口小轿车30辆，每辆小轿车货价15万元，运抵我国海关前发生的运输费用、保险费用无法确定，经海关查实其他运输公司相同业务的运输费用占货价的比例为2%。该外贸公司向海关缴纳了相关税款，并取得了完税凭证。计算该外贸公司进口小轿车的关税完税价格。

计算：进口货价=15×30=450（万元）

进口运输费=450×2%=9（万元）

进口保险费=（450+9）×3‰=1.38（万元）

关税完税价格=450+9+1.38=460.38（万元）

（五）进口货物完税价格确定的其他方法

海关进行估价时，对于进口货物的成交价格不符合规定条件，或成交价格不能确定，海关经了解情况，并与纳税人进行价格磋商后，依次以下列方法审查确定该货物的完税价格：

1.相同货物成交价格估价方法，是指海关以与进口货物同时或大约同时向中华人民共和国境内销售的相同货物的成交价格为基础，审查确定进口货物的完税价格的估价方法。

2.类似货物成交价格估价方法，是指海关以与进口货物同时或者大约同时向中华人民共和国境内销售的类似货物的成交价格为基础，审查确定进口货物的完税价格的估价方法。

3.倒扣价格估价方法，是指海关以进口货物、相同或类似进口货物在境内的销售价格为基础，扣除境内发生的有关费用后，审查确定进口货物完税价格的估价方法。

4.计算价格估价方法，是指海关以下列各项的总和为基础，审查确定进口货物完税价格的估价方法：（1）生产该货物所使用的料件成本和加工费用；（2）向中华人民共和国境内销售同等级或同种类货物通常的利润和一般费用；（3）该货物运抵中华人民共和国境内输入地点起卸前的运输及其相关费用、保险费。

5.合理方法，是指当海关不能根据成交价格估价方法、相同货物成交价格估价方法、类似货物成交价格估价方法、倒扣价格估价方法和计算价格估价方法确定完税价格时，以客观量化的数据资料为基础审查确定进口货物完税价格的估价方法。海关在采用合理方法确定进口货物的完税价格时，不得使用以下价格：（1）境内生产的货物在境内的销售价格；（2）可供选择的价格中较高的价格；（3）货物在出口地市场的销售价格；（4）以计算价格估价方法中所含价值或费用之外的价值或者费用计算的相同或者类似货物的价格；（5）出口到第三国或者地区的货物的销售价格；（6）最低限价或者武断、虚构的价格。

二、特殊进口货物的完税价格

1.运往境外修理的机械器具、运输工具或其他货物，出境时已向海关报明，并在海关规定期限内复运进境的，应当以境外修理费和料件费审查确定完税价格。

2.运往境外加工的货物，出境时已向海关报明，并在海关规定期限内复运进境的，应当以境外加工费和料件费，以及该货物复运进境的运输及其相关费用、保险费为基础审查确定完税价格。

3.对于经海关批准的暂时进境货物应当缴纳税款的，应当按照一般进口货物完税价格确定的有关规定，审查确定关税价格。经海关批准留购的暂时进境货物，以海关审查确定的留购价格作为完税价格。

4.租赁方式进口货物区分下列情形确定完税价格：（1）以租金方式对外支付的租赁货物，在租赁期间以海关审定的租金为完税价格；（2）留购的租赁货物，以海关审定的留购价格为完税价格；（3）纳税人申请一次性缴纳税款的，经海关同意，按照"一、一般进口货物的完税价格"第（五）项的相关内容确定完税价格，或按照海关审查确定的租金总额作为完税价格。

5.对于境内留购的进口货样、展览品和广告陈列品，以海关审定的留购价格作为完税价格。

6.减税或免税进口的货物需予补税时，应当以海关审定的该货物原进口时的价格，扣除折旧部分价值作为完税价格，其计算公式为：

$$\text{完税价格} = \text{海关审定的该货物原进口时的价格} \times \left[1 - \frac{\text{申请补税时实际已使用的时间(月)}}{\text{监管年限} \times 12}\right]$$

式中，申请补税时实际已使用的时间按月计算，不足1个月但超过15天的，按1个月计算，不超过15天的，不予计算。

7.易货贸易、寄售、捐赠、赠送等不存在成交价格的进口货物，海关与纳税义务人进行价格磋商后，按照《中华人民共和国海关审定进出口货物完税价格办法》第六条列明的方法审查确定完税价格。

8.进口载有专供数据处理设备用软件的介质，具有下列情形之一的，应当以介质本身的价值或成本为基础审查确定完税价格：（1）介质本身的价值或成本与所载软件的价值分列。（2）介质本身的价值或成本与所载软件的价值虽未分列，但是纳税人能够提供介质本身的价值或成本的证明文件，或能提供所载软件价值的证明文件。但含有美术、摄影、声音、图像、影视、游戏、电子出版物的介质不适用上述规定。

三、进境物品的完税价格

（一）个人进境物品的完税价格

对于个人进境物品关税完税价格，由海关总署根据《国务院关税税则委员会关于调整进境物品进口税有关问题的通知》（税委会〔2019〕17号）对公布的《中华人民共和国进境物品完税价格表》确定商品归类和完税价格进行调整。

（二）跨境电子商务零售进口商品的税收政策

根据《财政部　海关总署　国家税务总局关于跨境电子商务零售进口税收政策的通知》（财关税〔2016〕18号）规定，跨境电子商务零售进口商品按照货物征收关税和进口环节增值税、消费税，以实际交易价格（包括货物零售价格、运费和保险费）作为完税价格。

四、出口货物的完税价格

（一）以成交价格为基础确定的完税价格

出口货物的完税价格以该货物的成交价格以及该货物运至中华人民共和国境内输出地点装载前的运输及其相关费用、保险费为基础确定。

出口货物的成交价格，是指该货物出口销售时，卖方为出口该货物应当向买方直接收取和间接收取的价款总额。

下列税收、费用不计入出口货物的完税价格：（1）出口关税；（2）在货物价款中单独列明的货物运至中华人民共和国境内输出地点装载后的运输及其相关费用、保险费。

（二）出口货物海关估定的完税价格

出口货物的成交价格不能确定的，海关经了解有关情况，并与纳税人进行价格磋商后，依次以下列价格估定该货物的完税价格：

1.同时或大约同时向同一国家或地区出口的相同货物的成交价格。

2.同时或大约同时向同一国家或地区出口的类似货物的成交价格。

3.根据境内生产相同或类似货物的成本、利润和一般费用，境内发生的运输及相关费用、保险费计算所得的价格。

4.以合理方法估定的价格。

🔺随堂演练

⑩单选题

1.我国甲公司从境外某公司引进钢结构产品自动生产线，境外成交价格（FOB）为1 600万元。该生产线运抵我国输入地点起卸前的运费和保险费为120万元，境内运输费用为12万元。另支付由买方负担的经纪费10万元，买方负担的包装材料和包装劳务费20万元，与生产线有关的境外开发设计费用50万元，生产线进口后的现场培训指导费用200万元。取得海关开具的完税凭证及国内运输部门开具的增值税专用发票。则甲公司进口该生产线的关税完税价格为（　　　）万元。(知识点：进口货物完税价格)

A.1 800　　　　　　　B.1 750　　　　　　　C.1 730　　　　　　　D.1 720

2.下列项目中，属于进口关税完税价格组成部分的是（　　　）。(知识点：进口货物完税价格)

A.进口人向自己的境外采购代理人支付的购货佣金

B.进口人负担的向中介机构支付的经纪费

C.进口设备报关后的安装调试费用

D.货物运抵境内输入地点起卸之后的运输费用

3.某科技公司2022年5月7日经批准进口一套特定免税设备用于研发项目，2024年10月27日，经海关批准，该公司将该设备出售，取得销售收入240万元。该设备进口时经海关审定的完税价格为320万元，已提折旧60万元。2024年10月该公司应补缴关税（　　　）万元。(关税税率为10%，海关规定的监管年限为5年)(知识点：进口货物完税价格)

A.16　　　　　　　B.16.53　　　　　　　C.24　　　　　　　D.26

4.在确定进口货物完税价格时，如果进口货物的保险费无法确定或未实际发生，海关应当（　　　）。(知识点：进口货物完税价格)

单选题

随堂演练

A.按"货价加运费"总额的3‰计算保险费

B.按"货价加运费"总额的0.3‰计算保险费

C.按"货价"总额的3‰计算保险费

D.按"货价加运费"总额的5‰计算保险费

⑪多选题

1.下列关于进口货物关税完税价格确定的说法中，正确的有（　　　）。(知识点：进口货物完税价格)

A.经海关批准暂时进境的货物，按照一般进口货物估价办法估定完税价格

B.租赁方式进口货物，在租赁期间以海关审定的租金作为完税价格

C.进口运输工具，利用自身动力进境的，不再另行计算运费

D.以境外边境口岸价格条件成交的公路运输进口货物，以海关边境口岸价格作为完税价格

E.境内留购的进口广告陈列品，以海关审定的留购价格作为完税价格

2.下列费用中，如能与该货物实付或者应付价格区分的，不得计入进口货物完税价格的有（　　　）。(知识点：进口货物完税价格)

A.厂房、机械、设备等货物进口后的建设、安装、装配、维修和技术援助的费用

B.货物运抵境内输入地点之后的运输费用、保险费和其他相关费用

C.进口关税及其他国内税

D.由买方负担的包装材料和包装劳务费用

E.进口前的境外考察费

3.下列关于关税完税价格的说法中，正确的有（　　　）。(知识点：出口货物完税价格)

A.出口货物关税的完税价格不包含出口关税

B.进口货物的保险费无法确定时，海关应按照货价的5%计算保险费

C.进口货物的关税完税价格不包括进口关税

D.经海关批准的暂时进境货物，应当按照一般进口货物估价办法的规定，估定进口货物完税价格

E.出口货物的完税价格，由海关以该货物的成交价格为基础审查确定，并应包括货物运至我国境内输出地点装卸前的运输及其相关费用、保险费

4.下列关于出口货物关税完税价格的说法中，正确的有（　　　）。(知识点：出口货物完税价格)

A.出口关税不计入完税价格

B.在输出地点装载前发生的运费，应包含在完税价格中

C.在货物价款中单独列明由卖方承担的佣金不计入完税价格

D.出口货物完税价格包含增值税销项税额

E.出口货物成交价格无法确定的，一律采用估定价格

第四节　　关税减免

一、法定减免税

法定减免税是税法中明确列出的减税或免税。符合税法规定可予减免税的进出口货物，纳税人无须提出申请，海关可按规定直接予以减免税。海关对法定减免税货物一般不进行后续管理。

1.下列进出口货物、进境物品，免征关税：

（1）国务院规定的免征额度内的一票货物。免征额度指关税、进口环节增值税或消费税税额在人民币50元以下。

（2）无商业价值的广告品和货样。

（3）进出境运输工具装载的途中必需的燃料、物料和饮食用品。

（4）在海关放行前损毁或灭失的货物、进境物品。

（5）外国政府、国际组织无偿赠送的物资。

（6）中华人民共和国缔结或者共同参加的国际条约、协定规定免征关税的货物、进境物品。

（7）依照有关法律规定免征关税的其他货物、进境物品。

2.下列进出口货物、进境物品，减征关税：

（1）在海关放行前遭受损坏的货物、进境物品。具体减征关税，应当根据海关认定的受损程度办理。

（2）中华人民共和国缔结或者共同参加的国际条约、协定规定减征关税的货物、进境物品。

（3）依照有关法律规定减征关税的其他货物、进境物品。

3.暂时进境或暂时出境的下列货物、物品，可以依法暂不缴纳关税，但该货物、物品应当自进境或出境之日起6个月内复运出境或复运进境：

（1）在展览会、交易会、会议及类似活动中展示或使用的货物、物品。

（2）文化、体育交流活动中使用的表演、比赛用品。

（3）进行新闻报道或者摄制电影、电视节目使用的仪器、设备及用品。

（4）开展科研、教学、医疗活动使用的仪器、设备及用品。

（5）在第（1）项至第（4）项所列活动中使用的交通工具及特种车辆。

（6）货样。

（7）供安装、调试、检测设备时使用的仪器、工具。

（8）盛装货物的材料。

（9）其他用于非商业目的的货物、物品。

上述所列货物、物品在规定期限内未复运出境或者未复运进境的，应当依法缴纳关税。

二、特定减免税

特定减免税也称政策性减免税，是指在法定减免税以外，由国务院或国务院授权的机关颁布法规、规章特别规定的减免税。特定减免税货物一般有地区、企业和用途的限制，海关需要进行后续管理，并进行减免税统计，主要有：

1.科教用品。

2.残疾人专用品。

3.慈善捐赠物资。

4.重大技术装备。

5.集成电路产业和软件产业。

6.科普用品。

三、临时减免税

临时减免税是指在法定和特定减免税以外的其他减免税，即由国务院根据《海关法》对某个单位、某类商品、某个项目或某批进出口货物的特殊情况，给予特别照顾，一案一批，专文下达的减免税。一般有单位、品种、期限、金额或数量等限制，不能比照执行。

◆随堂演练

㊀单选题

1.下列关于关税税务处理的说法中，正确的是（　　）。（知识点：减免税收优惠）

A.外国企业无偿赠送进口的物资免征关税

B.在展览会、交易会、会议及类似活动中展示或者使用的货物应计征关税

C.为进行新闻报道或者摄制电影、电视节目使用而进口的仪器、设备及用品，可暂免征收进口关税，但应当自进境或者出境之日起6个月内复运出境

D.已征进口关税的货物，因品质或规格原因，原状退货复运出境的，纳税人自缴纳税款之日起3年内可以申请退还关税

2.下列货物属于法定减免的是（　　）。（知识点：减免税收优惠）

A.残疾人专用品

B.境外捐赠的用于扶贫、慈善性捐赠的物资

C.出口加工区进出口货物

D.关税税额在人民币50元以下的货物

㊁多选题

下列属于法定减免关税的进口货物有（　　）。（知识点：减免税收优惠）

A.进口科教用品

B.海关放行前损失的货物

C.无商业价值的广告样品和货样

D.进出境运输工具装载的途中必需的燃料、物料和饮食用品

E.加工贸易产品

随堂演练

第五节　应纳税额计算

一、从价计征应纳税额的计算

从价计征应纳税额的计算公式为：

关税税额=应税进（出）口货物数量×单位完税价格×税率

进口货物的成交价格有FOB、CFR和CIF三种。

FOB，又称离岸价格，是"船上交货"价格术语的简称，是指卖方在合同规定的装运港把货物装上买方指定的船上，并负责货物装上船为止的一切费用和风险。

CFR，又称离岸加运费价格，是"成本加运费"价格术语的简称，是指卖方负责将合同规定的货物装上买方指定运往目的港的船上，负责货物装上船为止的一切费用和风险，并支付运费。

CIF，又称到岸价格，是"成本加运费加保险费"价格术语的简称，是指卖方负责将合同规定的货物装上买方指定运往目的港的船上，并负责支付运费和保险费。

1.不同成交价格条件下的进口货物完税价格的计算公式见表4-2。

表4-2　　　　　不同成交价格条件下的进口货物完税价格的计算公式

成交价格类型	完税价格计算公式
CIF（到岸价格）	完税价格=CIF
CFR（离岸价格+运输费）	完税价格=CFR+保险费=CFR×（1+保险费率）
FOB（离岸价格）	完税价格=FOB+运输费+保险费=（FOB+运输费）×（1+保险费率）

【做中学·计算题】某公司从美国进口货物一批，假设关税税率为10%，保险费率为3‰，外汇牌价为USD100=RMB618。分别计算在下列成交价格下该批进口货物应纳的关税税额：

（1）进口成交价格为FOB纽约USD200 000，公司另支付运输费USD10 000。

（2）进口成交价格为CFR上海USD220 000。

（3）进口成交价格为CIF上海USD250 000。

计算：（1）以FOB成交时：

应纳关税税额=（FOB+运输费）×（1+保险费率）×关税税率

$\qquad$=（200 000+10 000）×（1+3‰）×6.18×10%=130 169.34（元）

（2）以CFR成交时：

应纳关税税额=CFR×（1+保险费率）×关税税率=220 000×（1+3‰）×6.18×10%=136 367.88（元）

（3）以CIF成交时：

应纳关税税额=CIF×关税税率=250 000×6.18×10%=154 500（元）

2.不同成交价格条件下的出口货物完税价格的计算公式见表4-3。

表4-3　　　　　不同成交价格条件下的出口货物完税价格的计算公式

成交价格类型	完税价格计算公式
CIF（到岸价格）	完税价格=（CIF-保险费-运输费）÷（1+关税税率）
CFR（离岸价格+运输费）	完税价格=（CFR-运输费）÷（1+关税税率）
FOB（离岸价格）	完税价格=FOB÷（1+关税税率）

【做中学·计算题】 某公司生产一批产品出口美国，假设关税税率为10%，外汇牌价为USD100=RMB618。分别计算在下列成交价格下该批出口货物应纳的关税税额：

（1）以CIF纽约USD220 000的价格成交，其中，运输费为USD10 000，保险费为USD3 000。

（2）以CFR纽约USD200 000的价格成交，其中，运费为USD10 000。

（3）以FOB上海USD190 000的价格成交。

计算：（1）以CIF成交时：

应纳税额＝（CIF－保险费－运输费）÷（1+关税税率）×关税税率

　　　　＝（220 000－10 000－3 000）÷（1+10%）×6.18×10%＝116 296.36（元）

（2）以CFR成交时：

应纳税额＝（CFR－运输费）÷（1+关税税率）×关税税率

　　　　＝（200 000－10 000）÷（1+10%）×6.18×10%＝106 745.45（元）

（3）以FOB成交时：

应纳税额＝FOB÷（1+关税税率）×关税税率

　　　　＝190 000÷（1+10%）×6.18×10%＝106 745.45（元）

二、从量计征应纳税额计算

从量计征应纳税额的计算公式为：

关税税额＝应税进（出）口货物数量×单位货物税额

三、复合计征应纳税额计算

复合计征应纳税额的计算公式为：

$$关税税额 = 应税进(出)口货物数量 × 单位完税价格 × 税率 + 应税进(出)口货物数量 × 单位货物税额$$

▶随堂演练

⑪单选题

1.甲单位进口小轿车100辆，每辆小轿车货价为15万元，运抵我国海关前发生的运输费用、保险费用无法确定，经海关查实其他运输公司相同业务的运输费用占货价的比例为2%。关税税率为20%，该单位应向海关缴纳的关税为（　　）万元。（知识点：进口关税计算）

A.318　　　　　　　　B.310　　　　　　　　C.306.92　　　　　　　　D.312.8

2.甲公司将购买的一批原材料运往境外加工电子设备，出境时已向海关报明。该批原材料价值150万元，支付境外的加工费为20万元、料件费为15万元。该电子设备加工完成后在海关规定的期限内复运进境，支付复运进境的运费及相关费用、保险费合计15万元，进口关税税率为10%。则该公司应缴纳关税（　　）万元。（知识点：进口关税计算）

A.20　　　　　　　　B.3.5　　　　　　　　C.3　　　　　　　　D.5

随堂演练

第六节　　　　　　　　　征收管理

一、关税缴纳

进口货物自运输工具申报进境之日起14日内，出口货物在货物运抵海关监管区后装货的24小时以前，由纳税人向货物进（出）境地海关办理纳税申报。海关根据进出口货物的税则号列、完税价格、原产地、适用的税率和汇率计征税款，并填发税款缴款书。

进出口货物的纳税人、扣缴义务人应当自完成申报之日起15日内缴纳税款；符合海关规定条件并提供担保的，可以于次月第5个工作日结束前汇总缴纳税款。纳税人因不可抗力或国家税收政策调整不能按期缴纳税款的，经向海关申请并提供担保，可以延期缴纳，但最长不得超过6个月。

纳税人、扣缴义务人未在规定的纳税期限内缴纳税款的，自规定的期限届满之日起，按日加收滞纳税款0.5‰的滞纳金。

二、强制措施

进出口货物的纳税人在规定的纳税期限内有转移、藏匿其应税货物以及其他财产明显迹象，或存在其他可能导致无法缴纳税款风险的，海关可以责令其提供担保；纳税人不提供担保的，经直属海关关长或其授权的隶属海关关长批准，海关可以实施下列强制措施：

1.书面通知银行业金融机构冻结纳税人金额相当于应纳税款的存款、汇款。

2.查封、扣押纳税人价值相当于应纳税款的货物或其他财产。

纳税人在规定的纳税期限内缴纳税款的，海关应当立即解除强制措施。

三、关税退还、补征与追征

自纳税人、扣缴义务人缴纳税款或货物放行之日起3年内，海关有权对纳税人、扣缴义务人的应纳税额进行确认。海关确认的应纳税额与纳税人、扣缴义务人申报的税额不一致的，海关应当向纳税人、扣缴义务人出具税额确认书。纳税人、扣缴义务人应当按照税额确认书载明的应纳税额，在海关规定的期限内补缴税款或办理退税手续。

（一）关税退还

海关发现多征税款的，应当及时通知纳税人办理退还手续。

纳税人发现多缴税款的，可以自缴纳税款之日起3年内，向海关书面申请退还多缴的税款。海关应当自受理申请之日起30日内查实并通知纳税人办理退还手续，纳税人应当自收到通知之日起3个月内办理退还手续。

有下列情形之一的，纳税人自缴纳税款之日起1年内，可以向海关申请退还关税：

1.已征进口关税的货物，因品质、规格原因或者不可抗力，1年内原状复运出境。

2.已征出口关税的货物，因品质、规格原因或者不可抗力，1年内原状复运进境，并已重新缴纳因出口而退还的国内环节有关税收。

3.已征出口关税的货物，因故未装运出口，申报退关。

申请退还关税应当以书面形式提出，并提供原缴款凭证及相关资料。海关应当自受理申请之日起30日内查实并通知纳税人办理退还手续。纳税人应当自收到通知之日起3个月内办理退还手续。按照其他有关法律、行政法规规定应当退还关税的，海关应当依法予以退还。按照规定退还关税的，应当加算银行同期活期存款利息。

（二）关税补征、追征

经海关确认应纳税额后需要补缴税款但未在规定的期限内补缴的，自规定的期限届满之日起，按日加收滞纳税款0.5‰的滞纳金。

因纳税人、扣缴义务人违反规定造成少征或漏征税款的，海关可以自缴纳税款或货物放行之日起3年内追征税款，并自缴纳税款或货物放行之日起，按日加收少征或者漏征税款0.5‰的滞纳金。

海关发现海关监管货物因纳税人、扣缴义务人违反规定造成少征或漏征税款的，应当自纳税人、扣缴义务人应缴纳税款之日起3年内追征税款，并自应缴纳税款之日起按日加收少征或漏征税款0.5‰的滞纳金。

纳税人未缴清税款、滞纳金且未向海关提供担保的，经直属海关关长或者其授权的隶属海关关长批准，海关可以按照规定通知移民管理机构对纳税人或其法定代表人依法采取限制出境措施。

纳税人、扣缴义务人未按照规定的期限缴纳或解缴税款的，由海关责令其限期缴纳；逾期仍未缴纳且无正当理由的，经直属海关关长或其授权的隶属海关关长批准，海关可以实施下列强制执行措施：（1）书面通知银行业金融机构划拨纳税人、扣缴义务人金额相当于应纳税款的存款、汇款；（2）查封、扣押纳税人、扣缴义务人价值相当于应纳税款的货物或者其他财产，依法拍卖或者变卖所查封、扣押的货物或者其他财产，以拍卖或者变卖所得抵缴税款，剩余部分退还纳税人、扣缴义务人。海关实施强制执行时，对未缴纳的滞纳金同时强制执行。

⚑ 随堂演练

⑪ 单选题

1.下列关于关税征收管理的说法中，正确的是（　　）。（知识点：征收管理）

A.进口货物自运输工具申报进境之日起14日内，向货物进境地海关申报纳税

B.出口货物在货物运抵海关监管区后装货的24小时后，向货物出境地海关申报纳税

C.关税的延期缴纳期限，最长不得超过12个月

D.进出境货物和物品放行后，海关发现少征或者漏征税款，应当自缴纳税款或者货物、物品放行之日起2年内，向纳税义务人补征关税

2.关税纳税人因不可抗力或者在国家税收政策调整的情形下，不能按期缴纳税款的，经海关总署批准，可以延期缴纳税款，但最长不得超过（　　）。（知识点：关税缴纳）

A.6个月　　　　　　　B.3个月　　　　　　　C.9个月　　　　　　　D.12个月

3.根据关税征收管理规定，进口货物关税申报时间为（　　）。（知识点：关税缴纳）

A.进口货物自运输工具申报进境之日起7日内

B.进口货物自运输工具申报进境之日起14日内

C.进口货物自运输工具申报进境之日起15日内

D.进口货物自运抵海关监管区装货后24小时以后

⑪ 多选题

按照关税的有关规定，进出口货物的收发货人或他们的代理人，可以自缴纳税款之日起1年内，书面声明理由，申报退还关税。下列各项中，经海关确定可以申请退税的有（　　）。（知识点：关税退还）

A.因海关误征，多缴纳税款的

B.已征收出口关税，因故未装运出口的

C.海关核准免验进口，在完税后发现有短卸的

D.因质量原因，进口退换的商品，原商品未退还的

E.已征收出口关税的货物，因故发生退货的

第三篇
所得税

第五章　企业所得税
第六章　个人所得税

第五章　企业所得税

🖋 **知识导航**

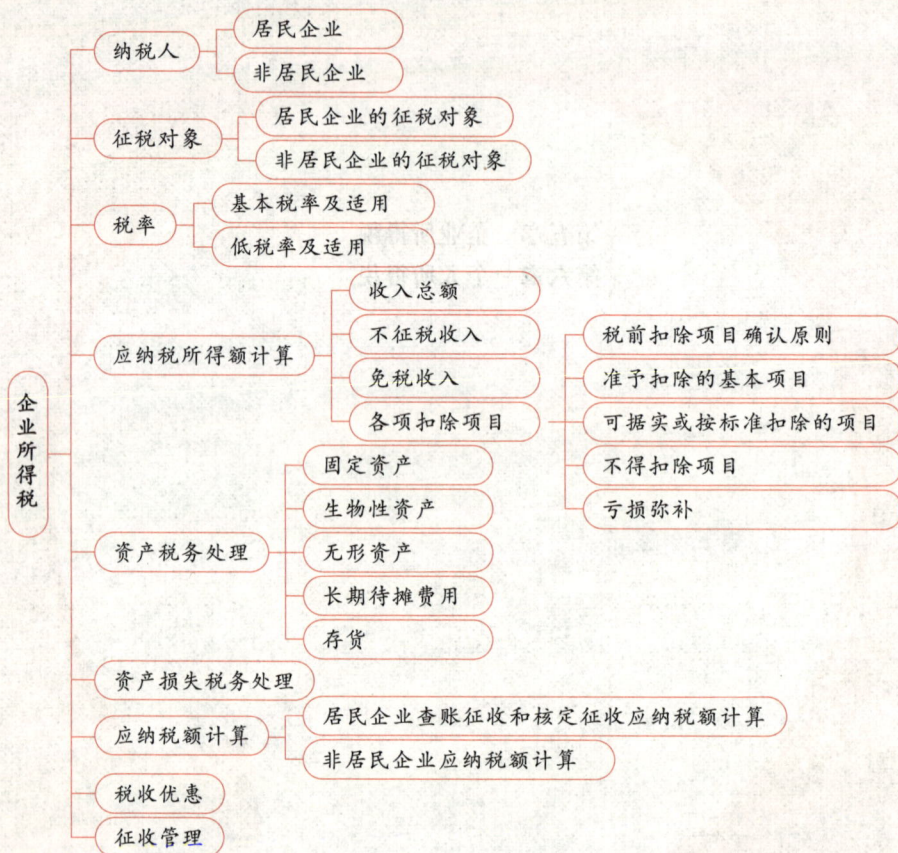

🖋 **知识目标**

1.了解企业所得税的概念与特点

2.识记企业所得税纳税人、征税对象、税率及所得来源地确定的具体规定

3.识记计算应纳税所得额时包含的收入总额、不征税收入与免税收入、各扣除项目的具体内容及相关税务处理规定

4.描述资产税务处理的一般规定

5.描述资产损失税前扣除政策的一般规定

6.描述居民企业查账征收企业所得税直接计算法与间接计算法应纳税额计算原理

7.描述居民企业核定征收企业所得税的范围及应纳税额计算原理

8.描述非居民企业企业所得税应纳税额计算原理

9.识记企业所得税税收优惠政策各项规定

10.描述企业所得税征收管理具体规定

技能目标

1.能判断确定纳税主体是居民纳税人还是非居民纳税人

2.能根据所得来源地确定规则，判断确定不同纳税主体的应税所得项目

3.能用直接计算法或间接计算法计算企业所得税应纳税所得额

4.能计算非居民企业企业所得税应纳税额

5.能计算企业所得税境外所得可抵扣税额

素养目标

1.通过国家在科技创新、基础设施、疫情防控、社会民生等方面的企业所得税税收优惠政策学习，让学生体会国家怎样通过税收方式进行社会治理，增强"四个自信"

2.从企业所得税应纳税所得额确认出发，进行诚信为本的社会主义核心价值观念教育

3.引导学生与时俱进探索学习企业所得税最新法规，培养自主学习的能力

知识点

第一节　　　　　概　述

一、企业所得税的概念

企业所得税是对我国境内的企业和其他取得收入的组织的生产经营所得和其他所得征收的所得税。

与流转税比较，所得税有如下特点：（1）以净所得为征税对象；（2）以应纳税所得额为计税依据，而非收入；（3）纳税人和实际负税人一致，可以直接调节纳税人的所得。

二、我国企业所得税制度演变

企业所得税是目前世界各国普遍征收的一个税种。我国企业所得税制度经历了以下几个阶段：

（一）中华人民共和国成立至改革开放前的企业所得税制度

1950年，政务院发布了《全国税政实施要则》，全国设置了14个税种，其中在"工商业税"中包含了对所得额征税的内容，主要征税对象是私营企业、集体企业和个体工商户的应税所得。国营企业实行利润上缴制度，不缴纳所得税。这种制度设计适应了当时我国高度集中的计划经济管理体制的需要。1958年和1973年，我国进行了两次重大的税制改革，核心是简化税制。这个阶段虽然各项税收占财政收入的比重在提高，但国营企业上缴的利润仍是国家财政收入的主要来源。

（二）改革开放后至1991年期间的企业所得税制度

改革开放初期，为吸引、利用外商投资的需要，1980年9月，第五届全国人民代表大

会第三次会议通过了《中华人民共和国中外合资经营企业所得税法》。1981年12月第五届全国人民代表大会第四次会议通过了《中华人民共和国外国企业所得税法》。

1983年，国务院决定在全国试行国营企业"利改税"，即将中华人民共和国成立后实行了30多年的国营企业上缴利润的制度改为缴纳企业所得税制度。1984年，国务院发布了《中华人民共和国国营企业所得税条例（草案）》和《国营企业调节税征收办法》。1985年4月，国务院发布了《中华人民共和国集体企业所得税暂行条例》。1988年6月，国务院发布了《中华人民共和国私营企业所得税暂行条例》。

（三）1991年至今的企业所得税制度

1991年4月，第七届全国人民代表大会将《中华人民共和国中外合资经营企业所得税法》和《中华人民共和国外国企业所得税法》合并，制定了《中华人民共和国外商投资企业和外国企业所得税法》。

1993年12月，国务院将《中华人民共和国国营企业所得税条例（草案）》《国营企业调节税征收办法》《中华人民共和国私营企业所得税暂行条例》等进行整合，制定了《中华人民共和国企业所得税暂行条例》。

为平衡内、外资企业的税收负担，2007年3月16日，第十届全国人民代表大会第五次会议通过了《中华人民共和国企业所得税法》（简称《企业所得税法》），分别于2017年第十二届全国人民代表大会常务委员会第二十六次会议第一次修正、2018年12月29日第十三届全国人民代表大会常务委员会第七次会议第二次修正，同年12月6日，国务院公布了《中华人民共和国企业所得税法实施条例》（简称《企业所得税法实施条例》），合并了内资企业所得税、外商投资企业和外国企业所得税，创立了完全统一的企业所得税制度。

课程思政点睛

从企业所得税立法历程，谈国家治理。

第二节　纳税人、征税对象和税率

一、纳税人

企业所得税纳税人是指在我国境内的企业和其他取得收入的组织，包括各类企业、事业单位、社会团体、民办非企业单位和从事经营活动的其他组织。

特别注意

个人独资企业、合伙企业属于自然人性质企业，不具有法人资格，不是企业所得税纳税人。

为了有效行使税收管辖权，最大限度维护税收利益，我国企业所得税法选择了收入来源地管辖权和居民管辖权相结合的混合管辖权方式，采用了登记注册地标准和实际管理机构标准相结合的办法，把企业分为居民企业和非居民企业，分别承担不同的纳税义务。

（一）居民企业

居民企业是指依法在中国境内成立，或依照外国（地区）法律成立但实际管理机构在中国境内的企业。

"实际管理机构"是指对企业的生产经营、人员、账务、财产等实施实质性全面管理和控制的机构。

（二）非居民企业

非居民企业是指依照外国（地区）法律成立且实际管理机构不在中国境内，但在中国境内设立机构、场所，或在中国境内未设立机构、场所，但有来源于中国境内所得的企业。

"机构、场所"是指在中国境内从事生产经营活动的机构、场所，包括管理机构、营业机构、办事机构，工厂、农场、开采自然资源的场所，提供劳务的场所，从事建筑、安装、装配、修理、勘探等工程作业的场所，其他从事生产经营活动的机构、场所。

非居民企业委托营业代理人在中国境内从事生产经营活动的，包括委托单位或个人经常代其签订合同，储存、交付货物等，该营业代理人视为非居民企业在中国境内设立的机构、场所。

二、征税对象

企业所得税征税对象是指企业取得的生产经营所得、其他所得和清算所得。

（一）居民企业的征税对象

居民企业负无限纳税义务，应就来源于中国境内、境外的所得向中国境内缴纳企业所得税。"所得"包括销售货物所得、提供劳务所得、转让财产所得、股息红利等权益性投资所得、利息所得、租金所得、特许权使用费所得、接受捐赠所得和其他所得。

（二）非居民企业的征税对象

非居民企业负有限纳税义务。非居民企业在中国境内设立机构、场所的，应当就其所设机构、场所取得的来源于中国境内的所得，以及发生在中国境外但与其所设机构、场所有实际联系的所得，向中国境内缴纳企业所得税。非居民企业在中国境内未设立机构、场所，或虽设立机构、场所但取得的所得与其所设机构、场所没有实际联系的，应当就其来源于中国境内的所得向中国境内缴纳企业所得税。

"实际联系"是指非居民企业在中国境内设立的机构、场所拥有的据以取得所得的股权、债权，以及拥有、管理、控制据以取得所得的财产等。

（三）所得来源地确定

所得来源地的确定原则见表5-1。

表5-1　　　　　　　　　　　所得来源地确定原则

所得类型		所得来源地
销售货物所得		交易活动发生地
提供劳务所得		劳务发生地
财产转让所得	不动产转让	不动产所在地
	动产转让	转让动产的企业或机构、场所所在地
	权益性投资资产转让	被投资企业所在地
股息、红利等权益性投资所得		分配所得的企业所在地
利息、租金、特许权使用费所得		负担、支付所得的企业或机构、场所或个人住所所在地
其他所得		国务院财政、税务主管部门确定

【做中学·计算题】某日本企业在中国境内设立分支机构但实际管理机构不在中国境内。2024年该分支机构有以下三笔收入：❶在中国境内取得咨询收入500万元；❷在中国境内培训技术人员，取得由日方支付的培训收入200万元；❸在香港取得与该分支机构无实际联系的所得80万元。该分支机构2024年度计算企业所得税的应纳税收入总额是多少？

计算：该日本企业实际管理机构不在中国境内，但在中国境内设立分支机构，因此属于非居民企业。非居民企业负有限纳税义务，根据题意，业务❶咨询收入500万元和业务❷培训收入200万元，均属于提供劳务收入，应按劳务发生地确认所得来源地，因此两者均为来源于中国境内的所得，而业务❸在香港取得的80万元所得不是来自中国境内，而且和境内机构无关，不属于境内应税收入。综上分析，该分支机构2024年度计算企业所得税的应纳税收入总额为700万元。

三、税率

我国企业所得税实行比例税率，具体规定见表5-2。

表 5-2　　　　　　　　　　　企业所得税适用税率汇总表

企业类型		所得来源	税率
居民企业	一般企业	境内、境外所得	25%
	小型微利企业		20%
	国家重点扶持的高新技术企业		15%
非居民企业	在我国境内设立机构、场所的	与机构、场所有实际联系的境内、境外所得	25%
		与机构、场所没有实际联系的境内所得	10%
	在我国境内没有设立机构、场所的	境内所得	10%

注：小型微利企业减按20%税率、国家重点扶持的高新技术企业减按15%税率征收企业所得税是一种税收优惠。详细内容见本章税收优惠部分。

🔖 随堂演练

⑩ 单选题

1.下列各项中，不属于企业所得税纳税人的是（　　）。（知识点：纳税人）

A.事业单位　　　　　　　B.合伙企业　　　　　　C.社会团体　　　　　　D.民办非企业单位

2.下列关于非居民企业的表述中，正确的是（　　）。（知识点：纳税人）

A.在境外成立的企业均属于非居民企业

B.在境内成立但有来源于境外所得的企业属于非居民企业

C.依照外国法律成立，实际管理机构在中国境内的企业属于非居民企业

D.依照外国法律成立，实际管理机构不在中国境内但在中国境内设立机构、场所的企业属于非居民企业

3.下列各项中，按照负担、支付所得的企业所在地确定所得来源地的是（　　）。（知识点：所得来源地）

A.销售货物所得　　　　　　　　　　　B.权益性投资资产转让所得

C.动产转让所得　　　　　　　　　　　D.租金所得

4.下列关于企业所得税所得来源确定的表述中，正确的是（　　　）。（知识点：所得来源地）

A.权益性投资资产转让所得按照投资企业所在地确定

B.提供劳务所得，按照所得支付地确定

C.销售货物所得，按照交易活动发生地确定

D.转让不动产，按照转让不动产的企业或机构、场所所在地确定

⑪多选题

1.下列各项中，不属于企业所得税纳税人的有（　　　）。（知识点：纳税人）

A.有限责任公司　　　　　　　B.股份有限公司　　　　　　　C.个人独资企业

D.合伙企业　　　　　　　　　E.事业单位

2.下列各项中，属于企业所得税纳税人的有（　　　）。（知识点：纳税人）

A.在中国境内成立的有限责任公司

B.在中国境内成立的个人独资企业

C.有来源于中国境内股息所得的外国企业

D.依中国法律在境内成立的一人有限公司

E.依美国法律成立，但实际管理机构在中国境内的企业

3.韩国某公司取得的下列各项所得中，应按规定在我国缴纳企业所得税的有（　　　）。（知识点：所得来源地）

A.转让位于我国的不动产取得的所得

B.取得法国某公司分配的税后股息所得

C.向我国境内某公司提供技术咨询服务取得的所得

D.借款给我国的一家公司，取得的利息所得

E.借款给新加坡的一家公司，取得的利息所得

4.下列关于企业所得税适用税率的说法中，正确的有（　　　）。（知识点：税率）

A.国家重点扶持的高新技术企业适用税率为15%

B.小型微利企业适用税率为20%

C.在我国境内设立机构、场所且所得与机构、场所有实际联系的非居民企业适用税率为25%

D.在我国境内未设立机构、场所的非居民企业来源于我国境内的所得实际征税率为10%

E.在我国境内虽设立机构、场所但取得的所得与其所设机构、场所没有实际联系的非居民企业实际征税率为10%

第三节　应纳税所得额计算

　　企业所得税的计税依据是应纳税所得额。根据企业所得税法规定，应纳税所得额是指纳税人每一纳税年度的收入总额，减除不征税收入、免税收入、各项扣除以及允许弥补的以前年度亏损后的余额。公式表示为：

　　应纳税所得额=收入总额-不征税收入-免税收入-各项扣除-允许弥补的以前年度亏损

　　为确保企业所得税计算的准确性，企业所得税法对应纳税所得额计算作出了明确的规定，除特殊规定外，以权责发生制为原则，主要内容包括收入总额、扣除范围和标准、资产的税务处理、亏损弥补等。

从企业所得税应纳税所得额确认出发，进行诚信为本的社会主义核心价值观念教育。

一、收入总额

收入总额是指企业以货币形式和非货币形式从各种来源取得的收入。 具体包括：销售货物收入，提供劳务收入，转让财产收入，股息、红利等权益性投资收益，利息收入，租金收入，特许权使用费收入，接受捐赠收入，其他收入。

企业取得收入的货币形式包括现金、存款、应收账款、应收票据、准备持有至到期的债券投资以及债务的豁免等；取得收入的非货币形式包括固定资产、生物资产、无形资产、股权投资、存货、不准备持有至到期的债券投资、劳务以及有关权益等。以非货币形式收入应当按照公允价值确定收入额。

（一）一般收入的确认

1.销售货物收入，是指企业销售商品、产品、原材料、包装物、低值易耗品以及其他存货取得的收入。

（1）销售商品收入条件。

企业所得税法规定，企业销售商品同时具备以下四个条件的应确认收入的实现：

❶商品销售合同已经签订，企业已将与商品所有权相关的主要风险和报酬转移给购货方；

❷企业对已售出的商品既没有保留通常与所有权相联系的继续管理权，也没有实施有效控制；

❸收入的金额能够可靠地计量；

❹已发生或者将发生的销售成本能够可靠地核算。

（2）销售货物确认收入的具体时间。

❶销售货物采取托收承付方式的，在办妥托收手续时确认收入。

❷销售货物采取预收款方式的，在发出货物时确认收入。

❸销售货物需要安装和检验的，在购买方接受商品以及安装和检验完毕时确认收入；如果安装程序比较简单，也可在发出货物时确认收入。

❹销售货物采用支付手续费方式委托代销的，在收到代销清单时确认收入。

❺分期收款方式销售货物的，按照合同约定的收款日期确认收入。

【做中学·计算题】 甲公司2024年1月1日分期收款方式销售产品，合同销售价格2 000万元，约定分5年等额收取款项，该产品成本1 200万元，现销价格为1 600万元（假设不考虑税费）。2024年1月1日企业会计确认的收入为1 600万元，成本为1 200万元，未实现融资收益为400万元。2024年12月31日，企业收到当年合同约定的款项400万元，未实现融资收益冲减财务费用120万元，并做了相应的会计处理。请问2024年计算企业所得税时应作纳税调整的金额是多少？

计算：根据税法规定，分期收款方式销售货物，按照合同约定的收款日期确认收入。

税法确认的收入金额=400万元，纳税调减=1 600-400=1 200（万元）。

税法确认的成本金额=240万元，纳税调增=1 200-240=960（万元）。

未实现融资收益在当期确认（冲减）的财务费用，应纳税调减120万元。

（3）特殊销售方式收入的税务处理。

❶售后回购方式销售货物的，销售的货物按售价确认收入，回购的货物作为购进处理。有证据表明不符合销售收入确认条件的，如以销售货物方式进行融资，收到的款项确认为负债，回购价格大于原售价的，差额应在回购期间确认为利息费用。

❷以旧换新销售的，销售的货物按照销售商品收入确认条件确认收入，回收的货物作为购进处理。

❸折扣、折让销售。商业折扣，按扣除商业折扣后的金额确定收入；现金折扣，按扣除现金折扣前的金额确定收入，现金折扣作为财务费用处理；已经确认销售收入的商品发生销售折让、销售退回，在发生当期冲减当期销售收入。

❹受托加工制造大型机械设备、船舶、飞机，以及从事建筑、安装、装配工程业务或提供其他劳务等，持续时间超过12个月的，按照纳税年度内完工进度或完成的工作量确认收入。

❺采取产品分成方式取得收入的，按照企业分得产品的日期确认收入，其收入额按产品的公允价值确定。

❻以"买一赠一"组合方式销售的，本质上不属于捐赠，应将总的销售金额按各项商品的公允价值的比例来分摊确认销售收入。

2.提供劳务收入，是指企业提供加工修理修配劳务、交通运输服务、邮政服务、电信服务、建筑服务、金融服务、现代服务、生活服务等活动所取得的收入。

企业在各个纳税期末，提供劳务交易的结果能够可靠估计的，应采用完工进度确认提供劳务收入。

（1）提供劳务交易的结果能够可靠估计，是指同时满足下列条件：

❶收入的金额能够可靠地计量；

❷交易的完工进度能够可靠地确定；

❸交易中已发生和将发生的成本能够可靠地核算。

（2）企业提供劳务完工进度的确定，可选用下列方法：

❶已完工作的测量；

❷已提供劳务占劳务总量的比例；

❸已发生成本占总成本的比例。

（3）提供劳务确认收入的具体规定。

❶安装费：应根据安装工作完工进度确认收入；若安装工作是商品销售附带条件，安装费应在确认销售商品实现时确认收入。

❷宣传媒介收费：应在相关广告或商业行为出现于公众面前时确认收入。

❸广告制作费：应根据制作广告的完工进度确认收入。

❹软件费：为特定客户开发软件的收费，应根据开发的完工进度确认收入。

❺服务费：包括在商品售价内可区分的服务费，应在提供劳务期间分期确认收入。

❻艺术表演、招待宴会和其他特殊活动的收费：应在相关活动发生时确认收入。收费涉及几项活动的，预收的款项应合理分配给每项活动，分别确认收入。

❼会员费：若申请入会或加入会员，只允许取得会籍，所有其他服务或商品都要另行收费的，在取得该会员费时确认收入。申请入会或加入会员后，会员在会员期间内不再付

费就可得到各种服务或商品，或以低于非会员的价格销售商品或提供服务的，该会员费应在整个受益期内分期确认收入。

❽特许权费：属于提供设备和其他有形资产的特许权费，在交付资产或转移资产所有权时确认收入；属于提供初始及后续服务的特许权费，在提供服务时确认收入。

❾劳务费：长期为客户提供重复劳务收取的劳务费，在相关劳务活动发生时确认收入。

3.转让财产收入，是指企业转让固定资产、生物资产、无形资产、股权、债权等财产取得的收入。除股权转让外，转让财产收入通常一次性确认收入。股权转让收入，应于转让协议生效且完成股权变更手续时确认收入。

4.股息、红利等权益性投资收益，是指企业因权益性投资从被投资方取得的收入。股息、红利等权益性投资收益，除国务院财政、税务主管部门另有规定外，应在被投资方作出利润分配或转股决定的日期确认收入。

▶ 特别提醒

被投资企业将股权（票）溢价所形成的资本公积转为股本的，不作为投资方企业的股息、红利收入。

5.利息收入，是指企业将资金提供给他人使用但不构成权益性投资，或因他人占用本企业资金取得的收入。利息收入，按照合同约定的债务人应付利息的日期确认收入。

6.租金收入，是指企业提供固定资产、包装物或其他有形资产的使用权取得的收入。租金收入，按照合同约定的承租人应付租金的日期确认收入。

▶ 特别提醒

如果交易合同规定租赁期限跨年度，且租金提前一次性支付的，出租人可对上述已确认的收入，在租赁期内分期均匀计入相关年度。

7.特许权使用费收入，是指企业提供专利权、非专利技术、商标权、著作权以及其他特许权的使用权取得的收入。特许权使用费收入，按照合同约定的特许权使用人应付特许权使用费的日期确认收入。

【做中学·单选题】某公司将设备租赁给他人使用，合同约定租期从2023年9月1日到2026年8月31日，每年不含税租金480万元，2023年8月15日一次性收取3年租金1 440万元。下列关于该租赁业务收入确认的说法，正确的是（　　）。

A.2023年增值税应确认的收入为480万元

B.2023年增值税应确认的收入为160万元

C.2023年企业所得税应确认的收入为1440万元

D.2023年企业所得税应确认的收入为160万元

分析：正确选项D。租金收入，按照合同约定承租人应付租金的日期确认收入的实现。如果交易合同或协议中规定的租赁期限跨年度且租金提前一次性支付，根据规定的收入与费用配比原则，出租人可对上述已确认的收入，在租赁期内分期均匀计入相关年度收入，所以2023年可确认企业所得税收入160万元。增值税中，纳税人提供租赁服务采取预收款方式的，其纳税义务发生时间为收到预收款的当天，所以2023年增值税应确认的计税收入为1 440万元。

8.接受捐赠收入，是指企业接受的来自其他企业、组织或个人无偿给予的货币性资产、非货币性资产。接受捐赠收入，按照实际收到捐赠资产的日期确认收入。

9.其他收入，是指企业取得除上述收入以外的其他收入，包括企业资产溢余收入、逾期未退包装物押金收入、确实无法偿付的应付款项、已作坏账损失处理后又收回的应收款项、债务重组收入、补贴收入、违约金收入、汇兑收益等。

（二）处置资产收入的确认

1.企业发生下列情形的处置资产，除将资产转移至境外以外，由于资产所有权属在形式和实质上均不发生改变，可作为内部处置资产，不视同销售确认收入，相关资产的计税基础延续计算：

（1）将资产用于生产、制造、加工另一产品；

（2）改变资产形状、结构或性能；

（3）改变资产用途；

（4）将资产在总机构及其分支机构之间转移；

（5）上述两种或两种以上情形的混合；

（6）其他不改变资产所有权属的用途。

2.企业将资产移送他人的下列情形，因资产所有权属已发生改变而不属于内部处置资产，应按规定视同销售确定收入：

（1）用于市场推广或销售；

（2）用于交际应酬；

（3）用于职工奖励或福利；

（4）用于股息分配；

（5）用于对外捐赠；

（6）其他改变资产所有权属的用途。

二、不征税收入和免税收入

（一）不征税收入

1.财政拨款。

财政拨款是指各级人民政府对纳入预算管理的事业单位、社会团体等组织拨付的财政资金。

2.依法收取并纳入财政管理的行政事业性收费、政府性基金。

行政事业性收费是指依照法律、法规等有关规定，按照规定程序批准，在实施社会公共管理，以及在向公民、法人或其他组织提供特定公共服务过程中，向特定对象收取并纳入财政管理的费用。政府性基金是指企业依照法律、行政法规等有关规定，代政府收取的具有专项用途的财政资金。

（1）企业收取的各种基金、收费，应计入企业当年收入总额。对企业依照法律、法规及国务院有关规定收取并上缴财政的政府性基金和行政事业性收费，准予作为不征税收入，于上缴财政的当年在计算应纳税所得额时从收入总额中减除；未上缴财政的部分，不得从收入总额中减除。

（2）企业按照规定缴纳的、由国务院或财政部批准设立的政府性基金以及由国务院和省、自治区、直辖市人民政府及其财政、价格主管部门批准设立的行政事业性收费，准予在计算应纳税所得额时扣除。企业缴纳的不符合上述审批管理权限设立的基金、收费，不得在计算应纳税所得额时扣除。

3.其他不征税收入。

其他不征税收入是指企业取得的，由国务院财政、税务主管部门规定专项用途并经国务院批准的财政性资金。

（1）财政性资金是指企业取得的来源于政府及其有关部门的财政补助、补贴、贷款贴息，以及其他各类财政专项资金，包括直接减免的增值税和即征即退、先征后退、先征后返的各种税收，但不包括企业按规定取得的出口退税款。

（2）企业取得的各类财政性资金，除属于国家投资和资金使用后要求归还本金的以外，均应计入企业当年收入总额。对企业取得的由国务院财政、税务主管部门规定专项用途并经国务院批准的财政性资金，准予作为不征税收入，在计算应纳税所得额时从收入总额中减除。

（3）企业从县级以上各级人民政府财政部门及其他部门取得的应计入收入总额的财政性资金，凡同时符合以下条件的作为不征税收入，在计算应纳税所得额时从收入总额中减除：企业能够提供规定资金专项用途的资金拨付文件；财政部门或其他拨付资金的政府部门对该资金有专门的资金管理办法或具体管理要求；企业对该资金以及以该资金发生的支出单独进行核算。

（4）企业将符合条件的财政性资金作不征税收入处理后，在5年（60个月）内未发生支出且未缴回财政部门或其他拨付资金的政府部门的部分，应计入取得该资金第6年的应税收入总额；计入应税收入总额的财政性资金发生的支出，允许在计算应纳税所得额时扣除。

🔖 **特别提醒**

不征税收入用于支出所形成的费用，不得在计算应纳税所得额时扣除；用于支出所形成的资产，其计算的折旧、摊销不得在计算应纳税所得额时扣除。

（二）免税收入

1.国债利息收入。

[做中学·计算题] 某生产企业2024年将其从发行者直接购进的3年期国债售出，取得收入117万元。售出时持有该国债恰满两年，该笔国债的买入价为100万元，年利率5%，利息到期一次支付。该企业会计上将17万元计入投资收益。计算该企业进行企业所得税处理时上述业务应调整的应纳税所得额。

计算：国债利息收入免税，应作纳税调减处理。

调减应纳税所得额=100×5%×2=10（万元）

2.符合条件的居民企业之间的股息、红利等权益性投资收益，是指居民企业直接投资于其他居民企业取得的投资收益。

3.在中国境内设立机构、场所的非居民企业从居民企业取得与该机构、场所有实际联系的股息、红利等权益性投资收益。

上述第2、3项所称的收益不包括连续持有居民企业公开发行并上市流通的股票不足12个月取得的投资收益。

对内地企业投资者通过沪港通投资香港联交所上市股票取得的股息、红利所得，计入其收入总额，依法计征企业所得税。其中，内地居民企业连续持有H股满12个月取得的股息、红利所得，依法免征企业所得税。

4.非营利组织的下列收入为免税收入（不包括非营利组织从事营利性活动取得的收入）：

（1）接受其他单位或个人捐赠的收入。

（2）除《企业所得税法》第七条规定的财政拨款以外的其他政府补助收入，但不包括因政府购买服务取得的收入。

（3）按照省级以上民政、财政部门规定收取的会费。

（4）不征税收入和免税收入孳生的银行存款利息收入。

（5）财政部、国家税务总局规定的其他收入。

5.地方政府债券利息所得。企业取得2009年及以后年度发行的地方政府债券利息所得，免征企业所得税。

三、各扣除项目的确认

（一）税前扣除项目的确认原则

除税收法规另有规定外，税前扣除一般应遵循以下原则：

1.权责发生制原则。企业发生的费用应在发生的所属期扣除。

2.配比原则。企业发生的费用应与收入配比扣除，不得提前或滞后申报扣除。

3.合理性原则。企业发生的费用应符合生产经营活动常规。

（二）准予扣除的基本项目

《企业所得税法》规定，企业实际发生的与取得收入有关的、合理的支出，包括成本、费用、税金、损失和其他支出，准予在计算应纳税所得额时扣除。

1.成本。

成本是指企业在生产经营活动中发生的销售商品、提供劳务、转让固定资产或无形资产（包括技术转让）的成本。

2.费用。

费用是指企业每一个纳税年度为生产经营商品和提供劳务等所发生的销售费用、管理费用和财务费用，已计入成本的有关费用除外。

（1）销售费用是指应由企业负担的为销售商品而发生的费用，包括广告费、展览费、销售佣金、代销手续费以及销售部门发生的差旅费、工资、福利费等。

（2）管理费用是指企业行政管理部门为管理组织经营活动、提供各项支援性服务而发生的费用，包括业务招待费、职工工资、福利费、工会经费、职工教育经费等。

（3）财务费用是指企业筹集经营性资金而发生的费用，包括利息净支出、汇兑净损失等。

3.税金。

税金是指发生的除企业所得税和允许扣除的增值税以外的企业缴纳的各项税金及附加，包括企业按规定缴纳的消费税、城建税及教育费附加、出口关税、资源税、土地增值税、车船税、城镇土地使用税、房产税、印花税等在会计上记入"税金及附加"科目的税金。

🔺**特别注意**

　　除上述通过税金方式扣除外，耕地占用税、车辆购置税、契税、不得抵扣的增值税通过计入相关资产的成本以折旧与摊销方式扣除，购进货物发生非正常损失的增值税通过进项税额转出计入损失扣除，企业所得税、增值税、企业为职工负担的个人所得税不得税前扣除。

　　4.损失。

　　损失是指企业在生产经营活动中发生的固定资产和存货的盘亏、毁损、报废损失，转让财产损失，呆账损失，坏账损失，自然灾害等不可抗力因素造成的损失以及其他损失。

🔺**特别注意**

　　税前可扣除的损失为净损失，即企业的损失减除责任人赔偿和保险赔款后的余额。企业已经作为损失处理的资产，在以后纳税年度又全部收回或部分收回时，应当计入当期收入。

　　【做中学·计算题】某服装生产企业为增值税一般纳税人，因管理不善被盗原材料一批，不含税金额为32万元（其中含运费金额2万元）。计算该企业在计算企业所得税应纳税所得额时允许扣除的资产损失金额。

　　计算：原材料适用的增值税税率为13%，运输服务适用的增值税税率为9%。

　　进项税额转出=（32-2）×13%+2×9%=3.9+0.18=4.08（万元）

　　资产损失=32+4.08=36.08（万元）

　　5.其他支出。

　　其他支出，是指除成本、费用、税金、损失外，企业在生产经营活动中发生的与生产经营活动有关的、合理的其他支出。

　　（三）可按实际发生额或规定的标准扣除的项目

　　1.工资薪金支出。

　　企业发生的合理的工资薪金支出准予据实扣除。

　　（1）工资薪金支出内容。工资薪金支出是企业每一纳税年度支付给在本企业任职或与其有雇佣关系的员工的所有现金或非现金形式的劳动报酬，包括基本工资、奖金、津贴、补贴、年终加薪、加班工资，以及与任职或受雇有关的其他支出。

　　（2）工资薪金合理性确定。"合理的工资薪金"是指企业按照股东会、董事会、薪酬委员会或相关管理机构制定的工资薪金制度规定实际发放给员工的工资薪金。具体可按以下原则把握：

　　❶企业制定了较为规范的员工工资薪金制度。

　　❷企业所制定的工资薪金制度符合行业及地区水平。

　　❸企业在一定时期所发放的工资薪金是相对固定的，工资薪金的调整是有序进行的。

　　❹企业对实际发放的工资薪金，已依法履行了代扣代缴个人所得税义务。

　　❺有关工资薪金的安排，不以减少或逃避税款为目的。

　　（3）特殊用工人员的税务处理。

　　❶企业因雇用季节工、临时工、实习生、返聘离退休人员以及接受外部劳务派遣用工所实际发生的费用，应区分为工资薪金支出或职工福利费支出，分别按企业所得税法相关规定在企业所得税前扣除。其中，属于工资薪金支出的，准予计入企业工资薪金总额的基数，作为计算其他各项相关费用扣除的依据。

❷企业接受外部劳务派遣用工发生的费用，应区分以下两种情形分别处理：按照协议（合同）约定直接支付给劳务派遣公司的费用，应作为劳务费支出，按规定在税前扣除；直接支付给员工个人的费用，应作为工资薪金支出或职工福利费支出，按规定在税前扣除，其中属于工资薪金支出的费用，准予计入企业工资薪金总额的基数，作为计算其他各项相关费用扣除的依据。

2.职工福利费、工会经费、职工教育经费（简称"三项经费"）。

企业发生的职工福利费、工会经费、职工教育经费按标准限额扣除，未超过标准的按实际数扣除，超过标准的当年只能按标准扣除，超出标准的部分不得扣除，除职工教育经费外，也不得在以后年度结转扣除。相关税务处理规定见表5-3。

表5-3　　　　　　　　　　　三项经费税务处理规定

支出项目	税前扣除标准限额	税务处理规定
职工福利费	工资薪金总额×14%	未超标准的，扣实税前扣除；超标准的，不得扣除
工会经费	工资薪金总额×2%	
职工教育经费	工资薪金总额×8%	未超标准的，扣实税前扣除；超标准的，可结转以后年度扣除

（1）职工福利费支出的具体内容。

❶为职工卫生保健、生活等发放或支付的各项现金补贴和非货币性福利，包括职工因公外地就医费用、职工疗养费用、自办职工食堂经费补贴、符合国家有关财务规定的供暖费补贴、防暑降温费等。

❷企业尚未分离的内设集体福利部门所发生的设备、设施和人员费用，包括职工食堂、职工浴室、理发室、医务所、托儿所、疗养院、集体宿舍等集体福利部门设备、设施的折旧、维修保养费用以及集体福利部门工作人员的工资薪金、社会保险费、住房公积金、劳务费等人工费用。

❸职工困难补助或企业统筹建立和管理的专门用于帮助、救济困难职工的基金支出。

❹离退休人员统筹外费用，包括离休人员的医疗费及离退休人员其他统筹外费用。

❺按规定发生的其他职工福利费，包括丧葬补助费、抚恤费、职工异地安家费、独生子女费、探亲假路费，以及符合企业职工福利费定义但没有包括在上述各条款项目中的其他支出。

企业发生的职工福利费，应该单独设置账册准确核算。没有单独设置账册准确核算的，税务机关应责令企业在规定的期限内进行改正；逾期仍未改正的，税务机关可对企业发生的职工福利费进行合理的核定。

（2）工会经费应凭工会组织开具的"工会经费收入专用收据"在企业所得税税前扣除。委托税务机关代收工会经费的地区，企业拨缴的工会经费，也可凭合法、有效的工会经费代收凭据依法在税前扣除。

（3）特定企业职工培训特定支出的税务处理。

❶集成电路设计企业、认定的动漫企业、符合条件的软件生产企业发生的职工教育经费中的职工培训费用，可以全额在企业所得税前扣除。上述企业应准确划分职工教育经费中的职工培训费支出，对于不能准确划分的，以及准确划分后职工教育经费中扣除职工培

训费用的余额，一律按照工资薪金总额8%的比例扣除。

❷航空企业实际发生的飞行员养成费、飞行训练费、乘务训练费、空中保卫员训练费等空勤训练费用，作为航空企业运输成本在税前扣除。

❸核力发电企业为培养核电厂操纵员发生的培养费用，作为企业的发电成本在税前扣除。

（4）上述计算职工福利费、工会经费、职工教育经费的"工资薪金总额"是指企业实际发放的工资薪金总和，不包括企业的职工福利费、职工教育经费、工会经费及"五险一金"支出。

3.保险费。

保险费支出按保险标的物不同分为人寿保险与财产保险。其中，人寿保险按照承担保险支出的主体不同分为社会保险与商业保险。企业各类保险费支出的税务处理规定见表5-4。

表5-4　　　　　　　　　　保险费税务处理规定

保险类型		税务处理规定
人寿保险	社会保险	依据规定范围和标准为职工缴纳的"五险"准予扣除。 "五险"指基本养老保险、基本医疗保险、失业保险、工伤保险、生育保险
		企业为全体职工缴纳的补充养老保险费和补充医疗保险费，分别在不超过工资总额5%标准内的部分，准予扣除；超过部分，不得扣除
	商业保险	企业为职工缴纳的下列保险费支出，准予扣除；其他商业保险费，不得扣除： ①参加雇主责任险、公众责任险等责任保险支付的保险费； ②为特殊工种职工支付的人身安全保险费； ③其他符合规定的商业保险费，如职工因公出差乘坐交通工具的人身意外保险费支出
财产保险		企业参加财产保险，按照规定缴纳的保险费，准予扣除

【做中学·计算题】某软件生产企业2024年发放的合理工资总额为200万元；实际发生职工福利费35万元、工会经费3.5万元、职工教育经费8万元（其中职工培训费4万元）；另为职工支付补充养老保险费12万元、补充医疗保险费8万元。企业申报2024年企业所得税时就上述费用应调增应纳税所得额多少万元？

计算：❶职工福利费扣除限额=200×14%=28（万元），实际发生额为35万元，应调增应纳税所得额7万元。

❷工会经费扣除限额=200×2%=4（万元），实际发生额为3.5万元，不需要调整。

❸软件生产企业支付给职工的培训费可全额扣除，即培训费4万元可全额扣除，其他部分职工教育经费扣除限额=200×8%=16（万元），实际发生额为4万元，不需要调整。

❹补充养老保险费扣除限额=200×5%=10（万元），实际发生额为12万元，应调增应纳税所得额2万元。

❺补充医疗保险费扣除限额=200×5%=10（万元），实际发生额为8万元，不需要调整。

综上分析：上述费用应调增应纳税所得额=7+2=9（万元）。

4.借款费用。

（1）企业在生产经营活动中发生的合理的不需要资本化的借款费用，准予扣除。

（2）企业为购置、建造固定资产、无形资产和经过12个月以上的建造才能达到预定可销售状态的存货发生借款的，在有关资产购置、建造期间发生的合理的借款费用，应予资本化，作为资本性支出计入有关资产的成本；有关资产交付使用后发生的借款利息，可在发生当期扣除。

（3）企业通过发行债券、取得贷款、吸收保户储金等方式融资而发生的合理的费用支出，符合资本化条件的，应计入相关资产成本；不符合资本化条件的，应作为财务费用，准予在企业所得税税前据实扣除。

5.利息费用。

（1）非金融企业向金融企业借款的利息支出、金融企业的各项存款利息支出和同业拆借利息支出、企业经批准发行债券的利息支出，可据实扣除。

（2）非金融企业向非金融企业借款的利息支出，应按与借款企业是否存在关联关系分以下两种情形处理：

❶向非关联企业借款的利息支出，不超过按照金融企业同期同类贷款利率计算的部分，可据实扣除；超过部分不允许扣除。

【做中学·计算题】甲企业2024年"财务费用"账户列支350万元，其中有两笔借款利息支出如下：（1）4月1日因厂房扩建向银行借款500万元，借款期限1年，当年支付了3个季度的借款利息22.5万元，该厂房8月31日竣工结算并交付使用。（2）6月1日为弥补流动资金不足，经批准向其他企业借款100万元，借款期限1年，年利率12%，按月付息，本年实际支付利息7万元。计算甲企业计算企业所得税时允许扣除的财务费用金额。

计算：不考虑两笔特殊借款允许扣除的财务费用=350-（22.5+7）=320.5（万元）

借款（1）应按非金融企业向金融企业借款，可据实扣除。同时考虑该笔借款当年只有4个月的利息支出费用化计入财务费用。允许扣除的财务费用=22.5÷9×4=10（万元）。

借款（2）应按非金融企业向非金融企业（无关联关系）借款，不超过按照金融企业同期同类贷款利率计算的部分，可据实扣除。1年期银行利率=（22.5÷3×4）÷500×100%=6%，允许扣除的财务费用=100×6%÷12×7=3.5（万元）。

综合上述分析结果，甲企业计算企业所得税时允许扣除的财务费用总额=320.5+10+3.5=334（万元）。

❷向关联企业借款的利息支出，按下列规定处理：

A.企业实际支付给关联方的利息支出，不超过下列规定比例以及金融企业同期同类贷款利率计算的部分，准予扣除；超过的部分不得扣除。接受关联方债权性投资与其权益性投资比例：金融企业为5∶1；其他企业为2∶1。

B.企业能证明关联方相关交易活动符合独立交易原则，或该企业的实际税负不高于境内关联方的，其实际支付给关联方的利息支出，在计算应纳税所得额时准予扣除。

C.企业自关联方取得的不符合规定的利息收入应按照有关规定缴纳企业所得税。

【做中学·计算题】甲公司投资注册乙公司（两者均为非金融企业），乙公司注册资本1 000万元，甲公司持股比例为20%。乙公司向甲公司借款500万元，年利率10%。乙公司实际税负高于甲公司，且无法证明上述借款活动符合独立交易原则。已知银行同期同类贷款利率为8%。计算乙公司申报企业所得税时上述业务利息支出的纳税调整金额。

计算：乙公司实际税负高于甲公司，且无法证明上述借款活动符合独立交易原则，因此乙公司向甲公司的借款利息支出应按非金融企业向有关联关系的非金融企业借款利息支出处理。

乙公司向甲公司借款的实际利息支出=500×10%=50（万元）

甲公司与乙公司均为非金融企业，因此允许扣除的利息支出的限额=1 000×20%×2×8%=32（万元）。

超限额利息支出=50-32=18（万元），应作调增应纳税所得额处理。

（3）企业向自然人借款的利息支出。

❶企业向股东或其他与企业有关联关系的自然人借款的利息支出，按上述向非金融企业借款的第❷条向关联借款利息支出的相关规定处理。

❷企业向除上述规定以外的内部职工或其他人员借款的利息支出，借款情况同时符合以下条件的，其利息支出在不超过按照金融企业同期同类贷款利率计算的部分，准予扣除：企业与个人之间的借贷是真实、合法、有效的，并且不具有非法集资目的或其他违反法律、法规的行为；企业与个人之间签订了借款合同。

【做中学·计算题】境内公民王先生投资设立甲公司，注册资金500万元。因经营活动需要，自2024年4月1日起，王先生将个人资金1 800万元借给甲公司使用，王先生与甲公司签订借款合同，借款期限为2024年4月1日至2024年12月31日止，借款年利率为10%（假定金融企业同期同类贷款年利率为6%），王先生收取的利息在甲公司2024年企业所得税税前如何扣除？

计算：王先生为甲公司的股东，甲公司实际支付给王先生的利息支出，按债权性投资与其权益性投资比例2∶1的部分准予扣除，超过的部分不得扣除。

允许税前扣除的利息=500×2×6%×9÷12=45（万元）

6.汇兑损失。

汇兑损失除已计入有关资产成本以及向所有者进行利润分配外，准予扣除。

7.业务招待费。

企业发生的与生产经营活动有关的业务招待费支出，按照实际发生额的60%扣除，但最高不得超过当年销售（营业）收入的5‰。

上述所指当年销售（营业）收入是指会计上作记入"主营业务收入"和"其他业务收入"科目，以及企业所得税法规定作视同销售处理应确认的收入。

【做中学·计算题】A公司2024年实现商品销售收入5 600万元，发生现金折扣100万元，接受捐赠收入100万元，转让无形资产所有权收入20万元，发生业务招待费支出50万元。计算A公司2024年申报企业所得税时应纳税所得额的调整额。

计算：销售商品涉及现金折扣的，应当按扣除现金折扣前的金额确定销售商品收入金额，接受捐赠收入会计上计入营业外收入，转让无形资产所有权收入会计上计入资产处置损益，因此，计算扣除限额标准的当年销售收入金额为5 600万元。

业务招待费的扣除限额=5 600×0.5%=28（万元）

实际发生额的60%=50×60%=30（万元）

二者比较，取其较小者，税前允许扣除的业务招待费为28万元。

业务招待费应调增的应纳税所得额=50-28=22（万元）

对从事股权投资业务的企业（包括集团公司总部、创业投资企业等），其从被投资企业分配的股息、红利以及股权转让收入，可以按规定的比例计算业务招待费扣除限额。非投资业务企业不享受这条规定。

企业筹建期间发生的与筹办有关的业务招待费支出，按实际发生额的60%计入开办费，按有关开办费的相关规定税前扣除。

8.广告费和业务宣传费。

企业每一纳税年度发生的符合条件的广告费和业务宣传费支出合并计算，除国务院财政、税务主管部门另有规定外，不超过当年销售（营业）收入15%的部分，准予扣除；超过部分，准予结转以后纳税年度扣除。广告性质的赞助支出作为宣传费处理。

对部分行业广告费和业务宣传费税前扣除的特殊规定：

（1）对化妆品制造与销售、医药制造和饮料制造（不含酒类制造，下同）企业发生的广告费和业务宣传费支出，不超过当年销售（营业）收入30%的部分，准予扣除；超过部分，准予在以后纳税年度结转扣除。

（2）对签订广告费和业务宣传费分摊协议（以下简称分摊协议）的关联企业，其中一方发生的不超过当年销售（营业）收入税前扣除限额比例的广告费和业务宣传费支出可以在本企业扣除，也可以将其中的部分或全部按照分摊协议归集至另一方扣除。另一方在计算本企业广告费和业务宣传费支出企业所得税税前扣除限额时，可将按照上述办法归集至本企业的广告费和业务宣传费不计算在内。

【做中学·计算题】甲公司和杨氏公司为关联企业（均为酒类制造），根据分摊协议，杨氏公司在2024年发生的符合条件的广告费和业务宣传费的扣除限额40%归集到甲公司扣除。假设2024年杨氏公司销售收入为3 000万元，当年实际发生的广告费和业务宣传费为600万元，假设无以前年度广告费结转。计算杨氏公司本年度允许税前扣除的以及结转以后年度扣除的广告费和业务宣传费金额。

计算：广告费和业务宣传费税前扣除限额=3 000×15%=450（万元），转移到甲公司扣除的金额=450×40%=180（万元）。

因此，杨氏公司本年度允许税前扣除的广告费和业务宣传费=450-180=270（万元），结转以后年度扣除的广告费和业务宣传费金额=600-450=150（万元）。

（3）烟草企业的烟草广告费和业务宣传费支出，一律不得在计算应纳税所得额时扣除。

（4）企业筹建期间发生的广告费、业务宣传费，按实际发生额计入开办费，按规定税前扣除。

【做中学·计算题】2024年甲企业实现销售收入3 000万元，当年发生广告费400万元，上年度结转未扣除广告费60万元。已知广告费不超过当年销售收入15%的部分，准予扣除。甲企业在计算2024年度企业所得税应纳税所得额时准予扣除的广告费金额是多少？

计算：本年广告费和业务宣传费扣除限额=3 000×15%=450（万元）；本年实际发生400万元可以全额扣除，另外，还可以扣除上年度结转未扣除的广告费50万元，合计450万元。

9.公益性捐赠支出。

公益性捐赠是指企业通过公益性社会团体或县级以上人民政府及其部门，用于《中华人民共和国公益事业捐赠法》规定的公益事业的捐赠。

企业当年发生以及以前年度结转的公益性捐赠支出，不超过年度利润总额12%的部分，准予扣除；超过部分，准予结转以后3年内在计算应纳税所得额时扣除。

执行上述公益性捐赠政策时应注意：

（1）年度利润总额是指企业依照国家统一会计制度的规定计算的年度会计利润。

（2）准予向以后年度结转扣除的公益性捐赠支出，结转年限自捐赠发生年度的次年起计算最长不得超过3年。

（3）企业在对公益性捐赠支出计算扣除时，应先扣除以前年度结转的捐赠支出，再扣除当年发生的捐赠支出。

【做中学·计算题】2024年度某公司利润总额为1 000万元。当年发生公益性捐赠支出200万元，2023年结转到2024年度未抵扣完的公益性捐赠为30万元。该公司2024年计算应纳税所得额时可扣除本年发生的公益性捐赠的金额是多少？

计算：公益性捐赠实际发生额230万元，其中包括2023年结转的公益性捐赠30万元。

2024年公益性捐赠扣除限额=1 000×12%=120（万元）

实际发生的公益性捐赠额超过当年公益性捐赠扣除限额，因此，2024年允许扣除的公益性捐赠总额为120万元。

按照先捐先扣的原则，应先扣除2023年结转的公益性捐赠30万元，再扣除本年发生的公益性捐赠金额=120-30=90（万元）。

综合上述分析，该公司2024年计算应纳税所得额时可扣除本年发生的公益性捐赠金额为90万元。

（4）不符合条件的捐赠以及直接的捐赠，不得扣除。

（5）公益性社会组织、县级以上人民政府及其部门等国家机关在接受企业或个人捐赠时，除另有规定外，按以下原则确认捐赠额：

❶接受的货币性资产捐赠，以实际收到的金额确认捐赠额。

❷接受的非货币性资产捐赠，以其公允价值确认捐赠额。

❸企业在非货币性资产捐赠过程中发生的运费、保险费、人工费用等相关支出，凡纳入国家机关、公益性社会组织开具的公益捐赠票据记载的数额中的，作为公益性捐赠支出按照规定在税前扣除；上述费用未纳入公益性捐赠票据记载的数额中的，作为企业相关费用按照规定在税前扣除。

【做中学·计算题】C公司2024年度主营业务收入5 500万元，其他业务收入400万元，营业外收入300万元，主营业务成本2 800万元，其他业务成本300万元，营业外支出210万元，税金及附加420万元，管理费用550万元，销售费用900万元，财务费用180万元，投资收益120万元。C公司对外捐赠货币资金150万元（通过县级政府向贫困地区捐赠120万元，直接向某学校捐赠30万元）。计算C公司上述捐赠业务应调整的应纳税所得额。

计算：会计利润=5 500+400+300-2 800-300-210-420-550-900-180+120=960（万元）

公益性捐赠的扣除限额=960×12%=115.2（万元）

通过县级政府向贫困地区捐赠120万元，属于公益性捐赠。

应调增应纳税所得额=120-115.2=4.8（万元）

直接向某学校捐赠的30万元，不属于公益性捐赠，不能税前扣除，应调增应纳税所得额30万元。

综上所述：合计应调增应纳税所得额=4.8+30=34.8（万元）

10.手续费及佣金支出。

（1）企业发生与生产经营有关的手续费及佣金支出，不超过以下规定计算限额以内的部分，准予扣除；超过部分，不得扣除（保险企业除外）：

❶保险企业：保险企业发生与其经营活动有关的手续费及佣金支出，不超过当年全部保费收入扣除退保金等后余额的18%（含本数）的部分，在计算应纳税所得额时准予扣除；超过部分，允许结转以后年度扣除。

❷电信企业：在发展客户、拓展业务等过程中（如委托销售电话入网卡、电话充值卡等），需向经纪人、代办商支付手续费及佣金的，其实际发生的相关手续费及佣金支出，不超过企业当年收入总额5%的部分，准予在企业所得税前据实扣除。

❸其他企业：按与具有合法经营资格中介服务机构或个人（不含交易双方及其雇员、代理人和代表人等）所签订服务协议或合同确认的收入金额的5%计算限额。

（2）从事代理服务、主营业务收入为手续费及（或）佣金的企业（如证券、期货、保险代理等企业），其为取得该类收入而实际发生的营业成本（包括手续费及佣金支出），准予在企业所得税前据实扣除。

（3）除委托个人代理外，企业以现金等非转账方式支付的手续费及佣金不得在税前扣除。

（4）企业为发行权益性证券支付给有关证券承销机构的手续费及佣金不得在税前扣除。

（5）企业不得将手续费及佣金支出计入回扣、业务提成、返利、进场费等费用。

（6）企业支付的手续费及佣金不得直接冲减服务协议或合同金额，并如实入账。

（7）企业已计入固定资产、无形资产等相关资产的手续费及佣金支出，应当通过折旧、摊销等方式分期扣除，不得在发生当期直接扣除。

11.以前年度发生应扣未扣支出。

以前年度实际发生的、按照税收规定应在企业所得税前扣除而未扣除或少扣除的支出，专项申报及说明后，准予追补至该项目发生年度计算扣除，但追补确认期限不得超过5年。

由于上述原因多缴的税款，可在追补确认年度企业所得税应纳税款中抵扣，不足抵扣的，可以向以后年度递延抵扣或申请退税。

亏损企业追补确认以前年度未在企业所得税前扣除的支出，或盈利企业经过追补确认后出现亏损的，应首先调整该项支出所属年度的亏损额，然后再按照弥补亏损的原则计算以后年度多缴的企业所得税款，并按前款规定处理。

（四）不得扣除项目

1.向投资者支付的股息、红利等权益性投资收益款项。

2.企业所得税税款。

3.税收滞纳金。

4.罚金、罚款和被没收财物的损失。

5.赞助支出。赞助支出是指企业发生的与生产经营活动无关的各种非广告性质支出。

6.未经核定的准备金支出。未经核定的准备金支出是指不符合国务院财政、税务主管部门规定的各项资产减值准备、风险准备等准备金支出。

7.企业之间支付的管理费、企业内营业机构之间支付的租金和特许权使用费，以及非银行企业内营业机构之间支付的利息。

8.与取得收入无关的其他支出。

(五) 亏损弥补

税法意义上的亏损，是指依照企业所得税法及其实施条例的规定，将每一纳税年度的收入总额减除不征税收入、免税收入和各项扣除后小于零的数额。

企业某一纳税年度发生的亏损可以用下一年度的所得弥补，下一年度的所得不足以弥补的，可以逐年延续弥补，但最长不得超过5年。 企业在汇总计算缴纳企业所得税时，其境外营业机构的亏损不得抵减境内营业机构的盈利。

【做中学·计算题】 某企业2024年弥补亏损前的应纳税所得额为600万元，2018年至2023年待弥补亏损分别是30万元、100万元、120万元、150万元、30万元、100万元。计算该企业2024年弥补亏损后的应纳税所得额。

计算：2018年的亏损已过5年，故不得在税前弥补；2019年至2023年的亏损可以在2024年税前弥补。

2024年弥补亏损后的应纳税所得额=600-100-120-150-30-100=100（万元）

企业筹办期间不计算为亏损年度，企业自开始生产经营的年度，为开始计算企业损益的年度。企业从事生产经营之前进行筹办活动期间发生的筹办费支出，不得计算为当期的亏损，企业可以在开始经营之日的当年一次性扣除，也可以按照税法有关长期待摊费用的处理规定处理，一经选定不得改变。

税务机关对企业以前年度纳税情况进行检查时调增的应纳税所得额，凡企业以前年度发生亏损，且该亏损属于企业所得税法规定允许弥补的，应允许用调增的应纳税所得额弥补该亏损。弥补该亏损后仍有余额的，按照企业所得税法规定计算缴纳企业所得税。

随堂演练

⑩单选题

1.下列关于销售货物确认收入实现时间的表述中，正确的是（　　）。（知识点：征税收入）

A.销售商品采用托收承付方式的，在签订合同时确认

B.销售商品采用支付手续费方式委托代销的，在销售时确认

C.销售商品采用预收款方式的，在发出商品时确认

D.销售商品需要安装和检验的，在商品发出时确认

2.根据企业所得税相关规定，下列关于确认销售收入实现的条件的表述中，错误的是（　　）。（知识点：征税收入）

A.收入的金额能够可靠地计量

B.相关经济利益很可能流入企业

C.已发生或将发生的销售方的成本能够可靠核算

D.销售合同已签订并将与商品所有权相关的主要风险和报酬转移给购货方

3.下列关于不同方式下销售商品收入金额确定的表述中，正确的是（　　）。（知识点：征税收入）

A.采用商业折扣方式销售的，按照扣除商业折扣前的金额确定销售收入金额

B.采用现金折扣方式销售的，按照扣除现金折扣前的金额确定销售收入金额

C.采用售后回购方式销售的，按照扣除回购商品公允价值后的余额确定销售收入金额

D.采用以旧换新方式销售的，按照扣除回收商品公允价值后的余额确定销售收入金额

4.2024年甲公司销售一批商品，开具增值税专用发票，注明价款40万元，金额栏注明折扣额3万元，适用的增值税税率为13%，甲公司计算应纳税所得额应确认的销售收入为（　　）万元。(知识点：征税收入)

A.37　　　　　　　B.40　　　　　　　C.42.92　　　　　　　D.45.2

5.根据企业所得税相关规定，下列关于企业所得税特殊收入确认的说法中，不正确的是（　　）。(知识点：征税收入)

A.以分期收款方式销售货物的，按照合同约定的收款日期确认收入

B.企业受托加工制造大型机械设备，持续时间超过12个月的，按照纳税年度内完工进度或完成的工作量确认收入

C.采取产品分成方式取得收入的，按照企业分得产品的日期确认收入的实现，其收入额按照产品的公允价值确定

D.企业发生非货币性资产交换，以及将货物用于在建工程的，应视同销售处理

6.2024年甲企业取得销售收入3 000万元，广告费支出400万元，上年结转广告费60万元。根据企业所得税相关规定，甲企业2024年准予扣除的广告费为（　　）万元。(知识点：准予扣除项目)

A.460　　　　　　　B.510　　　　　　　C.450　　　　　　　D.340

7.甲公司2024年取得销售收入4 000万元，当年发生的与生产经营有关的业务招待费支出60万元。根据企业所得税相关规定，甲公司2024年准予扣除的业务招待费为（　　）万元。(知识点：准予扣除项目)

A.20　　　　　　　B.36　　　　　　　C.600　　　　　　　D.200

8.某企业2024年度利润总额80万元，通过公益性社会团体向某灾区捐赠2万元，直接向某学校捐款5万元。根据企业所得税相关规定，该企业在计算2024年度企业所得税应纳税所得额时，可以扣除的捐赠支出为（　　）万元。(知识点：准予扣除项目)

A.2　　　　　　　B.7　　　　　　　C.5　　　　　　　D.9.6

9.根据企业所得税相关规定，下列支出中，在计算应纳税所得额时，允许按税法规定的标准扣除的是（　　）。(知识点：不得扣除项目)

A.税收滞纳金　　　　　　　　　　　B.企业拨缴的工会经费

C.非广告性赞助支出　　　　　　　　D.企业所得税税款

10.根据企业所得税相关规定，在计算应纳税所得额时可以扣除的项目是（　　）。(知识点：不得扣除项目)

A.税务机关的罚款　　　　　　　　　B.人民法院的罚金

C.向投资者支付的股息　　　　　　　D.合同违约金

单选题

随堂演练

⑪多选题

1.根据企业所得税相关规定，下列关于收入确认时间的说法中，正确的有（　　）。(知识点：征税收入)

A.特许权使用费收入以实际取得收入的日期确认收入

B.利息收入以合同约定的债务人应付利息的日期确认收入

C.接受捐赠收入按照实际收到捐赠资产的日期确认收入

D.作为商品销售附带条件的安装费收入在确认商品销售收入时实现

E.股息等权益性投资收益以投资方收到所得的日期确认收入

2.根据企业所得税相关规定，下列各项中属于应税收入的有（　　）。(知识点：征税收入)

A.企业接受社会捐赠收入　　　　　　　　B.转让企业债券取得的收入

C.已作坏账损失处理后又收回的应收账款　D.国债利息收入

E.依法收取并纳入财政管理的行政事业性收费

3.根据企业所得税相关规定，下列各项中属于免税收入的有（　　　）。(知识点：免税收入)

A.企业购买国债取得的利息收入　　　　　B.纳入预算管理的事业单位取得的财政拨款

C.事业单位从事营利性活动取得的收入　　D.企业转让股权取得的收入

E.在中国境内设立机构、场所的非居民企业从居民企业取得与该机构、场所有实际联系的股息、红
利等权益性投资收益

4.根据企业所得税相关规定，下列各项中属于不征税收入的有（　　　）。(知识点：不征税收入)

A.财政拨款　　　　　　B.国债利息收入　　　　　　C.接受捐赠收入

D.直接减免的增值税和即征即退、先征后退、先征后返的各种税收

E.依法收取并纳入财政管理的政府性基金

5.依据企业所得税相关规定，企业将资产移送用于下列情形，应视同销售确认收入的有（　　　）。
(知识点：征税收入)

A.用于对外捐赠　　　　　　　　　　　　B.用于市场推广或销售

C.用于股息分配　　　　　　　　　　　　D.用于职工奖励或福利

E.从总机构转移到其境内分支机构

6.企业从县级以上各级人民政府财政部门及其他部门取得的应计入收入总额的财政性资金，作为不
征税收入的，应同时符合下列条件中的（　　　）。(知识点：征税收入)

A.企业能够提供规定资金专项用途的资金拨付文件

B.资金使用的具体情况每年必须报上级主管部门备案

C.企业对该资金以及以该资金发生的支出单独进行核算

D.该资金不得用于资本性支出

E.财政部门对该资金有专门的资金管理办法或具体管理要求

7.根据企业所得税相关规定，非营利性组织的下列各项收入中属于免税收入的有（　　　）。(知识点：
免税收入)

A.非营利组织从事营利活动取得的收入

B.不征税收入孳生的银行存款利息收入

C.非营利组织接受其他单位或个人捐赠的收入

D.按照省级以上民政、财政部门规定收取的会费

E.有专项用途的财政补贴收入

8.税务机关对工资薪金进行合理性确认应遵循的原则有（　　　）。(知识点：准予扣除项目)

A.企业在一定时期工资薪金的调整是有序进行的

B.企业所制定的工资薪金制度符合行业及地区水平

C.企业在3年内所发放的工资薪金是相对固定的

D.有关工资薪金的安排，不以减少或逃避税款为目的

E.企业对实际发放的工资薪金已依法履行了个人所得税代扣代缴义务

9.下列各项属于企业所得税法规定的职工福利费支出的有（　　　）。(知识点：准予扣除项目)

A.集体福利部门工作人员的住房公积金　　B.职工因公外地就医费用

C.自办职工食堂经费补贴　　　　　　　　D.离退休人员工资

E.职工疗养费用

10.企业支付的下列保险费中可在企业所得税前扣除的有（　　　）。(知识点：准予扣除项目)

A.基本医疗保险费　　　　　　　　　　　B.高管层的商业保险

C.补充医疗保险费（不超过5%）　　　　　　　　　D.特殊工种职工的人身安全保险费

E.企业财产保险

11.根据企业所得税相关规定，下列各项中，准予在以后纳税年度结转扣除的有（　　）。（知识点：准予扣除项目）

A.职工教育经费　　　　　　　　　B.广告费　　　　　　　　　C.业务宣传费

D.业务招待费　　　　　　　　　　E.集体福利费

12.企业缴纳的下列保险费用可以在税前直接扣除的有（　　）。（知识点：准予扣除项目）

A.为特殊工种的职工支付的人身安全保险费

B.为没有工作的董事长夫人缴纳的社会保险费

C.为投资者或职工支付的商业保险费

D.按照国家规定的标准，为董事长缴纳的补充养老保险金

E.企业参加财产保险按照规定缴纳的保险费

13.根据企业所得税相关规定，下列各项中准予在企业所得税前全额据实扣除的有（　　）。（知识点：准予扣除项目）

A.非金融企业向金融企业借款的利息支出

B.非金融企业向非金融企业借款的利息支出

C.金融企业的各项存款利息支出和同业拆借利息支出

D.企业经批准发行债券的利息支出

E.企业实际支付给关联方的利息支出

14.根据企业所得税相关规定，下列各项支出中，不得在企业所得税前扣除的有（　　）。（知识点：不得扣除项目）

A.银行罚息

B.消费税税款

C.未经核定的准备金支出

D.企业内营业机构之间支付的租金和特许权使用费

E.非银行企业内营业机构之间支付的利息

15.除税法另有规定外，企业在计算企业所得税时，税前扣除一般应遵循的原则有（　　）。（知识点：准予扣除项目）

多选题

A.配比原则　　　　　　　　　　　B.合理性原则

C.谨慎性原则　　　　　　　　　　D.重要性原则

随堂演练

E.权责发生制原则

第四节　资产的所得税处理

一、固定资产的税务处理

固定资产是指企业为生产产品、提供劳务、出租或经营管理而持有的、使用时间超过12个月的非货币性资产。

（一）固定资产的计税基础

固定资产按下列方法确定计税基础：

1.外购的固定资产，以购买价款、相关税费、直接归属于使该资产达到预定用途发生的其他支出为计税基础。"相关税费"不包括可抵扣的增值税。

2.自行建造的固定资产，以竣工结算前发生的支出为计税基础。

3.融资租入的固定资产，以合同约定的付款总额和承租人在签订合同过程中发生的相关费用为计税基础；合同未约定付款总额的，以该资产公允价值和承租人在签订合同过程中发生的相关费用为计税基础。

4.盘盈的固定资产，以同类固定资产的重置完全价值为计税基础。

5.通过捐赠、投资、非货币性资产交换、债务重组方式取得的固定资产，以该资产的公允价值和支付的相关费用为计税基础。

6.改建的固定资产，除已足额提取折旧的固定资产和租入的固定资产以外的，以改建过程中发生的改建支出增加计税基础。

（二）固定资产折旧的范围

在计算应纳税所得额时，企业按照规定计算的固定资产折旧，准予扣除。但下列固定资产不得计算折旧扣除：

1.房屋、建筑物以外未投入使用的固定资产。

2.以经营租赁方式租入的固定资产。

3.以融资租赁方式租出的固定资产。

4.已足额提取折旧仍继续使用的固定资产。

5.与经营活动无关的固定资产。

6.单独估价作为固定资产入账的土地。

7.其他不得计算折旧扣除的固定资产。

（三）固定资产折旧的计提年限

除国务院财政、税务主管部门另有规定外，固定资产计算折旧的最低年限为：

1.房屋、建筑物20年。

2.飞机、火车、轮船、机器、机械和其他生产设备10年。

3.与生产经营活动有关的器具、工具、家具等5年。

4.飞机、火车、轮船以外的运输工具4年。

5.电子设备3年。

（四）固定资产折旧的其他规定

1.企业应当自固定资产投入使用月份的次月起计算折旧；停止使用的固定资产，应当自停止月份的次月起停止计算折旧。

2.企业应当根据固定资产的性质和使用情况，合理确定固定资产的预计净残值，预计净残值一经确定，不得变更。

3.固定资产按照直线法计算的折旧，准予扣除。

4.企业对房屋、建筑物等固定资产在未足额提取折旧前进行改扩建的，按下列规定处理：

（1）属于推倒重置的，该资产原值减除提取折旧后的净值，应并入重置后的固定资产计税成本，并在该固定资产投入使用后的次月起，按照税法规定的折旧年限，一并计提折旧。

（2）属于提升功能、增加面积的，该固定资产的改扩建支出，并入该固定资产计税基础，并从改扩建完工投入使用后的次月起，重新按税法规定的该固定资产折旧年限计提折旧。如该改扩建后的固定资产尚可使用的年限低于税法规定的最低年限的，可以按尚可使用的年限计提折旧。

（五）固定资产折旧的企业所得税处理

1.企业固定资产会计折旧年限短于税法规定的最低折旧年限，其按会计折旧年限计提的折旧高于按税法规定的最低折旧年限计提的折旧部分，应调增当期应纳税所得额。企业固定资产会计折旧年限已期满且会计折旧已提足，但税法规定的最低折旧年限尚未到期且税收折旧尚未足额扣除的，其未足额扣除的部分准予在剩余的税收折旧年限继续按规定扣除。

2.企业固定资产会计折旧年限长于税法规定的最低折旧年限，其折旧应按会计折旧年限计算扣除，税法另有规定的除外。

3.企业按会计规定提取的固定资产减值准备，不得税前扣除，其折旧仍按税法确定的固定资产计税基础计算扣除。

4.企业按税法规定实行加速折旧的，其按加速折旧办法计算的折旧额可全额在税前扣除。

二、生物资产的税务处理

生物资产是指有生命的动物和植物，分为消耗性生物资产、生产性生物资产和公益性生物资产。消耗性生物资产是指为出售而持有的，或在将来收获为农产品的生物资产。生产性生物资产是指为产出农产品、提供劳务或出租等目的而持有的生物资产。公益性生物资产是指以防护、环境保护为主要目的的生物资产。

（一）生物资产的计税基础

生物资产按下列方法确定计税基础：

1.外购的生产性生物资产，以购买价款和支付的相关税费为计税基础。

2.通过捐赠、投资、非货币性资产交换、债务重组等方式取得的生产性生物资产，以该资产的公允价值和支付的相关税费为计税基础。

（二）生物资产的折旧方法和折旧年限

生产性生物资产按照直线法计算的折旧，准予扣除。企业应当自生产性生物资产投入使用月份的次月起计算折旧；停止使用的生产性生物资产，应当自停止使用月份的次月起停止计算折旧。

企业应当根据生产性生物资产的性质和使用情况，合理确定生产性生物资产的预计净残值，一经确定，不得变更。

生产性生物资产计算折旧的最低年限如下：林木类生产性生物资产10年；畜类生产性生物资产3年。

消耗性生物资产和公益性生物资产不得计提折旧。

三、无形资产的税务处理

无形资产是指企业长期使用但没有实物形态的非货币性资产。

（一）无形资产的计税基础

1.外购无形资产，以购买价款和支付的相关税费以及直接归属于使该资产达到预定用途发生的其他支出为计税基础。

2.自行开发的无形资产，以开发过程中该资产符合资本化条件后至达到预定用途前发生的支出为计税基础。

3.通过捐赠、投资、非货币性资产交换、债务重组等方式取得的无形资产，以该资产的公允价值和支付的相关税费为计税基础。

（二）无形资产的摊销范围

除下列无形资产不得计算摊销费用扣除外，其他无形资产摊销费用，均可在计算应纳税所得额时予以扣除：

1.自行开发的支出已在计算应纳税所得额时扣除的无形资产。

2.自创商誉。

3.与经营活动无关的无形资产。

（三）无形资产的摊销方法及年限

无形资产的摊销采取直线法计算。

无形资产的摊销不得低于10年。作为投资或受让的无形资产，有关法律规定或合同约定使用年限的，可以按照规定或约定的使用年限分期摊销。企事业单位购进软件，可以按照固定资产或无形资产进行核算，其折旧或摊销年限可以适当缩短，最短可为2年（含）。

外购商誉支出，在企业整体转让或清算时准予扣除。

四、长期待摊费用的税务处理

长期待摊费用是指企业发生的应在1年以上的期间摊销的费用。

企业发生的下列支出作为长期待摊费用，按照规定摊销的，准予扣除：

1.已足额提取折旧的固定资产的改建支出。

2.租入固定资产的改建支出。

3.固定资产的大修理支出。

4.其他应当作为长期待摊费用的支出。

企业的固定资产修理支出可在发生当期直接扣除。

企业发生的固定资产改良支出，如果有关固定资产尚未提足折旧，可增加固定资产价值；如果有关固定资产已提足折旧，可作长期待摊费用，在规定的期间内平均摊销。

固定资产的改建支出，已足额提取折旧的，按固定资产预计尚可使用年限分期摊销；租入的固定资产的改建支出，按照合同约定的剩余租赁期限分期摊销；改建的固定资产延长使用年限的，除已足额提取折旧的固定资产、租入固定资产的改建支出外，其他固定资产发生的改建支出，应适当延长折旧年限。

大修理支出，按照固定资产尚可使用年限分期摊销。企业所得税法所指的固定资产的大修理支出，是指同时符合下列两个条件的支出：修理支出达到取得固定资产时的计税基础50%以上；修理后固定资产的使用年限延长2年以上。

其他应当作为长期待摊费用的支出，自支出发生月份的次月起，分期摊销，摊销年限不得低于3年。

五、存货的税务处理

存货是指企业持有以备出售的产品或商品、处在生产过程中的在产品、在生产或提供劳务过程中耗用的材料和物料等。

（一）存货的计税基础

存货按照以下方法确定成本：

1.通过支付现金方式取得的存货，以购买价款和支付的相关税费为成本。

2.通过支付现金以外的方式取得的存货，以该存货的公允价值和支付的相关税费为成本。

3.生产性生物资产收获的农产品，以产出或采收过程中发生的材料费、人工费和分摊的间接费用等必要支出为成本。

（二）存货成本计算方法

企业使用或销售的存货的成本计算方法，可以在先进先出法、加权平均法、个别计价法中选用一种。计价方法一经选用，不得随意变更。

♦随堂演练

㊀单选题

1.根据企业所得税相关规定，下列关于固定资产计税基础的说法中，不正确的有（　　）。（知识点：固定资产税务处理）

A.盘盈固定资产以同类固定资产的重置完全价值为计税基础

B.以债务重组方式取得的固定资产以该资产的账面价值为计税基础

C.外购的固定资产以购买价款和支付的相关税费以及直接归属于使该资产达到预定用途发生的其他支出为计税基础

D.融资租入固定资产以租赁合同约定的付款总额和相关费用为计税基础

E.自行建造的固定资产以竣工结算前发生的支出为计税基础

2.根据企业所得税相关规定，下列固定资产应计提折旧的有（　　）。（知识点：固定资产税务处理）

A.未投入使用的机器设备　　　　　　　　B.以经营租赁方式租入的生产线

C.以融资租赁方式租出的机床　　　　　　D.已足额提取折旧但仍在使用的旧设备

3.2023年3月份，某商贸公司对使用了8年的一座仓库推倒重置，原仓库购入时的原值为300万元，已计提折旧160万元。2024年7月末，仓库建造完工并投入使用，支付工程款560万元。税法规定新建仓库的使用年限为20年，采用直线法计提折旧。2024年税前应扣除的折旧额为（　　）万元。（知识点：固定资产税务处理）

A.7　　　　　　　　B.15.56　　　　　　　　C.14.58　　　　　　　　D.6.8

4.下列固定资产项目中，最低折旧年限为5年的是（　　）。（知识点：固定资产税务处理）

A.机器　　　　　　B.电子设备　　　　　　C.家具　　　　　　D.运输工具

5.下列关于资产的摊销处理中，不正确的做法是（　　）。（知识点：资产税务处理）

A.生产性生物资产的支出准予按成本扣除

B.无形资产的摊销年限一般不得低于10年

C.自行开发无形资产的费用化支出不得计算摊销费用

D.在企业整体转让或清算时外购商誉的支出准予扣除

6.根据企业所得税相关规定，一般情况下无形资产摊销年限不得低于（　　）年。（知识点：无形资产税务处理）

A.3　　　　　　　　B.5　　　　　　　　C.7　　　　　　　　D.10

7.某农场外购奶牛支付价款20万元，依据企业所得税相关规定，税前扣除方法为（　　）。（知识点：生物资产税务处理）

A.一次性在税前扣除

B.按奶牛寿命在税前分期扣除

C.按直线法以不低于3年折旧年限计算折旧税前扣除

D.按直线法以不低于10年折旧年限计算折旧税前扣除

8.根据企业所得税相关规定,下列对生物资产的税务处理的表述中,不正确的是（　　）。(知识点:生物资产税务处理)

A.消耗性生物资产和公益性生物资产不得计提折旧

B.林木类生产性生物资产折旧年限最低为10年

C.生物资产与固定资产计提折旧方法总是一致的

D.通过投资方式取得的生产性生物资产,以该资产的公允价值和支付的相关税费为计税基础

9.2024年1月某公司购进一套价值60万元的管理软件,符合无形资产确认条件,公司按照无形资产进行核算。根据企业所得税相关规定,2024年该公司计算应纳税所得额时摊销无形资产费用的最高金额为（　　）万元。(知识点:无形资产税务处理)

A.6　　　　　　　　B.10　　　　　　　　C.30　　　　　　　　D.60

10.2023年某商贸公司以经营租赁方式租入临街门面,租期10年。2024年3月公司对门面进行了改建装修,发生改建费用20万元。下列关于装修费用的税务处理的说法中,正确的是（　　）。(知识点:长期待摊费用税务处理)

A.改建费用应作为长期待摊费用处理

B.改建费用应从2023年1月起进行摊销

C.改建费用可以在发生当期一次性税前扣除

D.改建费用应在3年的期限内摊销

㈩多选题

1.下列有关固定资产折旧的说法中,正确的有（　　）。(知识点:固定资产税务处理)

A.电子设备的最低折旧年限为5年

B.以融资租赁方式租出的固定资产可以计算折旧扣除

C.固定资产的预计净残值一经确定不得变更

D.固定资产按照直线法计算的折旧准予扣除

E.单独估价作为固定资产入账的土地不得税前扣除

2.下列关于固定资产折旧、改扩建的说法中,正确的有（　　）。(知识点:固定资产税务处理)

A.企业按会计规定提取的固定资产减值准备,可以税前扣除

B.改扩建后的固定资产尚可使用的年限低于税法规定的最低年限的,可以按尚可使用的年限计提折旧

C.企业固定资产会计折旧年限如果长于税法规定的最低折旧年限,其折旧应按会计折旧年限计算扣除,税法另有规定的除外

D.企业固定资产会计折旧年限已期满且会计折旧已提足,但税法规定的最低折旧年限尚未到期且税收折旧尚未足额扣除,其未足额扣除的部分准予在剩余的税收折旧年限继续按规定扣除

E.固定资产不需要预计净残值

3.企业发生的下列支出中,可在发生当期直接在企业所得税税前扣除的有（　　）。(知识点:固定资产税务处理)

A.固定资产改良支出

B.租入固定资产的改建支出

C.固定资产的日常修理支出

D.已足额提取折旧的固定资产的改建支出

E.固定资产按税法规定计提的折旧费

4.根据企业所得税相关规定,下列说法中正确的有（　　）。(知识点:生物资产税务处理)

A.林木类生产性生物资产最低折旧年限为 10 年

B.生产性生物资产按照产量法计算的折旧准予扣除

C.受让的无形资产，有关合同约定的使用年限为 3 年的，可以按照约定的使用年限分期摊销

D.老板购买的私人娱乐软件可作为无形资产摊销

E.外购商誉的支出在企业整体转让或清算时准予扣除

5.根据企业所得税相关规定，下列项目不得计算折旧或摊销费用在税前扣除的有（　　）。（知识点：资产税务处理）

A.租入固定资产改建支出　　　　　　　B.单独估价作为固定资产入账的土地

C.自创商誉　　　　　　　　　　　　　D.固定资产的大修理支出

E.未投入使用的厂房

6.下列关于企业无形资产摊销的说法中，符合企业所得税相关规定的有（　　）。（知识点：无形资产税务处理）

A.无形资产按照直线法计算的摊销费用，准予扣除

B.无形资产的摊销年限不得低于 10 年

C.接受投资或受让的无形资产，有关法律规定或合同约定了使用年限的，可以按照规定或约定的使用年限分期摊销

D.外购商誉的支出，可以按照合同约定的使用年限分期摊销

E.外购商誉的支出，在企业整体转让或清算时，准予扣除

多选题

随堂演练

第五节　资产损失所得税处理

一、资产损失税前扣除政策

准予在企业所得税前扣除的资产损失是指企业在实际处置、转让资产过程中发生的合理损失（简称实际资产损失），以及企业虽未实际处置、转让资产，但符合规定条件计算确认的损失（简称法定资产损失）。具体规定如下：

1.实际资产损失，应当在其实际发生且会计上已作损失处理的年度申报扣除；法定资产损失，应当在企业向主管税务机关提供证据资料证明该项资产已符合法定资产损失确认条件，且会计上已作损失处理的年度申报扣除。

2.企业发生的资产损失，应按规定的程序和要求向主管税务机关申报后方能在税前扣除；未经申报的损失，不得在税前扣除。

3.企业以前年度发生的资产损失未能在当年税前扣除的，可以按照规定向税务机关说明并进行专项申报扣除。属于实际资产损失的，准予追补至该项损失发生年度扣除，其追补确认期限一般不得超过 5 年，但因计划经济体制转轨过程中遗留的资产损失、企业重组上市过程中因权属不清出现争议而未能及时扣除的资产损失、因承担国家政策性任务而形成的资产损失以及政策定性不明确而形成资产损失等特殊原因形成的资产损失，其追补确认期限经国家税务总局批准后可适当延长。属于法定资产损失的，应在申报年度扣除。

4.企业因以前年度实际资产损失未在税前扣除而多缴的企业所得税税款，可在追补确认年度企业所得税应纳税款中予以抵扣，不足抵扣的，向以后年度递延抵扣。企业实际资产损失发生年度扣除追补确认的损失后出现亏损的，应先调整资产损失发生年度的亏损额，再按弥补亏损的原则计算以后年度多缴的企业所得税税款，并按前款办法进行税务

处理。

5.企业除贷款类债权外的应收、预付账款符合下列条件之一的，减除可收回金额后确认的无法收回的应收、预付款项，可以作为坏账损失在计算应纳税所得额时扣除：

（1）债务人依法宣告破产、关闭、解散、被撤销，或被依法注销、吊销营业执照，其清算财产不足清偿的。

（2）债务人死亡，或依法被宣告失踪、死亡，其财产或遗产不足清偿的。

（3）债务人逾期3年以上未清偿，且有确凿证据证明已无力清偿债务的。

（4）与债务人达成债务重组协议或法院批准破产重整计划后无法追偿的。

（5）因自然灾害、战争等不可抗力导致无法收回的。

（6）国务院财政、税务主管部门规定的其他条件。

6.企业经采取所有可能的措施和实施必要的程序之后，符合下列条件之一的贷款类债权，可以作为贷款损失在计算应纳税所得额时扣除：

（1）借款人和担保人依法宣告破产、关闭、解散、被撤销，并终止法人资格，或已完全停止经营活动，被依法注销、吊销营业执照，对借款人和担保人进行追偿后未能收回的债权。

（2）借款人死亡，或依法被宣告失踪、死亡，依法对其财产或遗产进行清偿，并对担保人进行追偿后未能收回的债权。

（3）借款人遭受重大自然灾害或意外事故，损失巨大且不能获得保险补偿，或以保险赔偿后，确实无力偿还部分或全部债务，对借款人财产进行清偿和对担保人进行追偿后未能收回的债权。

（4）借款人触犯刑律依法受到制裁，其财产不足归还所借债务，又无其他债务承担者，经追偿后确实无法收回的债权。

（5）由于借款人和担保人不能偿还到期债务，企业诉诸法律，经法院对借款人和担保人强制执行，借款人和担保人均无财产可执行，法院裁定执行程序终结或终止（中止）后，仍无法收回的债权。

（6）由于借款人和担保人不能偿还到期债务，企业诉诸法律后，经法院调解或经债权人会议通过，与借款人和担保人达成和解协议或重整协议，在借款人和担保人履行完还款义务后，无法追偿的剩余债权。

（7）由于上述（1）至（6）项原因借款人不能偿还到期债务，企业依法取得抵债资产，抵债金额小于贷款本息的差额，经追偿后仍无法收回的债权。

（8）开立信用证、办理承兑汇票、开具保函等发生垫款时，凡开证申请人和保证人由于上述（1）至（7）项原因，无法偿还垫款，金融企业经追偿后仍无法收回的垫款。

（9）银行卡持卡人和担保人由于上述（1）至（7）项原因，未能还清透支款项，金融企业经追偿后仍无法收回的透支款项。

（10）助学贷款逾期后，在金融企业确定的有效追索期限内，依法处置助学贷款抵押物（质押物），并向担保人追索连带责任后，仍无法收回的贷款。

（11）经国务院专案批准核销的贷款类债权。

（12）国务院财政、税务主管部门规定的其他条件。

7.企业的股权投资符合下列条件之一的，减除可收回金额后确认的无法收回的股权投资，可以作为股权投资损失在计算应纳税所得额时扣除：

（1）被投资方依法宣告破产、关闭、解散、被撤销，或被依法注销、吊销营业执照的。

（2）被投资方财务状况严重恶化，累计发生巨额亏损，已连续停止经营3年以上，且无重新恢复经营改组计划的。

（3）对被投资方不具有控制权，投资期限届满或投资期限已超过10年，且被投资单位因连续3年经营亏损导致资不抵债的。

（4）被投资方财务状况严重恶化，累计发生巨额亏损，已完成清算或清算期超过3年以上的。

（5）国务院财政、税务主管部门规定的其他条件。

二、资产损失税前扣除申报管理

（一）申报管理

1.企业资产损失按其申报内容和要求不同，分为清单申报和专项申报两种形式。属于清单申报的资产损失，企业可按会计核算科目进行归类、汇总，然后再将汇总清单报送税务机关，有关会计核算资料和纳税资料留存备查；属于专项申报的资产损失，企业应逐项（或逐笔）报送申请报告，同时附送会计核算资料及其他相关的纳税资料。

企业在申报资产损失税前扣除过程中不符合上述要求的，税务机关应当要求其改正，企业拒绝改正的，税务机关有权不予受理。

2.下列资产损失，应以清单申报的方式向税务机关申报扣除：

（1）企业在正常经营管理活动中，按照公允价格销售、转让、变卖非货币资产的损失。

（2）企业各项存货发生的正常损耗。

（3）企业固定资产达到或超过使用年限而正常报废清理的损失。

（4）企业生产性生物资产达到或超过使用年限而正常死亡发生的资产损失。

（5）企业按照市场公平交易原则，通过各种交易场所、市场等买卖债券、股票、期货、基金以及金融衍生产品等发生的损失。

除上述清单申报以外的资产损失或企业无法准确判别是否属于清单申报扣除的资产损失，可以采取专项申报的形式申报扣除。

3.在中国境内跨地区经营的汇总纳税企业发生的资产损失，应按以下规定申报扣除：

（1）总机构及其分支机构发生的资产损失，除应按专项申报和清单申报的有关规定，各自向当地主管税务机关申报外，各分支机构同时还应上报总机构。

（2）总机构对各分支机构上报的资产损失，除税务机关另有规定外，应以清单申报的形式向当地主管税务机关进行申报。

（3）总机构将跨地区分支机构所属资产捆绑（打包）转让所发生的资产损失，由总机构向当地主管税务机关进行专项申报。

4.商业零售企业存货损失税前扣除，应按下列规定执行：

（1）商业零售企业存货因零星失窃、报废、废弃、过期、破损、鼠咬、顾客退换货等正常因素形成的损失，为存货正常损失，准予按会计科目进行归类、汇总，然后再将汇总数据以清单的形式进行企业所得税纳税申报，同时出具损失情况分析报告。

（2）商业零售企业存货因风、火、雷、震等自然灾害，仓储、运输失事，重大案件等非正常因素形成的损失，为存货非正常损失，应当以专项申报形式进行企业所得税纳税申报。

（3）存货单笔（单项）损失超过 500 万元的，无论何种因素形成的，均应以专项申报方式进行企业所得税纳税申报。

（二）资产损失确认证据

企业资产损失相关的证据包括具有法律效力的外部证据和特定事项的企业内部证据。

具有法律效力的外部证据是指司法机关、行政机关、专业技术鉴定部门等依法出具的与本企业资产损失相关的具有法律效力的书面文件。特定事项的企业内部证据是指会计核算制度健全、内部控制制度完善的企业，对各项资产发生毁损、报废、盘亏、死亡、变质等内部证明或承担责任的声明。具体规定见表 5-5。

表 5-5　　　　　　　　　　　资产损失税前扣除证据

外部证据	内部证据
❶司法机关的判决或裁定	❶有关会计核算资料和原始凭证
❷公安机关的立案结案证明、回复	❷资产盘点表
❸主管部门出具的注销、吊销及停业证明	❸相关经济行为的业务合同
❹企业的破产清算公告或清偿文件	❹企业内部技术鉴定部门的鉴定文件或资料
❺行政机关的公文	❺企业内部核批文件及有关情况说明
❻专业技术部门的鉴定报告	❻对责任人由于经营管理责任造成损失的责任认定及赔偿情况说明
❼具有法定资质的中介机构的经济鉴定证明	❼法定代表人、企业负责人和企业财务负责人对特定事项真实性承担法律责任的声明
❽仲裁机构的仲裁文书	
❾保险公司对投保资产出具的出险调查单、理赔计算单等保险单据	

（三）非货币性资产损失确认

1. 存货盘亏损失，为其盘亏金额扣除责任人赔偿后的余额；存货报废、毁损或变质损失，为其计税成本扣除残值及责任人赔偿后的余额；存货被盗损失，为其计税成本扣除保险理赔以及责任人赔偿后的余额。

2. 固定资产盘亏、丢失损失，为其账面净值扣除责任人赔偿后的余额；固定资产报废、毁损损失，为其账面净值扣除残值和责任人赔偿后的余额；固定资产被盗损失，为其账面净值扣除责任人赔偿后的余额。

3. 在建工程停建、报废损失，为其工程项目投资账面价值扣除残值后的余额。

4. 生产性生物资产盘亏损失，为其账面净值扣除责任人赔偿后的余额。因森林病虫害、疫情、死亡而产生的生产性生物资产损失，为其账面净值扣除残值、保险赔偿及责任人赔偿后的余额。对被盗伐、被盗、丢失而产生的生产性生物资产损失，为其账面净值扣除保险赔偿以及责任人赔偿后的余额。

🔺随堂演练

⓫单选题

1. 依据企业所得税相关规定，发生下列情形，导致应收账款无法收回的部分，可以作为坏账损失在企业所得税税前扣除的是（　　）。（知识点：资产损失税前扣除政策）

A.债务人死亡，遗产继承人拒绝偿还的　　　　　　B.债务人解散，清算程序拖延达3年的

C.与债务人达成债务重组协议，无法追偿的　　　　D.债务人4年未清偿，追偿成本超过应收账款的

2.甲企业是增值税一般纳税人，7月因管理不善丢失外购材料一批（已抵扣进项税额13万元），账面成本100万元。保险公司审核后同意赔付3万元，仓库管理员李某同意赔付7万元，则该企业在企业所得税税前可以扣除的损失为（　　）万元。（知识点：资产损失税前扣除申报管理）

A.46　　　　　　　　　　B.103　　　　　　　　　　C.97　　　　　　　　　　D.116

3.按照企业所得税有关规定，在计算企业所得税应纳税所得额时，下列项目中准予从收入总额中扣除的是（　　）。（知识点：资产损失税前扣除政策）

A.固定资产减值准备　　　　　　　　　　　　　　B.被没收财物的损失

C.遭到飓风袭击的存货毁损　　　　　　　　　　　D.税收滞纳金

4.下列关于企业资产损失税前扣除政策的表述中，不正确的是（　　）。（知识点：资产损失税前扣除申报管理）

A.未经申报的损失，不得在税前扣除

B.企业以前年度发生的资产损失未能在当年税前扣除的，属于法定资产损失的，应在申报年度扣除

C.企业各项存货发生的正常损耗属于以清单申报扣除的资产损失

D.企业逾期2年以上的应收款项在会计上已作为损失处理的，可以作为坏账损失，但应说明情况，并出具专项报告

⑪多选题

1.关于资产损失，以下说法中正确的有（　　）。（知识点：资产损失税前扣除政策）

A.未经申报的损失，不得在税前扣除

B.资产损失在实际发生且会计上已作损失处理的年度申报扣除

C.企业以前年度发生的资产损失未能在当年税前扣除的，可以按照规定，向税务机关说明并进行专项申报扣除

D.企业重组上市过程中因权属不清出现争议而未能及时扣除的资产损失，其追补确认期限经国家税务总局批准后可适当延长

E.企业因以前年度实际资产损失未在税前扣除而多缴的企业所得税税款，可以退回

2.下列关于企业所得税税前扣除的资产损失的表述中，正确的有（　　）。（知识点：资产损失税前扣除）

A.总机构及其分支机构发生的资产损失，除应按专项申报和清单申报的有关规定，各自向当地主管税务机关申报外，各分支机构同时还应上报总机构

B.企业逾期3年以上的应收款项在会计上已作为损失处理的，可以作为坏账损失，但应说明情况，并出具专项报告

C.损失金额较大的或因自然灾害等不可抗力造成固定资产毁损、报废的，应有专业鉴定意见或法定资质中介机构出具的专项报告

D.企业无法准确判别是否属于清单申报扣除的资产损失，可以采取专项申报的形式扣除

E.金融机构应清算而未清算超过2年的，企业可将该款项确认为损失，但应有法院或破产清算管理人出具的未完成清算证明

3.以下关于资产损失的说法中，不正确的有（　　）。（知识点：资产损失税前扣除政策）

A.对境外营业机构发生的资产损失，可以在计算境内应纳税所得额时扣除

B.企业清查出的现金短缺减除责任人赔偿后的余额，可以作为现金损失在计算应纳税所得额时扣除

C.债务人逾期3年以上未清偿，且有确凿证据证明已无力清偿债务的应收账款可以扣除

D.被投资方财务状况严重恶化，累计发生巨额亏损，已完成清算或清算期超过2年以上的，投资人减除可收回金额后确认的无法收回的股权投资，可以作为股权投资损失在计算应纳税所得额时扣除

E.已经扣除的资产损失，在以后纳税年度全部或部分收回时，其收回部分应当追溯调整损失确认期间的应纳税所得额

4.下列属于资产损失确认的外部证据的有（　　）。(知识点：资产损失税前扣除申报管理)

A.司法机关的判决或裁定　　　　　　　B.相关部门出具的注销、吊销及停业证明

C.有关会计核算资料和原始凭证　　　　D.相关经济行为的业务合同

E.专业技术部门的鉴定报告

5.下列资产损失属于以清单申报形式申报扣除的有（　　）。(知识点：资产损失税前扣除申报管理)

A.企业各项存货发生的正常损耗

B.企业生产性生物资产达到或超过使用年限而正常死亡发生的资产损失

C.企业固定资产达到或超过使用年限而正常报废清理的损失

D.企业存货因管理不善发生的非正常损失

E.企业在正常经营管理活动中，按照公允价格销售、转让、变卖非货币资产的损失

多选题

随堂演练

第六节　应纳税额计算

一、居民企业查账征收应纳税额的计算

居民企业应纳税额等于应纳税所得额乘以适用税率，考虑相关的税额减免后，基本公式为：

应纳税额=应纳税所得额×适用税率−减免税额−抵免税额

在实际业务中，应纳税所得额的计算一般有两种方法：

（一）直接计算法

直接计算法下，应纳税所得额为企业每一纳税年度收入总额减除不征税收入、免税收入、各项扣除以及允许弥补的以前年度亏损后的余额。公式表示为：

应纳税所得额=收入总额−不征税收入−免税收入−各项扣除−弥补亏损

（二）间接计算法

间接计算法下，应纳税所得额为在会计利润总额的基础上加或减按税法规定调整的项目金额后的余额。公式表示为：

应纳税所得额=会计利润总额±纳税调整项目金额

纳税调整项目金额包括两方面的内容：一是企业财务会计制度规定的项目范围与税收法规规定的项目范围不一致应予以调整的金额；二是企业财务会计制度规定的扣除标准与税法规定的扣除标准不一致应予以调整的金额。

【做中学·计算题】某企业为居民企业，适用的企业所得税税率为25%，2024年发生的经营业务如下：

（1）取得产品销售收入4 000万元。

（2）发生产品销售成本2 600万元。

（3）发生销售费用770万元（其中，广告费650万元）；管理费用480万元（其中，业务招待费25万元，新技术开发费用40万元）；财务费用60万元。

（4）销售税金160万元（含增值税120万元）。

（5）营业外收入80万元，营业外支出50万元（含通过公益性社会团体向贫困山区捐款30万元，税收滞纳金6万元）。

（6）计入成本费用中的实发工资总额为200万元，拨缴职工工会经费5万元，发生职工福利费31万元、职工教育经费7万元。

计算该企业2024年度实际应缴纳的企业所得税税额。

计算：（1）会计利润总额=4 000-2 600-770-480-60-（160-120）+80-50=80（万元）

（2）纳税调整项目分析：

❶广告费扣除限额=4 000×15%=600（万元）

调增应纳税所得额=650-600=50（万元）

❷业务招待费扣除限额：4 000×5‰=20（万元）>25×60%=15（万元），扣除限额=15万元。

调增应纳税所得额=25-15=10（万元）

❸新技术开发费用调减应纳税所得额=40×100%=40（万元）

❹捐赠支出扣除限额=80×12%=9.6（万元）

调增应纳税所得额=30-9.6=20.4（万元）

❺税收滞纳金调增应纳税所得额=6万元

❻工会经费扣除限额=200×2%=4（万元）

调增应纳税所得额=5-4=1（万元）

❼职工福利费扣除限额=200×14%=28（万元）

调增应纳税所得额=31-28=3（万元）

❽职工教育经费扣除限额=200×8%=16（万元）

实际发生额小于扣除限额，不需调整。

（3）应纳税所得额=80+50+10-40+20.4+6+1+3=130.4（万元）

（4）2024年应缴纳企业所得税=130.4×25%=32.6（万元）

【做中学·计算题】某居民企业2024年度账户资料如下：商品销售收入5 000万元；商品销售成本2 800万元；其他业务收入900万元，其他业务成本784万元；非增值税税金及附加260万元，增值税220元；销售费用890万元（含广告费750万元）；管理费用380万元（含业务招待费45万元）；财务费用80万元；国债利息收入40万元；直接投资其他居民企业的权益性收益20万元（已在投资方所在地按15%的税率缴纳了企业所得税）；营业外收入70万元；营业外支出40万元（其中，公益性捐赠支出20万元，支付税收滞纳金8万元）；计入成本费用中的工资总额为300万元，拨缴职工工会经费7万元，发生职工福利费40万元、职工教育经费17万元。计算该企业2024年度实际应缴纳的企业所得税税额。

计算：（1）会计利润=5 000-2 800+900-784-260-890-380-80+40+20+70-40=796（万元）

（2）纳税调整项目分析：

❶缴纳增值税既不影响会计利润，也不影响应纳税所得额，不需要调整。

❷广告费扣除限额=（5 000+900）×15%=885（万元）

实际发生额750万元小于扣除限额，不需要调整。

❸实际发生业务招待费的60%=45×60%=27（万元）

销售收入的0.5%=（5 000+900）×0.5%=29.5（万元）

业务招待费调增应纳税所得额=45-27=18（万元）

❹国债利息收入免税，应调减应纳税所得额40万元。

❺取得直接投资其他居民企业的权益性收益免税，应调减应纳税所得额20万元。

❻公益性捐赠扣除限额=796×12%=95.52（万元）

实际捐赠额小于扣除限额，可据实扣除，不需要调整。

❼税收滞纳金不得扣除，应调增应纳税所得额8万元。

❽工会经费调增应纳税所得额=7−300×2%=1（万元）

❾职工福利费实际发生额40万元小于限额标准42万元（300×14%），不需要调整。

❿职工教育经费扣除限额=300×8%=24（万元）

实际发生额小于扣除限额，不需要调整。

（3）应纳税所得额=796+18−40−20+8+1=763（万元）

（4）应纳税额=763×25%=190.75（万元）

二、境外所得抵扣税额计算

（一）境外所得抵扣税额范围

企业取得的下列所得已在境外缴纳的企业所得税税额，可以从其当期应纳税额中抵免：

1.居民企业来源于中国境外的应税所得。

2.非居民企业在中国境内设立机构、场所，取得发生在中国境外但与该机构、场所有实际联系的应税所得。

（二）分国别（地区）可抵免境外所得税税额计算

可抵免境外所得税税额是指企业来源于中国境外的所得依照中国境外税收法律以及相关规定应当缴纳并已实际缴纳的企业所得税性质的税款。但不包括：

1.按照境外所得税法律及相关规定属于错缴或错征的境外企业所得税。

2.按照税收协定规定不应征收的境外企业所得税。

3.因少缴或迟缴境外企业所得税而追加的利息、滞纳金或罚款。

4.境外企业所得税纳税人或其利害关系人从境外征税主体得到实际返还或补偿的境外所得税税款。

5.按照我国企业所得税法及其实施条例规定，已经免征我国企业所得税的境外所得负担的境外所得税税款。

6.按照国务院财政、税务主管部门有关规定已经从企业境外应纳税所得额中扣除的境外所得税税款。

居民企业从与我国政府订立税收协定（或安排）的国家（地区）取得的所得，按照该国（地区）税收法律享受了免税或减税待遇，且该免税或减税的数额按照税收协定规定应视同已缴税额在中国的应纳税额中抵免的，该免税或减税数额可作为企业实际缴纳的境外所得税额用于办理税收抵免。

（三）分国别（地区）境外所得税抵免限额计算

$$\text{某国（地区）所得税抵免限额} = \text{中国境内、境外所得依照中国税法规定计算的应纳税总额} \times \frac{\text{来源于某国(地区)的应纳税所得额}}{\text{中国境内、境外应纳税所得总额}}$$

公式中"中国境内、境外所得依照中国税法规定计算的应纳税总额"的税率，除国务院财政、税务主管部门另有规定外，应为25%。

企业按照企业所得税法及其实施条例和有关规定计算的当期境内、境外应纳税所得总额小于零的，应以零计算当期中国境内、境外应纳税所得总额，其当期境外所得税的抵免限额也为零。

　　企业不能准确计算上述项目的，在相应国家（地区）缴纳的税收均不得在该企业当期应纳税额中抵免，也不得结转以后年度抵免。

　　在计算实际应抵免的境外已缴纳和间接负担的所得税税额时，企业在境外一国（地区）当年缴纳和间接负担的符合规定的所得税税额低于所计算的该国（地区）抵免限额的，应以该项税额作为境外所得税抵免额从企业应纳税总额中据实抵免；超过抵免限额的，当年应以抵免限额作为境外所得税抵免额进行抵免，超过抵免限额的余额允许从次年起在连续5个纳税年度内，用每年度抵免限额抵免当年应抵税额后的余额进行抵补。

　　【做中学·计算题】假定某企业2024年度境内应纳税所得额为200万元，适用25%的企业所得税税率。另外，该企业分别在A、B两国设有分支机构（我国与A、B两国已经缔结避免双重征税协定），在A国的分支机构的应纳税所得额为50万元，A国税率为20%；在B国的分支机构的应纳税所得额为30万元，B国税率为30%。假设该企业在A、B两国所得按我国税法计算的应纳税所得额和按A、B两国税法计算的应纳税所得额一致，两个分支机构在A、B两国分别缴纳了10万元和9万元的企业所得税。计算该企业2024年度汇总时在我国应缴纳的企业所得税。

　　计算：（1）该企业按我国税法计算的境内、境外所得的应纳税额=（200+50+30）×25%=70（万元）

　　（2）A、B两国的扣除限额：

　　A国扣除限额=70×［50÷（200+50+30）］=12.5（万元）

　　B国扣除限额=70×［30÷（200+50+30）］=7.5（万元）

　　在A国缴纳的企业所得税为10万元，低于扣除限额，可全额扣除。

　　在B国缴纳的企业所得税为9万元，高于扣除限额，其超过扣除限额的部分1.5万元当年不能扣除。

　　（3）该企业2024年度汇总时在我国应缴纳的企业所得税=70-10-7.5=52.5（万元）

三、居民企业核定征收应纳税额计算

（一）核定征收企业所得税的范围

1.居民企业纳税人具有下列情形之一的，核定征收企业所得税：

（1）依照法律、行政法规的规定可以不设置账簿的。

（2）依照法律、行政法规的规定应当设置但未设置账簿的。

（3）擅自销毁账簿或拒不提供纳税资料的。

（4）虽设置账簿，但账目混乱或成本资料、收入凭证、费用凭证残缺不全，难以查账的。

（5）发生纳税义务，未按照规定的期限办理纳税申报，经税务机关责令限期申报，逾期仍不申报的。

（6）申报的计税依据明显偏低，又无正当理由的。

2.下列特殊行业、特殊类型的纳税人不适用上述办法：

（1）享受税收优惠政策的企业，不包括仅享受国债利息、股息、非营利组织收入优惠政策的企业。

（2）汇总纳税企业。

（3）上市公司。

（4）金融企业。银行、信用社、小额贷款公司、保险公司、证券公司、期货公司、信托投资公司、金融资产管理公司、融资租赁公司、担保公司、财务公司、典当公司等。

（5）会计、审计、资产评估、税务、房地产估价、土地估价、工程造价、律师、价格鉴证、公证机构、基层法律服务机构、专利代理、商标代理以及其他经济鉴证类社会中介机构。

（6）国家税务总局规定的其他企业。

（二）核定征收的办法

税务机关应根据纳税人的具体情况，对核定征收企业所得税的纳税人，核定应税所得率或核定应纳所得税额。

1.核定应税所得率计算应纳所得税额的情形。

具有下列情形之一的，核定其应税所得率，计算应纳所得税额：

（1）能正确核算（查实）收入总额，但不能正确核算（查实）成本费用总额的。

（2）能正确核算（查实）成本费用总额，但不能正确核算（查实）收入总额的。

（3）通过合理方法，能计算和推定纳税人收入总额或成本费用总额的。

纳税人不属于以上情形的，核定其应纳所得税额。

2.核定应税所得率征收计算。

采用应税所得率方式核定征收企业所得税的，应纳所得税额的计算公式如下：

$$应纳税所得额=应税收入额×应税所得率$$

或 $$=成本（费用）支出额÷（1-应税所得率）×应税所得率$$

其中：$应税收入额=收入总额-不征税收入-免税收入$

$$应纳所得税额=应纳税所得额×适用税率$$

实行应税所得率方式核定征收企业所得税的纳税人，经营多业的，无论其经营项目是否单独核算，均由税务机关根据其主营项目确定适用的应税所得率。

【做中学·计算题】某居民企业2024年度自行申报营业收入100万元，成本费用132万元。经税务机关审核，该企业申报的收入总额无法核实，成本费用核算正确。假定对该企业采取核定征收企业所得税，应税所得率为20%。计算该居民企业2024年度应缴纳的企业所得税。

计算：应纳企业所得税$=132÷（1-20\%）×20\%×25\%=8.25$（万元）

3.核定征收企业所得税的管理。

税务机关应在每年6月底前对上年度实行核定征收企业所得税的纳税人进行重新鉴定，主管税务机关应当分类逐户公示核定的应纳所得税额或应税所得率，纳税人对税务机关确定的企业所得税征收方式、核定的应纳所得税额或应税所得率有异议的，应当提供合法、有效的相关证据，税务机关经核实认定后调整有异议的事项。

（1）纳税人实行核定应税所得率方式的，按下列规定申报纳税（B类申报表）：

❶主管税务机关根据纳税人应纳税额的大小确定纳税人按月或按季预缴，年终汇算清缴。预缴方法一经确定，一个纳税年度内不得改变。

❷纳税人应依照确定的应税所得率计算纳税期间实际应缴纳的税额，进行预缴。按实际数额预缴有困难的，经主管税务机关同意，可按上一年度应纳税额的1/12或1/4预缴，或按经主管税务机关认可的其他方法预缴。

（2）纳税人实行核定应纳所得税额方式的，按下列规定申报纳税（B类申报表）：

❶纳税人在应纳所得税额尚未确定之前，可暂按上年度应纳所得税额的1/12或1/4预缴，或按经主管税务机关认可的其他方法，按月或按季分期预缴。

❷在应纳所得税额确定以后，减除当年已预缴的所得税额，余额按剩余月份或季度均分，以此确定以后各月或各季的应纳税额。

❸纳税人年度终了后，在规定的时限内按照实际经营额或实际应纳税额向税务机关申报纳税。

申报额超过核定经营额或应纳税额的，按申报额缴纳税款；申报额低于核定经营额或应纳税额的，按核定经营额或应纳税额缴纳税款。

四、非居民企业应纳税额的计算

对于在中国境内未设立机构、场所的，或虽设立机构、场所但取得的所得与其所设机构、场所没有实际联系的非居民企业的所得，按照下列方法计算应纳税所得额：

1.股息、红利等权益性投资收益和利息、租金、特许权使用费所得，以收入全额为应纳税所得额。营改增试点中的非居民企业，应以不含增值税的收入全额作为应纳税所得额。

2.转让财产所得，以收入全额减除财产净值后的余额为应纳税所得额。财产净值是指财产的计税基础减除已经按照规定扣除的折旧、折耗、摊销、准备金等后的余额。

3.其他所得，参照前两项规定的方法计算应纳税所得额。

对此类非居民企业纳税人的所得实行源泉扣缴，以支付人为扣缴义务人。扣缴企业所得税应纳税额的计算公式如下：

扣缴企业所得税应纳税额=应纳税所得额×实际征收率

【做中学·计算题】境外某公司在中国境内未设立机构、场所，2024年取得境内A公司支付的利息收入120万元，取得境内B公司支付的财产转让收入50万元，该项财产原值30万元，已提折旧20万元。计算2024年度该境外公司在我国应缴纳的企业所得税。

计算：应纳企业所得税=120×10%+［50-（30-20）］×10%=16（万元）

随堂演练

⑪单选题

1.某企业2024年度境内所得应纳税额为200万元，在全年已预缴税款25万元，来源于境外某国税前所得100万元，境外实纳税款20万元。该企业当年汇算清缴应补（退）的税款为（ ）万元。（知识点：境外所得抵扣税额计算）

A.10　　　　　　　B.30　　　　　　　C.12　　　　　　　D.79

2.税务机关对甲居民企业进行税务检查时发现，该企业能正确核算（查实）收入总额，但不能正确核算（查实）成本费用总额。则税务机关应对该企业采用（ ）方式征收企业所得税。（知识点：居民企业核定征收应纳税额计算）

A.核定其应税所得率

B.核定其应纳所得税额

C.查账征收

D.在核定其应税所得率和核定应纳所得税额两种核定征收方式中选择一种

3.依据企业所得税法和税收征收管理法等的相关规定，下列纳税人适用核定征收企业所得税的是（ ）。（知识点：居民企业核定征收应纳税额计算）

A.停牌的上市公司　　　　　　　　　　B.跨省汇总纳税企业

C.擅自销毁账簿的汽车修理厂　　　　　D.经营规模较小的税务师事务所

4.2024年某居民企业向主管税务机关申报收入总额120万元，成本费用支出总额127.5万元，全年亏损7.5万元。经税务机关检查，该企业成本费用支出核算准确，但收入总额不能确定。税务机关对该企业采取核定征收办法，应税所得率为25%。2024年度该企业应缴纳企业所得税（　　　）万元。**（知识点：居民企业核定征收应纳税额计算）**

　　A.10.7　　　　　　B.10.5　　　　　　　C.10.15　　　　　　D.2.125

5.某外国公司实际管理机构不在中国境内，也未在中国境内设立机构、场所，2024年从中国境内某企业获得专有技术使用权转让收入200万元，该技术的成本为80万元，从外商投资企业取得投资收益300万元；此外转让其在中国境内的房屋一栋，转让收入为3 000万元，该房屋原值1 000万元，已提折旧600万元。该外国公司2024年度应向我国缴纳的企业所得税为（　　　）万元。**（知识点：非居民企业应纳税额计算）**

　　A.350　　　　　　B.50　　　　　　　　C.310　　　　　　　D.250

⑩多选题

1.下列符合居民企业核定征收应纳税额计算方法的有（　　　）。**（知识点：居民企业核定征收应纳税额计算）**

A.依照法律、行政法规的规定可以不设置账簿的，可以核定征收企业所得税

B.居民企业能正确核算收入总额，但不能正确核算成本费用总额的，核定其应税所得率

C.居民企业能正确核算成本费用总额，但不能正确核算收入总额的，核定其应纳所得税额

D.实行应税所得率方式核定征收企业所得税的纳税人，经营多业的，无论其经营项目是否单独核算，均由税务机关根据其主营项目确定适用的应税所得率

E.纳税人对税务机关确定的企业所得税征收方式、核定的应纳税额或应税所得率有异议的，应当提供合法、有效的相关证据，税务机关经核实认定后调整有异议的事项

2.居民企业纳税人具有下列（　　　）情形之一的，核定征收企业所得税。**（知识点：居民企业核定征收应纳税额计算）**

A.依照法律、行政法规的规定可以不设置账簿的

B.擅自销毁账簿或拒不提供纳税资料的

C.设置账簿，但账目混乱或成本资料、收入凭证、费用凭证残缺不全，难以查账的

D.发生纳税义务，未按照规定的期限办理纳税申报的

E.申报的计税依据明显偏低，又无正当理由的

⑪不定项选择题

1.甲公司为居民企业，2024年有关经营情况如下：

（1）产品销售收入4 700万元，出租闲置办公楼租金收入300万元，取得企业债券利息收入35万元，接受乙企业捐赠原材料10万元，已计入营业外收入。

（2）缴纳增值税285万元、消费税15万元、城市维护建设税21万元、教育费附加9万元。

（3）发生业务招待费支出50万元、广告费支出700万元、业务宣传费支出80万元。

（4）实际发生合理的工资薪金支出200万元，发生职工福利费28万元、职工教育经费3万元，拨缴工会经费6万元。

（5）支付人民法院诉讼费3万元、税收滞纳金4万元、合同违约金5万元、银行罚息6万元。

（6）因管理不善一批材料被盗，原材料成本10万元，增值税进项税额1.3万元，取得保险赔款6万元，原材料损失已经税务机关核准。

根据上述资料，分别回答下列问题：

（1）甲公司在计算2024年度企业所得税应纳税所得额时，下列收入中应计入收入总额的有（　　　）。

A.出租办公楼租金收入300万元　　　　　　B.产品销售收入4 700万元

C.企业债券利息收入35万元　　　　　　　　D.接受捐赠收入10万元

（2）甲公司在计算2024年度企业所得税应纳税所得额时，下列各项中准予扣除的有（　　）。

A.城市维护建设税21万元　　　　　　　　　B.教育费附加9万元

C.增值税285万元　　　　　　　　　　　　　D.消费税15万元

（3）甲公司在计算2024年度企业所得税应纳税所得额时，下列表述中正确的有（　　）。

A.业务招待费税前扣除限额为25万元

B.业务招待费税前扣除限额为30万元

C.广告费和业务宣传费税前扣除限额为705万元

D.广告费和业务宣传费税前扣除限额为750万元

（4）甲公司2024年实际发生的工资薪金、职工福利费、职工教育经费和工会经费支出，可以在企业所得税前全额扣除的有（　　）。

A.工资薪金200万元　　　　　　　　　　　　B.职工福利费28万元

C.职工教育经费3万元　　　　　　　　　　　D.工会经费6万元

（5）甲公司的下列支出中，计算企业所得税时，不准扣除的有（　　）。

A.税收滞纳金4万元　　　　　　　　　　　　B.银行罚息6万元

C.合同违约金5万元　　　　　　　　　　　　D.支付人民法院诉讼费3万元

（6）甲公司在计算企业所得税应纳税所得额时，准予扣除的原材料损失金额为（　　）万元。

A.2.3　　　　　　　　　B.4　　　　　　　　　C.11.3　　　　　　　　D.5.3

2.某工业企业，从业人员80人，资产总额2 500万元，2024年度相关生产经营业务如下：

（1）销售产品收入700万元，对外提供培训收入120万元，国债利息收入250万元，取得对境内居民企业的投资收益100万元。

（2）产品销售成本550万元。

（3）财务费用50万元，其中10万元为资本化利息。

（4）管理费用98万元。

（5）销售费用50万元，其中，广告费和业务宣传费为30万元。

（6）营业外支出列支通过政府部门向贫困地区的捐款40万元、税收罚款支出5万元、滞纳金2.73万元。

（7）税金及附加20万元。

（8）上年广告费和业务宣传费超支20万元。

根据上述资料，按下列序号计算有关纳税事项：

（1）企业应税收入为（　　）万元。

A.820　　　　　　　　　B.966.8　　　　　　　C.956.8　　　　　　　D.1 170

（2）企业税前可扣除的财务费用为（　　）万元。

A.50　　　　　　　　　　B.40　　　　　　　　　C.60　　　　　　　　　D.25

（3）企业税前可扣除的销售费用为（　　）万元。

A.50　　　　　　　　　　B.20　　　　　　　　　C.70　　　　　　　　　D.40

（4）企业税前可扣除的营业外支出为（　　）万元。

A.23.72　　　　　　　　B.40　　　　　　　　　C.15　　　　　　　　　D.13.72

（5）企业应缴纳的企业所得税为（　　）万元。

A.0　　　　　　　　　　　B.2　　　　　　　　　　C.0.4　　　　　　　　　D.0.1

不定项选择题

随堂演练

第七节　　　　　　　　　　税收优惠

一、免征与减征优惠

【税收助发展　惠及你我他】

全面推进乡村振兴

农业、农村、农民问题，是中国革命、建设和改革的基本问题，是关系国计民生的根本性问题。一百多年来，我们党始终把解决好"三农"问题，作为关系党和国家事业全局的根本性问题。习近平总书记多次强调，"小康不小康，关键看老乡"。党的十九大报告提出实施乡村振兴战略，强调"按照产业兴旺、生态宜居、乡风文明、治理有效、生活富裕的总要求，建立健全城乡融合发展体制机制和政策体系，加快推进农业农村现代化。"党的二十大着眼于全面建成社会主义现代化强国宏伟目标，提出全面推进乡村振兴，强调"全面建设社会主义现代化国家，最艰巨最繁重的任务仍然在农村"。从党的十九大首次提出实施乡村振兴战略，到党的二十大提出全面推进乡村振兴，中国特色社会主义乡村振兴道路已然形成。

为加快农业农村现代化，扎实推进巩固拓展脱贫攻坚成果同乡村振兴有效衔接，加快探索拓宽先富带后富、先富帮后富的有效路径，国家在支持农村基础设施建设、优化土地资源配置、促进农产品生产流通、支持新型农业经营主体发展、促进农业资源综合利用、支持农村金融发展等方面先后出台了多项税费优惠政策，使全体人民在共建共享发展中有更多获得感，增强发展动力，增进人民团结，朝着共同富裕的方向稳步前进。

（一）从事农、林、牧、渔业项目的所得

1.企业从事下列项目的所得，免征企业所得税：

（1）蔬菜、谷物、薯类、油料、豆类、棉花、麻类、糖料、水果、坚果的种植。

（2）农作物新品种的选育。农作物新品种选育免税所得是指企业对农作物进行品种和育种材料选育形成的成果，以及由这些成果形成的种子（苗）等繁殖材料的生产、初加工、销售一体化取得的所得。

（3）中药材的种植。

（4）林木的培育和种植。林木的培育和种植免税所得是指企业对树木、竹子的育种和育苗、抚育和管理以及规模造林活动取得的所得，包括企业通过拍卖或收购方式取得林木所有权并经过一定的生长周期，对林木进行再培育取得的所得。

（5）牲畜、家禽的饲养。猪、兔的饲养，饲养牲畜、家禽产生的分泌物、排泄物，按本项目处理。

（6）林产品的采集。

（7）灌溉、农产品的初加工、兽医、农技推广、农机作业和维修等农、林、牧、渔服务业项目。

（8）远洋捕捞。

2.企业从事下列项目的所得，减半征收企业所得税：

（1）花卉、茶以及其他饮料作物和香料作物的种植。观赏性作物的种植按本项目处理。

（2）海水养殖、内陆养殖。"牲畜、家禽的饲养"以外的生物养殖项目，均按"海水养殖、内陆养殖"项目处理。

3.农、林、牧、渔项目所得优惠政策的其他规定：

（1）农产品初加工相关事项的税务处理。

❶企业根据委托合同，受托对符合规定的农产品进行初加工服务，其所收取的加工费，可以按照农产品初加工的免税项目处理。

❷企业从事适用企业所得税减半优惠的种植、养殖项目，并直接进行初加工且符合农产品初加工目录范围的，企业应合理划分不同项目的各项成本、费用支出，分别核算种植、养殖项目和初加工项目的所得，并各按适用的政策享受税收优惠。

❸企业对外购茶叶进行筛选、分装、包装后进行销售的所得，不享受农产品初加工的优惠政策。

（2）对取得农业农村部颁发的"远洋渔业企业资格证书"并在有效期内的远洋渔业企业，从事远洋捕捞业务取得的所得免征企业所得税。

（3）企业将购入的农、林、牧、渔产品，在自有或租用的场地进行育肥、育秧等再种植、养殖，经过一定的生长周期，使其生物形态发生变化，且并非由于本环节对农产品进行加工而明显增加了产品的使用价值的，可视为农产品的种植、养殖项目享受相应的税收优惠。

（4）企业同时从事适用不同企业所得税政策规定项目的，应分别核算，单独计算优惠项目的计税依据及优惠数额；分别核算不清的，可由主管税务机关按照比例分摊法或其他合理方法进行核定。

（5）企业委托其他企业或个人从事实施规定的农、林、牧、渔业项目取得的所得，可享受相应的税收优惠政策。企业受托从事规定的农、林、牧、渔业项目取得的收入，比照委托方享受相应的税收优惠政策。

（6）企业购买农产品后直接进行销售的贸易活动产生的所得，不能享受农、林、牧、渔业项目的税收优惠政策。

（二）从事国家重点扶持的公共基础设施项目投资经营的所得

从事国家重点扶持的公共基础设施项目投资经营的所得，自取得第1笔生产经营收入所属纳税年度起，第1至3年免征企业所得税，第4至6年减半征收企业所得税（简称"三免三减半"，以下相同）。

国家重点扶持的公共基础设施项目是指《公共基础设施项目企业所得税优惠目录》规定的港口码头、机场、铁路、公路、电力、水利等项目。

企业承包经营、承包建设和内部自建自用的项目，不得享受上述规定的企业所得税优惠。

（三）从事符合条件的环境保护、节能节水项目所得

环境保护、节能节水项目所得，自项目取得第一笔生产经营收入所属纳税年度起，三免三减半。

符合条件的环境保护、节能节水项目包括公共污水处理、公共垃圾处理、沼气综合开发利用、节能减排技术改造、海水淡化等。

符合条件的环境保护、节能节水项目，在减免税期限内转让的，受让方自受让之日起，可在剩余期限内享受规定的减免税优惠；减免税期限届满后转让的，受让方不得就该项目重复享受减免税待遇。

（四）符合条件的技术转让所得

一个纳税年度内，居民企业转让技术所有权所得不超过 500 万元的部分，免征企业所得税；超过 500 万元的部分，减半征收企业所得税。

1.技术转让的范围，包括居民企业转让专利技术、计算机软件著作权、集成电路布图设计权、植物新品种、生物医药新品种、5 年（含）以上非独占许可使用权，以及财政部和国家税务总局确定的其他技术。

2.享受减免企业所得税优惠的技术转让应符合以下条件：（1）享受优惠的技术转让主体是企业所得税法规定的居民企业；（2）技术转让属于财政部、国家税务总局规定的范围；（3）境内技术转让经省级以上科技部门认定；（4）向境外转让技术经省级以上商务部门认定；（5）国务院税务主管部门规定的其他条件。

3.符合条件的技术转让所得的计算公式为：

技术转让所得＝技术转让收入－技术转让成本－相关税费

技术转让收入是指当事人履行技术转让合同后获得的价款，不包括销售或转让设备、仪器、零部件、原材料等非技术性收入。不属于与技术转让项目密不可分的技术咨询、技术服务、技术培训等收入，不得计入技术转让收入。

可以计入技术转让收入的技术咨询、技术服务、技术培训收入，是指转让方为使受让方掌握所转让的技术投入使用、实现产业化而提供的必要的技术咨询、技术服务、技术培训所产生的收入，并应同时符合以下条件：（1）在技术转让合同中约定的与该技术转让相关的技术咨询、技术服务、技术培训；（2）技术咨询、技术服务、技术培训收入与该技术转让项目收入一并收取价款。

技术转让成本是指转让的无形资产的净值，即该无形资产的计税基础减除在资产使用期间按照规定计算的摊销扣除额后的余额。

相关税费是指技术转让过程中实际发生的有关税费，包括除企业所得税和允许抵扣的增值税以外的各项税金及其附加、合同签订费用、律师费等相关费用及其他支出。

【做中学·计算题】2024 年某居民企业收入总额为 3 000 万元（其中不征税收入 400 万元，符合条件的技术转让收入 900 万元），各项成本、费用和税金等扣除金额合计 1 800 万元（其中含技术转让准予扣除的金额 200 万元）。已知企业所得税税率为 25%，不考虑其他因素，计算该企业 2024 年应纳企业所得税税额。

计算：技术转让所得＝900－200＝700（万元）

根据符合条件技术转让所得优惠政策：

可扣除的技术转让所得＝500＋200×50%＝600（万元）

应纳税所得额＝3 000－400－1 800－600＝200（万元）

应纳税额＝200×25%＝50（万元）

（五）重点群体创业就业税收优惠

企业招用建档立卡贫困人员，以及在人力资源社会保障部门公共就业服务机构登记失业半年以上且持《就业创业证》或《就业失业登记证》（注明"企业吸纳税收政策"）的人员，与其签订 1 年以上期限劳动合同并依法缴纳社会保险费的，自签订劳动合同并缴纳社会保险当月起，在3年内按实际招用人数予以定额依次扣减增值税、城市维护建设税、教育费附加、地方教育附加和企业所得税优惠。

定额标准为每人每年6 000元，最高可上浮30%（各省、自治区、直辖市人民政府确定），当年扣减不完的，不得结转下年使用。

（六）铁路债券利息税收优惠

对企业投资者持有2011—2027年发行的铁路债券取得的利息收入，减半征收企业所得税。

铁路债券，是指以中国铁路总公司为发行和偿还主体的债券，包括中国铁路建设债券、中期票据、短期融资券等债务融资工具。

二、高新技术企业优惠

◆ 课程思政点睛

树立创新发展理念、实施创新驱动发展战略、加强科技创新的重大意义。

（一）国家需要重点扶持的高新技术企业减按15%的税率征收企业所得税

高新技术企业是指在《国家重点支持的高新技术领域》范围内，持续进行研究开发与技术成果转化，形成企业核心自主知识产权，并以此为基础开展经营活动，在中国境内（不包括香港、澳门、台湾地区）注册的居民企业。

认定为高新技术企业必须同时符合下列条件：（1）企业申请认定时须注册成立一年以上；（2）企业通过自主研发、受让、受赠、并购等方式，获得对其主要产品（服务）在技术上发挥核心支持作用的知识产权的所有权；（3）对企业主要产品（服务）发挥核心支持作用的技术属于《国家重点支持的高新技术领域》规定的范围；（4）企业从事研发和相关技术创新活动的科技人员占企业当年职工总数的比例不低于10%；（5）企业近三个会计年度（实际经营期不满三年的按实际经营时间计算）的研究开发费用总额占同期销售收入总额的比例符合规定要求；（6）企业在中国境内发生的研究开发费用总额占全部研究开发费用总额的比例不低于60%；（7）近一年高新技术产品（服务）收入占企业同期总收入的比例不低于60%；（8）企业创新能力评价应达到相应要求；（9）企业申请认定前一年内未发生重大安全、重大质量事故或严重环境违法行为。

企业获得高新技术企业资格后，自高新技术企业证书颁发之日所在年度起享受税收优惠。

（二）经认定的技术先进型服务企业减按15%的税率征收企业所得税

技术先进型服务企业必须同时符合以下条件：在中国境内（不包括港、澳、台地区）注册的法人企业；从事《技术先进型服务业务认定范围（试行）》中的一种或多种技术先进型服务业务，采用先进技术或具备较强的研发能力；具有大专以上学历的员工占企业职工总数的50%以上；从事《技术先进型服务业务认定范围（试行）》中的技术先进型服务业务取得的收入占企业当年总收入的50%以上；从事离岸服务外包业务取得的收入不低于企业当年总收入的35%。

（三）对经济特区和上海浦东新区内的高新技术企业的优惠政策

对经济特区和上海浦东新区内在2008年1月1日（含）之后完成登记注册的国家需要重点扶持的高新技术企业（简称新设高新技术企业），在经济特区和上海浦东新区内取得的所得，自取得第一笔生产经营收入所属纳税年度起，两免三减半。

同时在区外有经营的，单独计算其在经济特区和上海浦东新区内取得的所得，并合理分摊企业的期间费用；没有单独计算的，不得享受企业所得税优惠。

（四）软件、集成电路企业

1.国家鼓励的软件企业和重点软件企业税收优惠。

（1）自2020年1月1日起，国家鼓励的软件企业，自获利年度起，第1年至第2年免征企业所得税，第3年至第5年按照25%的法定税率减半征收企业所得税。

（2）自2020年1月1日起，国家鼓励的重点软件企业，自获利年度起，第1年至第5年免征企业所得税，接续年度减按10%的税率征收企业所得税。

2.集成电路企业税收优惠。

（1）2018年1月1日后投资新设的集成电路投资额超过150亿元，经营期在15年以上且在2019年12月31日前获利的集成电路生产企业或项目，第1年至第5年免征企业所得税，第6年至第10年按照25%的法定税率减半征收企业所得税，并享受至期满为止。

（2）2020年1月1日起，国家鼓励的集成电路线宽小于28纳米（含），且经营期在15年以上的集成电路生产企业或项目，第1年至第10年免征企业所得税。

（3）国家鼓励的集成电路线宽小于65纳米（含），且经营期在15年以上的集成电路生产企业或项目，第1年至第5年免征企业所得税，第6年至第10年按照25%的法定税率减半征收企业所得税。

（4）国家鼓励的集成电路线宽小于130纳米（含），且经营期在10年以上的集成电路生产企业或项目，第1年至第2年免征企业所得税，第3年至第5年按照25%的法定税率减半征收企业所得税。

（5）2020年1月1日起，国家鼓励的集成电路设计、装备、材料、封装、测试企业，自获利年度起，第1年至第2年免征企业所得税，第3年至第5年按照25%的法定税率减半征收企业所得税。

（6）自2020年1月1日起，国家鼓励的重点集成电路设计企业，自获利年度起，第1年至第5年免征企业所得税，接续年度减按10%的税率征收企业所得税。

三、加计扣除优惠

【税收助发展　惠及你我他】

以"真金白银"助力企业创新

2024年政府工作报告提出，落实好结构性减税降费政策，重点支持科技创新和制造业发展。在一系列支持科技创新的税收优惠中，研发费用加计扣除政策具有"四两拨千斤"的效果。

企业是科技创新主体，创新需要投入大量经费进行研发，且收益与风险均具有高度不确定性。研发费用加计扣除政策正是通过减税安排，鼓励企业加大研发投入，而且投入越多减税越多，由此降低创新成本，激发企业科技创新主体的积极性、主动性。2023年，国家将符合条件的企业研发费用加计扣除比例由75%提高至100%，并明确作为一项制度性安排长期实施。在此基础上，进一步将集成电路和工业母机行业研发费用加计扣除比例再提高至120%。数据显示，政策力度"加码"，企业受益明显。国家税务总局公布的数据显示，从 2023 年企业所得税预缴申报情况看，企业累计享受研发费用加计扣除金额 1.85 万亿元，同比增长 13.6%，其中制造业企业享受加计扣除金额 1.1 万亿元，占比近六成。税收大数据显示，享受研发费用加计扣除优惠政策企业的利润率为 7.4%，高出全部企业平均水平。

研发费用加计扣除政策复杂，实施中研发活动认定、研发费用归集等方面存在难点堵点问题，为帮助创新企业及时享受政策，各地税务部门利用税收大数据加大服务力度，分时点、有侧重地开展政策精准推送，多措并举实现"政策找人"，实现税费优惠政策直达快享。企业作为此项政策的受益主体，应当准确把握政策要求，建立规范的研发管理体系，依法合规享受税收优惠。

（一）研发费用加计扣除

自 2023 年 1 月 1 日起，企业开展研发活动实际发生的研发费用，未形成无形资产计入当期损益的，在按照规定据实扣除的基础上，再按照实际发生额的 100% 在税前加计扣除；形成无形资产的，按照无形资产成本的 200% 摊销。

1.研发活动是指企业为获得科学与技术新知识，创造性运用科学技术新知识，或实质性改进技术、产品（服务）、工艺而持续进行的具有明确目标的系统性活动。

2.研发费用加计扣除适用于会计核算健全、实行查账征收并能够准确归集研发费用的居民企业。

3.不适用加计扣除政策的行业：

（1）烟草制造业；

（2）住宿和餐饮业；

（3）批发和零售业；

（4）房地产业；

（5）租赁和商务服务业；

（6）娱乐业。

不适用税前加计扣除政策行业的企业，是指以上所列行业业务为主营业务，其研发费用发生当年的主营业务收入占企业按《企业所得税法》及其实施条例规定计算的收入总额减除不征税收入和投资收益的余额 50%（不含）以上的企业。

4.不适用加计扣除政策的活动：

（1）企业产品（服务）的常规性升级；

（2）对某项科研成果的直接应用，如直接采用公开的新工艺、材料、装置、产品、服务或知识等；

（3）企业在商品化后为顾客提供的技术支持活动；

（4）对现存产品、服务、技术、材料或工艺流程进行的重复或简单改变；

（5）市场调查研究、效率调查或管理研究；

（6）作为工业（服务）流程环节或常规的质量控制、测试分析、维修维护；

（7）社会科学、艺术或人文学方面的研究。

5.加计扣除的研发费用范围。

（1）人员人工费用，包括直接从事研发活动人员的工资薪金，基本养老保险费，基本医疗保险费，失业保险费，工伤保险费，生育保险费，住房公积金，以及外聘研发人员的劳务费用。

（2）直接投入费用，包括研发活动直接消耗的材料、燃料和动力费用；用于中间试验和产品试制的模具、工艺装备开发及制造费，不构成固定资产的样品、样机及一般测试手段购置费，试制产品的检验费；用于研发活动的仪器、设备的运行维护、调整、检验、维修等费用，以及通过经营租赁方式租入的用于研发活动的仪器、设备租赁费。

（3）折旧费用，包括用于研发活动的仪器、设备的折旧费。

（4）无形资产摊销，包括用于研发活动的软件、专利权、非专利技术的摊销费用。

（5）新产品设计费、新工艺规程制定费、新药研制的临床试验费、勘探开发技术的现场试验费。

（6）其他费用，包括与研发活动直接相关的其他费用，如技术图书资料费、资料翻译费、专家咨询费、高新科技研发保险费，研发成果的检索、分析、评议、论证、鉴定、评审、评估、验收费用，知识产权的申请费、注册费、代理费、差旅费、会议费、职工福利费、补充养老保险和补充医疗保险等，不包括工会经费、职工教育经费、业务招待费、通信费等。此项费用总额不得超过加计扣除研发费用总额的10%。

企业在一个纳税年度内同时开展多项研发活动的，统一计算全部研发项目其他相关费用限额，计算公式如下（其中资本化项目发生的费用在形成无形资产的年度统一纳入计算）：

全部研发项目的其他相关费用限额=全部研发项目的人员人工等五项费用之和÷（1-10%）×10%

当其他相关费用实际发生数小于限额时，按实际发生数计算税前加计扣除数额；当其他相关费用实际发生数大于限额时，按限额计算税前加计扣除数额。

【做中学·计算题】某企业2024年进行甲、乙二项研发活动，甲项目共发生研发费用90万元，其中与研发活动直接相关的其他费用10万元；乙项目共发生研发费用100万元，其中与研发活动直接相关的其他费用12万元，假设研发活动均符合加计扣除相关规定。计算该企业研发费用中可以用来计算加计扣除的其他相关费用金额。

计算：全部项目其他相关费用限额=［（90-10）+（100-12）］÷（1-10%）×10%=18.67（万元），全部研发项目的其他相关费用实际发生额合计=10+12=22（万元）。根据税法规定可以加计扣除的其他相关费用为18.67万元和22万元孰小的金额，则该企业研发费用中可以用来计算加计扣除的其他相关费用金额为18.67万元。

6.企业委托境内外部机构或个人进行研发活动所发生的费用，按照费用实际发生额的80%计入委托方研发费用并计算加计扣除，受托方不得再进行加计扣除。委托外部研究开发费用实际发生额应按照独立交易原则确定。

7.企业委托境外进行研发活动所发生的费用，按照费用实际发生额的80%计入委托方的委托境外研发费用。委托境外研发费用不超过境内符合条件的研发费用2/3的部分，可以按规定在企业所得税税前加计扣除。委托境外进行研发活动不包括委托境外个人进行的研发活动。

【做中学·计算题】某企业2024年实际发生的研发费用资料如下：自主研发费用320万元（假设与研发活动直接相关的其他费用在规定限额内），委托境内机构研发费用200万元，委托境外研发机构研发费用100万元。计算该企业2024年研发费用加计扣除总额。

计算：❶与研发活动直接相关的其他费用在规定限额内，自主研发费用加计扣除金额为320万元。

❷委托境内机构研发费用，按照费用实际发生额的80%计入委托方研发费用计算加计扣除：200×80%=160（万元）。

❸委托境外研发机构研发费用按照费用实际发生额的80%计入委托方的委托境外研发费用：100×80%=80（万元），并且不超过境内符合条件的研发费用2/3的部分〔（320+200×80%）×2/3=320（万元）〕，可以按规定在企业所得税税前加计扣除。可扣除金额为上述两者之中较小的金额，即80万元。

该企业2024年研发费用加计扣除总额=（320+160+80）×100%=560（万元）

8.企业共同合作开发的项目，由合作各方就自身实际承担的研发费用分别计算加计扣除。企业集团根据实际情况，需要集中研发的项目，其实际发生的研发费用，可以按照权利和义务相一致、费用支出和收益分享相配比的原则，合理确定研发费用的分摊方法，在受益成员企业间进行分摊，由相关成员企业分别计算加计扣除。

9.企业应按照国家财务会计制度要求，对研发支出进行会计处理，对享受加计扣除的研发费用按研发项目设置辅助账，准确归集核算当年可加计扣除的各项研发费用实际发生额。企业在一个纳税年度内进行多项研发活动的，应按照不同研发项目分别归集可加计扣除的研发费用。企业应对研发费用和生产经营费用分别核算，准确、合理归集各项费用支出，对划分不清的，不得实行加计扣除。

（二）安置残疾人员所支付工资加计扣除

🔺课程思政点睛

体现国家对残疾人的关心关爱。

企业安置残疾人员的，在按照支付给残疾职工工资据实扣除的基础上，按照支付给残疾职工工资的100%加计扣除。加计扣除应同时具备如下条件：

1.残疾人员的范围适用《中华人民共和国残疾人保障法》的有关规定。

2.依法与安置的每位残疾人签订了1年以上（含1年）的劳动合同或服务协议，并且安置的每位残疾人在企业实际上岗工作。

3.为安置的每位残疾人按月足额缴纳了企业所在区县人民政府根据国家政策规定的基本养老保险、基本医疗保险、失业保险和工伤保险等社会保险。

4.定期通过银行等金融机构向安置的每位残疾人实际支付了不低于企业所在区县适用的经省级人民政府批准的最低工资标准的工资。

5.具备安置残疾人上岗工作的基本设施。

（三）支持基础研究的加计扣除

自2022年1月1日起，对企业出资给非营利性科学技术研究开发机构、高等学校和政府性自然科学基金用于基础研究的支出，在计算应纳税所得额时可按实际发生额在税前扣除，并可按100%在税前加计扣除。

上述所称非营利性科研机构、高等学校包括国家设立的科研机构和高等学校、民办非营利性科研机构和高等学校。上述基础研究不包括在境外开展的研究，也不包括社会科学、艺术或人文学方面的研究。

四、创投企业优惠

创业投资企业（简称"创投企业"）采取股权投资方式投资于未上市的中小高新技术

企业2年以上，凡符合以下条件的，可以按照其对中小高新技术企业投资额的70%，在股权持有满2年的当年抵扣该创业投资企业的应纳税所得额；当年不足抵扣的，可以在以后纳税年度结转抵扣。

1.创投企业，是指依照《创业投资企业管理暂行办法》依法成立，并在中国境内设立的专门从事创业投资活动的企业或其他经济组织。其经营范围符合《创业投资企业管理暂行办法》规定，且登记为"创业投资有限责任公司""创业投资股份有限公司"等专业性法人创业投资企业。

2.中小企业接受创业投资之后，经认定符合高新技术企业标准的，应自其被认定为高新技术企业的年度起，计算创业投资企业的投资期限。该期限内中小企业接受创业投资后，企业规模超过中小企业标准，但仍符合高新技术企业标准的，不影响创业投资企业享受有关税收优惠。

五、加速折旧优惠

（一）一般性加速折旧

企业固定资产，由于以下原因确需加速折旧的，可以缩短折旧年限或采取加速折旧的方法：

1.由于技术进步，产品更新换代较快的固定资产。

2.常年处于强震动、高腐蚀状态的固定资产。

采取缩短折旧年限方法的，最低折旧年限不得低于规定折旧年限的60%；采取加速折旧方法的，可以采取双倍余额递减法或年数总和法。

（二）一次性税前扣除固定资产

企业在2018年1月1日至2027年12月31日期间新购进的设备、器具，单位价值不超过500万元的，允许一次性计入当期成本费用，在计算应纳税所得额时扣除，不再分年度计算折旧；单位价值超过500万元的，仍按一般性加速折旧政策，通过缩短折旧年限或采取加速折旧的方法计提折旧。

1.设备、器具范围：指除房屋、建筑物以外的固定资产。

2.购进形式：包括以货币形式购进或自行建造。

3.购进时点确认：以货币形式购进的固定资产，除采取分期付款或赊销方式购进外，按发票开具时间确认；以分期付款或赊销方式购进的固定资产，按固定资产到货时间确认；自行建造的固定资产，按竣工结算时间确认。

4.金额确定：以货币形式购进的固定资产，以购买价款和支付的相关税费以及直接归属于使该资产达到预定用途发生的其他支出确定单位价值；自行建造的固定资产，以竣工结算前发生的支出确定单位价值。

5.扣除时间：固定资产在投入使用月份的次月所属年度一次性税前扣除。

6.企业根据自身生产经营核算需要，可自行选择享受一次性税前扣除政策。未选择享受一次性税前扣除政策的，以后年度不得再变更。

六、减计收入优惠

1.综合利用资源生产产品取得的收入，在计算应纳税所得额时，减按90%计入收入总额。综合利用资源生产产品是指以《资源综合利用企业所得税优惠目录》规定的资源作为主要原材料，生产国家非限制和非禁止并符合国家及行业相关标准的产品。

2.2023年9月25日至2027年12月31日，金融机构农户小额贷款的利息收入，保险公司为种植业、养殖业提供保险业务的保费收入，小额贷款公司取得的农户小额贷款利息收入，在计算应纳税所得额时，减按90%计入收入总额。

3.提供社区养老、托育、家政服务取得的收入，在计算应纳税所得额时，减按90%计入收入总额。

七、税额抵免优惠

企业购置并实际使用《环境保护专用设备企业所得税优惠目录》《节能节水专用设备企业所得税优惠目录》等规定的环境保护、节能节水、安全生产等专用设备的，该专用设备的投资额的10%可以从企业当年的应纳税额中抵免；当年不足抵免的，可以在以后5个纳税年度结转抵免。

企业购置上述专用设备在5年内转让、出租的，应当停止享受企业所得税优惠，并补缴已经抵免的企业所得税税款；转让的受让方可以按照该专用设备投资额的10%抵免当年企业所得税应纳税额；当年应纳税额不足抵免的，可以在以后5个纳税年度结转抵免。

如增值税进项税额允许抵扣，其专用设备投资额不再包括增值税进项税额；如增值税进项税额不允许抵扣，其专用设备投资额应为增值税专用发票上注明的价税合计金额。企业购买专用设备取得普通发票的，其专用设备投资额为普通发票上注明的金额。

【做中学·计算题】某企业2024年6月投资300万元购置并投入使用环境保护专用设备（属于企业所得税优惠目录的范围）。已知2024年该企业应纳税所得额为168万元，计算该企业当年应缴纳的企业所得税税额。

计算：根据税额抵免优惠政策，该企业2024年可抵扣的企业所得税额=300×10%=30（万元），当年应纳企业所得税税额=168×25%-30=12（万元）。

八、非居民企业优惠

在中国境内未设立机构、场所，或虽设立机构、场所但取得的所得与其所设机构、场所没有实际联系的非居民企业减按10%的税率征税。

该类非居民企业取得的下列所得免征企业所得税：

1.外国政府向中国政府提供贷款取得的利息所得。

2.国际金融组织向中国政府和居民企业提供优惠贷款取得的利息所得。

3.经国务院批准的其他所得。

九、小型微利企业优惠

符合条件的小型微利企业减按25%计算应纳税所得额，按20%的税率缴纳企业所得税。

1.该政策延续执行至2027年12月31日，小型微利企业无论是按查账征收方式还是按核定征收方式缴纳企业所得税，均可享受该优惠政策。

2.小型微利企业是指从事国家非限制和禁止行业，且同时符合年度应纳税所得额不超过300万元、从业人数不超过300人、资产总额不超过5 000万元等三个条件的企业。

从业人数包括与企业建立劳动关系的职工人数和企业接受的劳务派遣用工人数。

资产总额即企业拥有或控制的全部资产，在企业资产负债表的资产总计项显示。

从业人数和资产总额指标，应按企业全年的季度平均值确定，两者计算方法相同，计算公式如下：

季度平均值=（季初值+季末值）÷2

全年季度平均值=全年各季度平均值之和÷4

年度中间开业或终止经营活动的，以其实际经营期作为一个纳税年度确定上述相关指标。

【做中学·辨析题】甲企业从事电器产品制造，2024年度应纳税所得额280万元、从业人数290人、资产总额4000万元。不考虑其他因素，计算甲企业当年应缴纳的企业所得税税额。

计算：甲企业2024年度应纳税所得额280万元（不超过300万元），从业人数290人（不超过300人），资产总额4000万元（不超过5000万元），属于符合条件的小型微利企业，因此可享受小型微利企业所得税优惠。

企业所得税应纳税额=280×25%×20%=14（万元）

十、促进节能服务产业发展的优惠

对符合条件的节能服务公司实施合同能源管理项目，符合企业所得税法有关规定的，自项目取得第一笔生产经营收入所属纳税年度起，第1年至第3年免征企业所得税，第4年至第6年按照25%的法定税率减半征收企业所得税。

1.所称"符合条件"是指同时满足以下条件：

（1）具有独立法人资格，注册资金不低于100万元，且能够单独提供用能相关服务的专业化节能服务公司。

（2）相关技术应符合《合同能源管理技术通则》规定的技术要求。

（3）签订节能效益分享型合同，其合同格式和内容，符合《中华人民共和国合同法》（现为《中华人民共和国民法典》）和《合同能源管理技术通则》规定。

（4）符合财税〔2009〕166号文件"节能减排技术改造"类中第1项至第8项规定的项目和条件。

（5）节能服务公司投资额不低于实施合同能源管理项目投资总额的70%。

（6）节能服务公司拥有匹配的专职技术人员和合同能源管理人才，具有保障项目顺利实施和稳定运行的能力。

2.节能服务公司同时从事适用不同税收政策待遇项目的，其享受税收优惠项目应当单独计算收入、扣除，并合理分摊企业的期间费用；没有单独计算的，不得享受税收优惠政策。

3.对节能服务企业的分享型合同约定的效益分享期短于6年的，按实际分享期享受优惠。

4.对符合条件的节能服务公司，以及与其签订节能效益分享型合同的用能企业，实施合同能源管理项目有关资产的企业所得税税务处理按以下规定执行：

（1）用能企业按照能源管理合同实际支付给节能服务公司的合理支出，均可以在计算当期应纳税所得额时扣除，不再区分服务费用和资产价款进行税务处理；

（2）能源管理合同期满后，节能服务公司转让给用能企业的因实施合同能源管理项目形成的资产，按折旧或摊销期满的资产进行税务处理，用能企业从节能服务公司接受有关资产的计税基础也应按折旧或摊销期满的资产进行税务处理；

（3）能源管理合同期满后，节能服务公司与用能企业办理有关资产的权属转移时，用能企业已支付的资产价款，不再另行计入节能服务公司的收入。

5.节能服务企业享受"三免三减半"项目的优惠期限，应连续计算。对在优惠期限内转让享受优惠的项目给其他符合条件的节能服务企业，受让企业承续经营该项目的，可自项目受让之日起，在剩余期限内享受规定的优惠；优惠期限届满后转让的，受让企业不得就该项目重复享受优惠。

6.节能服务企业投资项目所发生的支出，应按税法规定作资本化或费用化处理。形成的固定资产或无形资产，应按合同约定的效益分享期计提折旧或摊销。

7.节能服务企业应分别核算各项目的成本费用支出额。对在合同约定的效益分享期内发生的期间费用划分不清的，应合理进行分摊，期间费用的分摊应按照项目投资额和销售（营业）收入额两个因素计算分摊比例，两个因素的权重各为50%。

随堂演练

⑪单选题

1.根据企业所得税法律制度规定，下列所得中，免征企业所得税的是（　　）。（知识点：免征与减征优惠）

A.海水养殖　　　　　B.内陆养殖　　　　　C.花卉种植　　　　　D.家禽饲养

2.甲公司经营《公共基础设施项目企业所得税优惠目录》规定的码头，2020年取得第一笔生产经营收入，2021年开始盈利，2023年甲公司将码头转让给乙公司经营，乙公司当年因码头项目取得应纳税所得额5 000万元。2023年乙公司就该项目所得应缴纳企业所得税（　　）万元。（知识点：免征与减征优惠）

A.1 250　　　　　B.0　　　　　C.750　　　　　D.625

3.某企业为国家重点扶持的高新技术企业，2023年度企业的应纳税所得额为200万元，该企业2023年度应纳企业所得税（　　）万元。（知识点：高新技术企业优惠）

A.50　　　　　B.40　　　　　C.30　　　　　D.20

4.自2023年1月1日起，企业为开发新技术、新产品、新工艺发生的研究开发费用，未形成无形资产计入当期损益的，在按规定据实扣除的基础上，按照研究开发费用的一定比例加计扣除，该比例为（　　）。（知识点：加计扣除优惠）

A.75%　　　　　B.100%　　　　　C.150%　　　　　D.50%

5.下列关于研究开发费加计扣除的说法中，不正确的是（　　）。（知识点：加计扣除优惠）

A.企业必须对研究开发费用实行专账管理

B.直接从事研发活动人员的工资、社保、公积金享受加计扣除优惠

C.委托外单位开发的，由委托方加计扣除，受托方不得加计扣除

D.在年度中间预缴所得税时，允许加计扣除

6.2023年9月某化肥厂购进一台污水处理设备并投入使用（该设备属于《环境保护专用设备企业所得税优惠目录》列举项目），取得增值税专用发票，注明设备价款100万元、进项税额13万元。该厂可抵免企业所得税税额（　　）万元。（知识点：税额抵免优惠）

A.10　　　　　B.11.3　　　　　C.100　　　　　D.113

7.根据企业所得税法律制度规定，下列项目中享受税额减免政策的是（　　）。（知识点：税额减免优惠）

A.企业综合利用资源，生产符合国家产业政策规定的产品所取得的收入

B.创业投资企业从事国家需重点扶持和鼓励的创业投资的投资额

C.安置残疾人员及国家鼓励安置的其他就业人员所支付的工资

D.企业购置用于环境保护的专用设备的投资额

8.甲企业为创业投资企业，于2021年5月1日向乙企业（未上市的中小高新企业）投资100万元，股权持有到2023年12月31日。甲企业2023年度所得额为150万元，2022年度认定的亏损为30万元，则2023年度甲企业应纳企业所得税税额为（　　）万元。（知识点：创投企业优惠）

A.42.5   B.30   C.40   D.12.5

⑪多选题

1.企业从事下列项目所得，免征企业所得税的有（　　）。（知识点：免征与减征优惠）

A.中药材的种植   B.林木种植   C.花卉种植

D.香料作物的种植   E.水果种植

2.企业从事下列项目的所得，免征企业所得税的有（　　）。（知识点：免征与减征优惠）

A.企业受托从事蔬菜种植   B.企业委托个人饲养家禽

C.企业外购菜叶分包后销售   D.农机作业和维修

E.农产品初加工

3.根据企业所得税相关规定，享受企业所得税优惠的技术转让应符合的条件有（　　）。（知识点：免征与减征优惠）

A.享受优惠的技术转让主体是企业所得税法规定的居民企业

B.技术转让属于财政部、国家税务总局规定的范围

C.境内技术转让经省级以上科技部门认定

D.向境外转让技术经省级以上商务部门认定

E.技术转让属于省级人民政府规定的范围

4.我国居民企业的下列技术转让行为中，符合税法规定可以享受技术转让所得免征、减征企业所得税的有（　　）。（知识点：免征与减征优惠）

A.转让国家限制出口技术   B.转让国家禁止出口技术

C.转让其拥有的技术所有权   D.转让其拥有的6年全球独占许可使用权

E.转让计算机软件著作权给100%控股子公司

5.下列关于小微企业优惠的说法中，正确的有（　　）。（知识点：小型微利企业优惠）

A.小型微利企业是指从事国家非限制和禁止行业，且同时符合年度应纳税所得额不超过300万元、从业人数不超过300人、资产总额不超过5 000万元等三个条件的企业

B.自2022年1月1日至2027年12月31日，小型微利企业年应纳税所得额不超过100万元的部分，减按25%计入应纳税所得额，按20%的税率缴纳企业所得税

C.自2022年1月1日至2027年12月31日，对小型微利企业年应纳税所得额超过100万元但不超过300万元的部分，减按50%计入应纳税所得额，按20%的税率缴纳企业所得税

D.小型微利企业无论是按查账征收方式还是按核定征收方式缴纳企业所得税，均可享受上述优惠政策

E.定率征收企业不得享受小微优惠

6.2018年1月1日至2027年12月31日期间可以享受一次性扣除的固定资产是指（　　）。（知识点：加速折旧优惠）

A.除房屋、建筑物以外的新购进的设备、器具

B.单位价值不超过500万元的新购进的设备、器具

C.单位价值不超过100万元的新购进的设备、器具

D.单位价值不超过5 000元的新购进的设备、器具

E.单位价值不超过500万元的设备、器具

7.企业于2019年1月1日后购进的下列固定资产，在计算企业所得税应纳税所得额时，可以一次性计入成本费用扣除的有（　　）。（知识点：加速折旧优惠）

A.商场购进价值为4 500元的二维码打码器

B.小型微利饮料厂购进价值为20万元的生产用榨汁机

C.集成电路生产企业购进价值为120万元专用于研发的分析仪

D.信息技术服务公司购进价值为80万元的研发专用设备

E.生物药品制造小微企业新购进的研发和生产经营共用的价值80万元的仪器

综合分析题

某市一家居民企业为增值税一般纳税人，主要生产销售建筑机器。2023年度有关经营情况如下：

（1）销售商品取得收入6 200万元，提供设计取得收入200万元。

（2）销售成本3 500万元。

（3）税金及附加65.05万元。

（4）管理费用370万元，其中，业务招待费80万元，当年发生"三新"研究开发费用支出150万元。

（5）销售费用800万元，其中，广告费400万元，业务宣传费80万元，展览费50万元。

（6）财务费用80万元，其中含向非金融企业借款500万元所支付的年利息40万元（当年金融企业贷款的年利率为5.8%）。

（7）投资收益50万元，其中，国债利息收入30万元，2021年1月投资一家居民企业，2023年1月取得红利收益20万元。

（8）营业外支出320万元，其中包括通过公益性社会团体向农村义务教育捐款150万元，发生质量赔偿100万元。

（9）计入成本、费用中的工资400万元，支付工会经费8万元、职工福利费58万元、职工教育经费80万元。

（10）当年购买安全生产专用设备投资300万元。

要求：根据上述资料，按顺序计算回答下列问题：

（1）企业2023年度实现的利润总额为（　　）万元。

A.1 264.95　　　　　B.1 314.95　　　　　C.964.95　　　　　D.914.95

（2）管理费用应调整的应纳税所得额为（　　）。

A.调增48万元　　　　B.调减75万元　　　　C.调减102万元　　　　D.调增27万元

（3）销售费用应调整的应纳税所得额为（　　）。

A.不需调整　　　　　B.调增40万元　　　　C.调增80万元　　　　D.调增60万元

（4）财务费用应调整的应纳税所得额为（　　）。

A.调增11万元　　　　B.调减11万元　　　　C.调增29万元　　　　D.不需要调整

（5）投资收益应调整的应纳税所得额为（　　）。

A.调减30万元　　　　B.调减20万元　　　　C.调减50万元　　　　D.不需要调整

（6）公益性捐赠应调整的应纳税所得额为（　　）。

A.不需要调整　　　　B.调减7.79万元　　　　C.调增7.79万元　　　　D.调增100万元

（7）工资、工会经费、职工福利费、职工教育经费应调整的应纳税所得额为（　　）。

A.调增2万元　　　　　　　　　　　B.不需要调整

C.调增72万元　　　　　　　　　　　D.调增50万元

（8）企业2023年度应纳税所得额为（　　）万元。

A.1 223.95　　　　　B.1 248.95　　　　　C.1 134.2　　　　　D.980.5

（9）企业 2023 年度应缴纳的企业所得税为（　　　）万元。

A.275.99　　　　　　　　B.330.24　　　　　　　　C.360.24　　　　　　　　D.358.00

第八节　　　　　　　　　　　　征收管理

一、纳税地点

除税收法律、行政法规另有规定外，居民企业原则上以企业登记注册地为纳税地点；但登记注册在境外的，以实际管理机构所在地为纳税地点。

居民企业在中国境内设立不具有法人资格的营业机构的，应当汇总计算并缴纳企业所得税。

非居民企业在中国境内设立机构、场所的，以机构、场所所在地为纳税地点。非居民企业在中国境内设立两个或两个以上机构、场所的，经税务机关审核批准，可以选择由其主要机构、场所汇总缴纳企业所得税。

非居民企业在中国境内未设立机构、场所，或虽设立机构、场所但取得的所得与其所设机构、场所无实际联系的，以扣缴义务人所在地为纳税地点。

除国务院另有规定外，企业之间不得合并缴纳企业所得税。

二、纳税期限

企业所得税按年计征，分月或分季预缴，年终汇算清缴，多退少补。

企业所得税的纳税年度，自公历 1 月 1 日起至 12 月 31 日止。企业在一个纳税年度的中间开业，或由于合并、关闭等原因终止经营活动，使该纳税年度的实际经营期不足 12 个月的，应当以其实际经营期为 1 个纳税年度。企业清算时，应当以清算期间作为 1 个纳税年度。

自年度终了之日起 5 个月内，向税务机关报送年度企业所得税纳税申报表，并汇算清缴，结清应缴应退税款。

企业在年度中间终止经营活动的，应当自实际经营终止之日起 60 日内，向税务机关办理当期企业所得税汇算清缴。

三、纳税申报

按月或按季预缴企业所得税的，应当自月份或季度终了之日起 15 日内，向税务机关报送预缴企业所得税纳税申报表，预缴税款。

企业在报送企业所得税纳税申报表时，应当按照规定附送财务会计报告和其他有关资料。

企业应当在办理注销登记前，就其清算所得向税务机关申报并缴纳企业所得税。

企业在纳税年度内无论盈利还是亏损，都要按规定的期限，向税务机关报送预缴企业所得税纳税申报表、年度企业所得税纳税申报表、财务会计报告及税务机关规定的其他相关资料。

随堂演练

⑪单选题

下列关于企业所得税纳税申报的表述中，不正确的是（　　　）。（知识点：征收管理）

A.企业所得税只能分季预缴

B.企业清算时，应当以清算期间作为一个纳税年度

C.企业在年度中间终止经营活动的，应当自实际经营终止之日起60日内，向税务机关办理当期企业所得税汇算清缴

D.企业在一个纳税年度中间开业，或终止经营活动，使该纳税年度的实际经营期不足12个月的，应当以其实际经营期为一个纳税年度

⑭多选题

下列有关企业所得税征管规定的说法中，正确的有（　　　）。（知识点：征收管理）

A.对非居民企业在中国境内取得工程作业和劳务所得应缴纳的所得税，税务机关可以指定工程价款或劳务费的支付人为扣缴义务人

B.自年度终了之日起4个月内，汇算清缴，结清应缴应退税款

C.无论盈利或亏损，都要按规定的期限，报送相关资料

D.按月或按季预缴的，应当自月份或季度终了之日起10日内，向税务机关报送预缴企业所得税纳税申报表，预缴税款

E.非居民企业在中国境内设立两个或两个以上机构、场所的，经税务机关审核批准，可以选择由其主要机构、场所汇总缴纳企业所得税

随堂演练

第六章 个人所得税

✏️ **知识导航**

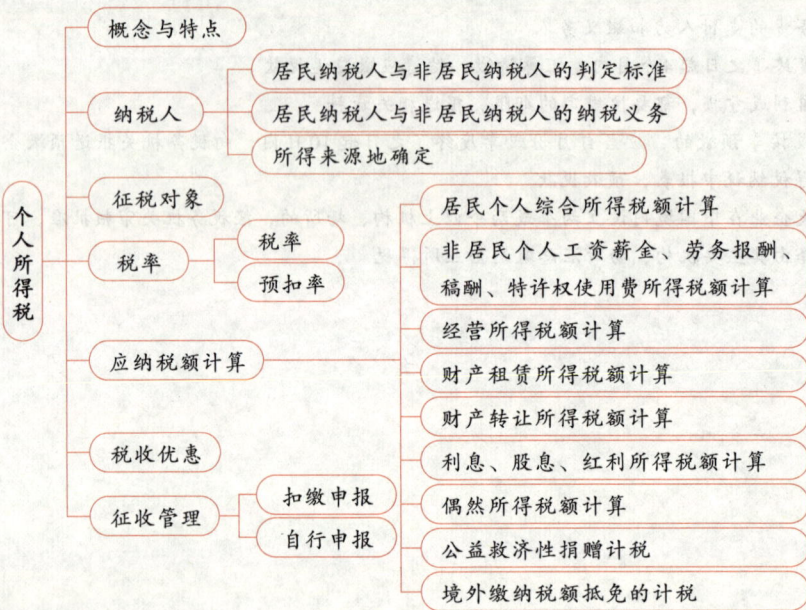

```
                  概念与特点
                              居民纳税人与非居民纳税人的判定标准
                  纳税人        居民纳税人与非居民纳税人的纳税义务
                              所得来源地确定
                  征税对象
                              居民个人综合所得税额计算
  个                         税率
  人          税率                非居民个人工资薪金、劳务报酬、
  所                     预扣率      稿酬、特许权使用费所得税额计算
  得
  税                              经营所得税额计算
                  应纳税额计算      财产租赁所得税额计算
                              财产转让所得税额计算
                  税收优惠        利息、股息、红利所得税额计算
                              偶然所得税额计算
                  征收管理  扣缴申报   公益救济性捐赠计税
                       自行申报   境外缴纳税额抵免的计税
```

✏️ **知识目标**

1. 识记居民个人与非居民个人的判定标准、纳税义务及所得来源地确认规则
2. 说出个人所得税9个应税项目的具体名称及综合所得具体内容
3. 识记个人所得税税率形式及其适用条件
4. 描述工资薪金所得等9个应税项目应纳税额及特殊情形应纳税额的计税方法
5. 描述个人所得税减免税优惠的具体规定
6. 描述扣缴申报和自行申报的基本规定

✏️ **技能目标**

1. 能判断确定个人所得税纳税人的具体身份
2. 能根据居民个人和非居民个人判断确定具体所得项目是否需要缴纳个人所得税
3. 能完成居民个人综合所得预扣预缴和年度汇算清缴应纳税额计算
4. 能计算经营所得，财产转让所得，财产租赁所得，利息股息、股息、红利所得及偶然所得个人所得税应纳税额
5. 能完成个人所得税预缴申报与自行申报任务

素养目标

1. 通过具体偷逃税被罚案例分析，使学生深刻认识依法纳税是公民应尽义务，提高诚信纳税的自觉性

2. 通过综合所得计算中各扣除项目的确定，让学生深刻体会政府保民生决策所体现的人民情怀，增强"四个自信"

3. 引导学生与时俱进探索学习个人所得税最新法规，培养自主学习的能力

☞知识点☜

第一节　概　述

一、个人所得税的概念

个人所得税是以个人取得的各项应税所得为征税对象征收的一种税。"个人"是指区别于法人的自然人，既包括作为要素所有者的个人，如财产所有者个人，也包括作为经营者的个人，如个体工商户、合伙企业的合伙人及独资企业的业主。"所得"是指个人通过各种方式所获得的一切利益。

新中国成立以来，我国长期对个人所得税实行不课征的政策。党的十一届三中全会以后，我国实行对外开放，为了维护国家的税收权益，根据国际惯例，1980年9月10日第五届全国人民代表大会第三次会议审议通过并颁布《中华人民共和国个人所得税法》，首次对个人所得开征个人所得税。1986年至1987年，国务院先后发布了《中华人民共和国城乡个体工商业户所得税暂行条例》和《中华人民共和国个人收入调节税暂行条例》，至此形成了个人所得税、城乡个体工商业户所得税和个人收入调节税三税并存的个人所得税征收制度格局。为了统一规范个人所得税制度，第八届全国人大常务委员会第四次会议在对原有三部个人所得税法律制度修改、合并的基础上，于1993年10月31日修订并公布了修改后的《中华人民共和国个人所得税法》。之后的1999年、2005年、2007年、2011年和2018年，全国人大又分别对《中华人民共和国个人所得税法》进行了修订。我国现行个人所得税的主要法律依据是2018年8月31日第十三届全国人民代表大会常务委员会通过的《中华人民共和国个人所得税法》（以下简称《个人所得税法》），2018年12月国务院修订的《中华人民共和国个人所得税法实施条例》（以下简称《个人所得税法实施条例》）和《个人所得税专项附加扣除暂行办法》，国家税务总局发布的《个人所得税专项附加扣除操作办法（试行）》《个人所得税扣缴申报管理办法（试行）》《关于个人所得税自行纳税申报有关问题的公告》，以及财政部、国家税务总局联合发布的《关于个人所得税法修改后有关优惠政策衔接问题的通知》等。

二、个人所得税的特点

（一）实行分类征收

世界各国的个人所得税制大体分为分类所得税制、综合所得税制和混合所得税制（即综合与分类结合）三类。2019年1月1日以前，我国实行的是分类所得税制，自2019年1

月1日起，我国个人所得税采用分类与综合结合的所得税制。

（二）超额累进税率与比例税率并用

比例税率计算简便，便于实行源泉扣缴；超额累进税率可以合理调节收入分配，体现公平。我国现行个人所得税根据各类个人所得的不同性质和征收模式，分别适用超额累进税率和比例税率。

（三）费用采取总额扣除法

我国个人所得税的费用扣除采取总额扣除法，免去了对个人实际生活费用支出逐项计算的麻烦。同时，各类所得项目实行分类计算，有明确的费用扣除规定，计算方法易于掌握。

（四）采取源泉扣缴和个人申报两种征纳方法

对凡是可以在应税所得的支付环节扣缴的，均由扣缴义务人履行代扣代缴义务；对没有扣缴义务人的或不便于扣缴税款的，规定由纳税人自行申报纳税。

第二节　　纳税人、征税对象和税率

一、纳税人

（一）纳税人的分类

个人所得税纳税人泛指取得所得的自然人，包括中国公民、个体工商户、个人独资企业、合伙企业个人，以及在中国境内有所得的外籍个人（含无国籍个人）、香港、澳门、台湾同胞。在实际生活中，自然人的情况比较复杂。自然人在一国有无住所、是否居住、居住多长时间，情况各异。为了有效行使税收管辖权，我国采用国际通用的住所标准和居住时间标准，将个人所得税纳税人划分为居民个人和非居民个人。

在中国境内有住所，或无住所而一个纳税年度内在中国境内居住累计满183天的个人，为居民个人。在中国境内无住所又不居住，或无住所而一个纳税年度内在中国境内居住累计不满183天的个人，为非居民个人。

1.中国境内是指中国司法管辖地区，一个纳税年度是指自公历1月1日起至12月31日止。

2.住所标准与居住时间标准。

（1）住所标准。住所分为永久性住所和习惯性住所。我国民事法律规定的住所通常是指永久性住所（公民本人户口簿登记的住址），而我国税法采用的住所标准是指习惯性住所（因户籍、家庭、经济利益关系习惯性居住的住址）。

习惯性住所是税收上判断居民和非居民的一个法律意义上的标准。我国个人所得税法将"在中国境内有住所的个人"界定为"因户籍、家庭、经济利益关系而在中国境内习惯性居住的个人"。

（2）居住时间标准。居住时间是指个人在一国境内实际居住的天数。我国规定的时间是一个纳税年度在中国境内居住累计满183天，达到这个标准的个人即为居民个人。自2019年1月1日起，在中国境内无住所的个人一个纳税年度内在中国境内累计居住天数，按照个人在中国境内累计停留的天数计算。在中国境内停留的当天满24小时的，计入中国境内居住天数；在中国境内停留的当天不足24小时的，不计入中国境内居住天数。

注意

我国税法规定的住所标准和居住时间标准，是判定居民身份的两个并列标准，个人只要符合其中一个标准，就可以被认定为居民个人。

（二）纳税人的纳税义务

居民个人负无限纳税义务，应就其来源于中国境内和境外的所得向中国缴纳个人所得税。非居民个人负有限纳税义务，仅就来源于中国境内的所得向中国缴纳个人所得税。

为了便于人员的国际交流，本着从宽、从简的原则，《个人所得税法实施条例》对在中国境内无住所个人给予如下优惠：

1.在中国境内无住所的个人，在中国境内居住累计满183天的年度连续不满6年的，经向主管税务机关备案，其来源于中国境外且由境外单位或者个人支付的所得，免予缴纳个人所得税；在中国境内居住累计满183天的任一年度中有一次离境超过30天的，其在中国境内居住累计满183天的年度的连续年限重新起算。

2.在中国境内无住所的个人，在一个纳税年度内在中国境内居住累计不超过90天的，其来源于中国境内的所得，由境外雇主支付并且不由该雇主在中国境内的机构、场所负担的部分，免予缴纳个人所得税。

上述1、2政策具体归纳见表6-1。

表6-1 中国境内无住所个人所得征税

居住时间	纳税人性质	境内所得		境外所得	
		境内支付	境外支付	境内支付	境外支付
≤90天	非居民个人	√	免税	×（非高管）	×
				√（高管）	
90天~183天	非居民个人	√	√	×（非高管）	×
				√（高管）	
183天~6年（连续）	居民个人	√	√	√	免税
≥6年	居民个人	√	√	√	√

上表的几点说明：（1）"√"表示征税，"×"表示不征税。（2）境外支付是指由境外雇主支付且不由该雇主在中国境内的机构、场所负担的部分。（3）高管是指企业的董事、监事及高层管理职务的个人。高层管理职务包括企业正、副（总）经理，各职能总师、总监及其他类似公司管理层的职务。

（三）所得来源地的确定

除国务院财政、税务主管部门另有规定外，下列所得不论支付地点是否在中国境内，均为来源于中国境内的所得：

1.因任职、受雇、履约等在中国境内提供劳务取得的所得。

2.将财产出租给承租人在中国境内使用而取得的所得。

3.许可各种特许权在中国境内使用而取得的所得。

4.转让中国境内的不动产等财产或在中国境内转让其他财产取得的所得。

5.从中国境内企业、事业单位、其他组织以及居民个人取得的利息、股息、红利所得。

二、征税对象

个人所得税的征税对象是个人取得《个人所得税法》列举征税项目的所得。具体有9项。

(一) 工资薪金所得

工资薪金所得是指个人因任职或受雇而取得的工资薪金、奖金、年终加薪、劳动分红、津贴、补贴以及与任职或受雇有关的其他所得。工资薪金所得属于非独立个人劳动所得。非独立个人劳动是指个人所从事的是他人指定、安排并接受管理的劳动、工作，或服务于公司、行政单位、事业单位。

1.工资薪金所得范围。

年终加薪、劳动分红不分种类和取得情况一律按"工资薪金所得"项目征税。

下列津贴、补贴不属于"工资薪金所得"项目征税范围，不征个人所得税：

(1) 独生子女补贴。

(2) 执行公务员工资制度未纳入基本工资总额的补贴、津贴和家属成员的副食补贴。

(3) 托儿补助费。

(4) 差旅费津贴、误餐补助。其中，误餐补助是指按照财政部门规定，个人因公在城区、郊区工作，不能在工作单位或返回就餐，根据实际误餐顿数，按规定的标准领取的误餐费。单位以误餐补助名义发给职工的补助、津贴不属于误餐补助，应按照规定按"工资薪金所得"项目计税。

2.工资薪金所得特殊项目。

(1) 退休人员再任职取得的收入，按"工资薪金所得"项目征税。

(2) 公司职工取得的用于购买企业国有股权的劳动分红，按"工资薪金所得"项目征税。

(3) 出租汽车经营单位对出租车驾驶员采取单车承包或承租方式运营，出租车驾驶员从事客货营运取得的收入，按"工资薪金所得"项目征税。

(4) 对商品营销活动中，企业和单位对营销业绩突出的雇员以培训班、研讨会、工作考察等名义组织旅游活动，通过免收差旅费、旅游费对个人实行的营销业绩奖励（包括实物、有价证券等），应根据所发生费用的金额并入营销人员当期的工资薪金所得，按照"工资薪金所得"项目征税。

(二) 劳务报酬所得

劳务报酬所得是指个人从事劳务所取得的所得，包括设计、装潢、安装、制图、化验、测试、医疗、法律、会计、咨询、讲学、新闻、广播、翻译、审稿、书画、雕刻、影视、录音、录像、演出、表演、广告、展览、技术服务、介绍服务、经纪服务、代办服务及其他劳务取得的所得。

是否存在雇佣与被雇佣关系，是判断一种收入是属于劳务报酬所得，还是属于工资薪金所得的重要标准。前者不存在雇佣与被雇佣关系，后者存在这种关系。

实务中应注意以下情形：

1.个人担任董事职务所取得的董事费收入分两种情形：个人担任公司董事、监事且不在公司任职受雇的，按"劳务报酬所得"项目征税；个人在公司（包括关联公司）任职、受雇，同时兼任董事、监事的，应将董事费、监事费与个人工资收入合并按"工资薪金所得"项目征税。

2. 个人兼职取得的收入按"劳务报酬所得"项目征税。

3. 商品营销活动中，企业和单位对营销成绩突出的非雇员以培训班、研讨会、工作考察等名义组织的旅游活动，通过免收差旅费、旅游费对个人实行的营销业绩奖励，应根据所发生的费用全额作为该营销人员当期的劳务收入，按"劳务报酬所得"项目征税。

（三）稿酬所得

稿酬所得是指个人因其作品以图书、报刊形式出版、发表而取得的所得。所谓作品包括文学作品、书画作品、摄影作品以及其他作品。

实务中应注意以下情形：

1. 作者去世后，财产继承人取得的稿酬，应按"稿酬所得"项目征税。

2. 任职、受雇于报纸、杂志等单位的记者、编辑等专业人员，因在本单位的报纸、杂志上发表作品取得的所得，按"工资薪金所得"项目征税；除上述专业人员外，其他人员在报纸、杂志上发表作品取得的所得，应按"稿酬所得"项目征税。

3. 出版社的专业作者撰写、编写或翻译的作品，以图书形式出版而取得的稿费收入，应按"稿酬所得"税目征税。

（四）特许权使用费所得

特许权使用费所得是指个人提供专利权、商标权、著作权、非专利技术以及其他特许权的使用权取得的所得。

实务中应注意以下情形：

1. 提供著作权的使用权取得的所得，不包括"稿酬所得"项目。

2. 作者将自己的文字作品手稿原件或复印件公开拍卖（竞价）取得的所得按"特许权使用费所得"项目征税。

3. 个人取得特许权的经济赔偿收入按"特许权使用费所得"项目征税。

4. 编剧从电视剧的制作单位取得的剧本使用费，不论剧本的使用方是否为其任职单位，均按"特许权使用费所得"项目征税。

（五）经营所得

经营所得包括：个体工商户从事生产、经营活动取得的所得，个人独资企业投资人、合伙企业的个人合伙人来源于境内注册的个人独资企业、合伙企业的生产、经营的所得；个人依法从事办学、医疗、咨询以及其他有偿服务活动取得的所得；个人对企业、事业单位承包经营、承租经营以及转包、转租取得的所得；个人从事其他生产、经营活动取得的所得。

实务中应注意以下情形：

1. 个体工商户或个人专营种植业、养殖业、饲养业、捕捞业（简称"四业"）所得，不征收个人所得税。兼营上述"四业"并且"四业"的所得单独核算的，比照上述原则办理。对进入各类市场销售自产农产品的农民取得的所得，暂免征收个人所得税。

2. 个人独资企业投资人、合伙企业的个人合伙人以企业资金为本人、家庭成员及其相关人员支付与企业生产经营无关的消费性支出及购买汽车、住房等财产性支出，视为企业对个人投资者（合伙人）的利润分配，并入其个人的生产经营所得，依照"经营所得"项目征税。

3. 个体工商户和从事生产、经营的个人，取得与生产、经营活动无关的其他各项应税所得，应分别按照其他应税项目的有关规定，计征个人所得税。如对外投资取得的股息、红利，应按"利息、股息、红利所得"项目征税。

4. 个人对企业事业单位承包、承租经营后登记变更为个体工商户的，其所得实质上属于个体工商户生产、经营所得，应按"经营所得"项目征税，不再征收企业所得税。

5. 个人对企事业单位承包、承租经营后登记仍为企业的，不论其分配方式如何，均应先按企业所得税的有关规定缴纳企业所得税，承包、承租经营者按合同规定取得的所得，再依照《个人所得税法》的有关规定缴纳个人所得税。具体按下列规定执行：

（1）承包、承租人对企业经营成果不拥有所有权，仅按合同规定取得一定所得的，按"工资薪金所得"项目征税。

（2）承包、承租按合同规定只向发包方、出租方缴纳一定费用，剩余的经营成果归承包、承租人所有的，其所得按"经营所得"项目征税。

（六）财产租赁所得

财产租赁所得是指个人出租不动产、机器设备、车船以及其他财产取得的所得。

实务中应注意以下情形：

1. 个人取得的财产转租收入，按"财产租赁所得"项目征税。

2. 确认财产租赁所得的纳税人，以产权凭证为依据。无产权凭证的，由主管税务机关根据实际情况确定纳税人。产权所有人死亡，在未办理产权继承手续期间，出租该财产而获得的租金收入，以领取租金的个人为纳税人。

（七）财产转让所得

财产转让所得是指个人转让有价证券、股权、合伙企业中的财产份额、不动产、机器设备、车船以及其他财产取得的所得。

实务中应注意以下情形：

根据财税〔2018〕137号规定，自2018年11月1日（含）起，对个人转让新三板挂牌公司非原始股取得的所得，暂免征收个人所得税；对个人转让新三板挂牌公司原始股取得的所得，按照"财产转让所得"，适用20%的比例税率征收个人所得税。

（八）利息、股息、红利所得

利息、股息、红利所得是指个人拥有债权、股权等而取得的利息、股息、红利所得。

自2008年10月9日起，储蓄存款利息暂免征收个人所得税；个人结算账户利息视同储蓄存款利息，暂免征收个人所得税。

对职工个人以股份形式取得的仅作为分红依据、不拥有所有权的企业量化资产，不征收个人所得税。对职工个人以股份形式取得的企业量化资产参与企业分配而获得的股息、红利，应按"利息、股息、红利所得"项目征税。

（九）偶然所得

偶然所得是指个人得奖、中奖、中彩以及其他偶然性质的所得。

实务中应注意以下情形：

1. 个人购买社会福利有奖募捐奖券一次中奖收入不超过1万元的，暂免征收个人所得税；超过1万元的，按全额征税。

2. 企业对累积消费达到一定额度的顾客，给予额外抽奖机会，个人的获奖所得，按照"偶然所得"项目，全额适用20%的税率缴纳个人所得税。

三、税率

我国现行个人所得税实行综合与分类相结合的税制。在9个应税项目中，居民个人取得工资薪金所得、劳务报酬所得、稿酬所得和特许权使用费所得，合称综合所得，按年合并计算个人所得税；非居民个人取得工资薪金所得、劳务报酬所得、稿酬所得和特许权使用费所得，按月或按次分项计算个人所得税。纳税人取得前述4项所得以外的所得项目（即经营所得，财产租赁所得，财产转让所得，利息、股息、红利所得，偶然所得），依照个人所得税法相关规定分项计算个人所得税。项目不同，征收方式不同，适用税率也不同。

（一）居民个人综合所得适用税率

1.综合所得适用税率。

居民个人取得工资薪金所得、劳务报酬所得、稿酬所得和特许权使用费所得，年度终了应按综合所得汇算清缴个人所得税，其汇算清缴时适用综合所得税率，见表6-2。

表6-2　　　　　　　　　　　　综合所得适用税率表

级数	全年应纳税所得额	税率（%）	速算扣除数（元）
1	不超过36 000元的部分	3	0
2	超过36 000元至144 000元的部分	10	2 520
3	超过144 000元至300 000元的部分	20	16 920
4	超过300 000元至420 000元的部分	25	31 920
5	超过420 000元至660 000元的部分	30	52 920
6	超过660 000元至960 000元的部分	35	85 920
7	超过960 000元的部分	45	181 920

注：上表所称全年应纳税所得额，是指依照个人所得税法规定，居民个人取得综合所得以每一纳税年度收入额减除费用6万元以及专项扣除、专项附加扣除和依法确定的其他扣除后的余额。

2.综合所得预扣预缴适用预扣率。

居民个人取得工资薪金所得、劳务报酬所得、稿酬所得和特许权使用费所得时，扣缴义务人应按预扣率预扣预缴个人所得税。扣缴义务人向居民个人支付工资薪金所得适用的预扣预缴税率见表6-3；支付劳务报酬所得适用的预扣预缴税率见表6-4；支付稿酬和特许权使用费所得适用的预扣预缴税率为20%。

表6-3　　　　　　　　居民个人工资薪金所得预扣预缴适用税率表

级数	累计预扣预缴应纳税所得额	预扣率（%）	速算扣除数（元）
1	不超过36 000元的部分	3	0
2	超过36 000元至144 000元的部分	10	2 520
3	超过144 000元至300 000元的部分	20	16 920
4	超过300 000元至420 000元的部分	25	31 920
5	超过420 000元至660 000元的部分	30	52 920
6	超过660 000元至960 000元的部分	35	85 920
7	超过960 000元的部分	45	181 920

注：上表所称累计预扣预缴应纳税所得额，是指扣缴义务人在一个纳税年度内预扣预缴税款时，以纳税人在本单位截至当前月份工资薪金所得累计收入减除累计免税收入、累计减除费用、累计专项扣除、累计专项附加扣除和累计依法确定的其他扣除后的余额。

表6-4　　　　　　　居民个人劳务报酬所得预扣预缴适用税率表

级数	预扣预缴应纳税所得额	预扣率（%）	速算扣除数（元）
1	不超过20 000元的	20	0
2	超过20 000元至50 000元的部分	30	2 000
3	超过50 000元的部分	40	7 000

（二）非居民个人取得工资薪金所得、劳务报酬所得、稿酬所得和特许权使用费所得适用税率

非居民个人取得工资薪金所得、劳务报酬所得、稿酬所得和特许权使用费所得，适用按月换算后的综合所得税税率（见表6-5）计算应纳税额，由扣缴义务人按月或按次代扣代缴个人所得税。

表6-5　　　　非居民个人工资薪金所得、劳务报酬所得、稿酬所得、
特许权使用费所得适用税率表

级数	（月或次）应纳税所得额	税率（%）	速算扣除数（元）
1	不超过3 000元的	3	0
2	超过3 000元至12 000元的部分	10	210
3	超过12 000元至25 000元的部分	20	1 410
4	超过25 000元至35 000元的部分	25	2 660
5	超过35 000元至55 000元的部分	30	4 410
6	超过55 000元至80 000元的部分	35	7 160
7	超过80 000元的部分	45	15 160

（三）经营所得适用税率

经营所得适用5%至35%的五级超额累进税率，见表6-6。

表6-6　　　　　　　　　经营所得适用税率表

级数	全年应纳税所得额	税率（%）	速算扣除数（元）
1	不超过30 000元的部分	5	0
2	超过30 000至90 000元的部分	10	1 500
3	超过90 000至300 000元的部分	20	10 500
4	超过300 000至500 000元的部分	30	40 500
5	超过500 000元的部分	35	65 500

注：上表所称全年应纳税所得额是指依照个人所得税法规定，以每一纳税年度的收入总额减除成本、费用以及损失后的余额。

（四）其他所得适用税率

利息、股息、红利所得，财产租赁所得，财产转让所得和偶然所得适用20%的比例税率。对个人按市场价格出租住房取得的所得，减按10%的税率征收个人所得税。

随堂演练

单选题

1.下列各项所得中，不属于来源于中国境内所得的有（　　　）。（知识点：所得来源地确定）

A.外籍个人因持有中国的各种股票、股权而从中国境内的公司、企业或其他经济组织及个人取得的股息、红利所得

B.中国公民因任职、受雇、履约等而在中国境外提供各种劳务取得的所得

C.外籍个人转让中国境内的建筑物、土地使用权等财产的所得

D.外籍个人将设备出租给中国公司在境内使用取得的租金

2.约翰（美籍）2022年2月12日来华工作，2023年2月15日回国，2023年3月2日返回中国，2023年11月15日至2023年11月30日因工作需要去了日本，2023年12月1日返回中国，2024年11月20日离华回国，则该纳税人（　　）。（知识点：纳税人）

A.2022年度为我国居民个人，2023年度为我国非居民个人

B.2022年度为我国非居民个人，2023年度为我国居民个人

C.2022年度和2023年度均为我国非居民个人

D.2022年度和2023年度均为我国居民个人

3.个人所得税的纳税义务人不包括（　　）。（知识点：纳税人）

A.一人有限公司　　　　　　　　　　　B.个体工商户

C.合伙企业的合伙人　　　　　　　　　D.个人独资企业投资者

4.下列各项所得，按"工资薪金所得"缴纳个人所得税的有（　　）。（知识点：征税范围）

A.年终加薪　　　　B.托儿补助费　　　　C.差旅费津贴　　　　D.误餐补助

5.出租汽车经营单位对出租车驾驶员采取单车承包或承租方式运营，出租车驾驶员从事客货营运取得的收入，应按（　　）项目征收个人所得税。（知识点：征税范围）

A.经营所得　　　　　　　　　　　　　B.对企事业单位的承包经营、承租经营所得

C.财产租赁所得　　　　　　　　　　　D.工资薪金所得

6.下列所得，不属于个人所得税"工资薪金所得"项目的是（　　）。（知识点：征税范围）

A.个人兼职取得的所得

B.退休人员再任职取得的所得

C.任职于杂志社的记者在本单位杂志上发表作品取得的所得

D.个人在公司任职并兼任董事取得的董事费所得

7.下列收入中，应按"劳务报酬所得"缴纳个人所得税的是（　　）。（知识点：征税范围）

A.在其他单位兼职取得的收入　　　　　B.退休后再受雇取得的收入

C.在任职单位取得董事费收入　　　　　D.个人购买彩票取得的中奖收入

8.在商品营销活动中，企业和单位对营销业绩突出的非雇员以培训班、研讨会、工作考察等名义组织旅游活动，通过免收差旅费、旅游费对个人实行的营销业绩奖励（包括实物、有价证券等），所发生的费用（　　）。（知识点：征税范围）

A.不缴纳个人所得税　　　　　　　　　B.按工资薪金所得缴纳个人所得税

C.按劳务报酬所得缴纳个人所得税　　　D.按偶然所得缴纳个人所得税

9.下列个人所得不按"劳务报酬所得"项目缴纳个人所得税的是（　　）。（知识点：征税范围）

A.非任职单位董事费收入　　　　　　　B.个人兼职收入

C.个人从事彩票代销业务取得的收入　　D.住校学生参加勤工俭学活动取得的收入

10.下列关于个人所得税的说法中，不正确的是（　　）。（知识点：征税范围）

单选题

A.差旅费津贴不予征税

B.劳务报酬是指个人独立从事各种非雇佣劳务取得的所得

C.提供著作权的使用权取得的所得，包括稿酬所得

D.承包人对经营成果不拥有所有权的，按"工资薪金所得"计征个税

随堂演练

⑪多选题

1.下列各项中,属于个人所得税中居民个人的有 (   )。(知识点:纳税人)

A.在中国境内无住所,但一个纳税年度中在中国境内居住累计满365天的个人

B.在中国境内无住所且不居住的个人

C.在中国境内无住所,而在境内居住累计超过90天不满183天的个人

D.在中国境内有住所的个人

E.在中国境内无住所,但一个纳税年度在境内居住累计满183天的个人

2.某外籍非居民个人的下列收入中,应在中国按规定缴纳个人所得税的有 (   )。(知识点:所得来源地确定)

A.在中国境内任职取得的工资薪金收入

B.出租境外房屋而取得的收入

C.从我国境内的外商投资企业取得的红利收入

D.因履行合约而在中国境外提供各种劳务取得的报酬

E.将专利权转让给中国境内企业使用而取得的使用费收入

3.某外籍个人受某外国公司委派于2023年8月开始赴中国担任其驻华代表处首席代表,截至2023年12月31日未离开中国。该外籍个人2023年取得的下列所得中,属于来源于中国境内所得的有 (   )。(知识点:所得来源地确定)

A.出席境内某经济论坛做主题发言取得的收入

B.因在中国任职而取得的由境外总公司发放的工资收入

C.将其拥有的境外房产出租给中国一公司驻该国常设机构取得的租金收入

D.将其拥有的专利技术许可一境外公司在大陆的分支机构使用取得的收入

E.持有美国公司的股票而取得的股息

4.下列关于"工资薪金所得"缴纳个人所得税的表述中,正确的有 (   )。(知识点:征税范围)

A.退休人员再任职取得的收入,应按"工资薪金所得"缴纳个人所得税

B.企业按照财政部门规定发放给个人的误餐补助,应按"工资薪金所得"缴纳个人所得税

C.职工因为单位低价向其售房取得的所得,应按照"工资薪金所得"缴纳个人所得税

D.某股份公司为股东购买车辆并将车辆所有权办到股东个人名下,应按照"工资薪金所得"缴纳个人所得税

E.承包、承租人对企业经营成果不拥有所有权,仅按合同规定取得一定所得的,按"工资薪金所得"项目征税

5.根据个人所得税法律制度的规定,下列个人所得中,应按"劳务报酬所得"项目征收个人所得税的有 (   )。(知识点:征税范围)

A.王教授从制造企业取得咨询费

B.某公司高管从经贸大学取得的讲课费

C.某设计院设计师从丙家装公司取得的设计费

D.某编剧从丁电视剧制作单位取得的剧本使用费

E.拍卖知名画家的书画取得的所得

6.根据现行政策规定,下列说法中正确的有 (   )。(知识点:征税范围)

A.个人担任董事取得的董事费收入属于劳务报酬所得

B.教师自行举办培训班取得的培训收入属于劳务报酬所得

C.商品营销活动中,对于业绩突出的雇员以工作考察名义组织的旅游活动,企业承担的旅游费不属于雇员的劳务报酬所得

D.个人兼职取得的收入应按劳务报酬所得缴纳个人所得税

E.作者将自己的文字手稿原件或复印件拍卖取得的所得按"特许权使用费所得"项目缴纳个人所得税

7.下列说法中，符合劳务报酬所得和稿酬所得的相关规定的有（　　　）。（知识点：征税范围）

A.甲某单纯地为出版社提供翻译所取得的所得，应当按照"劳务报酬所得"纳税

B.乙某提供翻译，并且在出版作品上署名取得的所得，应当按照"劳务报酬所得"纳税

C.稿酬所得就是指个人因其作品以图书、报刊形式出版、发表而取得的所得

D.劳务报酬所得主要是指接受别人的委托所从事的劳务所得

E.翻译作品取得的所得，不论是否署名，均属于劳务报酬所得

8.下列所得中，应按"稿酬所得"缴纳个人所得税的有（　　　）。（知识点：征税范围）

A.书法家为企业题字获得的报酬

B.杂志社记者在本社杂志上发表文章获得的报酬

C.电视剧制作中心的编剧编写剧本获得的报酬

D.出版社的专业作者翻译小说由该出版社出版获得的报酬

E.报社印刷车间工作人员在该社报纸上发表作品获得的报酬

多选题

随堂演练

第三节　　　应纳税额计算

一、居民个人综合所得个人所得应纳税额计算

（一）居民个人综合所得个人所得税计征原理

居民个人综合所得按年计算个人所得税。有扣缴义务人的，由扣缴义务人按月或按次预扣预缴税款，年度预扣预缴税额与年度应纳税额不一致的，由居民个人于次年3月1日至6月30日办理综合所得年度汇算清缴，多退少补。

（二）居民个人综合所得个人所得税汇算清缴

居民个人办理年度综合所得汇算清缴时，应当依法计算工资薪金所得、劳务报酬所得、稿酬所得、特许权使用费所得的收入额，并入年度综合所得计算应纳税额，税额多退少补。汇算清缴的计算公式：

汇算清缴应退（补）税额＝（年）应纳税额－累计预扣预缴税额

（年）应纳税额＝（年）应纳税所得额×适用税率－速算扣除数

$$（年）应纳税所得额 = （年）综合所得收入额 - 减除费用、专项扣除、专项附加扣除和依法确定的其他扣除金额$$

$$（年）综合所得收入额 = （年）工资薪金收入额 + （年）劳务报酬收入额 + （年）稿酬收入额 + （年）特许权使用费收入额$$

上述公式中各项目具体内容说明如下：

1.综合所得收入额确定。

（1）工资薪金所得收入额指一个纳税年度个人工资薪金收入减除个人所得税法规定的不征税收入和免税收入后的余额。

（2）劳务报酬所得、特许权使用费所得收入额指每次收入减除其20%的费用后的余额。

（3）稿酬所得收入额指在每次收入减除其20%的费用后的余额基础上减按70%计算后的余额。

2.扣除项目具体内容。

（1）减除费用，每人每年6万元，即每人每月5000元。

（2）专项扣除，指"三险一金"，即基本养老保险、基本医疗保险、失业保险和住房公积金。

（3）专项附加扣除，包括3岁以下婴幼儿照护、子女教育、继续教育、大病医疗、住房贷款利息或住房租金、赡养老人。各项专项附加扣除项目的具体政策规定见表6-7。

表6-7　　　　　　　　　　　　　专项附加扣除政策规定

项目名称	扣除标准（元）		使用范围和条件	扣除方式	备查资料
	每年	每月			
3岁以下婴幼儿照护	24 000	2 000	扣除计算时间为婴幼儿出生的当月至年满3周岁的前一个月	父母可选择由其中一方按扣除标准的100%扣除，也可选择由双方分别按50%扣除。扣除方式一经确定，一个纳税年度内不能变更	子女的出生医学证明、其他个人证件等
子女教育	24 000	每个子女2 000	①学前教育阶段：年满3周岁当月至小学入学前一月 ②全日制学历教育阶段：入学当月至学历教育结束当月。包含寒暑假以及因病或其他非主观原因休学但保留学籍的休学期间 ③学历教育包括义务教育、高中阶段教育、高等教育 ④有多个符合条件的子女，可同时享受 ⑤在中国境内、境外接受教育的子女均可享受 ⑥子女指婚生子女、非婚生子女、继子女、养子女。父母之外的其他人担任未成年人的监护人的，比照本规定执行	父母可选择由其一方按扣除标准的100%扣除，也可选择由双方分别按50%扣除。扣除方式一经确定，一个纳税年度内不能变更	在境内受教育的，不需留存备查；在境外接受教育的，应当留存境外学校录取通知书、留学签证等证明资料
继续教育	4 800	400	学历（学位）教育：教育入学当月至学历（学位）教育结束的当月，同一学历（学位）教育扣除期限不超过48个月	接受教育本人扣除，但对符合条件的本科及以下学历（学位）教育，可选择由其父母扣除，也可以选择由本人扣除	不需要
	3 600	—	技能人员职业资格教育、专业技术人员职业资格教育：在取得相关证书的当年定额扣除 【注】纳税人在接受学历继续教育的同时取得技能人员职业资格证书或者专业技术人员职业资格证书，继续教育支出可叠加扣除	接受教育本人扣除	技能人员、专业技术人员职业资格证书等
大病医疗	80 000元限额内据实扣除	—	①一个纳税年度内，扣除医保报销后个人负担（指医保目录范围内的自付部分）累计超过15 000元，且不超过80 000元的部分 ②扣除期限为医疗保障信息系统记录的医药费用实际支出的当年	纳税人的医药费用支出可以选择由本人或其配偶扣除；未成年子女的医药费用支出可以选择由其父母一方扣除	医药服务收费及医保报销相关票据原件或复印件或医疗保障部门出具的医药费清单等

项目名称	扣除标准（元）		使用范围和条件		扣除方式	备查资料
	每年	每月				
住房贷款利息	12 000	1 000	①本人或配偶单独或共同使用商业银行或住房公积金个人住房贷款为本人或其配偶购买中国境内住房发生的首套住房贷款利息支出 ②在实际发生贷款利息的年度扣除，扣除期限最长不超过240个月。扣除期为贷款合同约定开始还款的当月至贷款全部归还或贷款合同终止的当月 ③贷款利息支出是否符合首套房政策，以办理贷款的银行、住房公积金中心认定为准		婚后购房：夫妻双方约定，可以选择由其中一方扣除；婚前购房：婚后选择其中一套由购买方继续扣除，也可由夫妻双方对各自购买住房分别按标准的50%扣除；扣除方式在一个纳税年度内不能变更	住房贷款合同、贷款还款支出凭证
住房租金	18 000	1 500	直辖市、省会（首府）城市、计划单列市以及国务院确定的其他城市	①本人在主要工作城市没有自有住房且已实际发生住房租金支出 ②本人及配偶在同一纳税年度内没有享受住房贷款利息专项扣除 ③扣除期为租赁合同约定的租赁期开始当月至租赁期结束当月。提前终止合同的，以实际租赁期限为准	由签订租赁住房合同的承租人扣除；夫妻双方主要工作城市相同的，由一方扣除；夫妻双方主要工作城市不同且无房的，可按规定标准分别扣除	住房租赁合同、协议等
	13 200	1 100	除上述所列城市以外的市辖区户籍人口超过100万的城市			
	9 600	800	除上述城市以外的市辖区户籍人口不超过100万的城市			
赡养老人	36 000	3 000	独生子女	①被赡养人指年满60岁的父母，以及子女均已去世的年满60岁的祖父母、外祖父母 ②扣除计算时间为被赡养人年满60周岁的当月至赡养义务终止的年末	独生子女本人扣除	不需要
	每人最多分摊18 000	具体分摊金额	非独生子女		由赡养人均摊或约定分摊，也可由被赡养人指定分摊。指定分摊优先于约定分摊	约定或指定分摊的，需要签订书面分摊协议

专项附加扣除的其他说明：

❶纳税人同时从两处以上取得工资薪金所得，并由扣缴义务人办理上述专项附加扣除的，对同一专项附加扣除项目，一个纳税年度内，纳税人只能选择从其中一处扣除。

❷纳税人选择在扣缴义务人发放工资薪金所得时享受专项附加扣除的，首次享受时应当填写并向扣缴义务人报送"扣除信息表"；纳税年度中间相关信息发生变化的，纳税人应当更新"扣除信息表"相应栏次，并及时报送给扣缴义务人。更换工作单位，需要由新任职、受雇扣缴义务人办理专项附加扣除的，应在入职当月，填写并向扣缴义务人报送"扣除信息表"。

❸纳税人次年需要由扣缴义务人继续办理专项附加扣除的，应当于每年12月对次年享受专项附加扣除的内容进行确认，并报送至扣缴义务人。纳税人未及时确认的，扣缴义

务人于次年 1 月起暂停扣除，待纳税人确认后再行办理专项附加扣除。

(4) 其他依法扣除项目。

❶企业（职业）年金（以下统称年金）。年金单位缴费部分，在计入个人年金账户时，暂不缴纳个人所得税。年金个人缴费部分，在不超过本人缴费工资计税基数的 4% 标准内的部分，暂从个人当期的应纳税所得额中扣除。超过前述两项规定标准缴付的年金，均应并入个人当期的工资薪金所得，依法计征个人所得税。其中，企业年金个人缴费工资计税基数为本人上一年度月平均工资。月平均工资按国家统计局规定列入工资总额统计的项目计算，月平均工资超过职工工作地所在设区城市上一年度职工月平均工资 300% 的部分，不计入个人缴费工资计税基数。职业年金个人缴费工资计税基数为职工岗位工资和薪级工资之和，职工岗位工资和薪级工资之和超过职工工作地所在设区城市上一年度职工月平均工资 300% 的部分，不计入个人缴费工资计税基数。

年金基金投资运营收益分配计入个人账户时暂不缴纳。

个人达到国家规定的退休年龄领取年金，符合规定的不并入综合所得，全额单独计算应纳税款。按月领取的，适用月度税率表计算纳税；按季领取的，平均分摊计入各月，按每月领取额适用月度税率表计算纳税；按年领取的，适用综合所得税率表计算纳税。个人因出境定居而一次性领取的年金个人账户资金，或个人死亡后，其指定的受益人或法定继承人一次性领取的年金个人账户余额，适用综合所得税率表计算纳税。对个人除上述特殊原因外一次性领取年金个人账户资金或余额的，适用月度税率表计算纳税。

【做中学·计算题】中国公民王某在国内一家企业工作，2024 年 1 月份工资总额 19 300 元，含个人缴付的年金 500 元和按照规定缴付的"三险一金" 800 元。王某所在城市上一年度职工月平均工资为 3 500 元。王某本年度取得的工资与上年度相同，假设王某无其他扣除项目，计算王某 1 月工资收入预缴的个人所得税。

计算：王某所在地上一年度职工月平均工资的 3 倍 =3 500×3= 10 500（元）；10 500× 4%=420<500，因此当月计算个人所得税时允许扣除的年金为 420 元。1 月工资薪金预扣预缴的个人所得税 =（19 300-5 000-800-420）×3%=392.4（元）。

❷商业健康保险。对个人购买符合规定的商业健康保险产品的支出，允许在当年（月）计算应纳税所得额时予以税前扣除，扣除限额为 2 400 元/年（200 元/月）。

单位统一为员工购买符合规定的商业健康保险产品的支出，应分别计入员工个人工资薪金，视同个人购买，按上述限额予以扣除。

❸递延型养老保险支出。个人向个人养老金资金账户的缴费，按照 12 000 元/年的限额标准，在综合所得或经营所得中据实扣除。

计入个人养老金资金账户的投资收益暂不征收个人所得税。

个人领取的个人养老金，不并入综合所得，单独按照 3% 的税率计算缴纳个人所得税，其缴纳的税款记入"工资薪金所得"项目。

【做中学·计算题】中国公民赵燕，受聘于杭州市一家科技公司，2023 年 1 至 12 月每月取得工资薪金收入 13 600 元；任职单位每月按规定标准为其代缴"三险一金" 2 500 元；向单位报送专项附加扣除信息如下：上小学的儿子一人；尚在偿还贷款的于 5 年前购入的境内住房一套；年满 60 周岁的父母两人，赵燕为独生子女，所购住房为首套住房，夫妻约定子女教育和住房贷款利息全部由赵燕扣除。另外，赵燕 2023 年从甲公司取得劳务报酬收入 3 000 元，从乙公司取得稿酬收入 2 000 元；6 月份从丙公司取得劳务报酬收入 30 000 元，从丁公司取得特许权使用费收入 2 000 元。已知当年取得四项所得时已被支付方足额预扣预缴税款合计 6 036 元，没有大病医疗和减免收入及减免税额等情况，请依照现行税法规定，为刘某进行综合所得个人所得税的汇算清缴。（假设上述劳务报酬、稿酬、特许权使用费收入均为不含税收入）

计算：

年综合所得收入额 =（工资薪金收入）13 600×12+（劳务报酬收入额）（3 000+30 000）×（1-20%）+（稿酬收入额）2 000×（1-20%）×70%+（特许权使用费收入额）2 000×（1-20%）

=192 320（元）

年综合所得应纳税所得额 =（年综合所得收入额）192 320-（年减除费用）60 000-（年专项扣除）2 500×12-（年专项附加扣除）（3 000+2 000+1 000）×12

=30 320（元）

年应纳税额=30 320×3%=909.6（元）

年度汇算清缴应补（退）税额=（应纳税额）909.6-（预扣预缴税额）6 036=-5 126.4（元）

负数表示应退税，赵燕 2023 年度汇算清缴应退税额 5 126.4 元。

【税收助发展　惠及你我他】

推动个税改革　更好惠及民生

2023 年度国家税务总局减税降费"账单"出炉，其中由提高个税三项专项附加扣除标准政策的新增减税规模达 391.8 亿元。专项附加扣除来自 2019 年开始实施的新个税法。近年来，这项改革持续推进，在 2022 年新设 3 岁以下婴幼儿照护的扣除项目之后，2023 年 1 月 1 日起，又大幅提高了 3 岁以下婴幼儿照护、子女教育和赡养老人三项专项附加扣除标准。这一直接惠及"上有老下有小"群体的政策，进一步减轻了居民生育、抚养和赡养的负担，充分体现了减税的精准性、有效性。

个税与百姓生活息息相关，梳理 2023 年个税减税优惠政策，还有延续实施全年一次性奖金单独计税、换购住房个人所得税退税、年度汇算清缴补税金额不超过 400 元可免于办理个税综合所得汇算清缴等。这些政策的实施，能有效减轻居民税收负担，增强居民消费能力。相信随着个税制度更加完善，改革红利将更多惠及中低收入群体，收入调节功能也会进一步发挥，个税在国家治理中的作用将更加凸显。

（三）居民个人综合所得个人所得税预扣预缴

扣缴义务人向居民个人支付工资薪金所得、劳务报酬所得、稿酬所得、特许权使用费所得时，应按规定的方法预扣预缴个人所得税，并向主管税务机关报送"个人所得税扣缴申报表"。

1.居民个人工资薪金所得个人所得税预扣预缴。

居民个人工资薪金所得由扣缴义务人向居民个人支付工资薪金所得时，按照累计预扣法计算预扣预缴个人所得税。累计预扣法是指扣缴义务人在一个纳税年度内预扣预缴税款时，以纳税人在本单位截至当前月份工资薪金所得累计收入减计累计免税收入、累计减除费用、累计专项扣除、累计专项附加扣除和累计依法确定的其他扣除后的余额为累计预扣预缴应纳税所得额，适用个人所得税预扣率（见表6-3），计算累计应预扣预缴税额，再减除累计减免税额和累计已预扣预缴税额，其余额为本期应预扣预缴税额。公式表示如下：

$$本期应预扣预缴税额 = 累计预扣预缴应纳税所得额 \times 预扣率 - 速算扣除数 - 累计减免税额 - 累计已预扣预缴税额$$

$$累计预扣预缴应纳税所得额 = 累计收入 - 累计免税收入 - 累计减除费用 - 累计专项扣除 - 累计专项附加扣除 - 累计依法确定的其他扣除$$

上述公式中各项目具体说明：

（1）累计减免税额是指个人所得税法第五条规定的减免税额；免税收入是指个人工资薪金收入中包含的个人所得税法第四条规定的免税收入项目。

（2）累计减除费用、累计专项扣除、累计专项附加扣除及累计依法确定的其他扣除，均按规定或约定的月标准扣除额乘以纳税人当年截至本月在本单位的任职受雇月份数计算。

（3）计算居民个人工资薪金所得预扣预缴税额适用的预扣率、速算扣除数，按七级超额累进预扣率（见表6-3）执行。

（4）本期应预扣预缴税额为负值时，暂不退税。纳税年度终了后余额仍为负值时，由纳税人通过办理综合所得年度汇算清缴，多退少补。

【做中学·计算题】中国居民陈萍为某公司职员，2024年1月至3月公司每月应发工资30 000元，每月按规定标准代扣代缴"三险一金"4 500元，从1月起享受专项附加扣除共计2 000元，没有减免收入及减免税额等情况。分别计算1月至3月应为陈萍预扣预缴的个人所得税税额。

计算：

1月预扣预缴税额=（30 000-5 000-4 500-2 000）×3%=555（元）

2月预扣预缴税额=（30 000×2-5 000×2-4 500×2-2 000×2）×10%-2 520-555=625（元）

3月预扣预缴税额=（30 000×3-5 000×3-4 500×3-2 000×3）×10%-2 520-555-625=1 850（元）

其中，由于陈萍2月累计预扣预缴的应纳税所得额为37 000元，适用10%的税率，因此相比1月，2月应预扣预缴税额有所增加。

2.居民个人劳务报酬所得、稿酬所得、特许权使用费所得个人所得税预扣预缴。

扣缴义务人向居民个人支付劳务报酬、稿酬、特许权使用费时，应当按次或按月，根据预扣预缴应纳税所得额乘以适用预扣率计算应预扣预缴税额。公式表示如下：

劳务报酬所得：应预扣预缴税额=预扣预缴应纳税所得额×预扣率-速算扣除数

稿酬所得、特许权使用费所得：应预扣预缴税额=预扣预缴应纳税所得额×20%

上述公式应用时应注意：

（1）预扣预缴应纳税所得额计算：劳务报酬所得、稿酬所得、特许权使用费所得以收入减除费用后的余额为预扣预缴应纳税所得额；稿酬所得，可以在减除费用的基础上，再减按70%计算。

（2）减除费用确定规则：每次收入不超过4 000元的，减除费用按800元计算；每次收入在4 000元以上的，减除费用按20%计算。

（3）各项所得"次"的判定：劳务报酬所得、稿酬所得、特许权使用费所得，属于一次性收入的，以取得该项收入为一次；属于同一项目连续性收入的，以一个月内取得的收入为一次。

【做中学·计算题】赵云（中国公民）任职于苏州大学，2024年1月应邀为立新公司进行为期1天的员工培训，约定税前课酬为3 800元。请问立新公司应预扣预缴多少税额？

计算：赵云讲学所得属于"劳务报酬所得"，由支付单位预扣预缴。一次收入额3 800元低于4 000元，按规定以收入额减除800元后的余额为预扣预缴应纳税所得额。则立新公司预扣预缴个人所得税计算如下：

预扣预缴应纳税所得额=3 800-800=3 000（元）

预扣预缴应纳税所得额为3 000元，适用预扣率为20%，速算扣除数为零。

应预扣预缴税额=3 000×20%=600（元）

【做中学·计算题】中国公民王楷2024年1月出版一部小说，取得含税稿酬40 000元。出版社支付稿酬时应预扣预缴多少税额？

计算：出版社应按稿酬所得预扣预缴个人所得税，具体计算如下：

预扣预缴应纳税所得额=40 000×（1-20%）×70%=22 400（元）

应预扣预缴税额=22 400×20%=4 480（元）

3.预扣预缴税款计算方法的优化。

（1）为进一步支持稳就业、保就业，减轻当年新入职人员个人所得税预扣预缴阶段的税收负担，自2020年7月1日起，对一个纳税年度内首次取得工资薪金所得的居民个人，扣缴义务人在预扣预缴个人所得税时，可按照5 000元/月乘以纳税人当年截至本月月份数计算累计减除费用。上述首次取得工资薪金所得的居民个人，是指自纳税年度首月起至新入职时，未取得工资薪金所得或未按照累计预扣法预扣预缴过连续性劳务报酬所得个人所得税的居民个人。

（2）为进一步支持稳就业、保就业、促消费，助力构建新发展格局，自2021年1月1日起，对上一完整纳税年度内每月均在同一单位预扣预缴工资薪金所得个人所得税且全年工资薪金收入不超过60 000元的居民个人，扣缴义务人在预扣预缴本年度工资薪金所得个人所得税时，累计减除费用自1月起直接按照全年60 000元计算扣除。即在纳税人累计收入不超过60 000元的月份，暂不预扣预缴个人所得税；在其累计收入超过60 000元的当月及年内后续月份，再预扣预缴个人所得税。对按照累计预扣法预扣预缴劳务报酬所得个人所得税的居民个人，扣缴义务人比照上述规定执行。

（四）居民个人全年一次性奖金个人所得税计算

1.年终奖范围。

全年一次性奖金是指行政机关、企事业单位等扣缴义务人根据其全年经济效益和对雇员全年工作业绩的综合考核情况，向雇员发放的一次性奖金，包括年终加薪、实行年薪制和绩效工资办法的单位根据考核情况兑现的年薪和绩效工资。雇员取得除全年一次性奖金以外的其他各种名目奖金，如半年奖、季度奖、加班奖、先进奖、考勤奖等，一律与当月工资薪金收入合并缴纳个人所得税。

2.年终奖计税方法。

居民个人取得全年一次性奖金，在2027年12月31日前，可以选择不并入当年综合所得，以全年一次性奖金收入除以12个月得到的数额，按照按月换算后的综合所得税率表

（见表6-5）确定的适用税率和速算扣除数，单独计算纳税，也可以选择并入当年综合所得计算纳税。在一个纳税年度内，对每一个纳税人，该计税办法只允许采用一次。选择单独计算时按以下步骤计算：

（1）找税率。全年一次性奖金收入除以12个月得到的数额，按照月度税率表找税率。

（2）单独计算应纳税额。

$$应纳税额 = 全年一次性奖金收入 \times 适用税率 - 速算扣除数$$

【做中学·计算题】王平为杭州市居民，2024年1月从其任职单位取得年终奖金36 000元，王平选择单独一次计税，计算王平取得的年终奖金应纳税额。

分析：年终奖金36 000元除以12后，每月平均3 000元，对照年终奖税率表得到，税率为3%，速算扣除数为0，则应纳税额为：

$$年终奖金应纳税额 = 36\ 000 \times 3\% - 0 = 1\ 080（元）$$

（五）无住所居民个人综合所得计税方法的特殊规定

根据财政部　税务总局公告2019年第35号文件规定，无住所居民个人取得综合所得，年度终了后，应按年计算个人所得税；有扣缴义务人的，由扣缴义务人按月或按次预扣预缴税款；需要办理汇算清缴的，按照规定办理汇算清缴，年度综合所得应纳税额计算公式如下：

$$年度综合所得应纳税额 = \left(\begin{array}{c}年度工资\\薪金收入额\end{array} + \begin{array}{c}年度劳务\\报酬收入额\end{array} + \begin{array}{c}年度稿酬\\收入额\end{array} + \begin{array}{c}年度特许权\\使用费收入额\end{array} - \begin{array}{c}减除\\费用\end{array} - \begin{array}{c}专项\\扣除\end{array} - \begin{array}{c}专项附\\加扣除\end{array} - \begin{array}{c}依法确定的\\其他扣除\end{array}\right) \times \begin{array}{c}适用\\税率\end{array} - \begin{array}{c}速算\\扣除数\end{array}$$

上式中的年度工资薪金、劳务报酬、稿酬、特许权使用费收入额分别按年度内每月工资薪金以及每次劳务报酬、稿酬、特许权使用费收入额合计数额计算。其中，工资薪金所属于当月境内工作天数不足月的，应对当月工资薪金收入额进行调整。

1.在境内居住累计满183天的年度连续不满6年的无住所居民个人，根据个人所得税法规定的优惠条件，其取得的全部工资薪金所得中，属于境外工作期间且由境外单位或个人支付的工资薪金所得，免征个人所得税，对此应对工资薪金收入额进行调整。

公式一：$\dfrac{当月工资}{薪金收入额} = \dfrac{当月境内外}{工资薪金总额} \times \left(1 - \dfrac{当月境外支付}{当月境内外工资薪金总额} \times \dfrac{当月工资薪金数额}{} \times \dfrac{当月工资薪金所属工作期间境外工作天数}{当月工资薪金所属工作期间公历天数或}\right)$

公式二：$\dfrac{当月工资}{薪金收入额} = \dfrac{当月境内支付}{工资薪金数额} + \dfrac{当月境外支付}{工资薪金数额} \times \dfrac{当月工资薪金所属工作期间境内工作天数}{当月工资薪金所属工作期间公历天数}$

【做中学·计算题】杰克为在某外商投资企业任职的美国籍专家，2024年2月15日来北京，11月15日离开中国回美国。在中国工作期间，境内机构每月支付工资30 000元，美国公司每月支付工资折合人民币60 000元。不考虑专项扣除及专项附加扣除因素，计算2024年2月份和11月份杰克应缴纳个人所得税税额。

计算：本例美籍专家杰克属于在境内居住累计满183天的年度连续不满6年的无住所居民个人。根据在境内停留的当天不足24小时按半天计算境内工作天数的规定，2024年2月份共29天，杰克在境内工作天数为14.5天，2024年11月份共30天，杰克在境外工作天数为15.5天。

（公式二）2月工资薪金收入额=30 000+60 000×14.5÷29=60 000（元）

2月份应纳税额=（60 000-5 000）×10%-2 520=2 980（元）

（公式一）11月工资薪金收入额=90 000×（1-60 000÷90 000×15.5÷30）=59 000（元）

11月份应纳税额=（59 000-5 000）×10%-2 520=2 880（元）

2.无住所居民个人在境内居住累计满183天的年度连续满6年的，其从境内、境外取得的全部工资薪金所得均应并入收入额计算缴纳个人所得税。

二、非居民个人工资薪金，劳务报酬、稿酬及特许权使用费所得应纳税额计算

非居民个人工资薪金所得、劳务报酬所得、稿酬所得及特许权使用费所得个人所得税，由扣缴义务人向非居民个人支付各项所得时，分别按以下方法计算代扣代缴：

（一）非居民个人当月取得工资薪金所得的计税方法

非居民个人的工资薪金所得，以每月收入额减除费用5 000元后的余额为应纳税所得额，适用按月换算后的综合所得税税率（见表6-5）计算应纳税额。具体按非居民个人是否为高管人员分两种情形计算。

1.非居民个人为非高管工资薪金个人所得税计算。

（1）境内居住时间累计不超过90天的情形。

在一个纳税年度内，在境内累计居住不超过90天的非居民个人，仅就归属于境内工作期间由境内雇主支付或负担的工资薪金所得计算缴纳个人所得税。

当月工资薪金收入额按下列公式计算：

$$当月工资薪金收入额=当月境内外工资薪金总额×\frac{当月境内支付工资薪金数额}{当月境内外工资薪金总额}×\frac{当月工资薪金所属工作期间境内工作天数}{当月工资薪金所属工作期间公历天数}$$

【做中学·计算题】美国籍专家杰克，2024年4月15日因公来北京工作，6月在中国工作了15天后回国。在中国工作期间，境内机构每月支付工资30 000元，美国公司每月支付工资折合人民币60 000元。计算2024年6月杰克应缴纳个人所得税税额。

计算：根据题意判断，杰克属于在境内居住时间累计不超过90天的非居民个人。因此，只就境内工作期间由境内雇主支付的工资薪金缴纳个人所得税。6月份杰克在境内工作天数为15天。

6月份工资薪金收入额=90 000×30 000÷90 000×15÷30=15 000（元）

6月份工资薪金应纳个人所得税=（15 000-5 000）×10%-210=790（元）

（2）非居民个人境内居住时间累计超过90天不满183天的情形。

在一个纳税年度内，在境内累计居住超过90天但不满183天的非居民个人，取得归属于境内工作期间的工资薪金所得（包括境内支付和境外支付），均应计算缴纳个人所得税；其取得归属于境外工作期间的工资薪金所得，不征收个人所得税。

当月工资薪金收入额按下列公式计算：

$$当月工资薪金收入额=当月境内外工资薪金总额×\frac{当月工资薪金所属工作期间境内工作天数}{当月工资薪金所属工作期间公历天数}$$

【做中学·计算题】假设美籍专家杰克，2024年2月15日因公来北京工作，6月在中国工作了15天后回国。在中国工作期间，境内机构每月支付工资30 000元，美国公司每月支付工资折合人民币60 000元。计算2024年6月杰克应缴纳个人所得税税额。

计算：根据题意判断，杰克属于在境内居住时间累计超过90天但不满183天的非居民

个人。因此，应就其归属于境内工作期间的境内、境外支付的全部工资薪金缴纳个所得税。6月份境内工作天数为15天。

6月工资薪金收入额＝（30 000＋60 000）×15÷30＝45 000（元）

6月工资薪金应纳个人所得税＝（45 000－5 000）×30%－4 410＝7 590（元）

2.非居民个人为高管工资薪金个人所得税计算。

（1）境内居住时间累计不超过90天的情形。

在一个纳税年度内，在境内累计居住不超过90天的高管人员，其取得由境内雇主支付或负担的工资薪金所得应当计算缴纳个人所得税；不是由境内雇主支付或负担的工资薪金所得，不缴纳个人所得税。当月工资薪金收入额为当月境内支付或负担的工资薪金收入额。

（2）在境内居住时间累计超过90天不满183天的情形。

在一个纳税年度内，在境内居住累计超过90天但不满183天的高管人员，其取得的工资薪金所得，除归属于境外工作期间且不是由境内雇主支付或负担的部分外，应当计算缴纳个人所得税。当月工资薪金收入额计算公式如下：

$$\text{当月工资薪金收入额} = \text{当月境内外工资薪金总额} \times \left(1 - \frac{\text{当月境外支付工资薪金数额}}{\text{当月境内外工资薪金总额}} \times \frac{\text{当月工资薪金所属工作期间境外工作天数}}{\text{当月工资薪金所属工作期间公历天数}}\right)$$

【做中学·计算题】某外籍个人自2024年1月1日起由境外总机构派往中国境内分公司担任副总经理，境内公司每月支付其工资20 000元。同时，境外总机构每月支付其工资折合人民币30 000元。该外籍个人2024年1至5月均在中国境内履职，6月在境内工作20天后离境回国工作。计算该外籍个人2024年度每月工资薪金所得应纳个人所得税税额。

计算：该外籍个人属于境内企业的高层管理人员，且2024年在华居住时间超过90天不满183天，其取得的工资薪金所得，除归属于境外工作期间且不是由境内雇主支付或负担的部分外，均应缴纳个人所得税。

2024年1月至5月，该外籍个人每月的应税工资薪金收入额分别为50 000元。

每月应纳个人所得税额＝（50 000－5 000）×10%－2 520＝1 980（元）

6月的应税工资薪金收入额＝50 000×（1－30 000÷50 000×10÷30）＝40 000（元）

当月应纳个人所得税额＝（40 000－5 000）×3%＝1 050（元）

7月至12月每月的应税工资薪金收入额为20 000元，则：

7月至12月每月应纳个人所得税额＝（20 000－5 000）×3%＝450（元）

（二）取得劳务报酬所得、稿酬所得、特许权使用费所得的计税方法

非居民个人取得来源于境内的劳务报酬所得、稿酬所得、特许权使用费所得，以每次收入额为应纳税所得额，适用月度税率（见表6-5）计算应纳税额。其中，劳务报酬所得、稿酬所得、特许权使用费所得以收入额减除20%的费用后的余额为收入额；稿酬所得的收入额再减按70%计算。

【做中学·计算题】甲企业购入杰克（美国籍）发明的一项专利技术的使用权。合同约定的使用费为30 000元，个人所得税由杰克个人承担。计算甲企业应代扣代缴的个人所得税税额。

分析：杰克为非居民个人，其转让的专利技术在中国境内使用，因此中国企业支付给杰克使用费时，应代扣代缴其个人所得税。扣缴税额计算如下：

应纳税所得额=30 000×（1-20%）=24 000（元）

应纳税额=24 000×20%-1 410=3 390（元）

> **注意**
>
> 非居民个人在一个纳税年度内税款扣缴方法保持不变，当达到居民个人条件时，年度终了后应按照居民个人有关规定办理汇算清缴。

三、经营所得税额计算

个体工商户、个人独资企业、合伙企业个人合伙人（以下统称纳税人）的经营所得个人所得税实行按年计算、分月或分季预缴、年终汇算清缴、多退少补的方法计征。账册健全的纳税人适用查账征收。有下列情形之一的纳税人适用核定征收：依照国家有关规定应当设置但未设置账簿的；虽设置账簿，但账目混乱或成本资料、收入费用凭证残缺不全，难以查账的；发生纳税义务未按规定的期限办理纳税申报，经税务机关责令限期申报，逾期仍不申报的。

（一）查账征收

1.应纳税额计算。

个体工商户应纳税额的计算公式如下：

应纳税额=应纳税所得额×适用税率-速算扣除数

实行查账征收的个人投资者，兴办一个企业的，比照个体工商户经营所得应纳税额的计算方法。投资者兴办两个或两个以上企业的，并且企业性质全部是独资的，年度终了后汇算清缴税额具体计算方法如下：汇总其投资兴办的所有企业的经营所得作为应纳税所得额，以此确定适用税率，计算出全年经营所得的应纳税额，再根据每个企业的经营所得占所有企业经营所得的比例，分别计算出每个企业的应纳税额和应补缴税额。计算公式如下：

应纳税所得额=各个企业的经营所得

应纳税额=应纳税所得额×税率-速算扣除数

本企业应纳税额=应纳税额×本企业的经营所得÷各个企业的经营所得

本企业应补缴的税额=本企业应纳税额-本企业预缴的税额

2.经营所得计税依据确定。

个体工商户、个人独资企业、合伙企业个人合伙人生产经营所得个人所得税的计税依据为应纳税所得额，其确定的原理相同，均指纳税人每一纳税年度的收入总额减除成本、费用、税金、损失、其他支出以及允许弥补的以前年度亏损后的余额。除以下特殊规定外，应纳税所得额的扣除项目及相关政策规定与企业所得税基本一致：

（1）生产经营费用和个人、家庭费用。

个体工商户生产经营活动中，应当分别核算生产经营费用和个人、家庭费用。对于生产经营与个人、家庭生活混用难以分清的费用，其40%视为与生产经营有关费用，准予扣除。

个人独资企业、合伙企业投资者及其家庭发生的生活费用不允许在税前扣除。投资者及其家庭发生的生活费用与企业生产经营费用混合在一起，并且难以划分的，全部视为投资者个人及其家庭发生的生活费用，不允许在税前扣除。

（2）捐赠支出。

非公益性捐赠支出，不得扣除。公益性捐赠支出，除符合法定条件可全额扣除外，其他公益性捐赠支出，不超过其应纳税所得额30%的部分，可据实扣除。

（3）工资薪金支出。

纳税人实际支付给从业人员的、合理的工资薪金支出，准予扣除。业主本人实际领取的工资薪金不得据实扣除，但对没有综合所得的纳税人（业主），计算其每一纳税年度的应纳税所得额时，可减除费用60 000元、专项扣除、专项附加扣除以及依法确定的其他扣除。专项附加扣除在办理汇算清缴时减除。

（4）补充养老医疗保险支出。

纳税人为从业人员缴纳的补充养老保险、补充医疗保险支出，分别在不超过从业人员工资总额5%标准内的部分据实扣除；超过部分，不得扣除。

业主为本人缴纳的补充养老保险、补充医疗保险支出，以当地（地级市）上年度社会平均工资的3倍为计算基数，分别在不超过该计算基数5%标准内的部分据实扣除；超过部分，不得扣除。

（5）三项经费支出。

纳税人拨缴的工会经费及发生的职工福利费、职工教育经费分别在工资薪金总额2%、14%、2.5%的标准内据实扣除。业主本人拨缴的工会经费及发生的职工福利费、职工教育经费，以当地（地级市）上年度社会平均工资的3倍为计算基数，在上述相同比例内据实扣除。其中，从业人员的职工教育经费超比例部分，可以结转以后年度扣除，但业主的职工教育经费超比例部分不得结转以后年度扣除。

（6）"三新"研发费用支出。

纳税人研究开发新产品、新技术、新工艺所发生的开发费用，以及研究开发新产品、新技术而购置单台价值在10万元以下的测试仪器和试验性装置的购置费准予直接扣除；单台价值在10万元以上（含10万元）的测试仪器和试验性装置，按固定资产管理，不得在当期直接扣除。

（7）税收优惠。

2023年1月1日至2027年12月31日，对个体工商户年应纳税所得额不超过200万元的部分，减半征收个人所得税。此项优惠可以与其享受的其他个人所得税优惠政策叠加享受，且不受其征收方式限制。预缴税款时，年应纳税所得额暂按截至申报所属期末的实际金额判断，在年度汇算清缴时按年计算、多退少补。有两处以上经营所得，在办理年度汇总纳税申报时，需要合并其经营所得年应纳税所得额，重新计算减免税额，多退少补。减免税额的计算方法如下：

$$减免税额 = \left(经营所得应纳税所得额不超过200万元部分的应纳税额 - 其他政策减免税额 \times \frac{经营所得应纳税所得额不超过200万元部分}{经营所得应纳税所得额} \right) \times 50\%$$

（8）合伙企业应纳税所得额确定。

合伙人应对合伙企业的生产经营所得和其他所得按下列顺序确定应纳税所得额：按照合伙协议约定的分配比例确定；合伙协议未约定或约定不明确的，按合伙人协商决定的分配比例确定；协商不成的，按照合伙人实缴出资比例确定；无法确定出资比例的，按照合伙人数量平均计算。

【做中学·计算题】王亚为某快餐店业主并办理了个体工商户注册登记。2023年，取得餐饮服务收入200万元（不含增值税）；发生营业成本140万元、税费10万元（不含增值税）、管理费用30万元、销售费用15万元。分析相关账簿资料：

❶在管理费用中列支业务招待费2万元。

❷在销售费用中列支广告费1万元。

❸列支从业人员全年工资28.8万元、业主全年工资9.6万元。

❹列支职工福利费0.7万元，其中，从业人员发生的福利费为0.6万元，业主发生的福利费为0.1万元，当地上年度社会平均工资为4万元。

❺当年向朋友借款30万元（借款期限1年），支付利息费用2万元，同期同类金融机构贷款利息率为4%。

❻当年为从业人员列支人寿险0.4万元。

假设业主本人符合税法规定的专项扣除、专项附加扣除和其他扣除共计为1.8万元且平时均未扣除。1月至12月累计预缴个人所得税0.1万元。

请为王亚办理2023年度生产经营所得个人所得税汇算清缴。

计算：

（1）会计利润=200-140-10-30-15=5（万元）

（2）进行纳税调整分析：

❶业务招待费：业务招待费扣除标准1=2×60%=1.2（万元），扣除标准2=200×5‰=1（万元），两者比较，实际可税前扣除的业务招待费为1万元，应调增应纳税所得额=2-1=1（万元）。

❷广告费：扣除标准=200×15%=30（万元），实际发生额小于扣除标准，不需要纳税调整。

❸工资薪金支出：从业人员工资支出可据实税前扣除，不需要纳税调整；业主工资不能扣除，需调增应纳税所得额9.6万元。

❹职工福利费：从业人员扣除标准=28.8×14%=4.032（万元），业主扣除标准=4×3×14%=1.68（万元），实际发生额均小于扣除标准，不需要纳税调整。

❺利息支出：利息扣除标准=30×4%=1.2（万元），实际发生额大于扣除标准，调增应纳税所得额=2-1.2=0.8（万元）。

❻商业保险：为从业人员列支人寿险不得税前扣除，需调增应纳税所得额0.4万元。

❼业主扣除费用6万元，业主本人的专项扣除、专项附加扣除和其他扣除共计1.8万元，准许在税前列支，分别调减应纳税所得额。

（3）应纳税所得额=5+1（业务招待费）+9.6（业主工资）+0.8（利息）+0.4（人寿险）-6（业主扣除费用）-1.8（业主专项扣除、专项附加扣除和其他扣除）=9（万元）

（4）年应纳税额=9×10%-0.15=0.75（万元）

（5）汇算清缴应补税额=0.75-0.1=0.65（万元）

四、财产租赁所得应纳税额计算

财产租赁所得按次计征个人所得税，其所得以1个月内取得的收入为一次。其应纳税额计算公式为：

（次）应纳税额=（次）应纳税所得额×税率

其中，应纳税所得额为每次取得的收入，定额或定率减除规定费用后的余额。具体扣除费用顺序如下：

（1）财产租赁过程中缴纳的税费：城市维护建设税及附加、房产税。

（2）转租时向出租方支付的租金。

（3）由纳税人负担的该出租财产实际开支的修缮费用：以每次800元为限，一次扣不完的，准予在下一次继续扣除，直到扣完为止。

（4）税法规定的费用扣除标准：每次收入不超过4 000元的，定额减除费用800元；每次收入在4 000元以上的，定率减除收入额20%的费用。

其应纳税所得额计算公式如下：

（1）每次收入不超过4 000元的：

应纳税所得额=每次（月）收入额-准予扣除项目-修缮费用（800为限）-800

（2）每次收入超过4 000元的：

应纳税所得额=［每次（月）收入额-准予扣除项目-修缮费用（800为限）］×（1-20%）

【做中学·计算题】陈平于2024年1月将其自有的公寓按市场价出租给张某居住，每月取得租金收入为2 500元。

要求：

（1）计算陈平1月租金收入应缴纳的个人所得税。

（2）假定当年2月，因下水道堵塞，发生维修费用1 000元，有维修部门的正式收据，计算陈平2月、3月租金收入应缴纳的个人所得税。

计算：（1）1月应纳税额=（2 500-800）×10%=170（元）

（2）2月应纳税额=（2 500-800-800）×10%=90（元）

3月应纳税额=（2 500-200-800）×10%=150（元）

五、财产转让所得应纳税额计算

财产转让所得以个人每次转让财产取得的收入额减除财产原值和相关税费后的余额为应纳税所得额。其中，"每次"是指以一件财产的所有权一次转让取得的收入为一次。

财产转让所得中允许扣除的财产原值应根据不同财产确定。

1.有价证券。其原值为买入价以及买入时按规定缴纳的有关费用。一般情况下，转让债券采用"加权平均法"确定其应予减除的财产原值和合理费用。计算公式如下：

$$\frac{\text{一次卖出某一种类的债券}}{\text{允许扣除的买价和费用}}=\frac{\text{购进该种类债券买入价和}}{\text{买进过程中缴纳的税费总和}}\times\frac{\text{本次卖出的该种类债券数量}}{\text{购进该种类债券总数量}}+\frac{\text{卖出该种类债券}}{\text{过程中缴纳的税费}}$$

$$\frac{\text{每次卖出债券应纳}}{\text{个人所得税额}}=\left(\frac{\text{该次卖出}}{\text{该类债券收入}}-\frac{\text{该次卖出该类债券允许}}{\text{扣除的买价和费用}}\right)\times20\%$$

【做中学·计算题】王平本期购入债券1 000份，每份买入价10元，支付买入债券的税费共计150元。本期内将买入的债券一次卖出600份，每份卖出价12元，支付卖出债券的税费共计110元。计算王平售出债券应缴纳的个人所得税。

计算：一次卖出债券应扣除的买价及费用=（10 000+150）÷1 000×600+110=6 200（元）

应缴纳的个人所得税=（600×12-6 200）×20%=200（元）

2.建筑物。其原值为建造费或购进价格以及其他有关税费。

3.土地使用权。其原值为取得土地使用权所支付的金额、开发土地的费用以及其他有关税费。

4.机器设备、车船。其原值为购进价格、运输费、安装费，以及其他有关费用。

5.其他财产。其原值参照以上方法确定。如果纳税人未提供完整、准确的财产原值凭证，不能正确计算财产原值，由主管税务机关核定其财产原值。

财产转让所得中允许减除的合理费用，是指卖出财产时按照规定支付的有关费用。

财产转让所得应纳税额的基本计算公式如下：

应纳税额=（每次收入额-财产原值-合理费用）×20%

【做中学·计算题】李平建房一幢，造价360 000元，支付其他费用55 000元。房屋建成后出售，售价600 000元，在售房过程中按规定支付交易费等相关税费35 000元。计算李平出售房屋应纳个人所得税税额。

计算：应纳税所得额=600 000-（360 000+55 000）-35 000=150 000（元）

应纳个人所得税=150 000×20%=30 000（元）

六、利息、股息、红利所得应纳税额计算

利息、股息、红利所得以个人每次取得的收入额为应纳税所得额，不得扣除任何费用。

每次收入是指支付单位或个人支付利息、股息、红利时，个人所取得的收入。对于股份制企业在分配股息、红利时，以股票形式向股东个人支付应得的股息、红利，应以红股的股票票面金额为收入额计征个人所得税。利息、股息、红利所得应纳税额的计算公式如下：

应纳税额=每次收入额×20%

七、偶然所得应纳税额计算

偶然所得和其他所得以个人每次取得的收入额为应纳税所得额，不扣除任何费用。偶然所得以每次取得该项收入为一次。偶然所得应纳税额的计算公式为：

应纳税额=每次收入额×20%

八、公益救济性捐赠计税方法

个人发生的公益救济性捐赠支出允许从应纳税所得额中扣除。一般捐赠额的扣除以不超过纳税人申报应纳税所得额的30%为限。其计算公式为：

捐赠扣除限额=申报的应纳税所得额×30%

当实际捐赠额≤捐赠扣除限额时：允许扣除的捐赠额=实际捐赠额

当实际捐赠额＞捐赠扣除限额时：允许扣除的捐赠额=捐赠扣除限额

应纳税所得额=申报的应纳税所得额-允许扣除的捐赠额

应纳税额=应纳税所得额×适用税率-速算扣除数

【做中学·计算题】某歌星参加某单位举办的演唱会，取得出场费收入80 000元，将其中30 000元通过当地教育机构捐赠给某希望小学。计算该歌星上述所得应纳个人所得税税额。

计算：❶未扣除捐赠的应纳税所得额=80 000×（1-20%）=64 000（元）

❷捐赠扣除限额=64 000×30%=19 200（元）

由于实际捐赠额大于扣除限额，税前只能按扣除限额扣除。

❸应缴纳的个人所得税=（64 000-19 200）×30%-2 000=11 440（元）

九、境外缴纳税额抵免的计税方法

为避免发生不同国家之间对同一所得重复征税，同时维护本国的税收权益，我国现行个人所得税法规定，居民个人从中国境外取得的所得，可以从其应纳税额中抵免已在境外缴纳的个人所得税税额，但抵免额不得超过该纳税人境外所得依照个人所得税法规定计算的应纳税额。

所称已在境外缴纳的个人所得税税额，是指居民个人来源于中国境外的所得，依照该所得来源国家（地区）的法律应当缴纳并且实际已经缴纳的所得税税额；所称纳税人境外所得依照个人所得法规定计算的应纳税额，是居民个人抵免已在境外缴纳的综合所得、经营所得以及其他所得的所得税税额的限额（以下简称抵免限额）。除国务院财政、税务主管部门另有规定外，来源于中国境外一个国家（地区）的综合所得抵免限额、经营所得抵免限额以及其他所得抵免限额之和，为来源于该国家（地区）所得的抵免限额。

居民个人在中国境外一个国家（地区）实际已经缴纳的个人所得税税额，低于依照前述规定计算出的来源于该国家（地区）所得的抵免限额的，应当在中国缴纳差额部分的税款；超过来源于该国家（地区）所得的抵免限额的，其超过部分不得在本纳税年度的应纳税额中抵免，但是可以在以后纳税年度来源于该国家（地区）所得的抵免限额的余额中补扣。补扣期限最长不得超过5年。

根据上述规定，境外所得应抵免额及应补税额具体可按以下步骤计算：

第一步，计算来自某国或地区的抵免额。遵循"分国分项"计算原则，具体可用公式表示如下：

$$\text{来源于一国（地区）的综合所得抵免额} = \text{中国境内、境外综合所得依照个人所得税法规定计算的综合所得应纳税总额} \times \frac{\text{来源于该国(地区)的综合所得收入额}}{\text{中国境内、境外综合所得收入总额}}$$

$$\text{来源于一国（地区）的经营所得抵免额} = \text{中国境内、境外综合所得依照个人所得税法规定计算的经营所得应纳税总额} \times \frac{\text{来源于该国(地区)的经营所得应纳税所得额}}{\text{中国境内、境外经营所得的应纳税所得额}}$$

$$\text{来源于一国（地区）的其他所得项目抵免额} = \text{来源于该国（地区）的其他所得项目依照个人所得税法计算的应纳税额}$$

第二步，判断允许抵免额。遵循"分国不分项"确定原则，具体用公式表示如下：

$$\text{来源于一国（地区）所得的抵免额} = \text{来源于该国（地区）综合所得抵免额} + \text{来源于该国（地区）经营所得抵免额} + \text{来源于该国（地区）的其他所得项目抵免额}$$

当在境外实际缴纳税额<抵免限额时：

允许抵免额=境外实际缴纳税额

当在境外实际缴纳税额>抵免限额时：

允许抵免额=抵免限额

第三步，计算应纳税额。

应纳税额=∑来自某国或地区的某一综合所得、经营所得和其他所得应纳税额－允许抵免额

【做中学·计算题】某美国籍来华人员A先生已在中国境内居住7年。2023年取得美国一家公司净支付的薪金208 000元（折合成人民币，下同），已被扣缴个人所得税12 000元。同月还从加拿大取得净股息所得8 500元，已被扣缴个人所得税1 500元。经核查，境外完税凭证无误。依照中国个人所得税法规定可享受的综合所得的扣除项目有：基本扣除费用60 000元，享受子女教育、赡养老人两项专项附加扣除共计48 000元。计算A先生境

外所得在我国境内应补缴的个人所得税。

计算：该纳税人上述来源于两国的所得应分国计算抵免限额。

❶来自美国所得的抵免限额＝（208 000+12 000-60 000-48 000）×10%-2 520=8 680（元）

❷来自加拿大所得的抵免限额＝（8 500+1 500）×20%=2 000（元）

❸由于该纳税人在美国已被扣缴的所得税额大于抵免限额，允许抵扣的税额为8 680元，无须在中国补缴税款；在加拿大已被扣缴的所得税额小于抵免限额，1 500元可全额扣除，不足部分500元需在中国补缴税款。

❹应补缴个人所得税=2 000-1 500=500（元）

随堂演练

①单选题

1.下列关于居民个人综合所得个人所得税征收管理的说法中，错误的是（　　）。（知识点：综合所得税额计算）

A.居民个人综合所得按年计算个人所得税

B.有扣缴义务人的，由扣缴义务人按月或按次预扣预缴税款

C.年度预扣预缴税额与年度应纳税额不一致的，由居民个人于次年3月1日至6月30日向主管税务机关办理综合所得年度汇算清缴，税款多退少补

D.年度终了，居民个人必须于次年3月1日至6月30日向主管税务机关办理综合所得年度汇算清缴，税款多退少补

2.下列关于综合所得的说法中，正确的有（　　）。（知识点：综合所得税额计算）

A.综合所得是指居民个人取得的工资薪金所得、劳务报酬所得、稿酬所得、特许权使用费所得

B.综合所得是指个人取得的工资薪金所得、劳务报酬所得、稿酬所得、特许权使用费所得

C.综合所得是指个人取得的工资薪金所得、劳务报酬所得、稿酬所得、财产转让所得

D.综合所得是指居民个人取得的工资薪金所得、劳务报酬所得、稿酬所得、财产租赁所得

3.下列关于居民个人综合所得应纳税所得额计算扣除项目的说法中，错误的是（　　）。（知识点：综合所得税额计算）

A.基本减除费用为每人每月5 000元

B.专项扣除项目包括基本养老保险、基本医疗保险、失业保险和住房公积金

C.专项扣除项目包括基本养老保险、基本医疗保险、失业保险、生育保险和住房公积金

D.个人购买符合国家规定的商业健康保险费可在每人每月200元的限额内扣除

4.以下各项中，不属于专项附加扣除项目的是（　　）。（知识点：综合所得税额计算）

A.子女教育支出　　　　　　　　　　　B.继续教育支出

C.住房贷款利息支出　　　　　　　　　D.商业健康保险支出

5.下列关于子女教育附加扣除项目的表述中，错误的是（　　）。（知识点：综合所得税额计算）

A.子女教育包括学前教育阶段和全日制学历教育阶段

B.学前教育阶段为子女年满3周岁当月至小学入学前一月

C.学历教育阶段为子女接受全日制学历教育入学的当月至全日制学历教育结束的当月，含因病或其他非主观原因休学但学籍继续保留的期间以及按规定享受的寒暑假

D.学历教育阶段为子女接受全日制学历教育入学的当月至全日制学历教育结束的当月，不含因病或其他非主观原因休学但学籍继续保留的期间以及按规定享受的寒暑假

6.下列关于继续教育附加扣除项目的表述中，错误的是（　　）。（知识点：综合所得税额计算）

A.学历（学位）继续教育，为在中国境内外接受学历（学位）继续教育入学的当月至学历（学位）

继续教育结束的当月

B.同一学历（学位）继续教育的扣除期限最长不得超过48个月

C.技能人员职业资格继续教育、专业技术人员职业资格继续教育，为取得相关证书的当年

D.个人接受本科及以下学历（学位）继续教育，符合个人所得税法规定扣除条件的，可以选择由其父母扣除，也可以选择由本人扣除

7.下列关于住房贷款利息附加扣除的表述中，错误的是（　　）。（知识点：综合所得税额计算）

A.纳税人本人或配偶单独或共同使用商业银行或住房公积金个人住房贷款为本人或其配偶购买住房发生的首套住房贷款利息支出可以扣除

B.住房贷款利息支出扣除时间为在实际发生贷款利息的年度，扣除期限最长不超过240个月

C.住房贷款利息支出按照每月1 000元的标准定额扣除

D.扣除期为贷款合同约定开始还款的当月至贷款全部归还或贷款合同终止的当月

8.下列关于住房租金附加扣除的表述中，错误的是（　　）。（知识点：综合所得税额计算）

A.夫妻双方主要工作城市相同的，只能由一方扣除住房租金支出

B.纳税人的配偶在纳税人的主要工作城市有自有住房的，视同纳税人在主要工作城市有自有住房

C.住房租金支出由签订租赁住房合同的承租人扣除

D.扣除期为租赁合同（协议）约定的房屋租赁期开始的次月至租赁期结束的当月

9.某居民个人取得设计报酬所得2 000元，则该笔所得应预扣预缴的个人所得税额为（　　）元。（知识点：劳务报酬所得预扣预缴）

A.36　　　　　　　　B.240　　　　　　　　C.400　　　　　　　　D.360

10.某居民个人取得稿酬所得10 000元，该笔所得应预扣预缴的个人所得税为（　　）元。（知识点：稿酬所得预扣预缴）

A.1 120　　　　　　　B.1 400　　　　　　　C.2 400　　　　　　　D.2 360

11.某个体工商户2023年取得主营业务收入及其他业务收入30万元，税金及附加为1.5万元，产品销售成本为12万元，其他费用和税务机关认可的损失合计2万元。该业主没有综合所得，全年累计缴纳"三险一金"2.4万元，累计专项附加扣除共计3.6万元。业主当年生产经营所得应缴纳的个人所得税为（　　）万元。（知识点：经营所得税额计算）

A.3.6　　　　　　　　B.0.13　　　　　　　C.0.7　　　　　　　　D.0.125

12.李平在A市开一店面，2023年2月出租给王某，经双方协议月租金为4 500元，租金自2023年3月开始计算，每3个月收取一次。2023年3月1日，李某收到租金13 500元。为出租，李某将房屋进行装修，发生装修费用2 300元，暂不考虑其他税金及附加。则2023年3月李平应缴纳的个人所得税为（　　）元。（知识点：财产租赁所得税额计算）

单选题

随堂演练

A.592　　　　　　　　B.0　　　　　　　　　C.720　　　　　　　　D.280

㈣多选题

1.下列关于居民个人劳务报酬所得税额计算的说法中，正确的有（　　）。（知识点：综合所得税额计算）

A.居民个人年度终了汇算清缴综合所得时，劳务报酬所得的收入为每次收入减除其20%的费用后的余额

B.扣缴义务人扣缴个人所得税时，劳务报酬所得的收入为每次收入减除其20%的费用后的余额

C.扣缴义务人扣缴个人所得税时，劳务报酬所得的收入为每次收入减800元后的余额

D.居民个人劳务报酬所得适用七级超额累进税率

2.下列关于子女教育支出扣除规定的表述中，正确的有（　　）。（知识点：综合所得税额计算）

A.纳税人子女接受全日制学历教育的相关支出，按每个子女每月2 000元的标准定额扣除

B.学前教育阶段的子女，按全日制学历教育支出相同政策执行

C.父母可以选择由其中一方按扣除标准的100%扣除，也可以选择由双方分别按扣除标准的50%扣除

D.在中国境内和中国境外接受教育的子女均可享受该扣除

3.下列关于继续教育附加扣除规定的表述中，正确的有（　　）。*（知识点：综合所得税额计算）*

A.纳税人在中国境内接受学历（学位）继续教育的支出，在学历（学位）教育期间按照每月400元定额扣除

B.同一学历（学位）继续教育的扣除期限不能超过48个月

C.纳税人接受技能人员职业资格继续教育、专业技术人员职业资格继续教育的支出扣除标准为定额3 600元

D.纳税人接受技能人员职业资格继续教育、专业技术人员职业资格继续教育的支出扣除时间为取得相关证书当年

4.下列关于大病医疗附加扣除的说法中，正确的有（　　）。*（知识点：综合所得税额计算）*

A.在一个纳税年度内，纳税人发生的与基本医保相关的医药费用支出，扣除医保报销后个人负担累计超过15 000元的部分，由纳税人在办理年度汇算清缴时据实扣除

B.扣除期限为医疗保障信息系统记录的医药费用实际支出的当年

C.纳税人发生的医药费用支出可以选择由本人或其配偶扣除

D.未成年子女发生的医药费用支出可以选择由其父母一方扣除

5.下列关于住房租金附加扣除的表述中，正确的有（　　）。*（知识点：综合所得税额计算）*

A.纳税人在主要工作城市没有自有住房而发生的住房租金支出可以按标准扣除

B.直辖市、省会（首府）城市、计划单列市以及国务院确定的其他城市扣除标准为每月1 500元

C.市辖区户籍人口超过100万的城市，扣除标准为每月1 100元

D.市辖区户籍人口不超过100万的城市，扣除标准为每月800元

6.下列关于赡养老人的附加扣除的表述中，正确的有（　　）。*（知识点：综合所得税额计算）*

A.纳税人的赡养老人赡养支出，无论是一位还是多位，均按照规定统一标准定额扣除

B.纳税人为独生子女的，按照每月3 000元的标准定额扣除

C.非独生子女的，由其与兄弟姐妹分摊每月3 000元的扣除额度，每人分摊的额度不能超过每月1 500元

D.被赡养人是指年满60岁的父母，以及子女均已去世的年满60岁的祖父母、外祖父母

7.计算综合所得的其他扣除项目包括（　　）。*（知识点：综合所得税额计算）*

A.个人缴纳的符合国家规定的企业年金

B.个人缴纳的符合国家规定的职业年金

C.个人购买符合国家规定的商业健康保险（扣除限额为每人每月200元）

D.税收递延型养老保险的支出

8.王一平2016年入职某公司，2023年每月应发工资均为18 000元，"三险一金"等专项扣除为2 404元，享受专项附加扣除共计7 100元，没有其他的减除收入及减免税额等情况。则2023年1月应预扣预缴税额计算正确的有（　　）。*（知识点：工资薪金所得预扣预缴）*

A.累计预扣预缴应纳税所得额=18 000-5 000-2 404-7 100=3 496（元）

B.累计预扣预缴应纳税所得额=18 000-2 404-7 100=8 496（元）

C.当月应扣税额=3 496×3%=104.88（元）

D.当月应扣税额=8 496×3%=254.88（元）

9.某居民个人取得专利权所得20 000元，则下列关于该笔所得应预扣预缴个人所得税的计算中，正确的有（　　）。*（知识点：特许权使用费所得预扣预缴）*

A.预扣预缴应纳税所得额=20 000×（1-20%）=16 000（元）

B.预扣预缴应纳税所得额=20 000-800=19 200（元）

C.应预扣预缴税额=16 000×20%=3 200（元）

D.应预扣预缴税额=19 200×20%=3 840（元）

10.下列关于全年一次性奖励个人所得税计算的说法中，正确的有（　　）。（知识点：全年一次性奖金税额计算）

A.居民个人在2027年12月31日前取得全年一次性奖金，既可以并入当年综合所得计算个人所得税，也可以单独一次计算个人所得税

B.居民个人在2023年1月1日以后取得全年一次性奖金，应并入当年综合所得计算缴纳个人所得税

C.全年一次性奖金计算个税时不减5 000元、专项扣除、专项附加扣除和依法确定的其他扣除

D.雇员取得除全年一次性奖金以外的其他各种名目奖金，如半年奖、季度奖、加班奖、先进奖、考勤奖等，一律与当月工资薪金收入合并计算缴纳个人所得税

11.王权自建房屋一栋，造价为40 000元，支付有关费用3 000元。2024年1月王权将此房屋出售，房屋售价为120 000元，在卖房过程中按规定支付各项费用合计5 000元。下列关于王权出售房屋所得个人所得税税额计算方法的表述中，正确的有（　　）。（知识点：税额计算）

A.王权出售房屋所得按"财产转让所得"缴纳个人所得税

B.应纳税所得额=每次收入额−财产原值−合理税费

C.应纳税所得额=120 000−（40 000+3 000）−5 000=72 000（元）

D.应纳税额=72 000×20%=14 400（元）

12.李震2024年2月1日购买福利彩票，中奖200 000元，领奖时拿出50 000元通过公益性社会团体捐赠给希望工程。下列关于李震上述所得个人所得税税额计算方法的表述中，正确的有（　　）。（知识点：税额计算）

A.捐赠扣除限额=200 000×30%=60 000（元）

B.纳税人实际捐赠额50 000元<捐赠扣除限额60 000元，则允许扣除的捐赠额=50 000元

C.应纳税所得额=200 000−50 000=150 000（元）

D.应纳税额=150 000×20%=30 000（元）

多选题

随堂演练

第四节　税收优惠

一、法定免税项目

根据《个人所得税法》及其实施条例相关规定，下列各项个人所得，免征个人所得税：

1.省级人民政府、国务院部委和中国人民解放军军以上单位，以及外国组织、国际组织颁发的科学、教育、技术、文化、卫生、体育、环境保护等方面的奖金。

2.国债利息、国家发行的金融债券利息。

3.按照国家统一规定发放的补贴、津贴。特指按照国务院规定发放的政府特殊津贴、院士津贴，以及国务院规定免纳个人所得税的其他补贴、津贴。

4.福利费、抚恤金、救济金。其中，福利费是指根据国家有关规定，从企业、事业单位、国家机关、社会组织提留的福利费或工会经费中支付给个人的生活补助费；救济金是指各级人民政府民政部门支付给个人的生活困难补助费。

5.保险赔款。

6.军人的转业费、复员费、退役金。

7.按照国家统一规定发给干部、职工的安家费、退职费、基本养老金或退休费、离休费、离休生活补助费。

8.依照有关法律规定应予免税的驻华使馆、领事馆的外交代表、领事官员和其他人员的所得。

9.中国政府参加的国际公约以及签订的协议中规定免税的所得。

10.国务院规定的其他免税所得。此条需报全国人民代表大会常务委员会备案。

二、法定减税项目

根据《个人所得税法》规定，有下列情形之一的，可以减征个人所得税，具体幅度和期限，由省、自治区、直辖市人民政府规定，并报同级人民代表大会常务委员会备案：

1.残疾、孤老人员和烈属的所得。

2.自然灾害造成重大损失的。

国务院可以规定其他减税情形，报全国人民代表大会常务委员会备案。

三、财政部、税务总局规定的其他减免税项目

1.对乡、镇（含乡、镇）以上人民政府或经县（含县）以上人民政府主管部门批准成立的有机构、有章程的见义勇为基金会或类似组织，奖励见义勇为者的奖金或奖品，免征个人所得税。

2.个人举报、协查各种违法、犯罪行为而获得的奖金，免征个人所得税。

3.个人购买体育彩票、社会福利有奖募捐奖券，凡一次中奖收入不超过1万元的，暂免征收个人所得税；超过1万元的，全额征收个人所得税。

4.个人取得单张有奖发票奖金所得不超过800元（含800元）的，暂免征收个人所得税；超过800元的，应全额征收个人所得税。

5.个人办理代扣代缴税款手续，按规定取得的扣缴手续费，免征个人所得税。

6.个人转让自用达5年以上，并且是唯一的家庭生活用房取得的所得，免征个人所得税。

7.享受国家发放的政府特殊津贴的专家、学者，达到离休、退休年龄，但确因工作需要适当延长离退休的，其在延长离休、退休期间的工资薪金所得，视同离休费、退休费免征个人所得税。

8.个人取得的教育储蓄存款利息所得以及国务院财政部门确定的其他专项储蓄存款或储蓄型专项基金存款的利息所得，免征个人所得税。

9.居民个人按照国家规定的范围和标准缴纳的基本养老保险、基本医疗保险、失业保险等社会保险费和住房公积金，允许在个人应纳税所得额中扣除，免征个人所得税。

10.个人实际领取原提存的基本养老保险金、基本医疗保险金、失业保险金和住房公积金时，免征个人所得税。

11.生育妇女按照县级以上人民政府根据国家有关规定制定的生育保险办法，取得的生育津贴、生育医疗费或其他属于生育保险性质的津贴、补贴，免征个人所得税。

12.对工伤职工及其近亲属按照《中华人民共和国工伤保险条例》规定取得的工伤保险待遇，免征个人所得税。

13.退役士兵按照《退役士兵安置条例》规定，取得的一次性退役金以及地方政府发放的一次性经济补助，免征个人所得税。

14.个人取得的2012年及以后年度发行的地方政府债券利息收入，免征个人所得税。

15.个人投资者持有2019年至2027年发行的铁路债券取得的利息收入,减按50%计入应纳税所得额计算征收个人所得税。税款由兑付机构在向个人投资者兑付利息时代扣代缴。

16.职工从依照国家有关法律规定宣告破产的企业取得的一次性安置费收入,免征个人所得税。

17.自2022年1月1日起,对法律援助人员按照《中华人民共和国法律援助法》规定获得的法律援助补贴,免征个人所得税。

四、关于外籍个人有关津补贴的政策

2019年1月1日至2027年12月31日期间,外籍个人符合居民个人条件的,可以选择享受个人所得税专项附加扣除,也可以选择按照《财政部　国家税务总局关于个人所得税若干政策问题的通知》(财税〔1994〕20号)、《国家税务总局关于外籍个人取得有关补贴征免个人所得税执行问题的通知》(国税发〔1997〕54号)和《财政部 国家税务总局关于外籍个人取得港澳地区住房等补贴征免个人所得税的通知》(财税〔2004〕29号)规定,享受住房补贴、语言训练费、子女教育费等津补贴免税优惠政策,但不得同时享受。外籍个人一经选择,在一个纳税年度内不得变更。

随堂演练

⊙单选题

1.个人取得的下列所得中,免征个人所得税的是(　　)。(知识点:减免税收优惠)

A.转让国债取得的所得

B.保险赔偿款

C.转让自用达3年的家庭唯一生活用房取得的所得

D.残疾补助

2.个人取得的下列所得中,不得享受免征个人所得税优惠的是(　　)。(知识点:减免税收优惠)

A.个人领取原提存的医疗保险金

B.被拆迁人依法取得的拆迁补偿款

C.个人举报、协查各种违法、犯罪行为而获得的奖金

D.企业职工参加本企业组织的运动会所获得的奖金

3.下列各项所得中,免征个人所得税的是(　　)。(知识点:减免税收优惠)

A.个人的房屋租赁所得

B.个人根据遗嘱继承房产的所得

C.外籍个人取得的现金住房补贴所得

D.个人因任职上市公司取得的股票增值权所得

4.根据个人所得税法律制度规定,下列各项中,应计算缴纳个人所得税的是(　　)。

(知识点:减免税收优惠)

A.个人举报犯罪行为而获得的奖金

B.个人购买体育彩票一次中奖1万元

C.国有企业职工因企业依法宣告破产,从破产企业取得的一次性安置费收入

D.个人取得单张有奖发票奖金900元

⊙多选题

1.下列项目不得享受个人所得税减免优惠的有(　　)。(知识点:减免税收优惠)

A.取得国家发行的金融债券利息　　　　　　B.外籍个人取得搬迁费的现金补贴

C.个人取得的教育储蓄存款利息　　　　　　D.个人取得的企业债券利息收入

E.个人取得保险赔偿

2.个人取得下列所得中，可以免征个人所得税的有（　　　）。（知识点：减免税收优惠）

A.外籍人员取得外商投资企业的股息、红利　　B.军人的转业安置费

C.个人取得的教育储蓄存款利息　　　　　　D.参加有奖销售获得的奖品

E.财产转租收入

3.依据个人所得税的相关规定，下列各项公益、救济性捐赠支出准予税前全额扣除的有（　　　）。

（知识点：减免税收优惠）

A.通过非营利性的社会团体向红十字事业的捐赠

B.通过国家机关向农村义务教育的捐赠

C.通过非营利性社会团体对新建公益性青少年活动场所的捐赠

D.通过非营利性的社会团体向重点文物保护单位的捐赠

E.通过非营利性的社会团体向贫困山区生产企业的捐赠

多选题

随堂演练

第五节　　　　　　　　　征收管理

一、扣缴申报管理办法

个人所得税以所得人为纳税人，以支付所得的单位或个人为扣缴义务人。扣缴义务人应当按照国家规定办理全员全额扣缴申报。**全员全额扣缴申报，是指扣缴义务人应当在代扣税款的次月15日内，向主管税务机关报送其支付所得的所有个人的有关信息、支付所得数额、扣除事项和数额、扣缴税款的具体数额和总额以及其他相关涉税信息资料。**

实行个人所得税全员全额扣缴申报的应税所得包括：工资薪金所得；劳务报酬所得；稿酬所得；特许权使用费所得；利息、股息、红利所得；财产租赁所得；财产转让所得；偶然所得。

扣缴义务人首次向纳税人支付所得时，应当按照纳税人提供的纳税人识别号等基础信息，并于次月扣缴申报时向税务机关报送。扣缴义务人对纳税人向其报告的相关基础信息变化情况，应当于次月扣缴申报时向税务机关报送。

扣缴义务人应当按照纳税人提供的信息计算税款、办理扣缴申报，不得擅自更改纳税人提供的信息。

扣缴义务人发现纳税人提供的信息与实际情况不符的，可以要求纳税人修改。纳税人拒绝修改的，扣缴义务人应当报告税务机关，税务机关应当及时处理。扣缴义务人依法履行代扣代缴义务，纳税人不得拒绝。纳税人拒绝的，扣缴义务人应当及时报告税务机关。

税务机关对扣缴义务人按照规定扣缴的税款，按年付给2%的手续费，不包括税务机关、司法机关等查补或责令补扣的税款。扣缴义务人领取的扣缴手续费可用于提升办税能力、奖励办税人员。

二、自行申报管理办法

自行纳税申报是指由纳税人自行在《个人所得税法》规定的纳税期限内，向税务机关申报取得的应税所得项目和数额，如实填写个人所得税纳税申报表，按相关规定计算应纳税额，并据此缴纳个人所得税的一种方法。

（一）自行申报范围

依据个人所得税相关规定，纳税人有下列情形之一的，应按规定办理自行纳税申报：（1）取得综合所得需要办理汇算清缴；（2）取得应税所得没有扣缴义务人；（3）取得应税所得、扣缴义务人未扣缴税款；（4）取得境外所得；（5）因移居境外注销中国户籍；（6）非居民个人在中国境内从两处以上取得工资薪金所得；（7）国务院规定的其他情形。

（二）取得综合所得需要办理汇算清缴的纳税申报

取得综合所得且符合下列情形之一的纳税人，应当依法办理汇算清缴：（1）从两处以上取得综合所得，且综合所得年收入额减除专项扣除后的余额超过6万元；（2）取得劳务报酬所得、稿酬所得、特许权使用费所得中一项或多项所得，且综合所得年收入额减除专项扣除的余额超过6万元；（3）纳税年度内预缴税额低于应纳税额；（4）纳税人申请退税。

需要办理汇算清缴的纳税人，应当在取得所得的次年3月1日至6月30日，向任职、受雇单位所在地主管税务机关办理纳税申报，并报送"个人所得税年度自行纳税申报表"。纳税人有两处以上任职、受雇单位的，选择向其中一处任职、受雇单位所在地主管税务机关办理纳税申报；纳税人没有任职、受雇单位的，向户籍所在地或经常居住地主管税务机关办理纳税申报。

纳税人办理综合所得汇算清缴，应当准备与收入、专项扣除、专项附加扣除、依法确定的其他扣除、捐赠、享受税收优惠等相关的资料，并按规定留存备查或报送。

（三）取得经营所得的纳税申报

纳税人取得经营所得，按年计算个人所得税，由纳税人在月度或季度终了后15日内，向经营管理所在地主管税务机关办理预缴纳税申报。在取得所得的次年3月31日前，向经营管理所在地主管税务机关办理汇算清缴。

（四）取得应税所得，扣缴义务人未扣缴税款的纳税申报

纳税人取得应税所得，扣缴义务人未扣缴税款的，应当区别以下情形办理纳税申报：

1.居民个人取得综合所得的，按照上述取得综合所得需要办理汇算清缴的纳税申报规定处理。

2.非居民个人取得工资薪金所得、劳务报酬所得、稿酬所得、特许权使用费所得的，应当在取得所得的次年6月30日前，向扣缴义务人所在地主管税务机关办理纳税申报。有两个以上扣缴义务人，且均未扣缴税款的，选择向其中一个扣缴义务人所在地主管税务机关办理纳税申报。非居民个人在次年6月30日前离境（临时离境除外）的，应当在离境前办理纳税申报。

3.纳税人取得利息、股息、红利所得，财产租赁所得，财产转让所得和偶然所得的，应当在取得所得的次年6月30日前，按相关规定向主管税务机关办理纳税申报。税务机关通知限期缴纳的，纳税人应当按照期限缴纳税款。

（五）取得境外所得的纳税申报

居民个人从中国境外取得所得的，应当在取得所得的次年3月1日至6月30日，向中国境内任职、受雇单位所在地主管税务机关办理纳税申报；在中国境内没有任职、受雇单位的，向户籍所在地或中国境内经常居住地主管税务机关办理纳税申报；户籍所在地与中国境内经常居住地不一致的，选择其中一地主管税务机关办理纳税申报；在中国境内没有

户籍的,向中国境内经常居住地主管税务机关办理纳税申报。

(六)因移居境外注销中国户籍的纳税申报

纳税人因移居境外注销中国户籍的,应当在申请注销中国户籍前,向户籍所在地主管税务机关办理纳税申报,进行税款清算。

(七)非居民个人在中国境内从两处以上取得工资薪金所得的纳税申报

非居民个人在中国境内从两处以上取得工资薪金所得的,应当在取得所得的次月15日内,向其中一处任职、受雇单位所在地主管税务机关办理纳税申报。

(八)纳税申报方式及其他有关问题

纳税人可以采用远程办税端、邮寄等方式申报,也可以直接到主管税务机关申报。

纳税人办理自行纳税申报时,应当一并报送税务机关要求报送的其他有关资料,需要享受税收协定待遇的,按照享受税收协定待遇有关办法办理。

【税收助发展 惠及你我他】

个税年度汇算意义不仅在"退补"

自2019年1月1日新个人所得税法正式施行起,年度汇算走进千家万户。

在手机个税APP上通过填报与计算,当"跳"出需补税,一些人会觉得增加了支出,倘若"跳"出退税,则会让一些人感觉到意外的"惊喜"。实际上,在实施综合与分类相结合的个税制度下,纳税人平时取得收入时由单位进行预扣预缴,但由于纳税人取得所得来源多样、情形复杂,全年收入及适用的税率只有在年度结束后才能计算出来,因此一般情况下,纳税人平时已扣缴税额与年度汇算应纳税额之间往往会有"差额",这就需要通过年度汇算进行"多退少补"。补税是由于预缴时少缴了,退税是由于预缴时多缴了。通过退税和补税,确保税收征收的准确性和公正性,维护税收秩序和稳定财政收入。个税纳税人通过年度汇算与税务部门实现直接沟通,加深对个人所得税法及其相关规定的理解,增强纳税意识和法律意识。

个税汇算清缴不只是一个简单的计算过程,更是一个体现税收法律精神和维护社会公平正义的过程。我们应当充分了解自己的权利和义务,遵守税收法律法规,共同推动税收征收管理的规范化、法治化和现代化。

◤随堂演练

㊀单选题

1.下列关于个人所得税扣缴申报的表述中,错误的是( )。(知识点:扣缴申报)

A.税务机关应根据扣缴义务人所扣缴的税款,付给2%的手续费

B.扣缴义务人发现纳税人提供信息与实际情况不符的,可以要求纳税人修改

C.扣缴义务人依法履行代扣代缴义务,纳税人不得拒绝;纳税人拒绝的,扣缴义务人应及时报告公安机关

D.支付工资薪金所得的扣缴义务人应当于年度终了后2个月内向纳税人提供其个人所得和已扣缴税款信息

2.下列情形中,应由支付所得的单位全员全额扣缴申报的是( )。(知识点:自行申报)

A.取得综合所得需要办理汇算清缴的

B.从中国境外取得所得的

C.非居民个人在两处以上取得稿酬所得的

D.个体工商户从事生产、经营的所得

⑩多选题

1.纳税人必须自行向税务机关申报缴纳个人所得税的情形包括（　　　）。（知识点：自行申报）

A.年所得12万元以上的

B.从中国境外取得所得的

C.非居民个人在中国境内从两处以上取得工资薪金所得的

D.取得应税所得没有扣缴义务人的

E.外籍人士在中国境内取得劳务报酬所得的

2.取得综合所得且符合下列情形（　　　）之一的纳税人，应当办理汇算清缴。（知识点：自行申报）

A.从两处以上取得综合所得的

B.从两处以上取得综合所得，且综合所得年收入额减除专项扣除后的余额超过6万元的

C.取得劳务报酬所得、稿酬所得、特许权使用费所得中一项或多项所得，且综合所得年收入额减除专项扣除的余额超过6万元的

D.纳税年度内预缴税额低于应纳税额的

E.纳税人申请退税的

3.根据个人所得税申报与缴纳的规定，下列表述中错误的有（　　　）。（知识点：征收管理）

A.需要办理汇算清缴的纳税人，应当在取得所得的次年3月1日至6月30日，向任职、受雇单位所在地主管税务机关办理纳税申报

B.税务机关应根据扣缴义务人所扣缴的税款付给5%的手续费

C.取得经营所得的纳税人，应在取得所得次年3月31日前，向经营管理所在地主管税务机关办理汇算清缴

D.非居民个人在中国境内从两处以上取得工资薪金所得的，应当在取得所得的次月15日内，向其中一处任职、受雇单位所在地主管税务机关办理纳税申报

E.纳税人取得经营所得，由纳税人在月度或季度终了后15日内向户籍所在地主管税务机关办理预缴申报

4.下列关于个人所得税扣缴义务人的权利与义务的说法中，正确的有（　　　）。（知识点：扣缴申报）

A.居民个人向扣缴义务人提供有关信息并依法要求办理专项附加扣除的，扣缴义务人应当按照规定的工资薪金所得按月预扣预缴税款，不得拒绝

B.扣缴义务人应当依法对纳税人报送的专项附加扣除等相关涉税信息和资料保密

C.扣缴义务人发现纳税人提供的信息与实际情况不符的，可以要求纳税人修改，纳税人拒绝修改的，扣缴义务人应当报告税务机关，税务机关应当及时处理

D.纳税人发现扣缴义务人提供或扣缴申报的个人信息、支付所得、扣缴税款等信息与实际不符的，有权要求扣缴义务人修改，扣缴义务人拒绝修改的，纳税人应当报告税务机关，税务机关应当及时处理

E.扣缴义务人依法履行代扣代缴义务，纳税人不得拒绝

5.扣缴义务人在向主管税务机关进行扣缴申报时，应报送的信息有（　　　）。（知识点：扣缴申报）

A.支付所得的所有个人的有关信息

B.支付所得数额

C.扣除事项和数额

D.扣缴税款的具体数额和总额

E.其他相关涉税信息资料

第四篇
其他税

第七章　资源税

知识导航

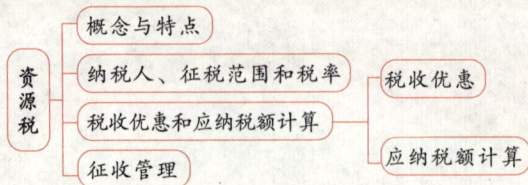

知识目标

1.了解资源税的发展历史及立法意义

2.识记资源税纳税人、征税范围和税率的具体规定

3.描述资源税税收优惠政策的具体内容

4.识记资源税计税依据确定的基本规则和应纳税额计算公式

5.描述资源税纳税义务发生时间、纳税期限和纳税地点具体规定

技能目标

1.能判断确定应征收资源税的具体应税资源

2.能根据具体的应税资源，选择适用的税率和计税方法

3.能判断应税资源可享受的税收优惠，并准确计算其应纳税额

4.能对资源税的纳税义务发生时间、纳税期限及纳税地点作出正确的选择

素养目标

1.通过对资源税开征到资源税立法全过程历史的学习，体会如何在税收上落实五大新发展理念之"绿色发展"

2.引导学生与时俱进探索学习资源税最新法规，培养自主学习的能力

知识点

第一节　　概　述

我国对资源课税的历史至少可以追溯到周代，当时的"山泽之赋"就是对伐木、采矿、狩猎、捕鱼、煮盐等开发与利用自然资源的生产活动课征赋税。之后历代政府一直延续了对矿产、盐业等自然资源开发与利用课税的制度。中华人民共和国成立后，原中央人

民政府政务院于 1950 年 1 月颁布《全国税政实施要则》，规定对盐的生产、运销征收盐税。1984 年 9 月，国务院发布了《中华人民共和国资源税条例（草案）》（以下简称《资源税暂行条例》），标志着我国的资源税正式设立，其征税对象为原油、天然气、煤炭三种矿产品及盐。1993 年 12 月 25 日，国务院对《资源税暂行条例》进行了修改，扩大了资源税征税范围，对所有的矿产品及盐征收资源税。为进一步理顺资源产品的价税关系，自 2014 年 12 月 1 日起，调整了原油、天然气资源税相关政策，实施了煤炭资源税从价计征改革。为深化财税体制改革，促进资源节约集约利用，加快生态文明建设，从 2016 年 7 月 1 日起，按照"清费立税、合理负担、适度分权、循序渐进"的原则，在全国范围进一步全面推进资源税的改革，除对经营分散、多为现金交易且难以控管的粘土、砂石按照便利征管原则仍实行从量定额计征外，其他应税产品全部实行从价计征。为进一步贯彻落实依法治国的中央精神，逐步实现税收法治化建设的需要，2019 年 8 月 26 日，第十三届全国人民代表大会常务委员会第十二次会议通过了《中华人民共和国资源税法》（以下简称《资源税法》），并自 2020 年 9 月 1 日起施行。资源税立法，吸收了我国多年来在税收征管与服务方面的有效做法，体现了深化"放管服"改革的要求，践行了以纳税人为中心的服务理念。

根据我国现行《资源税法》，资源税是对自然资源向从事资源开发与利用的单位与个人征收的一种税。对应税资源征收资源税，既体现了税收的强制性、固定性，也体现了国家作为自然资源所有者的有偿占用性。通过对同一资源实行高低不同的差别税率，可以调节因资源条件不同而产生的级差收入，这也是资源税开征的最初意义所在，有助于促进资源的节约集约利用。资源税立法在更高层次的法治意义上，保证生态环境的保护和经济的绿色发展，为实现经济社会高质量发展提供有力的支撑。

第二节　　纳税人、征税范围和税率

一、纳税人

资源税纳税人是在中华人民共和国领域和中华人民共和国管辖的其他海域开发应税资源的单位和个人。

二、征收范围

我国现行资源税应税资源包括能源矿产、金属矿产、非金属矿产、水气矿产和盐五大类，共 164 个税目，基本涵盖了所有已发现的矿种和盐，详见表 7-1 "资源税税目税率表"。

三、税率

我国现行资源税税率形式有比例税率和定额税率两类，具体税率标准见表 7-1。资源税税率的选择同时还应注意以下规定：

1. 资源税实行幅度税率的，具体适用税率由省、自治区、直辖市人民政府统筹考虑该应税资源的品位、开采条件以及对生态环境的影响等情况，在"资源税税目税率表"规定的税率幅度内提出，报同级人民代表大会常务委员会决定，并报全国人民代表大会常务委员会和国务院备案。

2. "资源税税目税率表"中规定征税对象为原矿或选矿的，应当分别确定具体适用税率。

表 7-1 资源税税目税率表

税目			征税对象	税率
能源矿产	原油（不包括人造石油和成品油）		原矿	6%
	天然气、页岩气、天然气水合物		原矿	6%
	煤（不包括煤矸石、煤炭制品）		原矿或选矿	2%～10%
	煤成（层）气		原矿	1%～2%
	铀、钍		原矿	4%
	油页岩、油砂、天然沥青、石煤		原矿或选矿	1%～4%
	地热		原矿	1%～20%或每立方米1～30元
金属矿产	黑色金属	铁、锰、铬、钒、钛	原矿或选矿	1%～9%
	有色金属	铜、铅、锌、锡、镍、锑、镁、钴、铋、汞	原矿或选矿	2%～10%
		铝土矿	原矿或选矿	2%～9%
		钨	选矿	6.5%
		钼	选矿	8%
		金、银	原矿或选矿	2%～6%
		铂、钯、钌、锇、铱、铑	原矿或选矿	5%～10%
		轻稀土	选矿	7%～12%
		中重稀土	选矿	20%
		铍、锂、锆、锶、铷、铯、铌、钽、锗、镓、铟、铊、铪、铼、镉、硒、碲	原矿或选矿	2%～10%
非金属矿产	矿物类	高岭土	原矿或选矿	1%～6%
		石灰岩	原矿或选矿	1%～6%或每吨或每立方米1～10元
		磷	原矿或选矿	3%～8%
		石墨	原矿或选矿	3%～12%
		萤石、硫铁矿、自然硫	原矿或选矿	1%～8%
		天然石英砂、脉石英、粉石英、水晶、工业用金刚石、冰洲石、蓝晶石、硅线石（矽线石）、长石、滑石、刚玉、菱镁矿、颜料矿物、天然碱、芒硝、钠硝石、明矾石、砷、硼、碘、溴、膨润土、硅藻土、陶瓷土、耐火粘土、铁矾土、凹凸棒石粘土、海泡石粘土、伊利石粘土、累托石粘土	原矿或选矿	1%～12%
		叶蜡石、硅灰石、透辉石、珍珠岩、云母、沸石、重晶石、毒重石、方解石、蛭石、透闪石、工业用电气石、白垩、石棉、蓝石棉、红柱石、石榴子石、石膏	原矿或选矿	2%～12%
		其他粘土（铸型用粘土、砖瓦用粘土、陶粒用粘土、水泥配料用粘土、水泥配料用红土、水泥配料用黄土、水泥配料用泥岩、保温材料用粘土）	原矿或选矿	1%～5%或每吨或每立方米0.1～5元

续表

税目			征税对象	税率
非金属矿产	岩石类	大理岩、花岗岩、白云岩、石英岩、砂岩、辉绿岩、安山岩、闪长岩、板岩、玄武岩、片麻岩、角闪岩、页岩、浮石、凝灰岩、黑曜岩、霞石正长岩、蛇纹岩、麦饭石、泥灰岩、含钾岩石、含钾砂页岩、天然油石、橄榄岩、松脂岩、粗面岩、辉长岩、辉石岩、正长岩、火山灰、火山渣、泥炭	原矿或选矿	1%～10%
		砂石	原矿或选矿	1%～5%或每吨或每立方米0.1～5元
	宝玉石类	宝石、玉石、宝石级金刚石、玛瑙、黄玉、碧玺	原矿或选矿	4%～20%
水气矿产	二氧化碳气、硫化氢气、氦气、氡气		原矿	2%～5%
	矿泉水		原矿	1%～20%或每立方米1～30元
盐	钠盐、钾盐、镁盐、锂盐		选矿	3%～15%
	天然卤水		原矿	3%～15%或每吨或每立方米1～10元
	海盐			2%～5%

3.纳税人开采或生产不同税目应税资源的,应当分别核算不同税目应税资源的销售额或销售数量;未分别核算或不能准确提供不同税目应税资源的销售额或销售数量的,从高适用税率。

4.纳税人开采或生产同一税目下适用不同税率应税资源的,应当分别核算不同税率应税资源的销售额或销售数量;未分别核算或不能准确提供不同税率应税资源的销售额或销售数量的,从高适用税率。

⚑ 随堂演练

Ⓧ单选题

1.下列企业既是增值税纳税人又是资源税纳税人的是( )。(知识点:纳税人)

A.销售有色金属矿产品的贸易公司 B.进口有色金属矿产品的企业

C.在境内开采有色金属矿产品的企业 D.在境外开采有色金属矿产品的企业

2.下列单位出售的矿产品中,不缴纳资源税的是( )。(知识点:征税范围)

A.开采单位销售自行开采的煤矿 B.油田出售自行开采的天然气

C.以未税原煤加工的洗选煤 D.油田销售的人造石油

3.下列各项中,不属于资源税应税产品的是( )。(知识点:征税范围)

A.湖盐原盐 B.玉石原矿 C.原木 D.石墨

单选题

随堂演练

Ⓧ多选题

1.根据相关规定,下列各项中属于资源税征税范围的有( )。(知识点:征税范围)

A.人造石油 B.煤矿生产的天然气

C.与原油同时开采的天然气　　　　　　　　D.焦煤

E.钨精矿石

2.下列单位和个人的生产经营行为中，应缴纳资源税的有（　　　）。(知识点：征税范围)

A.冶炼企业进口铁矿石　　　　　　　　　　B.个体经营者开采原煤

C.军事单位开采石油　　　　　　　　　　　D.中外合作开采天然气

E.盐场销售自行开采的卤水

3.下列关于资源税相关规定的表述中，正确的有（　　　）。(知识点：税率)

A.我国现行资源税仅在开采生产环节征收

B.开采或生产不同税目应税产品的，应分别核算不同税目应税产品的销售额或销售量；未分别核算
　或不能准确提供不同税目应税产品销售额或销售量的，从高适用税率

C.开采或生产不同税目应税产品未分别核算或不能准确提供不同税目应税产品销售额或
　销售量的，可选择平均税率征税

D.我国现行资源税法规定的征税项目有能源矿产、金属矿产、非金属矿产、水气矿产和
　盐五类

E.纳税人开采或生产应税产品自用于连续生产应税产品的不缴纳资源税

多选题

随堂演练

第三节　　税收优惠和应纳税额计算

一、税收优惠

（一）法定免税资源

《资源税法》规定下列资源免征资源税：

1.开采原油以及在油田范围内运输原油过程中用于加热的原油、天然气。

2.煤炭开采企业因安全生产需要抽采的煤成（层）气。

（二）法定减税资源

《资源税法》规定下列资源减征资源税：

1.从低丰度油气田开采的原油、天然气，减征20%资源税。低丰度油气田包括陆上低
丰度油田、陆上低丰度气田、海上低丰度油田、海上低丰度气田。

2.高含硫天然气、三次采油和从深水油气田开采的原油、天然气，减征30%资源税。

3.稠油、高凝油，减征40%资源税。

4.从衰竭期矿山开采的矿产品，减征30%资源税。衰竭期矿山以开采企业下属的单个
矿山为单位确定。

（三）资源税其他税收优惠规定

1.由省、自治区、直辖市决定免征或减征资源税的情形：纳税人开采或生产应税产品
过程中，因意外事故或自然灾害等原因遭受重大损失；纳税人开采共伴生矿、低品位矿、
尾矿。免征或减征资源税的具体办法，由省、自治区、直辖市人民政府提出，报同级人民
代表大会常务委员会决定，并报全国人民代表大会常务委员会和国务院备案。

2.对青藏铁路公司及其所属单位运营期间自采自用的砂、石等材料免征资源税。

3.自2022年1月1日至2027年12月31日，对增值税小规模纳税人、小型微利企业和
个体工商户可以在50%的税额幅度内减征资源税。

4.自2014年12月1日至2027年12月31日，对充填开采置换出来的煤炭，资源税减征50%。

5.为促进页岩气开发利用，有效增加天然气供给，在2027年12月31日之前，继续对页岩气资源税减征30%。

二、应纳税额计算

资源税计征方式有从价定率或从量定额两类。

（一）从价定率

从价定率以销售额为计税依据，应纳税额的计算公式为：

应纳税额=销售额×比例税率

1.销售额确定的一般规定。

销售额是指纳税人销售应税产品向购买方收取的全部价款，不包括增值税税额。

一般情况下，计征资源税的销售额不包括价外费用，但对运杂费，凡能够取得增值税发票或其他合法有效凭据的，准予从销售额中扣除。这里所谓的运杂费，是指应税产品从坑口或洗选（加工）地到车站、码头或购买方指定地点的运输费用、建设基金以及随运销产生的装卸、仓储、港杂费用。

【做中学·计算题】某矿山企业为增值税一般纳税人，其销售铜矿产品适用的增值税税率为13%，铜原矿资源税税率为10%。2024年10月该企业与甲公司签订销售合同，出售自行开发的资源税原矿产品100吨并由矿山企业负责运输至购买方指定地点，不含增值税销售额100万元，其中含矿山企业向运输公司（一般纳税人）支付不含增值税运费10万元，并取得增值税专用发票。不考虑其他因素。计算该矿山企业2024年10月应缴纳的资源税税额。

计算：

铜矿产品资源税实行从价定率计征，销售过程中发生的运费能够取得增值税专用发票，销售额中包括的运费准予从销售额中扣除。

应纳资源税税额=（100-10）×10%=9（万元）

2.特殊情形下销售额的确定。

纳税人申报的应税产品销售额明显偏低且无正当理由的，或有自用应税产品行为而无销售额的，主管税务机关可以按下列方法和顺序确定其应税产品销售额：

（1）按纳税人最近时期同类产品的平均销售价格确定。

（2）按其他纳税人最近时期同类产品的平均销售价格确定。

（3）按后续加工非应税产品销售价格，减去后续加工环节的成本利润后确定。

（4）按应税产品组成计税价格确定。公式为：

组成计税价格=成本×（1+成本利润率）÷（1-资源税税率）

上述公式中的成本利润率由省、自治区、直辖市税务机关确定。

（5）按其他合理的方法确定。

【做中学·计算题】某石化企业为增值税一般纳税人，假设其2024年5月发生以下业务：❶开采原油6 000吨，本月销售2 000吨，取得含增值税销售额734.5万元；❷将自行开采的原油500吨移送加工汽油410吨。原油资源税税率为6%。计算该石化企业2024年5月应缴纳的资源税税额。

计算：

业务❶直接对外销售，以不含税销售额为计税依据从价定率计征，应纳资源税税额=

734.5÷（1+13%）×6%=39（万元）。

业务❷自产自用应税产品，按最近时期同类产品平均销售价为计税依据从价定率计征，应纳资源税税额=734.5÷（1+13%）÷2 000×500×6%=9.75（万元）。

2024年5月该石化企业应缴纳资源税税额=39+9.75=48.75（万元）

（二）从量定额

从量定额以销售量为计税依据，应纳税额的计算公式为：

应纳税额=销售数量×定额税率

计税依据的确定原则为：

1.纳税人开采或生产应税产品直接对外销售的，以销售数量为计税依据。

2.纳税人开采或生产应税产品自用的，以移送使用数量为计税依据。

【做中学·计算题】某矿泉水生产企业2024年4月开发生产矿泉水15 000立方米，本月销售10 000立方米。该企业所在省政府规定，矿泉水实行定额征收资源税，资源税税率为5元/立方米。计算该企业2024年4月应缴纳的资源税税额。

计算：矿泉水实行定额征收资源税。

该企业4月应缴纳资源税=10 000×5=50 000（元）

（三）应纳税额计算其他规定

纳税人外购应税产品与自采应税产品混合销售或混合加工为应税产品销售的，在计算应税产品销售额或销售数量时，准予扣减外购应税产品的购进金额或购进数量；当期不足扣减的，可结转下期扣减。

纳税人应当准确核算外购应税产品的购进金额或购进数量，未准确核算的，一并计算缴纳资源税。

纳税人核算并扣减当期外购应税产品购进金额、购进数量，应当依据外购应税产品的增值税发票、海关进口增值税专用缴款书或其他合法有效凭据。

📌随堂演练

⑪单选题

1.某油气田开采企业9月开采天然气300万立方米，开采成本为400万元，全部销售给关联企业，价格明显偏低并且无正当理由。当地无同类天然气售价，主管税务机关确定的成本利润率为10%，则该油气田开采企业当月应纳资源税（　　）万元。已知天然气资源税税率为6%。（知识点：应纳税额计算）

A.24　　　　　　B.28.09　　　　　　C.22.56　　　　　　D.26.4

2.下列关于资源税减征、免征规定的叙述中，错误的是（　　）。（知识点：减免税收优惠）

A.纳税人开采的应税产品自用于连续生产应税产品的，应依法缴纳资源税

B.纳税人开采应税产品过程中因意外事故遭受重大损失的，由省、自治区、直辖市人民政府酌情决定减税或免税

C.开采原油过程中用于加热的原油免税

D.进口应税产品不征资源税，出口应税产品不免或不退已缴纳的资源税

⑪多选题

1.下列各项中，应计入销售额计征资源税的有（　　）。（知识点：应纳税额计算）

A.收取的价款　　　　　　B.收取的包装费　　　　　　C.收取的增值税销项税额

D.收取的优质费　　　　　　E.收取的保险费

2.下列资源税应税项目，享受减按30%计征资源税优惠的有（　　）。（知识点：减免税收优惠）

A. 从低丰度油气田开采的原油、天然气

B. 高含硫天然气、三次采油和从深水油气田开采的原油、天然气

C. 稠油、高凝油

D. 从衰竭期矿山开采的矿产品

E. 充填开采置换出来的煤炭

随堂演练

第四节　　　　　　　征收管理

一、纳税义务发生时间

纳税人销售应税产品，纳税义务发生时间为收讫销售款项或取得索取销售款项凭据的当日。

自用应税产品的，纳税义务发生时间为移送应税产品的当日。

二、纳税期限

资源税按月或按季申报缴纳；不能按固定期限计算缴纳的，可以按次申报缴纳。

纳税人按月或按季申报缴纳的，应当自月度或季度终了之日起15日内，向税务机关办理纳税申报并缴纳税款；按次申报缴纳的，应当自纳税义务发生之日起15日内，向税务机关办理纳税申报并缴纳税款。

三、纳税地点

纳税人应当向矿产品的开采地或海盐的生产地缴纳资源税。

海上开采的原油和天然气资源税由海洋石油税务管理机构征收。

随堂演练

⑬单选题

下列关于资源税征收管理的表述中，错误的是（　　）。(知识点：征收管理)

A. 纳税人应当向应税产品开采地或生产地的税务机关申报缴纳资源税

B. 纳税人销售应税产品，纳税义务发生时间为收讫销售款项或取得索取销售款项凭据的当日

C. 自用应税产品的，纳税义务发生时间为移送应税产品的当日

D. 自用应税产品的，纳税义务发生时间为移送应税产品的次日

⑭多选题

下列关于资源税征收管理的表述中，正确的有（　　）。(知识点：征收管理)

A. 纳税人按月或按季申报缴纳的，应当自月度或季度终了之日起15日内，向税务机关办理纳税申报并缴纳税款

B. 纳税人按次申报缴纳的，应当自纳税义务发生之日起15日内，向税务机关办理纳税申报并缴纳税款

C. 自产自用应税产品，其纳税义务发生时间为移送使用的当天

D. 纳税人应当在矿产品的开采地或海盐的生产地缴纳资源税

E. 纳税人开采或生产同一应税产品同时符合两项或两项以上减征资源税优惠政策的，除另有规定外，只能选择其中一项执行

随堂演练

第八章　土地增值税

🖊️**知识导航**

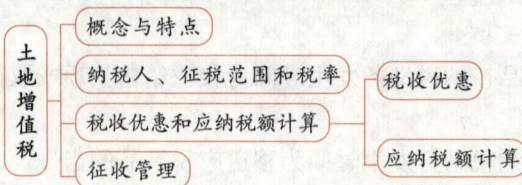

🖊️**知识目标**

1. 了解土地增值税的特点
2. 识记土地增值税纳税人、征税范围和税率的具体规定
3. 描述土地增值税税收优惠政策的具体规定
4. 识记计算土地增值税增值额的具体项目内容
5. 描述土地增值税应纳税额计算原理
6. 描述土地增值税纳税义务发生时间、纳税期限和纳税地点的具体规定

🖊️**技能目标**

1. 能判断确定应征收土地增值税的具体应税项目
2. 能计算新建房地产转让行为土地增值税应纳税额
3. 能计算旧房转让行为土地增值税应纳税额
4. 能对土地增值税纳税义务发生时间、纳税期限及纳税地点作出正确的选择

🖊️**素养目标**

1. 从土地增值税开征看土地资源的合理开发与利用
2. 引导学生与时俱进探索学习土地增值税最新法规，培养自主学习的能力

☞**知识点**☜

第一节　　概　述

对土地和房产课税是一种古老的税收形式，也是世界各国普遍征收的一种财产税。在我国，自中华人民共和国成立以来，先后开征过的契税、城市房地产税、房产税、城镇土地使用税等都是对土地和房产课税的具体税种。这些税种大多属于传统的土地税，对调节

房地产市场有一定的作用，但力度有限。为了规范土地、房地产市场交易秩序，合理调节土地增值收益，维护国家权益，国务院于1993年12月13日发布了《中华人民共和国土地增值税暂行条例》（简称《土地增值税暂行条例》），财政部1995年1月27日发布了《中华人民共和国土地增值税暂行条例实施细则》（简称《土地增值税暂行条例实施细则》）。土地增值税是我国第一个专门对土地增值额或土地收益额征税的税种。

根据我国现行《土地增值税暂行条例》的规定，**土地增值税是对有偿转让国有土地使用权、地上建筑物及其附着物所取得的增值额为征税对象征收的一种税**。除税法规定的免税情形外，凡发生应税行为的单位和个人，无论其经济性质，也无论是专营或兼营房地产业务，均负有纳税义务，土地增值税征税范围广，税源充足。此外，征收土地增值税，体现了国家作为土地资源所有者的有偿占用性，有利于处理政府与土地所有者或使用者的利益关系，实现"地利共享"，促进土地资源的合理开发与利用，在一定程度上遏制投机行为、控制地价，保证社会稳定和经济发展。

第二节　纳税人、征税范围和税率

一、纳税人

土地增值税的纳税人是指转让国有土地使用权、地上建筑物及其附着物产权并取得收入的单位和个人。单位是指企业、行政单位、事业单位、国家机关和社会团体及其他组织；个人是指个体经营者和其他个人。

二、征税范围

土地增值税的征税范围是有偿转让国有土地使用权、地上建筑物及其附着物产权所取得的增值额。

（一）一般规定

土地增值税是对有偿转让国有土地使用权、地上建筑物及其附着物产权的行为征税。因此，土地增值税的基本征税范围包括国有土地使用权转让、地上建筑物及其附着物连同国有土地使用权一并转让和存量房地产买卖。"地上建筑物"是指建于土地上的一切建筑物，包括地上地下的各种附属设施。"附着物"是指附着于土地上的不能移动、一经移动即遭损坏的物品。具体来说，只有同时满足下列标准的行为所得才能征收土地增值税：

1.国有标准。

土地增值税只对转让国有土地使用权行为征税，转让非国有土地不征税。

根据法律规定，城市土地属国家所有，农村和城市郊区土地除法律另有规定外属集体所有。集体所有的土地，应先在有关部门办理土地征用或出让手续，使之转为国家所有后才能转让，并纳入土地增值税征税范围。

2.产权转让标准。

产权转让标准是指土地使用权、地上建筑物及其附着物的产权必须发生转让。国有土地使用权转让行为应征土地增值税，而国有土地使用权出让行为不征土地增值税。

国有土地出让是指国家以土地所有者身份将土地使用权在一定年限内让与土地使用者，并由土地使用者向国家支付土地出让金的行为。由于土地使用权出让方是国家，出让收入本质上属于政府凭借所有权在土地一级市场上收取的租金，不征土地增值税。

3. 取得收入标准。

取得收入标准是指征收土地增值税的行为必须取得转让收入。权属已转让但未取得收入的房地产转让行为不征土地增值税。

（二）特殊规定

1. 房地产继承、赠与。以继承、赠与等方式无偿转让房地产的行为，不征土地增值税。但不征土地增值税的房地产赠与行为只包括以下两种情况：

（1）赠与直系亲属或承担直接赡养义务人。

（2）公益性捐赠。公益性捐赠是指房产所有人、土地使用权所有人通过中国境内的非营利的社会团体、国家机关将房屋产权、土地使用权赠与教育、民政和其他社会福利、公益事业的行为。

2. 合作建房，对一方出地，一方出资金，双方合作建房，建成后分房自用的，暂免征收土地增值税；建成后转让的，依法征收土地增值税。

3. 交换房地产，交换房地产行为为既发生了房产产权、土地使用权的转移，交换双方又取得了实物形态的收入，应按照规定征收土地增值税。但个人之间互换自有居住用房，经当地税务机关核实，可免征土地增值税。

4. 房地产抵押，抵押期间不征土地增值税，抵押期满后，以房抵债发生房地产产权转移的，再依法征收土地增值税。

5. 房地产出租，没有发生房地产产权转移，不属于土地增值税征税范围。

6. 房地产评估增值，没有发生房地产权属转移，不属于土地增值税征税范围。

7. 国家收回土地使用权、征用地上建筑物及附着物，按政策规定可以免征土地增值税。

8. 房地产的代建房行为，没有发生房地产产权转移，不属于土地增值税征税范围。

9. 实质征税。土地使用者转让、抵押或置换土地，无论其是否取得了该土地的使用权属证书，无论其在转让、抵押或置换土地过程中是否与对方当事人办理了土地使用权证书变更登记手续，只要土地使用者享有占有、使用、收益或处分该土地的权利，且有合同等证据表明其实质转让、抵押或置换了土地并取得了相应经济利益，土地使用者及其对方当事人应当依法缴纳土地增值税。

三、税率

土地增值税实行四级超率累进税率，具体见表8-1。

表 8-1　　　　　　　　　　　　　　　土地增值税税率表

级　次	增值额占扣除项目金额的比例	税率（%）	速算扣除系数（%）
1	50%（含）以下	30	0
2	50% ~ 100%（含）	40	5
3	100% ~ 200%（含）	50	15
4	200%以上	60	35

随堂演练

Ⓢ单选题

1.下列各项中，不属于土地增值税纳税人的是（　　）。（知识点：纳税人）

A.与国有企业换房的外资企业　　　　　B.合作建房后出售房产的企业

C.转让国有土地使用权的企业　　　　　D.将办公楼用于出租的企业

2.下列行为中，应该缴纳土地增值税的是（　　）。（知识点：征税范围）

A.某工业企业将闲置厂房对外出租

B.双方合作建房，建成后转让

C.经税务机关核实的个人之间互换自有居住用房地产

D.房地产评估增值

3.房地产开发企业将开发的部分房地产用于下列项目中的（　　），不属于视同销售房地产，不用缴纳土地增值税。（知识点：征税范围）

A.职工福利　　　　　　　　　　　B.与其他单位交换非货币性资产

C.抵偿债务　　　　　　　　　　　D.办公自用

4.下列各项中，不属于土地增值税征税范围的是（　　）。（知识点：征税范围）

A.出让国有土地使用权　　　　　　B.转让地上建筑物产权

C.转让地上附着物产权　　　　　　D.转让地下建筑物产权

5.根据土地增值税相关规定，下列行为中，需要缴纳土地增值税的是（　　）。（知识点：征税范围）

A.国家依法征用收回的房地产

B.某人将个人的房产无偿赠与自己的子女

C.某房地产开发企业以建造的商品房作价入股进行对外投资

D.某企业通过残疾人联合会将一套房产无偿赠与当地一家福利企业

Ⓜ多选题

1.下列各种情形中，不征收土地增值税的有（　　）。（知识点：征税范围）

A.继承房地产　　　　　　　　B.房地产的评估增值

C.房地产公司的代建房行为　　D.房地产开发企业将自建的商品房用于职工福利

E.企业将自有房产等价交换其他企业土地使用权

2.下列情形中，应当计算缴纳土地增值税的是（　　）。（知识点：征税范围）

A.合作建房，建成后对外出售　　　B.通过教育局将房屋赠与教育事业

C.向其他企业转让国有土地使用权　D.房地产开发企业收取的代建收入

E.房地产评估增值1 000万元

3.根据土地增值税相关规定，土地增值税的征税范围包括（　　）。（知识点：征税范围）

A.转让国有土地使用权

B.出让国有土地使用权

C.转让集体土地

D.地上的建筑物及其附着物连同国有土地使用权一并转让

E.转让国有土地所有权

4.下列业务中，应缴纳土地增值税的有（　　）。（知识点：征税范围）

A.房地产的评估增值

B.某商业企业以土地作价入股投资开办工厂

C.将自有房产赠送给客户的

D.以房地产抵押贷款而房地产尚在抵押期间的

E.出地、出资双方合作建房，建成后又转让的

第三节　　税收优惠和应纳税额计算

一、税收优惠

1.建造普通标准住宅出售，其增值率未超过20%的，免征土地增值税；增值率超过20%的，应就其全部增值额按规定征收土地增值税。

自2005年6月1日起，普通标准住宅是指同时满足以下条件的住宅：住宅小区建筑容积率在1.0以上，单套建筑面积在120平方米以下，实际成交价格低于同级别土地上住房平均交易价格1.2倍以下。各省、自治区、直辖市要根据实际情况，制定本地区享受普通住房具体标准，允许单套建筑面积和价格标准适当浮动，但向上浮动的比例不得超过上述标准的20%。

对纳税人既建普通标准住宅，又进行其他房地产开发的，应分别核算增值额；不分别核算增值额或不能准确核算增值额的，其建造的普通标准住宅不适用该免税规定。

2.因国家建设需要而被政府征用、收回的房地产，免征土地增值税。

3.对居民个人拥有的普通住宅，在其转让时暂免征收土地增值税。

个人因工作调动或改善居住条件而转让原自用住房（非普通住房），经向税务机关申报核准，凡居住满5年或5年以上的，免予征收土地增值税；居住满3年未满5年的，减半征收土地增值税；居住未满3年的，按规定计征。

4.对企事业单位、社会团体以及其他组织转让旧房作为公租房房源，且增值额未超过扣除项目金额20%的，免征土地增值税。

5.对个人之间互换自有居住用房地产的，经当地税务机关核实，可免征土地增值税。

二、应纳税额计算

土地增值税以纳税人转让房地产取得的增值额为计税依据，按照规定的超率累进税率计算征收，公式如下：

土地增值税应纳税额=增值额×适用税率-扣除项目金额×速算扣除系数

其中：增值额=收入额-扣除项目金额

增值率=增值额÷扣除项目金额×100%

（一）新建房地产转让土地增值税计算

1.收入的确定。

转让房地产收入是指转让房地产所取得的全部价款及有关的经济利益，但不包括增值税。收入形式包括货币收入、实物收入、其他收入。取得收入为外国货币的，应按照取得收入的当天或当月1日国家公布的市场汇率折算为人民币。

2.扣除项目及其金额确定。

（1）取得土地使用权所支付的金额。

取得土地使用权所支付的金额，是指纳税人为取得土地使用权支付的地价款和按国家

统一规定缴纳的有关费用。

"取得土地使用权支付的金额"有三种形式：❶以出让方式取得土地使用权的，为支付的土地出让金；❷以行政划拨方式取得土地使用权的，为转让土地使用权时按规定补缴的出让金；❸以转让方式取得土地使用权的，为支付的地价款。

"按国家统一规定缴纳的有关费用"是指纳税人在取得土地使用权过程中为办理有关手续，按国家统一规定缴纳的有关登记、过户手续费和契税。

（2）开发成本。

开发成本是指纳税人开发房地产项目实际发生的成本，主要有：

❶土地征用及拆迁补偿费，包括土地征用费、耕地占用税、劳动力安置费及有关地上地下附属物拆迁补偿的净支出、安置动迁用房支出等。

❷前期工程费，包括规划、设计、项目可行性研究和水文、地质、勘察、测绘、"三通一平"等支出。

❸建筑工程安装费，包括以出包方式支付给承包单位的建筑安装工程费、以自营方式发生的建筑安装工程费。

❹基础设施费，包括小区内道路、供水、供电、供气、排污、通信、照明、环卫、绿化等工程发生的支出。

❺公共配套设施费用，包括不能有偿转让的开发小区内公共配套设施发生的支出。

❻开发间接费用，是指直接组织、管理开发项目发生的费用，包括工资、职工福利费、折旧费、修理费、办公费、水电费、劳动保护费、周转房摊销等。

（3）开发费用。

开发费用是指与房地产开发项目有关的销售费用、管理费用、财务费用。根据会计制度规定，与房地产开发有关的费用直接计入当年损益，不按房地产项目归集或分摊。为了便于计算操作，根据土地增值税相关规定，房地产开发费用不按纳税人房地产开发项目实际发生的费用进行扣除，而应按《土地增值税暂行条例实施细则》规定的方法计算后扣除。具体计算方法如下：

❶纳税人能够按转让房地产项目计算分摊利息支出，并能提供金融机构贷款证明的，利息费用允许据实扣除，但最高不能超过按商业银行同类、同期贷款利率计算的金额；其他房地产开发费用，按取得土地使用权所支付的金额和房地产开发成本金额之和的5%以内计算扣除，计算公式为：

允许扣除的开发费用=利息+（取得土地使用权所支付的金额+房地产开发成本）×5%以内

❷纳税人不能按转让房地产项目计算分摊利息支出或不能提供金融机构贷款证明的，其允许扣除的房地产开发费用按取得土地使用权所支付的金额和房地产开发成本之和的10%以内计算扣除，计算公式为：

允许扣除的开发费用=（取得土地使用权所支付的金额+房地产开发成本）×10%以内

上述计算扣除的具体比例，由各省、自治区、直辖市人民政府确定。

对于扣除项目中的利息费用计算还应注意：利息的上浮幅度按国家的有关规定执行，超过上浮幅度的部分不允许扣除；超过贷款期限的利息部分加计罚息不允许扣除。

【做中学·计算题】甲房地产开发公司对一项开发项目进行土地增值税清算，相关资料包括：取得土地使用权支付的金额为40 000万元；房地产开发成本101 000万元；销售费用 4 500 万元；管理费用 2 150 万元；财务费用 3 680 万元，其中包括支付给非关联企业的利息 500 万元，已取得发票；支付给银行贷款利息 3 000 万元，已取得银行开具的相关证明，且未超过商业银行同类同期贷款利率。项目所在省规定其他房地产开发费用扣除比例为 5%。不考虑其他情况，计算该房地产开发公司在本次清算中可以扣除的房地产开发费用金额。

计算：本例纳税人能够按转让房地产项目分摊利息支出并能提供金融机构贷款证明。因此：

允许扣除的房地产开发费用=利息+（取得土地使用权所支付的金额+房地产开发成本）×5%

=3 000+（40 000+101 000）×5%=10 050（万元）

向非关联企业借款的利息支出 500 万元，不能提供金融机构贷款证明，不得直接作为利息据实扣除。

（4）与房地产转让有关的税金。

与房地产转让相关的税金包括城市维护建设税及附加，对于营改增前的项目，还应包括营业税，但不包括印花税。

（5）财政部规定的其他扣除项目。

从事房地产开发的纳税人允许按取得土地使用权时所支付的金额和房地产开发成本之和，加计 20% 扣除，即：

加计扣除=（取得土地使用权所支付的金额+房地产开发成本）×20%

但对取得土地后，未进行开发即转让的，在计算应纳土地增值税时，不得享受上述加计扣除政策。

（6）房地产企业代收费用的处理。

对于县级及县级以上人民政府要求房地产开发企业在售房时代收的各项费用，如果代收费用是计入房价中向购买方一并收取的，可作为转让房地产所取得的收入计税；如果代收费用未计入房价中，而是在房价之外单独收取的，可以不作为转让房地产的收入。

对于代收费用作为转让收入计税的，在计算扣除项目金额时，可以扣除，但不允许作为加计 20% 扣除的基数；对于代收费用未作为转让房地产的收入计税的，在计算增值额时不允许扣除代收费用。

【做中学·计算题】某房地产开发公司出售一幢写字楼，收入总额为 10 000 万元（不含增值税）。开发该写字楼有关支出为：地价款及各种费用 1 000 万元；房地产开发成本 3 000 万元；财务费用中的利息支出 500 万元（可按转让项目计算分摊并提供金融机构证明），但其中有 50 万元属加罚的利息；转让环节缴纳的有关税费共计为 555 万元。该单位所在地政府规定的其他房地产开发费用计算扣除比例为 5%。计算该房地产开发公司应纳的土地增值税。

计算：

❶收入总额=10 000 万元

❷计算扣除项目金额：

取得土地使用权支付的地价款及有关费用=1 000 万元

开发成本=3 000 万元

开发费用=500-50+（1 000+3 000）×5%=650（万元）

允许扣除的税费=555万元

从事房地产开发的纳税人可享受的加计扣除额=（1 000+3 000）×20%=800（万元）

允许扣除项目金额合计=1 000+3 000+650+555+800=6 005（万元）

❸增值额=10 000-6 005=3 995（万元）

❹增值率=3 995÷6 005×100%=66.53%

❺土地增值税适用税率为40%，速算扣除系数为5%。

❻应纳土地增值税税额=3 995×40%-6 005×5%=1 297.75（万元）

（二）转让旧房及建筑物土地增值税应纳税额的计算

旧房是指已使用一定时间或达到一定磨损程度的房产。转让旧房及建筑物主要指非房地产企业转让房产以及房地产企业转让已自用或出租的房产项目。

1.收入的确定。

转让旧房及建筑物收入的确定与新建房地产项目计算原理相同，均为不含增值税金额。

2.扣除项目金额确定。

（1）转让旧房及建筑物能够取得评估价格的，扣除项目有4项：

❶取得土地使用权所支付的金额，指取得土地使用权所支付的地价款或出让金、国家统一规定缴纳的有关费用（含契税）。对取得土地使用权时未支付地价款或不能提供已支付的地价款凭据的，不允许扣除取得土地使用权时所支付的金额。

❷旧房及建筑物的评估价格。计算公式如下：

旧房及建筑物的评估价格=重置成本价×成新度折扣率

❸评估费用，特指纳税人转让旧房及建筑物时，因计算纳税需要对房地产进行评估，而支付的评估费用。对纳税人因隐瞒、虚报房地产成交价格等情形而按房地产评估价格计算征收土地增值税时所发生的评估费用，不允许扣除。

❹与转让房地产有关的税金，包括城市维护建设税及附加、印花税，对营改增之前项目还包括营业税。

（2）转让旧房及建筑物不能取得评估价格，但能提供购房发票的，扣除项目有4项：

❶购房发票金额。区分三种不同情况：

A.营改增前取得营业税发票的，按照发票所载金额（不扣减营业税）。

B.营改增后取得增值税普通发票的，按照发票所载价税合计金额。

C.营改增后取得增值税专用发票，进项可抵扣的，按照发票所载不含税金额；进项不可抵扣的，按照发票所载不含增值税金额，加上不允许抵扣的增值税进项税额。

❷发票加计扣除金额。按发票所载金额并从购买年度起至转让年度止每年加计5%计算扣除。所谓"每年"是指按购房发票所载日期起至售房发票开具之日止，每满12个月计1年；超过1年，未满12个月但超过6个月的，视同为1年计算。

❸购买契税。凡能提供契税完税凭证的，准予作为"与转让房地产有关的税金"予以扣除，但不作为加计5%的基数。

❹与转让房地产有关的税金，包括城市维护建设税、教育费附加、印花税，对营改增之前项目还包括营业税。

【做中学·计算题】某工业企业转让一栋办公楼，收入总额为12 000万元。建造该办公楼时，为取得土地使用权支付金额3 000万元，发生建造成本4 000万元。转让时经政府批准的房地产评估机构评估后，确定该办公楼的重置成本价为 8 000 万元，成新度折扣率为 60%，其他允许扣除的税费为 666 万元。计算应缴纳的土地增值税。

计算：

❶ 收入总额=12 000 万元

❷ 计算扣除项目金额：

办公楼评估价格=8 000×60%=4 800（万元）

允许扣除项目金额的合计数=4 800+3 000+666=8 466（万元）

❸ 增值额= 12 000-8 466=3 534（万元）

❹ 增值率=3 534÷8 466×100%=41.74%

❺ 土地增值税适用税率为 30%。

❻ 应纳土地增值税=3 534×30%=1 060.2（万元）

【做中学·计算题】A公司于2024年8月将拥有的商铺出售，实现收入总额800万元。经审核，该商铺购买发票显示开票日期为2015年1月，金额为500万元，已经税务机关确认允许扣除的税费为31.9万元。计算上述业务应缴纳的土地增值税。

计算：没有评估价格，但提供了购房发票，可按发票所载金额并从所载日期起至售房发票开具之日止每年加计5%计算扣除。超过1年，未满12个月但超过6个月的，可视同为1年。2015年1月至2024年8月，共9年零7个月，按10年起算。则：

❶ 扣除项目=500×（1+5%×10）+31.9=781.9（万元）

❷ 增值额=800-781.9=18.1（万元）

❸ 增值率=18.1÷756.9×100%=2.39%

❹ 土地增值税适用税率为 30%。

❺ 土地增值税=18.1×30%=5.43（万元）

随堂演练

㉑单选题

1.下列项目中，免征土地增值税的是（　　）。（知识点：税收优惠）

A.国有土地使用权的转让　　　　　　B.合作建房建成后转让的房地产

C.因国家建设被征用的房地产　　　　D.转让居住满3年未满5年的原自用住房

2.出售旧房及建筑物计算土地增值税的增值额时，其扣除项目金额中的旧房及建筑物的评估价格应按（　　）计算。（知识点：税额计算）

A.账载余额　　　　　　　　　　　　B.重置成本价

C.账载原值乘以成新度折扣率　　　　D.重置成本价乘以成新度折扣率

3.按照土地增值税相关规定，纳税人提供扣除项目金额不实的，在计算土地增值税时，应按（　　）确定房产的扣除项目。（知识点：税额计算）

A.税务部门核定的价格　　　　　　　B.税务部门与房地产主管部门协商的价格

C.房地产评估价格　　　　　　　　　D.历史成本

4.某房地产开发公司整体出售了新建的商品房，与商品房相关的土地使用权支付额和开发成本共计10 000万元。该公司没有按房地产项目计算分摊银行借款利息，该项目所在省政府规定计征土地增值税时房地产开发费用扣除比例按国家规定允许的最高比例计算，与该项目转让有关的税金为200万元（不包括增值税）。计算确认该项目缴纳的土地增值税时应扣除的"房地产开发费用"和"其他扣除项目"金额合计为（　　）万元。（知识点：税额计算）

A.1 500　　　　　　　B.2 000　　　　　　　C.2 500　　　　　　　D.3 000

5.某市房地产开发企业2024年转让一幢新建办公楼取得收入8 000万元，已知该单位为取得土地使用权支付的地价款和有关费用为1 000万元，投入的房地产建造成本为3 000万元，其利息支出不能提供金融机构贷款证明，转让办公楼准予扣除的相关税费为440万元，已知该企业所在地政府规定的房地产开发费用的计算扣除比例为10%。该企业的转让行为应缴纳的土地增值税为（　　　）万元。(知识点：税额计算)

A.600　　　　　　　　B.681　　　　　　　　C.708　　　　　　　　D.710

6.某房地产开发公司销售一幢已经使用过的办公楼，取得收入500万元，办公楼原价480万元，已提折旧300万元。经房地产评估机构评估，该楼重置成本为800万元，成新度折扣率为50%，销售时缴纳相关税费30万元。该房地产开发公司销售该办公楼应缴纳土地增值税（　　　）万元。(知识点：税额计算)

A.21　　　　　　　　B.30　　　　　　　　C.51　　　　　　　　D.60

(二)多选题

1.下列各项行为中，可以免征土地增值税的有（　　　）。(知识点：税收优惠)

A.企业与企业之间的房地产交换　　　　　B.私营企业的房地产评估增值

C.无力偿还借款，以房屋抵债　　　　　　D.双方合作建房，建成后分房自用的

E.因国家收回国有土地使用权而使房地产权属发生转让

2.下列关于取得土地使用权所支付的金额的表述中，正确的有（　　　）。(知识点：税额计算)

A.取得土地使用权所支付的金额是指纳税人取得土地使用权支付的地价款和按国家统一规定缴纳的有关费用之和

B.以行政划拨方式取得土地使用权的，为补缴的土地出让金

C.以出让方式取得土地使用权的，为缴纳的相关费用

D.以转让方式取得土地使用权的，为补缴的出让金和费用

E.以行政划拨方式取得土地使用权的，为缴纳的相关费用

3.转让旧房，计算其土地增值税增值额时准予扣除的项目有（　　　）。(知识点：税额计算)

A.旧房的评估价格　　　　　B.支付评估机构的费用　　　　　C.建造旧房的重置成本

D.转让环节缴纳的各种税费　　　　　E.取得土地使用权所支付的地价款

4.计算土地增值税扣除项目金额时，不得扣除的项目有（　　　）。(知识点：税额计算)

A.取得土地使用权所支付的金额　　　　　B.土地征用及拆迁补偿费

C.超过国家的有关规定上浮的利息　　　　　D.超过贷款期限的利息部分

E.加罚的利息

5.下列各项中，属于土地增值税中房地产开发成本的有（　　　）。(知识点：税额计算)

A.土地出让金　　　　　B.管理费用　　　　　C.公共配套设施费

D.借款利息费用　　　　　E.土地征用及拆迁补偿费

6.按照土地增值税相关规定，房地产开发的纳税人加计20%扣除项目的基数有（　　　）。(知识点：税额计算)

A.房地产开发成本　　　　　B.房地产开发费用　　　　　C.取得土地使用权所支付的金额

D.转让房地产的税金　　　　　E.房价之外收取的代收费用

7.下列项目中，属于房地产企业的开发成本的有（　　　）。(知识点：税额计算)

A.印花税　　　　　B.耕地占用税　　　　　C.前期工程费

D.借款利息费用　　　　　E.开发间接费用

8.计算土地增值税时，下列项目中准予扣除的有（　　　）。(知识点：税额计算)

A.契税

B.开发小区的排污费、绿化费

C.安置动迁用房的支出

D.按照有关规定未计入房价向购买者收取的代收费用

E.按照有关规定计入房价向购买者收取的代收费用

第四节　　征收管理

一、纳税申报

根据《土地增值税暂行条例》的规定，土地增值税纳税人应在转让房地产合同签订后的 7 日内，向房地产所在地主管税务机关办理纳税申报。纳税人选择定期申报方式的，应向纳税人所在地的地方税务机关备案，定期申报方式确定后，1 年之内不得变更。

二、纳税时间和缴纳方法

1.以一次交割、付清价款方式转让房地产的，在办理过户、登记手续前一次性缴纳。

2.以分期收款方式转让房地产的，可根据合同规定的收款日期确定具体的纳税期限。先计算出应缴纳的全部土地增值税税额，再按总税额除以转让房地产的总收入，求得应纳税额占总收入的比例。然后，在每次收到价款时，按收到价款的数额乘以这个比例来确定每次应纳的税额，并规定其应在每次收款后数日内缴纳。

3.项目全部竣工结算前转让房地产的，可以预征土地增值税，待该项目全部竣工、办理结算后再进行清算，多退少补。

三、纳税地点

纳税人应向房地产所在地主管税务机关缴纳税款。转让的房地产坐落在两个或两个以上地区的，应按房地产所在地分别申报纳税。

（一）纳税人是法人的

转让房地产坐落地与其机构所在地或经营所在地一致的，应在办理税务登记的原管辖税务机关申报纳税；不一致的，在房地产坐落地所管辖的税务机关申报纳税。

（二）纳税人是自然人的

转让房地产坐落地与其住所所在地一致的，应在住所所在地税务机关申报纳税；不一致的，在办理过户手续所在地的税务机关申报纳税。

随堂演练

①单选题

1.房地产开发企业应当在签订房地产转让合同、发生纳税义务后（　　）日内或在税务机关核定的期限内，按照规定，向主管税务机关办理土地增值税的申报。（知识点：征收管理）

A.15　　　　　　　　B.10　　　　　　　　C.7　　　　　　　　D.20

2.依据土地增值税相关规定，纳税人办理纳税申报的期限是（　　）。（知识点：征收管理）

A.签订房地产建筑合同之日起 30 日内

B.自转让房地产合同签订之日起 7 日内

C.向有关部门办理过户登记手续之日起 7 日内

D.签订房地产转让合同且收回款项之日起 10 日内

3.根据土地增值税的有关规定，下列关于房地产转让的说法中，正确的是（　　）。(知识点：征收管理)

A.以分期收款方式转让房地产的，根据实际的收款日期确定纳税期限

B.以一次交割、付清价款方式转让房地产的，在办理过户和登记手续后一次性缴纳土地增值税

C.因国家建设需要而搬迁，由纳税人自行转让其房地产的，应从签订房地产转让合同之日起7日内到房地产所在地主管税务机关备案

D.纳税人因国家建设需要被依法征用房地产并得到经济补偿的，应从签订房地产转让合同之日起15日内到房地产所在地主管税务机关备案

⑪多选题

下列对法人转让房地产纳税地点的说法中，正确的有（　　）。(知识点：征收管理)

A.转让房地产坐落地与其机构所在地或经营所在地一致的，应在办理税务登记的原管辖税务机关申报纳税

B.转让房地产坐落地与其机构所在地或经营所在地一致的，应在受让人机构所在地税务机关申报纳税

C.转让房地产坐落地与其机构所在地或经营所在地不一致的，则应在办理税务登记的原管辖税务机关申报纳税

D.转让房地产坐落地与其机构所在地或经营所在地不一致的，则应在房地产坐落地所管辖的税务机关申报纳税

随堂演练

E.转让房地产坐落地与其机构所在地或经营所在地不一致的，由税务机关确定纳税地点

第九章　城镇土地使用税

知识导航

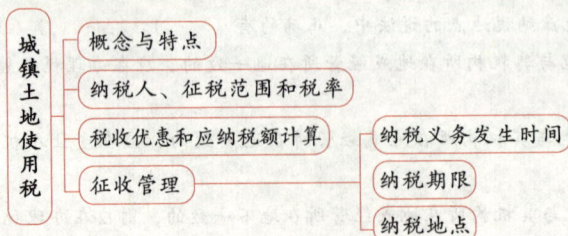

知识目标

1. 了解城镇土地使用税开征的意义
2. 识记城镇土地使用税纳税人、征税范围和税率的具体规定
3. 识记城镇土地使用税税收优惠政策的具体规定
4. 识记城镇土地使用税计税依据确定规则及应纳税额计算公式
5. 描述城镇土地使用税纳税义务发生时间、纳税地点与纳税期限的具体规定

技能目标

1. 能判断确定应征收城镇土地使用税的具体应税土地
2. 能准确计算城镇土地使用税应纳税额
3. 能对城镇土地使用税的纳税义务发生时间、纳税地点及纳税期限作出正确的选择

素养目标

1. 通过城镇土地使用税相关法律知识学习，自觉理解合理使用土地的政策导向
2. 引导学生与时俱进探索学习城镇土地使用税最新法规，培养自主学习的能力

知识点

第一节　概　述

　　土地是一种宝贵的自然资源，是人类赖以生存、从事生产活动必不可少的物质条件。我国虽然幅员辽阔，但人多地少，人均占有土地面积并不宽裕。珍惜土地、节约用地是我国一项长期基本国策。1951年8月，中央人民政府政务院颁布《城市房地产税暂行条例》，规定对城市中的房屋及占地合并征收房产税和地产税（统称为城市房地产税），但在1973

年简化税制时，把对企业征收的该税种并入工商税。长期以来，我国对非农业土地基本实行行政划拨、无偿使用的办法。实践证明，这种管理办法使得大量土地资源浪费，与我国土地资源严重不足不相匹配。期间，为了控制乱占滥用耕地，国务院于1987年4月1日发布了《中华人民共和国耕地占用税暂行条例》，用经济手段加强对耕地的管理，但城镇非农业土地使用中的浪费现象仍然严重存在。为了合理利用城镇土地，调节土地级差收入，提高土地使用效益，加强土地管理，1988年9月27日，国务院发布了《中华人民共和国城镇土地使用税暂行条例》（简称《城镇土地使用税暂行条例》），开征城镇土地使用税。2006年、2011年、2013年和2019年分别对该条例进行了修订，提高了城镇土地使用税税额标准和征税范围。

根据我国现行《城镇土地使用税暂行条例》的规定，城镇土地使用税是以开征范围内的土地为征税对象，以实际占用的土地面积为计税依据，按规定税额对拥有土地使用权的单位和个人征收的一种税。征收城镇土地增值税，实质上是将纳税人获取的本应属于国家的土地收益集中到国家手中，体现了国家作为土地资源所有者的有偿占用性，在国家筹集地方财政资金、调节土地使用和收益分配方面，发挥了积极作用。

第二节　　　　纳税人、征税范围和税率

一、纳税人

城镇土地使用税的纳税人为在城市、县城、建制镇、工矿区范围内使用土地的单位和个人。实际业务中，为确保将城镇土地使用税及时、足额征收入库，对纳税人作如下具体规定：

1. 城镇土地使用税由拥有土地使用权的单位和个人缴纳。
2. 拥有土地使用权的纳税人不在土地所在地的，由代管人或实际使用人缴税。
3. 土地使用权未确定或权属纠纷未解决的，由实际使用人缴纳。
4. 土地使用权共有的，由共有各方分别缴纳。

二、征税范围

城镇土地使用税征税范围为城市、县城、建制镇和工矿区范围内使用的土地。其中：

城市是指经国务院批准设立的市，其征税范围为市区和郊区。

县城是指县人民政府所在地，其征收范围为县人民政府所在的城镇。

建制镇是指经省、自治区、直辖市人民政府批准设立的建制镇，其征税范围为镇人民政府所在地。

工矿区是指工商业比较发达、人口中比较集中，符合国务院规定的建制镇标准，但尚未设立建制镇的大中型工矿企业所在地。开征城镇土地使用税的工矿区须经省、自治区、直辖市人民政府批准。

城市、县城、建制镇和工矿区内的具体征税范围由省、自治区、直辖市人民政府划定。

三、税率

城镇土地使用税实行有幅度的差别定额税率，具体见表9-1。

表 9-1　　　　　　　　　　　　　城镇土地使用税税率表

级　别	非农业人口（人）	每平方米年税额（元）
大城市	50万以上	1.5～30
中等城市	20万～50万	1.2～24
小城市	20万以下	0.9～18
县城、建制镇、工矿区	—	0.6～12

经省、自治区、直辖市人民政府批准，经济落后地区城镇土地使用税的税额标准可以适当降低，但降低额不得超过上述规定最低税额的30%。经济发达地区城镇土地使用税的税额标准可以适当提高，但须报经财政部批准。

◆随堂演练

☒单选题

1.根据城镇土地使用税相关规定，下列表述中正确的是（　　）。（知识点：纳税人）

A.集体企业不是城镇土地使用税的纳税人

B.土地使用权未确定的，暂不缴纳城镇土地使用税

C.土地使用权共有的，由共有各方分别按其使用面积纳税

D.对外商投资企业和外国企业暂不征收城镇土地使用税

2.下列说法中，符合城镇土地使用税相关规定的是（　　）。（知识点：纳税人）

A.在建制镇使用土地的个人为城镇土地使用税的纳税人

B.土地使用权权属纠纷未解决的，由税务机关根据情况确定纳税人

C.尚未核发土地使用证的，暂不纳税，待核发土地使用证后再补缴税款

D.经济发达地区城镇土地使用税适用税额标准经省级人民政府批准可以适当提高

☒多选题

1.下列关于城镇土地使用税纳税义务人的表述中，正确的有（　　）。（知识点：纳税人）

A.拥有土地使用权的单位或个人为纳税人

B.拥有土地使用权的单位或个人不在土地所在地的，以实际使用人或代管人为纳税人

C.土地使用权未确定的或权属纠纷未解决的，以实际使用人或代管人为纳税人

D.土地使用权共有的，以共有各方为纳税人

E.土地使用权共有的，选择其中一方为纳税人

2.下列关于城镇土地使用税的说法中，正确的有（　　）。（知识点：税率）

A.权属纠纷未解决的，其实际使用人或代管人为纳税人

B.土地使用权共有的，共有各方都是纳税人

C.城市的征收范围为市区和郊区

D.县城的征收范围为全县的城镇

E.经济落后地区，税额可适当降低，但降低额不得超过城镇土地使用税税率表中规定的最低税额的50%

3.下列土地中，属于城镇土地使用税征税范围的有（　　）。（知识点：征税范围）

A.城市土地　　　　　　　　　B.县城土地　　　　　　　　　C.农村土地

D.建制镇土地　　　　　　　　E.工矿区土地

随堂演练

第三节　税收优惠和应纳税额计算

一、税收优惠

（一）税收优惠的基本规定

1.国家机关、人民团体、军队自用的土地，免税。自用土地是指这些单位本身的办公用地和公务用地。

2.由国家财政部门拨付事业经费的单位（不包括实行自收自支、自负盈亏的事业单位）自用的土地，免税。自用土地是指这些单位本身的业务用地。

3.企业办的学校、医院、托儿所、幼儿园自用的土地，免税。

4.宗教寺庙、公园、名胜古迹自用的土地，免税。宗教寺庙自用土地是指举行宗教仪式等的用地和宗教人员的生活用地。公园、名胜古迹自用土地是指供公共参观游览用地及其管理单位的办公用地。

5.市政街道、广场、绿化地带等公共用地，免税。非社会性的公共用地照章征税，如企业内的广场、道路、绿化等占用的土地。

6.直接用于农、林、牧、渔业的生产用地，免税。直接用于农、林、牧、渔业的生产用地，是指直接从事种植、养殖、饲养的专业用地，不包括农副产品加工场地和生活、办公用地。

7.经批准开山填海整治的土地和改造的废弃土地，从使用的月份起免缴城镇土地使用税5年至10年。开山填海整治的土地是指纳税人经有关部门批准后自行填海整治的土地，不包括纳税人通过出让、转让、划拨等方式取得的已填海整治的土地。

8.由省、自治区、直辖市税务局确定的减免税项目：

（1）个人所有的居住房屋及院落用地。

（2）房产管理部门在房租调整改革前经租的居民住房用地。

（3）免税单位职工家属的宿舍用地。

（4）集体和个人办的各类学校、医院、托儿所、幼儿园用地。

（二）税收优惠的特殊规定

1.老年服务机构自用的土地，免税。

2.邮政部门坐落在城市、县城、建制镇、工矿区范围以外、尚在县邮政局内核算的土地，在单位财务中划分清楚的，免税。

3.自2019年1月1日至2027年12月31日，对国家级、省级科技企业孵化器、大学科技园和国家备案众创空间自用以及无偿或通过出租等方式提供给在孵对象使用的土地，免征城镇土地使用税。所称孵化服务是指为在孵对象提供的经纪代理、经营租赁、研发和技术、信息技术、鉴证咨询服务。

4.对行使国家行政管理职能的中国人民银行总行（含国家外汇管理局）所属分支机构自用的土地，免税。

5.中国铁路总公司（原铁道部）所属铁路运输企业自用的土地，免税。

6.为避免对一块土地同时征收耕地占用税和城镇土地使用税，税法规定，凡是缴纳了耕地占用税的，从批准征用之日起满1年后缴纳城镇土地使用税；征用非耕地因不需要缴纳耕地占用税，应从批准征用之次月起缴纳城镇土地使用税。

7.免税单位无偿使用纳税单位的土地，免征城镇土地使用税；纳税单位无偿使用免税单位的土地，纳税单位照章缴纳城镇土地使用税。

8.房地产开发公司建造商品房的用地，除经批准开发建设经济适用房的用地外，对各类房地产开发用地一律不得减免城镇土地使用税。

9.对于各类危险品仓库、厂房所需的防火、防爆、防毒等安全防范用地，可由各省、自治区、直辖市税务局确定，暂免征收城镇土地使用税；仓库库区本身用地，依法照章纳税。

10.企业搬迁后原场地不使用的，免征城镇土地使用税。

11.企业的铁路专用线、公路等用地，除另有规定者外，在企业厂区（包括生产、办公及生活区）以内的，应照章征税；在厂区以外、与社会公用地段未加隔离的，暂免征税。

12.企业厂区（包括生产、办公及生活区）以内的绿化用地，应照章征税；厂区以外的公共绿化用地和向社会开放的公园用地，暂免征税。

13.中国石油天然气总公司所属单位用地：

（1）下列油气生产建设用地暂免征税：石油地质勘探、钻井、井下作业、油田地面工程等施工临时用地；各种采油（气）井、注水（气）井、水源井用地；油田内办公、生活区以外的公路、铁路专用线及输油（气、水）管道用地；石油长输管线用地；通信、输变电线路用地。

（2）在城市、县城、建制镇以外工矿区内的下列油气生产、生活用地，暂免征税：与各种采油（气）井相配套的地面设施用地，包括油气采集、计量、接转、储运、装卸、综合处理等各种站的用地；与注水（气）井相配套的地面设施用地，包括配水、取水、转水以及供气、配气、压气、气举等各种站的用地；供（配）电、供排水、消防、防洪排涝、防风、防沙等设施用地；职工和家属居住的简易房屋、活动板房、野营房、帐篷等用地。

除以上所列举免税的土地外，其他在开征范围内的油气生产及办公、生活区用地，均应照章征税。

14.盐场、盐矿用地。

盐场的盐滩、盐矿的矿井用地暂免征税。盐场、盐矿的生产厂房、办公、生活区用地照章征税。其他用地，由省、自治区、直辖市税务机关根据实际情况确定征收或给予定期减免。

15.矿山的采矿场、排土场、尾矿库、炸药库的安全区，以及运矿运岩公路、尾矿输送管道及回水系统用地，免税。

16.电力行业用地。

（1）火电厂对厂区围墙外的灰场、输灰管、输油（气）管道、铁路专用线用地，免税。

（2）水电站的发电厂房用地（包括坝内、坝外式厂房），生产、办公、生活用地，照章征税；对其他用地免税。

（3）核电站的核岛、常规岛、辅助厂房和通信设施用地（不包括地下线路用地），生活、办公用地按规定征税，其他用地免税。对核电站应税土地在基建期内减半征收城镇土地使用税。

（4）对供电部门的输电线路用地、变电站用地，免税。

17.港口的码头（即泊位，包括岸边码头、伸入水中的浮码头、堤岸、堤坝、栈桥等）

用地，免税。

18.民航机场用地。

机场飞行区用地、场内外通信导航设施用地和飞行区四周排水防洪设施用地，免税。

在机场道路中，场外道路用地免税；场内道路用地依照规定照章征税。

机场工作区（包括办公、生产和维修用地及候机楼、停车场）用地、生活区用地、绿化用地，依照规定照章征税。

19.至2027年供暖期结束，对向居民供热收取采暖费的供热企业，为居民供热所使用的土地，免征城镇土地使用税。既向居民供热、又向单位或兼营其他生产经营活动的供热企业，按其向居民供热收取的采暖费收入占企业总收入的比例划分征免税界限。既向居民供热、又向单位或兼营其他生产经营活动的供热企业，按其向居民供热收取的采暖费收入占企业总收入的比例划分征免税界限。

20.公共租赁住房建设期间用地及公共租赁住房建成后占地免税。在其他住房项目中配套建设公共租赁住房，依据政府部门出具的相关材料，按公共租赁住房建筑面积占总建筑面积的比例免征建设、管理公共租赁住房涉及的城镇土地使用税。

21.改造安置住房建设用地免征城镇土地使用税。在商品住房等开发项目中配套建造安置住房的，依据政府部门出具的相关材料、房屋征收（拆迁）补偿协议或棚户区改造合同（协议），按改造安置住房建筑面积占总建筑面积的比例免税。

22.城市公交站场、道路客运站场的运营用地，免税。

23.2023年1月1日至2027年12月31日，对增值税小规模纳税人、小型微利企业和个体工商户，减半征收城镇土地使用税。

24.2023年1月1日至2027年12月31日，对物流企业自有（包括自用和出租）或承租的大宗商品仓储设施用地，减半征收城镇土地使用税。

25.饮水工程运营管理单位自用的生产、办公用地，免税。

二、应纳税额计算

（一）计税依据

城镇土地使用税以纳税人实际占用土地面积为计税依据。实际占用土地面积按下列方法确定：

1.凡有由省、自治区、直辖市人民政府确定的单位组织测定面积的，以测定面积为依据。

2.尚未组织测量，但纳税人持有政府部门核发的土地使用证书的，以证书确认的土地面积为依据。

3.尚未核发土地使用证书的，以纳税人申报的土地面积为依据，待核发土地使用证后再作调整。

（二）应纳税额计算

城镇土地使用税应纳税额的计算公式为：

（年）应纳税额＝实际占用土地面积（平方米）×定额税率

土地使用权由几方共有的，由共有各方按照各自实际使用的土地面积占总面积的比例，分别计算缴纳城镇土地使用税。

【做中学·计算题】2024年某民用机场占地100万平方米，其中，飞行区用地90万平方米，场外道路用地7万平方米，场内道路用地0.5万平方米，工作区用地2.5万平方米。已知城镇土地使用税税率为5元/平方米。计算该民用机场2024年应缴纳的城镇土地使用税。

计算：根据政策规定，机场飞行区用地、场外道路用地，免征城镇土地使用税。

应纳城镇土地使用税=（0.5+2.5）×5=15（万元）

📌 **随堂演练**

①单选题

1.下列土地中，免征城镇土地使用税的是（ ）。（知识点：税收优惠）

A.校办企业的用地　　　　　　　　　　B.企业创办幼儿园的用地

C.核电站在基建期内的生活、办公用地　　D.房地产开发公司建造商品房的用地

2.根据城镇土地使用税的有关规定，下列用地不得享受免税待遇的是（ ）。（知识点：税收优惠）

A.在机场道路中场外道路用地　　　　　　B.军办企业用地

C.盐场的盐滩、盐矿的矿井用地　　　　　D.港口的码头用地

3.下列土地中，可以由各省、自治区、直辖市税务局另行规定减免城镇土地使用税的是（ ）。

（知识点：税收优惠）

A.市政街道、广场、绿化地带等公共用地　B.免税单位职工家属的宿舍用地

C.直接从事种植养殖、饲养的生产用地　　D.公园管理单位的办公用地

4.某化工厂位于县城，2024年1月企业土地使用证书记载占用土地的面积为80 000平方米，8月新征用耕地10 000平方米，已缴纳耕地占用税，适用的城镇土地使用税税率为10元/平方米。该化工厂2024年应缴纳城镇土地使用税（ ）元。（知识点：税收优惠、税额计算）

A.720 000　　　　　　B.800 000　　　　　　C.820 000　　　　　　D.900 000

5.某企业2024年实际占用土地面积共20 000平方米，其中，3 000平方米为厂区外的绿化区，2 000平方米为厂区内绿化用地，企业的医院共占地1 500平方米，出租500平方米，无偿借出800平方米给部队作训练场地。已知该地段适用的城镇土地使用税年税额为3元/平方米。该企业2024年应缴纳的城镇土地使用税为（ ）元。（知识点：税收优惠、税额计算）

A.4 000　　　　　　B.42 000　　　　　　C.41 000　　　　　　D.44 100

6.甲公司与某国家机关共同使用一块土地，面积5 000平方米，其中，国家机关占用70%，当地适用的城镇土地使用税单位税额为每平方米5元。甲公司应缴纳的城镇土地使用税为（ ）元。（知识点：税额计算）

A.7 500　　　　　　B.17 500　　　　　　C.25 000　　　　　　D.90 000

①多选题

1.下列各项中，符合现行城镇土地使用税征税规定的有（ ）。（知识点：税收优惠）

A.企业搬迁后原场地不使用的、企业范围内荒山等尚未利用的土地，免征城镇土地使用税

B.国家机关、人民团体、军队自用的土地，免征城镇土地使用税

C.经济发达地区城镇土地使用税的适用税额标准可以适当提高，但须经省、自治区、直辖市人民政府批准

D.中国人民银行自用的土地免征城镇土地使用税

E.对专门经营农产品的农产品批发市场使用的土地，免征城镇土地使用税

2.下列土地中，免征城镇土地使用税的有（ ）。（知识点：税收优惠）

A.政府投资兴办的老年服务机构自用的土地　　B.公安机关办公用地

C.农副产品加工厂用地　　　　　　　　　　　D.宗教寺庙内宗教人员的生活用地

E.开发商的经济适用房用地

3.下列各项中，属于免征城镇土地使用税的有（ ）。（知识点：税收优惠）

A.盐矿的矿井用地　　　　　B.工业企业仓库用地　　　　　C.农产品批发市场用地

D.机场场外道路用地　　　　　E.公园内设立的影剧院用地

4.下列说法中，符合城镇土地使用税税收政策的有（　　）。（知识点：税收优惠）

多选题

A.农副产品加工厂用地应征收城镇土地使用税

B.公园里开办的照相馆用地应征收城镇土地使用税

C.企业厂区以外的公共绿化用地应征收城镇土地使用税

D.自收自支、自负盈亏的事业单位用地应征收城镇土地使用税

E.直接从事饲养的专业用地免予征收城镇土地使用税

随堂演练

第四节　　　　　　　　征收管理

一、纳税义务发生时间

1.购置新建商品房，为房屋交付使用之次月。

2.购置存量房，为房地产权属登记机关签发房屋权属证书之次月。

3.出租、出借房产，为交付出租、出借房产之次月。房地产开发企业自用、出租和出借本企业建造的商品房，为房屋使用或交付之次月。

4.以出让或转让方式有偿取得土地使用权的，为合同约定交付土地时间的次月；合同未约定交付土地时间的，为合同签订的次月。

5.新征用的土地，属于耕地的，自批准征用之日起满1年时纳税；属于非耕地的，自批准征用次月起纳税。

6.通过招标、拍卖、挂牌方式取得的建设用地，不属于新征用的耕地，纳税人应按照规定，从合同约定交付土地时间的次月起缴纳城镇土地使用税；合同未约定交付土地时间的，从合同签订的次月起缴纳城镇土地使用税。

二、纳税期限

城镇土地使用税按年计算、分期缴纳，具体纳税期限由省、自治区、直辖市人民政府确定。

三、纳税申报

纳税人应依照当地税务机关规定的期限，填写"城镇土地使用税纳税申报表"，将其占用土地的权属、位置、用途、面积和税务机关规定的其他内容，据实向当地税务机关办理纳税申报登记，并提供有关的证明材料。纳税人新征用的土地，必须于批准新征用之日起30日内申报登记。

四、纳税地点

城镇土地使用税在土地所在地缴纳。纳税人使用的土地不属于同一省、自治区、直辖市管辖的，由纳税人分别向土地所在地的税务机关缴纳城镇土地使用税。在同一省、自治区、直辖市管辖范围内，纳税人跨地区使用的土地，其纳税地点由各省、自治区、直辖市税务局确定。

随堂演练

①单选题

1.在同一省、自治区、直辖市管辖范围内，纳税人跨地区使用的土地，其城镇土地使用税的纳税地点为（　　）。（知识点：征收管理——纳税地点）

A.由纳税人向现居住地税务机关纳税

B.由各省、自治区、直辖市税务局确定

C.由纳税人向任一土地所在地税务机关纳税

D.由纳税人分别向土地所在地税务机关纳税

2.新征用耕地应缴纳的城镇土地使用税，其纳税义务发生时间是（　　）。（知识点：征收管理——纳税义务发生时间）

A.自批准征用之日起满3个月　　　　　　B.自批准征用之日起满6个月

C.自批准征用之日起满1年　　　　　　　D.自批准征用之日起满2年

3.下列符合城镇土地使用税规定的是（　　）。（知识点：征收管理——纳税义务发生时间）

A.购置新建商品房，自房地产权属登记机关签发房屋权属证书之次月起，计征城镇土地使用税

B.按年计算、分期缴纳，缴纳期限由省、自治区、直辖市税务机关确定

C.纳税人新征用的土地，必须于批准新征用之日起30日内申报登记

D.纳税人在全国范围内跨省、自治区、直辖市使用的土地，其城镇土地使用税的纳税地点由国家税务总局确定

单选题 随堂演练

⑪多选题

1.根据城镇土地使用税的有关规定，下列表述中正确的有（　　）。（知识点：征收管理、税收优惠）

A.在同一省管辖范围内，跨地区使用土地，纳税地点由省级人民政府确定

B.征用非耕地，从批准征用之次月起征收城镇土地使用税

C.城镇土地使用税纳税期限由省级人民政府确定

D.经省、自治区、直辖市人民政府批准，经济落后地区的城镇土地使用税适用税额标准可以适当降低，但降低额不得超过规定的最低税额的50%

E.公共租赁住房建设期间用地及建成后占地免征城镇土地使用税

2.以下关于城镇土地使用税的表述中，正确的有（　　）。（知识点：征收管理）

A.纳税人使用的土地不属于同一省（自治区、直辖市）管辖范围内的，由纳税人分别向土地所在地的税务机关申报缴纳

B.纳税人使用的土地在同一省（自治区、直辖市）管辖范围内，纳税人跨地区使用的土地，由纳税人分别向土地所在地的税务机关申报缴纳

C.纳税人新征用的土地，必须于批准新征用之日起15日内申报登记

D.纳税人如有住址变更、土地使用权属转移等情况，从转移之日起，按规定期限办理申报变更登记

E.城镇土地使用税按年计算，分期缴纳

3.下列关于城镇土地使用税的纳税义务发生时间的表述中，正确的有（　　）。（知识点：征收管理）

A.纳税人购置新建商品房，自商品房交付使用的次月起缴纳城镇土地使用税

B.新征用的耕地，自批准征用之日起满1年开始缴纳城镇土地使用税

C.新征用的非耕地，自批准征用之次月起缴纳城镇土地使用税

D.房产出租的，自出租房产之次月起缴纳城镇土地使用税

E.购置存量房的，自购买之次月起缴纳城镇土地使用税

4.下列关于城镇土地使用税征管规定的说法中，正确的有（　　）。（知识点：征收管理）

A.城镇土地使用税实行按年计算、分期缴纳的征收方法

B.纳税人出租、出借房产的，自交付出租、出借房产之次月起，发生纳税义务

C.城镇土地使用税在机构所在地缴纳

D.纳税人新征用的非耕地，自批准征用之次月起缴纳城镇土地使用税

E.纳税人新征用的土地，必须于批准新征用之日起15日内申报登记

单选题 随堂演练

第十章　房产税

📐 **知识导航**

```
          ┌─ 概念与特点
          │
  房   ├─ 纳税人、征税范围和税率
  产   │
  税   ├─ 税收优惠和应纳税额计算 ──┬─ 纳税义务发生时间
          │                          │
          └─ 征收管理 ──────────────┼─ 纳税期限
                                     │
                                     └─ 纳税地点
```

✒ **知识目标**

1. 了解房产税开征的意义

2. 识记房产税纳税人、征税范围和税率的具体规定

3. 识记房产税税收优惠政策的具体规定

4. 识记房产税计税依据确定的具体规则及应纳税额计算公式

5. 描述房产税纳税义务发生时间、纳税地点与纳税期限的具体规定

✒ **技能目标**

1. 能判断确定应征收房产税的具体应税房产项目

2. 能根据房产的不同使用类型，正确计算房产税应纳税额

3. 能对房产税的纳税义务发生时间、纳税地点及纳税期限作出正确的选择

✒ **素养目标**

1. 从习近平总书记关于"房子是用来住的"的指示理解开征房产税的意义

2. 引导学生与时俱进探索学习房产税最新法规，培养自主学习的能力

☞ **知识点** ☜

第一节　概　述

中华人民共和国成立后，中央人民政府政务院于1951年8月颁布了《城市房地产税暂行条例》，规定对城市中的房屋及占地合并征收房产税和地产税，称为城市房地产税。1973年简化税制，将对企业征收的该税种并入工商税。对房地产管理部门和个人的房屋，以及外资企业、中外合资合作企业的房屋，继续保留征收城市房地产税。我国实行改革开

放以后，为了发挥税收的作用，1984年10月，国务院决定推行第二步利改税和改革工商税制，对国内企业单位恢复征收房产税，并将城市房地产税分为房产税和城镇土地使用税。1986年9月，国务院发布了《中华人民共和国房产税暂行条例》（简称《房产税暂行条例》），从当年10月1日开始施行。各省、自治区、直辖市政府根据条例规定制定实施细则。2008年12月31日，国务院发布第546号令，自2009年1月1日起废止《城市房地产税暂行条例》，并规定外商投资企业、外国企业和组织以及外籍个人依照《房产税暂行条例》缴纳房产税，在全国范围内实行内外统一的房产税。2011年1月8日，国务院令第588号对《房产税暂行条例》进行了修改。

根据我国现行《房产税暂行条例》的规定，**房产税是以房屋为征税对象，以房屋的计税余值或租金收入为计税依据，向房屋产权所有人征收的一种财产税。**房屋是法人和个人拥有财富的主要形式，对房屋拥有者征收房产税，不仅可以调节单位、居民之间的财富分配，还有利于加强对房屋的管理，提高房屋的使用效益。在当前我国分税制体制下，房产税作为一个地方税税种，房产税收入也是地方财政收入的一个重要来源。

第二节　　纳税人、征税范围和税率

一、纳税人

房产税以在征税范围内的房屋产权所有人为纳税人。

1.产权属国家所有的，由经营管理单位纳税；产权属集体和个人所有的，由集体单位和个人纳税。

2.产权出典的，由承典人纳税。

3.产权所有人、承典人不在房屋所在地的，由房产代管人或使用人纳税。

4.产权未确定及租典纠纷未解决的，由房产代管人或使用人纳税。

5.纳税单位和个人无租使用房产管理部门、免税单位及纳税单位房产的，由使用人纳税。

6.融资租赁房产，由承租人纳税。

二、征税范围

房产税的征税范围是在城市、县城、建制镇和工矿区内的房屋。

征收房产税的房产是以房屋形态表现的财产。房屋是指有屋面和围护结构（即有墙或两边有柱），能够遮风避雨，可供人们在其中生产、工作、学习、居住或储藏物资的场所。独立于房屋之外的建筑物，如围墙、烟囱、室外游泳池、水塔、玻璃暖房、变电塔等不属于房产。

征收房产税的城市、县城、建制镇和工矿区的范围分别为：

1.城市是指经国务院批准设立的市，其征税范围为市区、郊区和市辖县县城，不包括农村。

2.县城是指县人民政府所在地。

3.建制镇是指经省、自治区、直辖市人民政府批准设立的建制镇，其征税范围为镇人民政府所在地，不包括所辖行政村。

4.工矿区是指工商业比较发达、人口比较集中，符合国务院规定的建制镇标准，但尚未设立建制镇的大中型工矿企业所在地。开征房产税的工矿区须经省、自治区、直辖市人民政府批准。

三、税率

房产税采用比例税率，包括两种：

1. 依据房产余值计税的，税率为1.2%。

2. 依据房产租金计税的，基本税率为12%。

3. 特例：（1）从2008年3月1日起，个人出租住房不分实际用途，均按4%的税率征税；（2）对企事业单位、社会团体以及其他组织按市场价格向个人出租用于居住的住房，减按4%的税率征税。

随堂演练

单选题

1. 下列关于房产税纳税人的表述中，不正确的是（　　）。（知识点：纳税人）

A. 房屋出租的，承租人为纳税人

B. 房屋产权所有人不在房产所在地的，房产代管人为纳税人

C. 房屋产权属于国家的，其经营管理单位为纳税人

D. 房屋产权未确定的，房产代管人为纳税人

2. 下列各项中，属于房产税征税范围、应纳房产税的是（　　）。（知识点：征税范围）

A. 城市的露天游泳池　　　　　　　　　B. 工矿区内的砖瓦石灰窑

C. 建制镇内的房屋　　　　　　　　　　D. 房地产开发企业开发的待售商品房

3. 以下项目中，房产税适用税率为12%的是（　　）。（知识点：税率）

A. 个体工商户自有营业用房

B. 个体工商户出租用房

C. 个人出租住房

D. 企事业单位、社会团体按市场价格向个人出租用于居住的住房

多选题

1. 以下关于房产税纳税人的表述中，正确的有（　　）。（知识点：纳税人）

A. 房屋产权出典的，承典人为纳税人　　B. 产权属国家所有的，由经营管理单位纳税

C. 无租使用其他房产的，不需要缴纳房产税　D. 产权未确定，由房产代管人或使用人纳税

E. 租典纠纷未解决的，等纠纷解决后补缴税款

2. 下列建筑物中，属于房产税征税范围的有（　　）。（知识点：征税范围）

A. 农村居住用房　　　　　　　　　　　B. 独立于房屋以外的玻璃暖房

C. 县城个人拥有的商铺　　　　　　　　D. 工矿区企业出租的房产

E. 位于县城的工业用房

随堂演练

第三节　　税收优惠和应纳税额计算

一、税收优惠

（一）《房产税暂行条例》规定的免税房产

1. 国家机关、人民团体、军队自用房产。自用房产是指单位本身的办公用房和公务用房。

2.国家财政部门拨付事业经费单位自用房产，包括实行差额预算管理的事业单位。自用房产是指单位本身的业务用房。

3.宗教寺庙、公园、名胜古迹自用房产。宗教寺庙自用房产是指举行宗教仪式等的房屋和宗教人员使用的生活用房屋。公园、名胜古迹自用房产是指供公共参观游览的房屋及其管理单位的办公用房屋。

4.个人拥有非营业用的房产。个人拥有的营业用房或出租用房照章征收房产税。

（二）经财政部和国家税务总局批准的免税房产

1.企业办的各类学校、医院、托儿所、幼儿园自用的房产，免征房产税。

2.经有关部门鉴定，对毁损不堪居住的房屋和危险房屋，在停止使用后，可免征房产税。

3.自2004年8月1日起，对军队空余房产租赁收入暂免征收房产税。

4.凡是在基建工地为基建工地服务的各种工棚、材料棚和办公室、食堂等临时性房屋，在施工期间一律免征房产税。如果在基建工程结束以后，施工企业将这种临时性房屋交还或估价转让给基建单位的，应当从基建单位接收的次月起，依照规定征收房产税。

5.纳税人因房屋大修导致连续停用半年以上的，在房屋大修期间免征房产税。

6.纳税单位与免税单位共同使用的房屋，按各自使用的部分划分，分别征收或免征房产税。

7.老年服务机构自用的房产暂免征收房产税。

8.对按政府规定价格出租的公有住房和廉租住房，暂免征房产税。

9.对于邮政部门坐落在城市、县城、建制镇、工矿区范围以外、尚在县邮政局内核算的房产，在单位财务中划分清楚的，免征房产税。

10.房地产开发企业建造的商品房，在出售前不征收房产税。但出售前房地产开发企业已使用或出租、出借的商品房应按规定征收房产税。

11.中国铁路总公司所属铁路运输企业自用的房产，免征房产税。地方铁路运输企业自用房产比照执行。

12.对行使国家行政管理职能的中国人民银行总行（含国家外汇管理局）所属分支机构自用的房产，免征房产税。

13.2023年1月1日至2027年12月31日，增值税小规模纳税人、小型微利企业和个体工商户，减半征收房产税。

14.经营公租房所取得的租金收入，免征房产税。

15.对商品储备管理公司及其直属库承担粮食储备业务自用的房产、土地，免征房产税。

16.对高校学生公寓，免征房产税。

17.自2019年1月1日至2027年12月31日，对国家级、省级科技企业孵化器、大学科技园和国家备案众创空间自用以及无偿或通过出租等方式提供给在孵对象使用的房产免征房产税。

18.对饮水工程运营管理单位自用的生产、办公用房产、土地，免征房产税。所称饮水工程，是指为农村居民提供生活用水而建设的供水工程设施。对于既向城镇居民供水，又向农村居民供水的饮水工程运营管理单位，依据向农村居民供水量占总供水量的比例免征房产税。无法提供具体比例或所提供数据不实的，不得享受上述税收优惠政策。

二、应纳税额计算

房产税的计征方式有从价计征和从租计征两种。

（一）从价计征计税依据及应纳税额计算

纳税人经营自用的房屋，以房产的计税余值为计税依据，从价计征房产税。计税余值是指依照税法规定按房产原值一次减除10%～30%的损耗价值后的余额。从价计征应纳税额的计算公式为：

应纳税额＝房产计税余值×适用税率1.2%

房产计税余值＝应税房产原值×（1−扣除比例）

其中，扣除比例由各省、自治区、直辖市人民政府确定。计税依据确定的具体规定如下：

1.房产原值是指纳税人按照会计制度规定，在"固定资产"科目中记载的房屋原价；没有记载房屋原价的，按照上述原则，并参照同类房屋确定房产原值，按规定计征房产税。

【做中学·计算题】甲企业2024年初拥有厂房原值2 000万元、仓库原值500万元。当年5月20日，将仓库以1 000万元的价格转让给乙企业，当地政府规定房产税减除比例为30%。计算甲企业2024年应缴纳房产税税额。

计算：甲企业的房产税从价计征。其中，仓库年度中间转让，2024年房产税计税时间为5个月。

房产税应纳税额＝2 000×（1−30%）×1.2%+500×（1−30%）×1.2%×5/12=18.55（万元）

2.房产原值应包括与房屋不可分割的各种附属设备或一般不单独计算价值的配套设施，主要有：暖气、卫生、通风、照明、煤气等设备；各种管线，如蒸汽、压缩空气、石油、给水排水等管道及电力、电讯、电缆导线；电梯、升降机、过道、晒台等。属于房屋附属设备的水管、下水道、暖气管、煤气管等从最近的探视井或三通管起计算原值；电灯网、照明线从进线盒连接管起计算原值。

为了维持和增加房屋的使用功能或使房屋满足设计要求，凡以房屋为载体，不可随意移动的附属设备和配套设施，如给排水、采暖、消防、中央空调、电气及智能化楼宇设备等，无论在会计核算中是否单独记账与核算，都应计入房产原值。

3.纳税人对原有房屋进行改建、扩建的，相应增加房屋的原值。

4.更换房屋附属设备和配套设施的，在将其价值计入房产原值时，可扣减原相应设备和设施的价值。附属设备和配套设施中易损坏、需要经常更换的零配件，更新后不再计入房产原值，原零配件的原值也不扣除。

【做中学·计算题】某上市公司2023年以5 000万元购得一处会所，当年对该会所进行改建，拆除价值为200万元的照明设施，新安装智能照明和楼宇声控系统支出400万元，改造中央空调系统支出600万元，在后院新建一露天泳池支出650万元。会所于2023年底改建完毕并对外营业，当地规定计算房产余值扣除比例为30%，计算该上市公司2024年对该会所应缴纳房产税税额。

计算：对原有房屋进行改建的，相应增加房屋的原值，旧设施价值可以扣除；露天泳池不属于房产税征收范围。该会所2024年全年从价计征房产税。

房产计税余值＝（5 000−200+400+600）×（1−30%）=4 060（万元）

房产税应纳税额=4 060×1.2%=48.72（万元）

5.凡在房产税征收范围内的具备房屋功能的地下建筑，包括与地上房屋相连的地下建筑以及完全建在地面以下的建筑、地下人防设施等，均应依照有关规定依据计税原值计征房产税。计税原值按下列规定确定：工业用途的房产，为房产原值的50%～60%；商业和其他用途的房产，为房产原值的70%～80%。

对于与地上房屋相连的地下建筑，如房屋的地下室、地下停车场、商场的地下部分等，应将地下部分与地上房屋视为一个整体，按照地上房屋建筑的有关规定计算征收房产税。

【做中学·计算题】某企业2024年有一处地下建筑物，为商业用途房产，房产原值为80万元，10月底将其出售。当地政府规定的房产税减除比例为30%，商业用途地下建筑物以原价的70%作为应税房产原值。2024年该企业应纳房产税为多少？

计算：应纳房产税额=80×70%×（1-30%）×1.2%×10÷12=0.392（万元）

6.对按照房产原值计税的房产，无论会计上如何核算，房产原值均应包含地价，包括为取得土地使用权支付的价款、开发土地发生的成本费用等。容积率低于0.5的，按房产建筑面积的2倍计算土地面积并据此确定计入房产原值的地价。

【做中学·计算题】某市一商贸企业2023年末建成办公楼一栋，为建造办公楼新征一块土地，面积为45 000平方米，土地单价为每平方米300元，房产建筑面积为20 000平方米，建筑成本为2 000万元，该办公楼使用年限为50年。该办公楼计算房产税时的计税原值金额为多少万元？

计算：该地的容积率=20 000÷45 000=0.44，税法规定，容积率低于0.5的，按房产建筑面积的2倍计算土地面积并据此确定计入房产原值的地价。该房产的计税原值=2 000+（20 000×2×300）÷10 000=3 200（万元）。

（二）从租计征计税依据及应纳税额计算

纳税人出租的房屋，以租金收入为计税依据，从租计征房产税。从租计征应纳税额计算公式为：

应纳税额=租金收入×适用税率12%（个人出租住房4%）

⚑注意

对出租房产，租赁双方签订的租赁合同约定有免收租金期限的，免收租金期间由产权所有人按照房产原值缴纳房产税。

【做中学·计算题】甲公司2023年12月底将原值3 000万元的房产租赁给乙公司，租期一年，2024年1月至2月给予免租待遇。2024年实际收到不含税租金收入40万元。当地房产原值减除比例为30%，计算甲公司该房产2024年应缴纳的房产税税额。

计算：该房产应分段计算房产税税额，其中，1月至2月为免租期，应按余值从价计征房产税，其余10个月从租计征房税。

房产税应纳税额=3 000×（1-30%）×1.2%÷12×2+40×12%=9（万元）

（三）计税依据确定的特殊情形

1.投资联营房产计税依据确定。

对以房产投资联营，投资者参与投资利润分红，共担经营风险的，以房产余值作为计税依据计征房产税；对以房产投资，收取固定收入，不承担经营风险的，实质为以联营名义取得房产租金，应由出租方按租金收入计征房产税。

2.融资租赁房产计税依据确定。

融资租赁房屋，由承租人自融资租赁合同约定开始日的次月起依照房产余值缴纳房产税。合同未约定开始日的，由承租人自合同签订的次月起依照房产余值缴纳房产税。

3.居民住宅区内业主共有经营性房产计税依据确定。

居民住宅区内业主共有的经营性房产，自营的按房产余值计税，没有原值或不能将业主共有房产与其房产的原值准确划分开的，由房产所在地主管税务机关核定房产原值；出租的，按租金收入计税。

✦随堂演练

⑪单选题

1.下列有关房产税相关规定的说法中，正确的是（　　）。（知识点：征税范围、税收优惠）

A.房产税的征税范围包括农村

B.房屋产权出典的由出典人纳税

C.老年服务机构自用的房产按照房产余值缴纳房产税

D.经营公租房所取得的租金收入免征房产税

2.下列应该缴纳房产税的是（　　）。（知识点：征税范围、税收优惠）

A.学校招待所使用的房产　　　　　　　　B.公安机关办公用房

C.宗教寺庙自用的房产　　　　　　　　　D.农村厂房

3.根据房产税法律制度的规定，下列各项中，不予免征房产税的是（　　）。（知识点：税收优惠）

A.名胜古迹中附设的经营性茶社　　　　　B.公园自用的办公用房

C.个人所有的唯一普通居住用房　　　　　D.国家机关的职工食堂

4.下列房产中，属于免征房产税的是（　　）。（知识点：税收优惠）

A.老年服务机构对外出租的房产

B.居民住宅区内业主共有的经营性房产

C.纳税单位与免税单位共同使用的房屋，纳税单位使用的部分

D.纳税单位与免税单位共同使用的房屋，免税单位使用的部分

5.下列应该缴纳房产税的是（　　）。（知识点：税收优惠）

A.事业单位自用房产　　B.政府机关自用房产　　C.寺庙出租未用房产　　D.个人自用房产

6.李某拥有两处房产，一处原值90万元的房产供自己及家人居住，另一处原值40万元的房产于2024年6月30日出租给他人居住，按市场价每月取得租金收入2 400元。李某2024年应缴纳的房产税为（　　）元。（知识点：税额计算）

A.288　　　　　　　B.1 152　　　　　　　C.840　　　　　　　D.576

7.甲企业2024年年初拥有厂房原值2 000万元、仓库原值500万元。2024年5月20日，将仓库以1 000万元的价格转让给乙企业，当地政府规定房产税减除比例为30%。甲企业当年应缴纳的房产税为（　　）万元。（知识点：税额计算）

A.18.55　　　　　　B.17.65　　　　　　C.18.2　　　　　　D.20.3

单选题

随堂演练

⑪多选题

1.按照现行房产税优惠政策，下列各项中，可以免征房产税的有（　　）。（知识点：税收优惠）

A.高校学生公寓

B.经营公租房取得的租金收入

C.房地产开发企业建造的商品房在出售前出租的

D.危险房屋

E.符合条件的文化单位转制为企业后自用的办公楼

2.下列房产中，可以免征房产税的有（　　）。（知识点：税收优惠）

A.停止使用半年以上的危险房产　　　　　B.出租的名胜古迹空余房产

C.企业办的各类学校自用的房产　　　　　D.公园附设的影剧院

E.国有企业自办的幼儿园自用的房产

3.下列房屋附属设备和配套设施，无论在会计核算中是否单独记账与核算，都应计入房产原值、计征房产税的有（　　）。（知识点：税额计算）

A.办公家具　　　　　　B.中央空调　　　　　　C.消防设备

D.经常更换的配件　　　E.智能化楼宇设备

4.下列项目中，应以房产租金作为计税依据征收房产税的有（　　）。（知识点：税额计算）

A.以融资租赁方式租入的房屋

B.以经营租赁方式租出的房屋

C.居民住宅区内业主自营的共有经营性房屋

D.以收取固定收入、不承担联营风险方式投资的房屋

E.出租房产，约定免收租金期限的，在免收租金期间

多选题

随堂演练

第四节　征收管理

一、纳税义务发生时间

1.将原有房产用于生产经营的，从生产经营之月起，计征房产税。

2.自建的房屋用于生产经营的，自建成之日的次月起，计征房产税。

3.委托施工企业建设的房屋，从办理验收手续之日的次月起，计征房产税。对于在办理验收手续前已使用或出租、出借的新建房屋，应从使用或出租、出借的当月起按规定计征房产税。

4.购置新建商品房，自房屋交付使用之次月起，计征房产税。

5.购置存量房，自办理房屋权属转移、变更登记手续，房地产权属登记机关签发房屋权属证书之次月起，计征房产税。

6.出租、出借房产，自交付出租、出借房产之次月起，计征房产税。

7.房地产开发企业自用、出租、出借本企业建造的商品房，自房屋使用或交付之次月起，计征房产税。

二、纳税期限

房产税实行按年征收、分期缴纳的征收方法，具体纳税期限由省、自治区、直辖市人民政府确定。

三、纳税申报

纳税义务人应根据税法要求，将现有房屋的坐落地点、结构、面积、原值、出租收入等情况，据实向当地税务机关办理纳税申报，并按规定纳税。

四、纳税地点

房产税在房产所在地缴纳。房产不在同一地方的纳税人，按房产的坐落地点分别向房产所在地的税务机关缴纳。

随堂演练

⑭单选题

甲公司委托某施工企业建造一幢办公楼，工程于 2023 年 12 月完工，2024 年 1 月办妥验收手续，2024年 4 月份付清全部工程价款。则甲公司该办公楼房产税的纳税义务发生时间为（　　）。（知识点：征收管理）

A.2023 年 12 月　　　　B.2024 年 1 月　　　　C.2024 年 2 月　　　　D.2024 年 4 月

⑮多选题

下列关于房产税征收管理的说法中，正确的有（　　）。（知识点：征收管理）

A.房产税在房产所在地缴纳

B.房产税实行按年征收、分期缴纳的征收方法，具体纳税期限由县级人民政府确定

C.将原有房产用于生产经营的，从生产经营之月起计征房产税

D.购置新建商品房，自房屋交付使用之次月起计征房产税

E.出租、出借房产，自交付出租、出借房产之次月起计征房产税

随堂演练

第十一章　契　税

知识导航

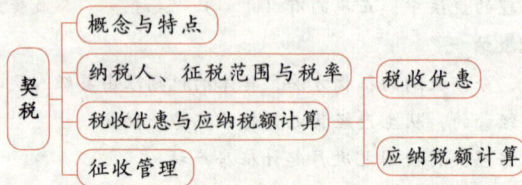

知识目标

1. 了解契税开征的意义
2. 识记契税的纳税人、征税范围和税率的具体规定
3. 识记契税的税收优惠政策具体规定
4. 描述契税计税依据确认的具体规定及应纳税额计算原理
5. 描述契税纳税义务发生时间、纳税期限与纳税地点的具体规定

技能目标

1. 能判断确定应征收契税的具体应税项目
2. 能计算具体应税项目的计税依据和应纳税额
3. 能对契税纳税义务发生时间、纳税地点及纳税期限作出正确的选择

素养目标

1. 从契税减免税项目体会国家的惠民政策，增强民族自豪感
2. 引导学生关心时事政治，培养自主获取信息的能力

☞知识点☜

| 第一节 | 概　述 |

在我国，契税是一个古老的税种，最早起源于东晋的"古税"，至今已有 1 600 多年的历史。中华人民共和国成立后颁布的第一个税收法规就是《中华人民共和国契税暂行条例》。该条例规定凡土地、房屋买卖、典当、赠与和交换，均应凭土地、房屋的产权证明，在当事人双方订立契约时，由产权承受人缴纳契税。1954 年，财政部对《中华人民共和国契税暂行条例》进行了修改，规定对公有制单位的买卖、典当、承受赠与和交换土

地、房屋的行为，免征契税。社会主义"三大改造"完成后，国家禁止土地买卖和转让，征收土地契税自然停止，契税的征税范围只限于非公有制单位的房屋产权转移行为。1978年新宪法公布后，国家逐步落实了房产政策，城乡房屋买卖市场重新得以开放。

为此，财政部于1981年、1990年分别发布了《关于改进和加强契税征收管理工作的通知》和《关于加强契税工作的通知》，对契税政策进行了补充和调整，契税征收工作全面恢复。随着改革开放，我国的社会、经济结构已发生了巨大变化，房地产市场得到较大发展，交易形式更是多样、灵活，《中华人民共和国契税暂行条例》的内容已经不能适应新的形势需要。本着公平税负，合理负担，规范税制，严格控制减免税范围，增加财政收入，适当下放税收管理权限，调动地方管理税收积极性的原则，1997年7月7日，国务院重新颁布了《中华人民共和国契税暂行条例》。为贯彻党中央税收法治精神，落实税收立法，2020年8月11日，第十三届全国人民代表大会常务委员会第二十一次会议通过了《中华人民共和国契税法》（简称《契税法》），并于2021年9月1日正式施行，至此完成了对契税的正式立法工作。

根据我国现行《契税法》的规定，**契税是以所有权发生转移的不动产为征税对象，向产权承受人征收的一种税**。契税按财产转移价值征税，税源较为充足，特别是随着市场经济的发展和房产交易的活跃，通过征收契税增加地方政府财政收入的作用将日益显著。契税规定对承受人征收，有利于通过法律形式确定产权关系，维护公民合法权益，避免产权纠纷。在土地、房屋的交易环节征收契税，可以适当调节财产的取得者的收入，缓解社会分配不公的矛盾。

第二节　纳税人、征税范围和税率

一、纳税人

在中华人民共和国境内转移土地、房屋权属，承受的单位和个人为契税的纳税人。

二、征税范围

契税的征税范围为发生土地使用权和房屋所有权权属转移的土地和房屋，具体包括：

（一）土地使用权出让

土地使用权出让是指国家以土地所有者的身份将土地使用权在一定年限内让渡给土地使用者，并由土地使用者向国家支付土地使用权出让金的行为。土地使用权出让可以使用拍卖、招标、双方协议的方式。

（二）土地使用权转让

土地使用权转让是指土地使用者将土地使用权再转移的行为。土地使用权转让可以使用出售、互换、赠与的方式。

特别提醒

土地使用权转让不包括土地承包经营权和土地经营权的转移。

（三）房屋买卖

1.以房产抵债和实物交换房屋的，视同房屋买卖，由产权承受人按房屋现值缴纳契税。

2.以房产投资或作股转让，凡办理房屋产权交易和产权变更登记手续的，视同房屋买卖，由产权承受方按投资房产价值或房产买价缴纳契税。**以自有房产作股投入本人独资经营企业的，免征契税。**

3.买房拆料或翻建新房，照章征收契税。

（四）房屋赠与

房屋赠与是指房屋产权所有人将房屋无偿转让给他人所有的行为。房屋赠与由房屋的受赠人按规定缴纳契税。

以获奖方式取得房屋产权的，其实质是接受赠与房产，按规定缴纳契税。

（五）房屋互换

房屋互换是指房屋住户、用户、所有人为了生活、工作方便相互之间交换房屋的使用权或所有权的行为。

互换房屋的价值相等的，不征收契税；价值不相等的，按超出部分由支付差价方缴纳契税。

（六）房屋附属设施有关契税政策

1.对于承受与房屋相关的附属设施（包括停车位、汽车库、自行车库、顶层阁楼以及储藏室，下同）所有权或土地使用权的行为，按照规定征收契税；对于不涉及土地使用权和房屋所有权转移变动的，不征契税。

2.采取分期付款方式购买房屋附属设施土地使用权、房屋所有权的，应按合同规定的总价款计征契税。

3.承受的房屋附属设施权属单独计价的，按照当地确定的适用税率征收契税；与房屋统一计价的，适用与房屋相同的契税税率。

4.对承受国有土地使用权应支付的土地出让金，应征收契税，不得因减免出让金而减免契税。

5.对纳税人因改变土地用途而签订土地使用权出让合同变更协议或重新签订土地使用权出让合同的，应征收契税。计税依据为因改变土地用途应补缴的土地收益金及应补缴政府的其他费用。

6.土地使用者将土地使用权及所附建筑物、构筑物等（包括在建的房屋、其他建筑物、构筑物和其他附着物）转让给他人的，应按照转让的总价款计征契税。

7.土地使用者转让、抵押或置换土地，无论其是否取得了该土地的使用权属证书，无论其在转让、抵押或置换土地过程中是否与对方当事人办理了土地使用权属证书变更登记手续，只要土地使用者享有占有、使用、收益或处分该土地的权利，且有合同等证据表明其实质转让、抵押或置换了土地并取得了相应的经济利益，土地使用者及其对方当事人应当依照税法规定缴纳契税。

三、税率

契税实行幅度比例税率，税率幅度为3%～5%。具体适用税率，由省、自治区、直辖市人民政府在前述规定的税率幅度内提出，报同级人民代表大会常务委员会决定，并报全国人民代表大会常务委员会和国务院备案。

◆ **随堂演练**

Ⓐ **单选题**

1.下列各项中，不属于契税纳税人的是（　　）。（知识点：纳税人）

A.出售房屋的个人   B.受赠土地使用权的企业

C.购买房屋的个人   D.受让土地使用权的企业

2.下列行为中，应缴纳契税的是（   ）。（知识点：征税范围）

A.个人将自有房产出租给他人使用

B.企业以自有房产等价互换另一企业的房产

C.个人以自有房产投入本人经营的企业

D.企业以自有房产投资于另一企业并取得相应的股权

3.下列关于契税的说法中，正确的是（   ）。（知识点：征税范围）

A.买方用于翻建新房，不征契税   B.以房产用于投资入股，应按规定征收契税

C.房屋互换，免征契税   D.房屋的附属设施不属于契税的征收范围

4.根据契税法律制度的规定，下列各项中，应缴纳契税的是（   ）。（知识点：征税范围）

A.转让房屋的企业   B.企业受让土地使用权

C.企业将厂房抵押给银行   D.个人承租居民住宅

5.下列应征收契税的是（   ）。（知识点：征税范围）

A.法定继承人继承房屋权属   B.运动员因成绩突出获得国家奖励的住房

C.承包者获得农村集体土地承包经营权   D.企业以行政划拨方式取得土地使用权

6.下列业务中，应当征收契税的是（   ）。（知识点：征税范围）

A.以获奖方式取得房屋权属   B.将自有房产作股投入本人经营的企业

C.房屋产权进行等价互换   D.承受荒山土地使用权用于林业生产

单选题

随堂演练

㊁多选题

1.老王将自有的两栋住房中的一栋赠与其儿子，另一栋无偿赠与其最好的朋友孙某，已向税务机关提交经审核并签字盖章的个人无偿赠与不动产登记表。下列关于缴纳契税的表述中，正确的有（   ）。（知识点：纳税人）

A.老王应缴纳契税   B.孙某应缴纳契税

C.老王的儿子应缴纳契税   D.老王的儿子不用缴纳契税

E.孙某不用缴纳契税

2.下列行为需要征收契税的有（   ）。（知识点：征税范围）

A.以获奖方式取得房屋产权   B.以房产抵债

C.以实物交换房屋   D.国有土地使用权出让

E.等价互换的房屋

3.下列各项中，应征收契税的有（   ）。（知识点：征税范围）

A.以获奖方式取得房屋产权

B.买房拆料

C.个人购买属于家庭唯一住房的普通住房

D.合伙企业的合伙人将其名下的房屋转移至合伙企业名下

E.以拍卖方式取得国有土地使用权

多选题

随堂演练

第三节	税收优惠和应纳税额计算

一、税收优惠

🔻 **课程思政点睛**

从税法规定的免税项目，体会国家的惠民政策，增强民族自豪感。

（一）《契税法》规定的免税项目

1.国家机关、事业单位、社会团体、军事单位承受土地、房屋权属用于办公、教学、医疗、科研、军事设施。

2.非营利性的学校、医疗机构、社会福利机构承受土地、房屋权属用于办公、教学、医疗、科研、养老、救助。

3.承受荒山、荒地、荒滩土地使用权用于农、林、牧、渔业生产。

4.婚姻关系存续期间夫妻之间变更土地、房屋权属。

5.法定继承人通过继承承受土地、房屋权属。

6.依照法律规定应当予以免税的外国驻华使馆、领事馆和国际组织驻华代表机构承受土地、房屋权属。

根据国民经济和社会发展的需要，国务院对居民住房需求保障、企业改制重组、灾后重建等情形可以规定免征或减征契税，报全国人民代表大会常务委员会备案。

（二）由省、自治区、直辖市确定的免征或减征项目

1.因土地、房屋被县级以上人民政府征收、征用，重新承受土地、房屋权属；

2.因不可抗力灭失住房，重新承受住房权属。

上述免征或减征契税的具体办法，由省、自治区、直辖市人民政府提出，报同级人民代表大会常务委员会决定，并报全国人民代表大会常务委员会和国务院备案。

（三）《契税法》实施后继续有效的重要免税政策

1.夫妻因离婚分割共同财产发生土地、房屋权属变更的，免征契税。

2.城镇职工按规定第一次购买公有住房的，免征契税。公有制单位为解决职工住房而采取集资建房方式建成的普通住房或由单位购买的普通商品住房，经县级以上地方人民政府房改部门批准、按照国家房改政策出售给本单位职工的，如属职工首次购买住房，比照公有住房免征契税。已购公有住房经补缴土地出让价款成为完全产权住房的，免征契税。

3.外国银行分行按照《中华人民共和国外资银行管理条例》等相关规定改制为外商独资银行（或其分行），改制后的外商独资银行（或其分行）承受原外国银行分行的房屋权属的，免征契税。

特别提醒

纳税人改变有关土地、房屋的用途，或有其他不再属于《契税法》规定上述免征、减征契税情形的，应当缴纳已经免征、减征的税款。

二、应纳税额计算

（一）计税依据

契税的计税依据不含增值税，具体金额按照土地、房屋交易的不同情况确定：

1.土地使用权出让、出售，房屋买卖，为土地、房屋权属转移合同确定的成交价格，包括应交付的货币以及实物、其他经济利益对应的价款。

具体还需注意以下规定：

（1）以划拨方式取得的土地使用权，经批准改为出让方式重新取得该土地使用权的，应由该土地使用权人以补缴的土地出让价款为计税依据缴纳契税。

（2）先以划拨方式取得土地使用权，后经批准转让房地产，划拨土地性质改为出让的，承受方应分别以补缴的土地出让价款和房地产权属转移合同确定的成交价格为计税依据缴纳契税。

（3）先以划拨方式取得土地使用权，后经批准转让房地产，划拨土地性质未发生改变的，承受方应以房地产权属转移合同确定的成交价格为计税依据缴纳契税。

（4）土地使用权及所附建筑物、构筑物等（包括在建的房屋、其他建筑物、构筑物和其他附着物）转让的，计税依据为承受方应交付的总价款。

（5）土地使用权出让的，计税依据包括土地出让金、土地补偿费、安置补助费、地上附着物和青苗补偿费、征收补偿费、城市基础设施配套费、实物配建房屋等应交付的货币以及实物、其他经济利益对应的价款。

（6）房屋附属设施（包括停车位、机动车库、非机动车库、顶层阁楼、储藏室及其他房屋附属设施）与房屋为同一不动产单元的，计税依据为承受方应交付的总价款，并适用与房屋相同的税率；房屋附属设施与房屋为不同不动产单元的，计税依据为转移合同确定的成交价格，并按当地确定的适用税率计税。

（7）承受已装修房屋的，应将包括装修费用在内的费用计入承受方应交付的总价款。

2.土地使用权赠与、房屋赠与以及其他没有价格的转移土地、房屋权属行为，为税务机关参照土地使用权出售、房屋买卖的市场价格依法核定的价格。

3.土地使用权互换、房屋互换，为所互换的土地使用权、房屋价格的差额。价格相等的，免征契税。

纳税人申报的成交价格、互换价格差额明显偏低且无正当理由的，由税务机关依照《税收征收管理法》的规定核定。

（二）应纳税额计算

契税应纳税额的计算公式为：

应纳税额 = 计税依据 × 税率

【做中学·计算题】某公司以协议方式受让一宗国有土地使用权，支付土地出让金8 500万元、土地补偿费3 000万元、安置补助费2 000万元、市政配套设施费1 800万元。假定当地适用的契税税率为4%，计算该公司取得该宗土地使用权应缴纳的契税。

计算：应缴纳契税=（8 500+3 000+2 000+1 800）×4%=612（万元）

【做中学·计算题】居民甲有两套住房，将一套出售给居民乙，成交价格为100 000元（不含增值税）；将另一套与居民丙互换，并支付换房差价款40 000元。计算甲、乙、丙相关行为应缴纳的契税（假定契税税率为5%）。

计算：甲应缴纳契税=40 000×5%=2 000（元）

乙应缴纳契税=100 000×5%=5 000（元）

丙不缴纳契税。

随堂演练

单选题

1.根据契税法规定，可以享受减免契税优惠的是（　　）。（知识点：税收优惠）

A.承包者获得农村集体土地承包经营权

B.国家机关承受房屋用于对外从事饭店经营的

C.因土地、房屋被镇人民政府征收、征用，重新承受土地、房屋权属

D.婚姻关系存续期间夫妻之间变更土地、房屋权属

2.下列行为不符合契税减免税规定的是（　　）。*(知识点：税收优惠)*

A.事业单位购置的用于科学研究的科研楼

B.某大学购买价值600万元的房产作校办工厂的经营性用房

C.承受的用于造林的荒山的使用权，并用于农业生产的

D.法定继承人通过继承承受土地、房屋权属

3.下列各项业务中，应征收契税的是（　　）。*(知识点：税收优惠)*

A.企业承受荒山土地使用权用于林业生产

B.婚姻关系存续期间，房屋权属原归夫妻一方所有，变更为夫妻双方共有

C.承包者获得农村集体土地承包经营权

D.运动员因成绩突出获得国家奖励的住房

4.王某2015年第一次购买一套公有住房，支付价款350 000元，2024年5月，经过补缴土地出让金和相关费用58 000元后，转为完全产权住房，王某应该缴纳契税（　　）元。（假定契税税率为3%）*(知识点：税额计算)*

A.0　　　　　　　B.1 740　　　　　　　C.6 900　　　　　　　D.12 174

5.王某有面积140平方米的住宅一套，价值96万元。李某有面积120平方米的住宅一套，价值72万元。两人进行房屋互换，差价部分李某以现金补偿王某。已知契税税率为3%，则李某应缴纳的契税为（　　）万元。*(知识点：税额计算)*

A.4.8　　　　　　B.2.88　　　　　　　C.2.16　　　　　　　D.0.72

6.王某向白某借款80万元，后因白某急需资金，王某以一套价值90万元的房产抵偿欠白某的债务，白某取得该房产的同时支付王某差价款10万元。已知契税税率为3%，下列表述中正确的是（　　）。*(知识点：税额计算)*

A.王某应缴纳契税3万元　　　　　　　　B.王某应缴纳契税2.4万元

C.白某应缴纳契税2.7万元　　　　　　　D.白某应缴纳契税0.3万元

单选题

随堂演练

多选题

1.关于契税计税依据的下列表述中，符合法律制度规定的有（　　）。*(知识点：税额计算)*

A.受让国有土地使用权的，以成交价格为计税依据

B.受赠房屋的，由征收机关参照房屋买卖的市场价格规定计税依据

C.购入土地使用权的，以评估价格为计税依据

D.互换土地使用权的，以互换土地使用权的价格差额为计税依据

E.房屋买卖的，以成交价格为计税依据

2.下列各项中，以成交价格为契税计税依据的有（　　）。*(知识点：税额计算)*

A.房屋买卖　　　　　　　　B.土地使用权互换　　　　　　　C.房屋赠与

D.土地使用权出售　　　　　E.房屋互换

3.下列各项中，符合契税有关规定的有（　　）。*(知识点：税收优惠等)*

A.单位承受荒滩用于仓储设施开发的，免征契税

B.婚姻关系存续期间，原属夫妻一方所有的房屋，变更为夫妻双方共有的，免征契税

C.因不可抗力丧失住房而重新购房的，免征契税

D.以获奖方式取得房屋产权的，其实质是接受赠与房产，应照章缴纳契税

E.契税的纳税人包括外商投资企业、外国企业以及外籍个人

多选题

随堂演练

第四节　征收管理

一、纳税义务发生时间

契税的纳税义务发生时间为纳税人签订土地、房屋权属转移合同的当天，或取得其他具有土地、房屋权属转移合同性质凭证的当天。

其他情形的规定：

1.因人民法院、仲裁委员会的生效法律文书或监察机关出具的监察文书等发生土地、房屋权属转移的，纳税义务发生时间为法律文书等生效当日。

2.因改变土地、房屋用途等情形应当缴纳已经减征、免征契税的，纳税义务发生时间为改变有关土地、房屋用途等情形的当日。

3.因改变土地性质、容积率等土地使用条件需补缴土地出让价款，应当缴纳契税的，纳税义务发生时间为改变土地使用条件的当日。

发生上述情形，按规定不再需要办理土地、房屋权属登记的，纳税人应自纳税义务发生之日起90日内申报缴纳契税。

二、纳税期限

纳税人应当在依法办理土地、房屋权属登记手续前申报缴纳契税。

三、纳税地点

契税在土地、房屋所在地的征收机关缴纳。

四、其他管理

纳税人办理纳税事宜后，税务机关应当开具契税完税凭证。纳税人办理土地、房屋权属登记，不动产登记机构应当查验契税完税、减免税凭证或有关信息。未按照规定缴纳契税的，不动产登记机构不予办理土地、房屋权属登记。

在依法办理土地、房屋权属登记前，权属转移合同、权属转移合同性质凭证不生效、无效、被撤销或被解除的，纳税人可以向税务机关申请退还已缴纳的税款，税务机关应当依法办理。

随堂演练

①单选题

根据契税法律制度规定，契税由土地、房屋所在地的（　　）征收。（知识点：征收管理）

A.自然资源局　　　　B.税务机关　　　　C.住房城乡建设局　　　　D.公安局

①多选题

下列关于契税征管的说法中，正确的有（　　）。（知识点：征收管理）

A.自纳税义务发生之日起10日内缴纳契税

B.在土地、房屋所在地缴纳契税

C.先办权属变更登记，再缴纳契税

D.单位或个人未按照规定缴纳契税的，不动产登记机构不予办理土地、房屋权属登记

E.在办理房屋权属变更登记后退房的，可退还已纳契税

随堂演练

第十二章　车船税

知识导航

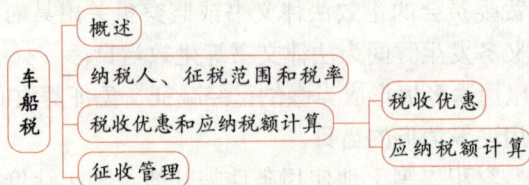

知识目标

1. 了解车船税的开征意义
2. 识记车船税纳税人、征税范围和税率的具体规定
3. 描述车船税应纳税额计算原理
4. 识记车船税税收优惠政策的具体内容
5. 描述车船税纳税义务发生时间、纳税期限与纳税地点的具体规定

技能目标

1. 能判断确定具体的应税车船，并选择适用的税率
2. 能判断确定车辆、船舶可享受的税收优惠，并计算车船税应纳税额
3. 能对车船税纳税义务发生时间、纳税期限及纳税地点作出正确的选择

素养目标

1. 通过车船税法相关知识学习，培养学生正确的财富观，树立节能环保的意识
2. 引导学生与时俱进探索学习车船税最新法规，培养自主学习的能力

知识点

第一节　　　　　　　　　　概　述

我国对车船课税历史悠久。早在公元前129年（汉武帝元光六年），我国就开征了算商车。明清时，曾对内河商船征收船钞。1945年6月，国民党政府公布了《使用牌照税法》，在全国统一开征车船使用牌照税。中华人民共和国成立后，中央人民政府政务院于1951年9月发布了《中华人民共和国车船使用牌照税暂行条例》，在全国范围内征收车船使用牌照税。1973年工商税制改革，将对内资企业征收的车船使用牌照税并入工商税，对个人及外

资企业、中外合作企业、中外合营企业的车船，继续征收车船使用牌照税。1986年9月国务院发布了适用于内资企业和个人的《中华人民共和国车船使用税暂行条例》。2006年12月国务院发布了《中华人民共和国车船税暂行条例》，对内外资企业和个人的车船统一征收车船税。2011年2月25日，第十一届全国人民代表大会常务委员会第十九次会议通过了《中华人民共和国车船税法》（简称《车船税法》），自2012年1月1日起施行。

根据我国现行《车船税法》规定，车船税是对在中华人民共和国境内属于《车船税法》规定的车辆、船舶的所有人或管理者征收的一种税。车船税设置除了为取得财政收入外，另一个重要的作用在于引导车辆、船舶的生产和消费，促进节能减排，保护环境。

第二节　纳税人、征税范围和税率

一、纳税人

车船税的纳税人为在中华人民共和国境内属于《车船税法》规定的车辆、船舶的所有人或管理人。

管理人是指对车船不具有所有权但有管理权或使用权的单位或个人。

从事机动车交通事故责任强制保险（简称"交强险"）业务的保险机构为机动车车船税的扣缴义务人，应当在收取保险费时代收车船税。

车船的所有人或管理人未缴纳车船税的，使用人应当代为缴纳车船税。

二、征税范围

车船税的征税范围是指在中华人民共和国境内属于《车船税法》规定的车辆、船舶。

车辆、船舶是指依法应当在车船管理部门登记的机动车辆和船舶，及依法不需要在车船管理部门登记但在单位内部场所行驶或作业的机动车辆和船舶。

三、税目与税率

（一）税目

车船税税目详见"车船税税目税额表"。车辆、船舶的具体含义如下：

1.乘用车，指在设计和技术特性上主要用于载运乘客及随身行李，核定载客人数（含驾驶员）不超过9人的汽车。

2.商用车，指除乘用车外，在设计和技术特性上用于载运乘客、货物的汽车，包括客车和货车。

3.挂车，是指在设计和技术特性上需要由汽车或拖拉机牵引才能正常使用的一种无动力道路车辆。

4.专用作业车，指在设计和技术特性上用于特殊工作，并装置有专用设备或器具的汽车，如汽车起重机、消防车、混凝土泵车、清障车、高空作业车、洒水车、扫路车等。以载运人员或货物为主要目的的专用汽车，如救护车，不属于专用作业车。

5.轮式专用机械车，指有特殊结构和专用功能，装有橡胶车轮可以自行行驶，最高设计车速大于20千米/小时的轮式工程机械车。

6.摩托车，指无论采用何种驱动方式，最高设计车速大于50千米/小时，或使用内燃机，其排量大于50毫升的两轮或三轮车辆。

7.机动船舶，指依靠燃料等能源为动力运行的船舶，包括客船、货船、气垫船、拖船等。

8. 非机动驳船，指依靠其他力量运行，在船舶登记管理部门登记为驳船的非机动船舶。

9. 游艇，指具备内置机械推进动力装置，长度在90米以下，主要用于游览观光、休闲娱乐、水上体育运动等活动，并应当具有船舶检验证书和适航证书的船舶。

(二) 税率

车船税采用幅度税额。车辆的具体适用税额由省、自治区、直辖市人民政府根据《车船税》法所附"车船税税目税额表"（见表12-1）规定的税额幅度和国务院的规定确定；船舶的具体适用税额由国务院在"车船税税目税额表"规定的税额幅度内确定。

表 12-1　　　　　　　　　　　　车船税税目税额表

税　目		计税单位	年基准税额		备　注
乘用车（按发动机汽缸容量分档）	1.0升（含）以下的	每辆	60元至360元		核定载客人数9人（含）以下
	1.0升以上至1.6升（含）的		300元至540元		
	1.6升以上至2.0升（含）的		360元至660元		
	2.0升以上至2.5升（含）的		660元至1 200元		
	2.5升以上至3.0升（含）的		1 200元至2 400元		
	3.0升以上至4.0升（含）的		2 400元至3 600元		
	4.0升以上的		3 600元至5 400元		
商用车	客车	每辆	480元至1 440元		核定载客人数9人以上，包括电车
	货车	整备质量每吨	16元至120元		包括半挂牵引车、三轮汽车、客货两用车和低速载货汽车等
挂车			按照货车税额的50%计算		
其他车辆	专用作业车		16元至120元		不包括拖拉机
	轮式专用机械车				
摩托车		每辆	36元至180元		
船舶	机动船舶	净吨位每吨	不超过200吨的	3元	拖船、非机动驳船分别按照机动船舶税额的50%计算；拖船按照发动机功率1千瓦折合净吨位0.67吨计税
			超过200吨但不超过2 000吨的	4元	
			超过2 000吨但不超过10 000吨的	5元	
			超过10 000吨的	6元	
	游艇	艇身长度每米	不超过10米的	600元	
			超过10米但不超过18米的	900元	
			超过18米但不超过30米的	1 300元	
			超过30米的	2 000元	
			辅助动力帆艇	600元	

上述应税车船的排气量、整备质量、核定载客人数、净吨位、千瓦、艇身长度，以车船登记管理部门核发的车船登记证书或行驶证所载数据为准。依法不需要办理登记的车船和依法应当登记而未办理登记或不能提供车船登记证书、行驶证的车船，以车船出厂合格证明或进口凭证标注的技术参数、数据为准。不能提供车船出厂合格证明或进口凭证的，由主管税务机关参照国家相关标准核定；没有国家相关标准的，参照同类车船核定。

随堂演练

① 单选题

1.下列车船不属于车船税征税范围的是（　　　）。（知识点：征税范围）

A.拖船　　　　　　　　　　　　　　　　B.火车

C.小汽车　　　　　　　　　　　　　　　D.机场内部场所使用的车辆

2.根据车船税法的规定，下列属于车船税征税范围的是（　　　）。（知识点：征税范围）

A.外商投资企业在华使用的车辆　　　　　B.华侨在国外使用的车辆

C.中国公民在境内使用的非机动车　　　　D.中国公民在境外使用的车辆

3.下列项目中，属于车船税扣缴义务人的是（　　　）。（知识点：纳税人）

A.办理机动车交通事故责任强制保险业务的保险机构

B.机动车的生产厂家

C.车辆、船舶的所有人

D.车辆、船舶的管理人

4.以下符合车船税适用税率形式的是（　　　）。（知识点：税率）

A.定额幅度税率　　　B.超额累进税率　　　C.超率累进税率　　　D.比例税率

5.货车的车船税计税单位为整备质量每吨，每年税额在16元至120元的范围内确定，有权确定具体适用税额的部门是（　　　）。（知识点：税率）

A.国家税务总局　　　B.省级人民政府　　　C.省级税务局　　　D.县级人民政府

② 多选题

下列说法中，符合车船税法规定的有（　　　）。（知识点：征税范围）

A.境内单位将船舶出租到境外的，应依法征收车船税

B.境内单位租入外国籍船舶的，应依法征收车船税

C.境内个人租入外国籍船舶的，应依法征收车船税

D.境内个人将船舶出租到境外的，应依法征收车船税

E.经批准临时入境的外国车船，应依法征收车船税

随堂演练

第三节　税收优惠和应纳税额计算

一、税收优惠

（一）《车船税法》规定的免税车船

1.捕捞、养殖渔船，是指在渔业船舶管理部门登记为捕捞船或养殖船的船舶。

2.军队、武警部队专用的车船，是指按照规定在军队、武装警察部队车船登记管理部门登记，并领取军队、武警牌照的车船。

3.警用车船，是指公安机关、国家安全机关、监狱、劳动教养管理机关和人民法院、人民检察院领取警用牌照的车辆和执行警务的专用船舶。

4.悬挂应急救援专用号牌的国家综合性消防救援车辆和国家综合性消防救援专用船舶。

5. 依照法律规定应当予以免税的外国驻华使领馆、国际组织驻华代表机构及其有关人员的车船。

（二）财政部、税务总局规定的其他减免税车船

1. 对节约能源的车船，减半征收车船税；对使用新能源的车船，免征车船税。节约能源、使用新能源的车辆包括电动汽车、燃料电池汽车和混合动力汽车。纯电动汽车、燃料电池汽车和插电式混合动力汽车免征车船税，其他混合动力汽车按照同类车辆适用税额减半征税。

2. 对受严重自然灾害影响纳税困难以及有其他特殊原因确需减税、免税的，可以减征或免征车船税。

3. 省、自治区、直辖市人民政府根据当地实际情况，可以对公共交通车船，农村居民拥有并主要在农村地区使用的摩托车、三轮汽车和低速载货汽车定期减征或免征车船税。

4. 经批准临时入境的外国车船和中国香港特别行政区、中国澳门特别行政区、中国台湾地区的车船，不征收车船税。

5. 按照规定缴纳船舶吨税的机动车船，自《车船税法》实施之日起5年内免征车船税。

二、应纳税额计算

（一）计税依据

车船税的计税依据按车船种类和性能分别有辆、整备质量吨位、净吨位和艇身长度四种。具体内容如下：

1. 乘用车、商用客车、摩托车以应税车辆的数量为计税依据。

2. 商用货车、挂车、专用作业车、轮式专用机械车以应税车辆的整备质量吨位为计税依据。

3. 船舶以净吨位为计税依据。

4. 游艇以艇身长度为计税依据。

（二）应纳税额计算

1. 购置的新车船，购置当年的应纳税额自纳税义务发生的当月起按月计算。公式为：

应纳税额=（年应纳税额÷12）×应纳税月份数

其中：应纳税月份数=12-纳税义务发生时间（取得月份）+1

【做中学·计算题】 某运输公司2024年9月购入低速货车3辆，整备质量每辆2吨，10月份取得车船管理部门核发的车船登记证书。当地政府规定，低速货车的税额为100元/吨。2024年该公司应缴纳的车船税为多少元？

计算：购置的新车船，购置当年的应纳税额自纳税义务发生的当月起按月计算，应纳税月份数为4个月。

应纳车船税=3×2×100÷12×4=200（元）

2. 车辆整备质量、净吨位、艇身长度等计税单位，有尾数的一律按照含尾数的计税单位据实计算应纳税额，计算得出的应纳税额小数点后超过两位的可四舍五入保留两位小数。

【做中学·计算题】 某机械制造厂2024年拥有货车3辆，每辆货车的整备质量均为1.499吨；挂车1部，其整备质量为1.2吨；小汽车2辆。已知货车车船税税率为整备质量每吨年基准税额16元，小汽车车船税税率为每辆年基准税额360元。计算该厂2024年度应纳车船税。

计算：挂车按照货车税额的50%计算纳税。整备质量、净吨位等计税单位，有尾数的一律按照含尾数的计税单位据实计算车船税应纳税额。

应纳车船税=1.499×3×16+1.2×16×50%+2×360=801.55（元）

3.在一个纳税年度内，已完税的车船被盗抢、报废、灭失的，纳税人可以凭有关管理机关出具的证明和完税证明，向纳税所在地的主管税务机关申请退还自被盗抢、报废、灭失月份起至该纳税年度终了期间的税款。

【做中学·计算题】甲企业2024年1月缴纳了5辆客车车船税，其中一辆客车9月被盗，已办理车船税退还手续。假定该类型客车年基准税额为480元，该企业2024年实际缴纳的车船税总计为多少元？

计算：车船被盗抢的，可申请退还自被盗抢月份起至该纳税年度终了期间的税款。被盗车辆9至12月份的车船税可以申请退还，实际应纳8个月的车船税。

实际缴纳的车船税=4×480+480÷12×8=2 240（元）

4.已办理退税的被盗抢车船，失而复得的，纳税人应当从公安机关出具相关证明的当月起计算缴纳车船税。

【做中学·计算题】甲企业2024年1月缴纳了5辆客车车船税，其中一辆客车9月被盗，已办理车船税退还手续；假设11月由公安机关找回并出具证明，企业补缴车船税。该类型客车年基准税额为480元，计算该企业2024年实际缴纳的车船税。

计算：根据规定，已办理退税的被盗抢车船，失而复得的，纳税人应当从公安机关出具相关证明的当月起计算缴纳车船税。

被盗车辆9月、10月不征车船税，实际应纳10个月的车船税。

实际缴纳的车船税=4×480+480÷12×10=2 320（元）

5.已经缴纳车船税的车船，因质量原因，被退回生产企业或经销商的，纳税人可以向纳税所在地的主管税务机关申请退还自退货月份起至该纳税年度终了期间的税款。退货月份以退货发票所载日期的当月为准。

【做中学·计算题】2024年1月某客运公司购进客车20辆，购买当月即投入使用，并取得了购货发票，缴纳了全年车船税，5月3辆客车因质量问题退回厂家，6月取得退货发票，当地政府规定该型号客车的车船税税额为1 200元/辆。计算该客运公司退货应退的车船税税额。

计算：退货月份以退货发票所载日期的当月为准，退税月份为7个月。

车船税应退税额=3×1 200÷12×7=2 100（元）

6.在一个纳税年度内，纳税人在非车辆登记地由保险机构代收代缴机动车车船税，且能够提供合法有效完税证明的，纳税人不再向车辆登记地的主管税务机关缴纳车辆车船税。

7.已缴纳车船税的车船在同一纳税年度内办理转让过户的，不另纳税，也不退税。

🚩随堂演练

①单选题

1.下列说法中，不符合车船税法定减免规定的是（　　　）。（知识点：税收优惠）

A.捕捞渔船免征车船税　　　　　　　　　　　B.警用车船免征车船税

C.混合动力车免征车船税　　　　　　　　　D.国际组织驻华代表机构车辆免征车船税

2.根据车船税法的规定，下列车船中需要缴纳车船税的是（　　）。(知识点：税收优惠)

A.领事馆大使专用车辆　　　　　　　　　　B.武装警察部队专用车船

C.拥有小汽车的某省长　　　　　　　　　　D.纯电动汽车

3.下列车船中，以整备质量每吨作为车船税计税单位的是（　　）。(知识点：计税依据)

A.载客汽车　　　　　B.三轮汽车　　　　　C.船舶　　　　　D.拖船

4.下列车船中，应以净吨位每吨作为车船税计税单位的是（　　）。(知识点：计税依据)

A.货车　　　　　B.游艇　　　　　C.挂车　　　　　D.拖船

5.游艇车船税的计税单位是（　　）。(知识点：计税依据)

A.每辆　　　　　B.整备质量每吨　　　　　C.净吨位每吨　　　　　D.艇身长度每米

6.某运输公司2024年拥有并使用的车辆有：整备质量5吨的载货卡车10辆，省级人民政府规定货车年税额每吨50元；18座小型客车3辆，省级人民政府规定的车船税年税额为每辆530元。该公司2024年应纳车船税（　　）元。(知识点：税额计算)

A.4 090　　　　　B.5 120　　　　　C.4 800　　　　　D.4 524

7.赵先生2024年3月购入小轿车一辆，排量1.6升，同年8月以自己的名义为其儿子购置摩托车一辆。以上车辆均在购置当月取得管理部门核发的登记证，当地1.6升小轿车单位税额为每年480元，摩托车单位税额为每年60元，则2024年赵先生需申报缴纳的车船税为（　　）元。(知识点：税额计算)

A.360　　　　　B.180　　　　　C.425　　　　　D.505

8.某公司2024年拥有船舶2艘，净吨位分别为200吨和180吨；200千瓦的拖船1艘，车船税年税额为每吨3元；8人座商用客车2辆，省级人民政府规定的客车年税额为每辆480元；整备质量280吨的挂车2辆，省级人民政府规定的货车年税额为每吨40元。该公司2024年应缴纳车船税（　　）元。(知识点：税额计算)

A.13 280　　　　　B.21 600　　　　　C.13 501　　　　　D.20 350

9.某运输公司2024年有如下运输工具：运输卡车10辆，整备质量12.5吨/辆；4月购入乘用车12辆，当月办理登记取得车辆行驶证。当地政府规定乘用车车船税年税额为1 000元/辆，运输卡车车船税年税额为80元/吨。2024年该公司应缴纳的车船税为（　　）元。(知识点：税额计算)

单选题

随堂演练

A.18 920　　　　　B.19 000　　　　　C.21 920　　　　　D.22 000

⑪多选题

1.下列车船免征车船税的有（　　）。(知识点：税收优惠)

A.纯电动汽车　　　　　　　　　　　　　　B.人民检察院领取常用牌照的车辆

C.半挂牵引车　　　　　　　　　　　　　　D.捕捞渔船

E.燃料电池汽车

2.车船税法给予定期减征或免征的车船有（　　）。(知识点：税收优惠)

A.捕捞渔船　　　　　　　　　　　　　　　B.公共交通车船

C.农村居民拥有的摩托车　　　　　　　　　D.机场、港口内部行驶或作业的车船

E.农村居民拥有并主要在农村使用的三轮汽车

3.根据车船税法的规定，下列以净吨位作为车船税计税依据的有（　　）。(知识点：计税依据)

A.机动船舶　　　　　　　　B.游艇　　　　　　　　C.非机动驳船

D.货车　　　　　　　　E.挂车

4.下列车船中，自《车船税法》实施之日起5年内免征车船税的有（　　）。(知识点：税收优惠)

A.城市内行驶的公共交通车辆　　B.使用新能源的车辆　　　　C.机场内部行驶的车辆

D.农村居民拥有的车辆　　　　　　E.按照规定缴纳船舶吨税的机动船舶

5.下列车船使用整备质量吨位计算车船税的有（　　）。*（知识点：计税依据）*

A.商用货车　　　　　　　　　　B.机动船舶　　　　　　　　　　C.专用作业车

D.轮式专用机械车　　　　　　　E.摩托车

6.下列车船中，应根据辆计算车船税的有（　　）。*（知识点：计税依据）*

A.电车　　　　　　　　　　　　B.摩托车　　　　　　　　　　　C.三轮汽车

D.挂车　　　　　　　　　　　　E.载客汽车

7.下列各项中，符合车船税有关规定的有（　　）。*（知识点：计税依据）*

A.半挂牵引车以辆为计税依据

B.载货汽车以整备质量吨位为计税依据

C.机动船舶以艘为计税依据

D.游艇以艇身长度为计税依据

E.电车以辆为计税依据

多选题

随堂演练

第四节　　征收管理

一、纳税义务发生时间

车船税纳税义务发生时间为取得车船所有权或管理权的当月，即为购买车船的发票或其他证明文件所载日期的当月。对于在国内购买的机动车，购买日期以"机动车销售统一发票"所载日期为准；对于进口机动车，购买日期以"海关关税专用缴款书"所载日期为准；对于购买的船舶，以购买船舶的发票或其他证明文件所载日期的当月为准。

二、纳税期限

车船税按年申报，分月计算，一次性缴纳。纳税年度自公历1月1日起至12月31日止，具体申报纳税期限由省级人民政府规定。

三、纳税地点

车船税的纳税地点为车船的登记地或车船税扣缴义务人所在地。依法不需要办理登记的车船，车船税的纳税地点为车船的所有人或管理人所在地。

四、征税管理其他规定

1.税务机关可以在车船管理部门、车船检验机构的办公场所集中办理车船税征收事宜。

2.公安机关交通管理部门在办理车辆相关登记和定期检验手续时，对未提交自上次检验后各年度依法纳税或免税证明的，不予登记，不发放检验合格标志。

3.海事部门、船舶检验机构在办理船舶登记和定期检验手续时，对未提交依法纳税或免税证明的，不予登记，不发放检验合格标志。

4.对于依法不需要购买机动车交通事故责任强制保险的车辆，纳税人应当向主管税务机关申报缴纳车船税。

5.纳税人首次购买机动车交通事故责任强制保险时缴纳车船税或自行申报缴纳车船税的，应当提供购车发票及反映排气量、整备质量、核定载客人数等与纳税相关的信息及相应凭证。

随堂演练

①单选题

下列各项中，符合车船税有关征收管理规定的是（　　）。（知识点：征收管理）

A.车船税按年申报，分月计算，一次性缴纳

B.纳税人自行申报缴纳的，应在纳税人所在地缴纳

C.节约能源、使用新能源的车船一律减半征收车船税

D.临时入境的外国车船属于车船税的征税范围，需要缴纳车船税

①多选题

下列关于车船税征收管理的说法中，正确的有（　　）。（知识点：征收管理）

A.车船税纳税义务发生时间为取得车船所有权或管理权的当月

B.车船税按年申报，分月计算，按季度缴纳

C.车船税的纳税地点为车船的登记地或车船税扣缴义务人所在地

D.依法不需要办理登记的车船，车船税的纳税地点为车船的所有人或管理人所在地

E.税务局要将保险机构、代征单位申报解缴税款与实际入库税款进行比对，防范少征、
漏征风险

随堂演练

第十三章　印花税

✏️ **知识导航**

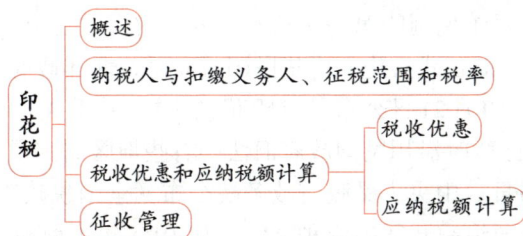

🖊️ **知识目标**

1.了解印花税的开征意义
2.识记印花税的纳税人、征税范围与税率具体规定
3.识记印花税税收优惠的基本规定
4.描述印花税的应纳税额计算原理
5.描述印花税纳税义务发生时间、纳税期限与纳税地点的具体规定

🖊️ **技能目标**

1.能准确确定应征印花税的具体应税凭证
2.能判断确定应税凭证可享受的税收优惠，准确计算印花税应纳税额
4.能对印花税纳税义务发生时间、纳税期限及纳税地点作出正确的选择

🖊️ **素养目标**

1.从印花税的征税对象、税率视角看税收征纳与国家治理的关系
2.引导学生与时俱进探索学习印花税最新法规，培养自主学习的能力

☞ **知识点** ☜

第一节	概　述

　　印花税创始于荷兰。公元1624年，荷兰政府发生经济危机，财政困难。当时执掌政权的统治者摩里斯（Maurs）拟提出要用增加税收的办法来解决危机，但又怕人民反对，便要求政府的大臣们出谋献策。众大臣议来议去想不出两全其美的办法。于是，荷兰的统治阶级就采用公开招标办法，以重赏来寻求新税设计方案。印花税就是从千万个应征者的设计方案中精

选出来的杰作。印花税的设计者观察到人们在日常生活中使用契约、借贷凭证之类的单据很多，一旦征税，税源充足；而且，人们还有一个心理，认为凭证单据上由政府盖个印就成为合法凭证，在诉讼时可以有法律保障，因而对缴纳印花税也乐于接受。由于缴纳该税时是在凭证上用刻花滚筒推出"印花"戳记，以示完税，因此被命名为"印花税"。印花税自1624年第一次在荷兰出现后，由于其"取微用宏"，简便易行，欧美各国竞相效法，丹麦在1660年、法国在1665年、美国在1671年、奥地利在1686年、英国在1694年先后开征了印花税，印花税成为世界各国普遍征收的一个税种。

印花税是我国仿行西洋税制的第一个税种。从清光绪十五年（1889年）始，大清帝国拟开征印花税，但终未能正式实施。中华民国成立后，北洋政府把推行印花税作为重要的聚财之举，于1912年10月21日公布了《印花税法》，并于次年正式实施。中华人民共和国建立初期，有些地区暂时沿用民国政府旧法，有些地区制定了单行办法，继续征收印花税。至1950年1月30日，中央人民政府政务院公布《全国税政实施要则》，统一了全国税政，确立印花税为全国统一开征的税种之一。但1958年工商税制改革，印花税被并入工商统一税，不再单独征收。随着改革开放政策的贯彻实施，我国国民经济得到快速发展，经济活动中依法书立各种凭证已成为普遍现象。为了在税收上适应变化的客观经济情况，广泛筹集财政资金，维护经济凭证书立、领受人的合法权益，1988年8月6日，国务院发布《中华人民共和国印花税暂行条例》，并于同年的10月1日起恢复征收印花税，同年9月29日财政部发布《中华人民共和国印花税暂行条例施行细则》。为落实税收法治，2021年6月10日，第十三届全国人民代表大会常务委员会第二十九次会议通过了《中华人民共和国印花税法》（简称《印花税法》），并自2022年7月1日起施行。

根据我国现行《印花税法》的规定，**印花税是对经济活动和经济交往中书立、领受、使用《印花税法》列举的凭证为征税对象所征收的一种税**。印花税税负虽轻，但征税面广，可以积少成多，不仅为国家建设积累财政资金，还有利于完善地方税体系和分税制财政体制。印花税作为国际通行的税种，随着我国对外经济交往的日益频繁，开征印花税，有利于在对外经济交往中贯彻税收对等互惠原则，维护国家的经济权益，促进对外经济关系的发展。印花税实行由纳税人自行完税、税务机关检查的征纳方法，可以督促纳税人养成自觉纳税的习惯。

第二节　纳税人与扣缴义务人、征税范围和税率

一、纳税人与扣缴义务人

（一）纳税人

印花税纳税人是指在我国境内书立应税凭证、进行证券交易，以及在我国境外书立在境内使用的应税凭证的单位和个人。其中，应税凭证是指《印花税法》所附"印花税税目税率表"列明的合同、产权转移书据和营业账簿；证券交易，是指转让在依法设立的证券交易所、国务院批准的其他全国性证券交易场所交易的股票和以股票为基础的存托凭证。印花税纳税人具体可分为：

1.立合同人，是指签订应税合同的当事人，不包括合同担保人、证人、鉴定人。当事人的代理人有代为纳税的义务。同一凭证由两方或两方以上当事人共同书立并各执一份的，各方都是印花税的纳税人。

2.立账簿人，是指设立并使用营业账簿的单位和个人。

3.立据人，是指土地、房屋等权属转移过程中买卖双方的单位和个人。按产权转移书据缴纳印花税的拍卖成交价格确认书纳税人，为拍卖标的的产权人和买受人，不包括拍卖人。

4.使用人，是指在国外书立，但在国内使用应税凭证的单位和个人。

特别提醒

在境外书立在境内使用的应税凭证应当按规定缴纳印花税的情形包括以下四种：❶应税凭证的标的为不动产的，该不动产在境内；❷应税凭证的标的为股权的，该股权为中国居民企业的股权；❸应税凭证的标的为动产或商标专用权、著作权、专利权、专有技术使用权的，其销售方或购买方在境内，但不包括境外单位或个人向境内单位或个人销售完全在境外使用的动产或商标专用权、著作权、专利权、专有技术使用权；❹应税凭证的标的为服务的，其提供方或接受方在境内，但不包括境外单位或个人向境内单位或个人提供完全在境外发生的服务。

5.出让证券的当事人，指境内从事证券交易的单位和个人。

（二）扣缴义务人

纳税人为境外单位或个人，在境内有代理人的，以其境内代理人为扣缴义务人；在境内没有代理人的，由纳税人自行申报缴纳印花税。证券登记结算机构为证券交易印花税的扣缴义务人。

二、征税范围

课程思政点睛

从印花税的征税范围、税率视角看税收征纳与国家治理的关系。

我国现行印花税只对《印花税法》中列举的凭证征收，共有4大类。

（一）书面合同

1.借款合同，是指银行业金融机构、经国务院银行业监督管理机构批准设立的其他金融机构与借款人的借款合同，不包括银行同业拆借合同。

2.融资租赁合同，是指出租人根据承租人对出卖人、租赁物的选择，向出卖人购买租赁物，提供给承租人使用，承租人支付租金的合同。

3.买卖合同，是指动产买卖合同。（1）不包括个人书立的动产买卖合同。（2）包括供应、预购、采购、购销结合及协作、调剂、补偿、易货等合同。（3）各出版单位与发行单位之间订立的图书、报纸、期刊、音像制品的征订凭证（包括订购单、订数单等），按买卖合同缴纳印花税。各类发行单位之间，以及发行单位与订阅单位或个人之间书立的征订凭证暂免征收印花税。（4）发电厂与电网之间、电网与电网之间书立的购售电合同，按买卖合同缴纳印花税。电网与用户之间签订的供用电合同不属于征税范围，不征印花税。（5）企业之间书立的确定买卖关系、明确买卖双方权利义务的订单、要货单等单据，且未另外书立买卖合同的，按买卖合同缴纳印花税。

4.承揽合同，是指承揽人按照定做人的要求完成工作，交付工作成果，定做人给付报酬的合同。

5.建设工程合同，是指承包人进行工程建设，发包人支付价款的合同。

6.运输合同，是指货运合同和多式联运合同，不包括管道运输合同。

7.技术合同，不包括专利权、专有技术使用权转让书据。

8.租赁合同，是指出租人将租赁物交给承租人使用，承租人定期向出租人支付约定的租金的合同。

9.保管合同，是指双方当事人约定一方将物品交付他方保管的合同。

10.仓储合同，是指保管人储存存货人交付的仓储物，存货人支付仓储费的合同。

11.财产保险合同，是指投保人与保险人约定的以财产及其有关利益为保险标的的协议，包括财产、责任、保证、信用等保险合同，但不包括再保险合同。

（二）产权转移书据

产权转移书据是指在产权买卖、继承、赠与、互换、分割等产权主体变更过程中，产权出让人与受让人所订立的民事法律文书，具体包括：

1.土地使用权出让书据。

2.土地使用权、房屋等建筑物和构筑物所有权转让书据，不包括土地承包经营权和土地经营权转移书据。

3.股权转让书据，但不包括应缴纳证券交易印花税的凭证。

4.商标专用权、著作权、专利权、专有技术使用权转让书据。

（三）营业账簿

印花税税目中的营业账簿是指记载资金的账簿，包括实收资本、资本公积账簿。

（四）证券交易

证券交易是指转让在依法设立的证券交易所、国务院批准的其他全国性证券交易场所交易的股票和以股票为基础的存托凭证。证券交易印花税对证券交易的出让方征收，不对受让方征收。

三、税率

印花税实行比例税率，具体见表13-1。同一应税凭证载有两个以上税目事项并分别列明金额的，按照各自适用的税目税率分别计算应纳税额；未分别列明金额的，从高适用税率。

表 13-1　　　　印花税税目、税率表

税 目		税 率
书面合同	借款合同	借款金额的0.5‰
	融资租赁合同	租金的0.5‰
	买卖合同	价款的3‰
	承揽合同	报酬的3‰
	建设工程合同	价款的3‰
	运输合同	运输费用的3‰
	技术合同	价款、报酬或使用费的3‰
	租赁合同	租金的1‰
	保管合同	保管费的1‰
	仓储合同	仓储费的1‰
	财产保险合同	保险费的1‰
产权转移书据	商标专用权、著作权、专利权、专有技术使用权转让书据	价款的3‰
	土地使用权出让书据，土地使用权、房屋和建筑物所有权转让书据，股权转让书据	价款的5‰
营业账簿	营业账簿	实收资本（股本）、资本公积合计金额的2.5‰
证券交易		成交金额的1‰

随堂演练

⑪ 单选题

1.以下应税凭证中，印花税税率适用1‰的是（　　）。（知识点：税率）

A.证券交易　　　　　　　　　　　B.借款合同

C.融资租赁合同　　　　　　　　　D.营业账簿

2.融资租赁合同的印花税税率为（　　）。（知识点：税率）

A.0.5‰　　　　　　　　　　　　B.5‰

C.1‰　　　　　　　　　　　　　D.3‰

⑪ 多选题

1.以下属于印花税纳税人的有（　　）。（知识点：纳税人）

A.在中国境内书立应税凭证的单位

B.在中国境内书立应税凭证的个人

C.在中国境外书立在境内使用应税凭证的单位

D.在中国境外书立在境内使用应税凭证的个人

2.以下应税凭证中，印花税税率适用3‰的有（　　）。（知识点：税率）

A.买卖合同　　　　　　　　　　　B.承揽合同

C.建设工程合同　　　　　　　　　D.技术合同

⑪ 判断题

1.证券交易印花税对证券交易的出让方与受让方均征收。（知识点：纳税人）

（　　）

2.实际业务中所有需要盖章的合同均需要缴纳印花税。（知识点：征税范围）

（　　）

第三节　税收优惠和应纳税额计算

一、税收优惠

（一）法定减免税优惠

根据《印花税法》规定，下列凭证免征印花税：

1.应税凭证的副本或抄本。

2.依照法律规定应当予以免税的外国驻华使馆、领事馆和国际组织驻华代表机构为获得馆舍书立的应税凭证。

3.中国人民解放军、中国人民武装警察部队书立的应税凭证。

4.农民、家庭农场、农民专业合作社、农村集体经济组织、村民委员会购买农业生产资料或销售农产品书立的买卖合同和农业保险合同。

5.无息或贴息借款合同、国际金融组织向中国提供优惠贷款书立的借款合同。

6.财产所有权人将财产赠与政府、学校、社会福利机构、慈善组织书立的产权转移书据。

7.非营利性医疗卫生机构采购药品或卫生材料书立的买卖合同。

8.个人与电子商务经营者订立的电子订单。

根据国民经济和社会发展的需要，国务院对居民住房需求保障、企业改制重组、破产、支持小型微型企业发展等情形可以规定减征或免征印花税，报全国人民代表大会常务委员会备案。

（二）其他减免税优惠

1.经县级以上人民政府及企业主管部门批准改制的企业因改制签订的产权转移书据，免征印花税。

2.对经国务院和省级人民政府决定或批准进行的国有（含国有控股）企业改组改制而发生的上市公司国有股权无偿转让行为，暂不征收证券（股票）交易印花税。

3.经国务院批准股权分置改革过程中因非流通股股东向流通股股东支付对价而发生的股权转让，暂免征收印花税。

4.凡附有军事运输命令或使用专用的军事物资运费结算凭证和附有县级以上（含县级）人民政府抢险救灾物资运输证明文件的运费结算凭证，免征印花税。

5.对商品储备管理公司及其直属库资金账簿免征印花税；对其承担商品储备业务过程中书立的购销合同免征印花税，对合同其他各方当事人应照章缴纳印花税。

6.与高校学生签订的高校学生公寓租赁合同，免征印花税。

7.个人销售或购买住房签订的产权转移书据，暂免征收印花税。

8.对个人出租、承租住房签订的租赁合同，免征印花税。

9.在棚户区改造过程中，对改造安置住房经营管理单位、开发商与改造安置住房有关的印花税以及购买安置住房的个人涉及的印花税，免征印花税。在商品住房等开发项目中配套建造安置住房的，按改造安置住房建筑面积占总建筑面积的比例免征印花税。

10.支持公共租赁住房建设和运营的税收优惠：（1）对公共租赁住房经营管理单位免征建设、管理公租房涉及的印花税。在其他住房项目中配套建设公租房，按公租房建筑面积占总建筑面积的比例免征建设、管理公租房涉及的印花税。（2）对公共租赁住房经营管理单位购买住房作为公租房，免征印花税；对公租房租赁双方免征签订租赁协议涉及的印花税。

11.关于廉租住房、经济适用住房建设的优惠：（1）对廉租住房、经济适用住房经营管理单位与廉租住房、经济适用住房相关的印花税以及廉租住房承租人、经济适用住房购买人涉及的印花税予以免征。（2）开发商在经济适用住房、商品住房项目中配套建造廉租住房，在商品住房项目中配套建造经济适用住房，如能提供政府部门出具的相关材料，可按廉租住房、经济适用住房建筑面积占总建筑面积的比例免征开发商应缴纳的印花税。

12.易地扶贫搬迁安置住房印花税优惠：（1）对易地扶贫搬迁项目实施主体（以下简称项目实施主体）取得用于建设安置住房的土地，免征印花税。（2）对安置住房建设和分配过程中应由项目实施主体、项目单位缴纳的印花税免征。（3）在商品住房等开发项目中配套建设安置住房的，按安置住房建筑面积占总建筑面积的比例，计算应予免征的项目实施主体、项目单位相关的印花税。（4）对项目实施主体购买商品住房或回购保障性住房作为安置住房房源的，免征印花税。

13.农牧业保险合同，免征印花税。

14.对金融机构与小型、微型企业签订的借款合同，免征印花税。

15.对被撤销金融机构接收债权、清偿债务过程中签订的产权转移书据，免征印花税。

16.银行业开展信贷资产证券化业务试点中的税收优惠：（1）发起机构、受托机构在信贷资产证券化过程中，与资金保管机构、证券登记托管机构以及其他为证券化交易提供服务的机构签订的其他应税合同，暂免征收发起机构、受托机构应缴纳的印花税。（2）受托机构发售信贷资产支持证券以及投资者买卖信贷资产支持证券暂免征收印花税。（3）发起机构、受托机构因开展信贷资产证券化业务而专门设立的资金账簿暂免征收印花税。

17.证券投资者保护基金的下列应税凭证免征印花税：（1）保护基金公司新设立的资金账簿。（2）保护基金公司与中国人民银行签订的再贷款合同、与证券公司行政清算机构签订的借款合同。（3）保护基金公司接收被处置证券公司财产签订的产权转移书据。（4）保护基金公司以保护基金自有财产和接收的受偿资产与保险公司签订的财产保险合同。

18.保险保障基金公司涉及的下列应税凭证免征印花税：（1）新设立的资金账簿。（2）在对保险公司进行风险处置和破产救助过程中签订的产权转移书据。（3）在对保险公司进行风险处置过程中与中国人民银行签订的再贷款合同。（4）以保险保障基金自有财产和接收的受偿资产与保险公司签订的财产保险合同。

19.关于全国社会保障基金有关证券交易的税收优惠：（1）对社保理事会委托社保基金投资管理人运用社保基金买卖证券应缴纳的印花税实行先征后返。（2）对社保基金持有的证券，在社保基金证券账户之间的划拨过户，不征印花税。

20.关于基本养老保险基金有关投资业务的税收优惠：（1）对社保基金会及养老基金投资管理机构运用养老基金买卖证券应缴纳的印花税实行先征后返。（2）养老基金持有的证券，在养老基金证券账户之间的划拨过户，不征印花税。（3）对社保基金会及养老基金投资管理机构管理的养老基金转让非上市公司股权，免征社保基金会及养老基金投资管理机构应缴纳的印花税。

21.关于划转部分国有资本充实社保基金的税收优惠：（1）划转非上市公司股份的，对划出方与划入方签订的产权转移书据，免征印花税。（2）划转上市公司股份和全国中小企业股份转让系统挂牌公司股份的，免征证券交易印花税。（3）对划入方因承接划转股权而增加的实收资本和资本公积，免征印花税。

22.对农村饮水安全工程运营管理单位为建设饮水工程取得土地使用权而签订的产权转移书据，以及与施工单位签订的建设工程承包合同，免征印花税。

23.2027年12月31日前，对增值税小规模纳税人、小型微利企业和个体工商户，减半征收印花税。

二、应纳税额计算

（一）计税依据确定

1.计税依据确定的基本原则。

（1）应税合同的计税依据，为合同所列的金额，不包括列明的增值税税款。

（2）应税产权转移书据的计税依据，为产权转移书据所列的金额，不包括列明的增值税税款。

（3）应税营业账簿的计税依据，为账簿记载的实收资本（股本）、资本公积合计金额。

（4）证券交易的计税依据，为成交金额。证券交易无转让价格的，按办理过户登记手续时该证券前一个交易日收盘价计算确定计税依据；无收盘价的，按证券面值计算确定计税依据。

2.特殊规定。

（1）应税合同、产权转移书据未列明金额的，印花税的计税依据按照实际结算的金额确定。

（2）计税依据按照前述规定仍不能确定的，按照书立合同、产权转移书据时的市场价格确定；依法应当执行政府定价或政府指导价的，按照国家有关规定确定。

（3）证券交易无转让价格的，按照办理过户登记手续时该证券前一个交易日收盘价计算确定计税依据；无收盘价的，按照证券面值计算确定计税依据。

（4）应税凭证金额为人民币以外的货币的，应当按照凭证书立当日的人民币汇率中间价折合人民币确定计税依据。

（二）应纳税额计算

印花税的应纳税额按照计税依据乘以适用税率计算。公式表示为：

应纳税额=计税依据×税率

具体注意以下几点：

1.同一应税凭证载有两个以上税目事项并分别列明金额的，按照各自适用的税目税率分别计算应纳税额；未分别列明金额的，从高适用税率。

2.同一应税凭证由两方以上当事人书立的，按照各自涉及的金额分别计算应纳税额。

3.已缴纳印花税的营业账簿，以后年度记载的实收资本（股本）、资本公积合计金额比已缴纳印花税的实收资本（股本）、资本公积合计金额增加的，按照增加部分计算应纳税额。

随堂演练

单选题

1.关于印花税计税依据确定的下列说法中，错误的是（　　）。（知识点：应纳税额计算）

A.应税合同、产权转移书据未列明金额的，印花税的计税依据按照实际结算的金额确定

B.证券交易无转让价格的，按照办理过户登记手续时该证券前一个交易日收盘价计算确定计税依据

C.证券交易无收盘价的，按照证券面值计算确定计税依据

D.书立合同、产权转移书据无法按实际结算金额确定的，按评估价格确定

2.下列关于印花税额计算的说法中，不正确的是（　　）。（知识点：应纳税额计算）

A.印花税的应纳税额按照计税依据乘以适用税率计算

B.同一应税凭证载有两个以上税目事项并分别列明金额的，按照各自适用的税目税率分别计算应纳税额；未分别列明金额的，从高适用税率

C.同一应税凭证由两方以上当事人书立的，按照各自涉及的金额分别计算应纳税额

D.同一应税凭证由两方以上当事人书立的，按照多方平均分摊应纳税额

多项题

1.下列凭证中，免征印花税的有（　　）。（知识点：减免税收优惠）

A.应税凭证的副本或抄本

B.无息或贴息借款合同

C.中国人民解放军书立的应税凭证

D.国际组织驻华代表机构为获得馆舍书立的应税凭证

2.有关印花税计税依据的下列说法中，正确的有（　　　）。（知识点：应纳税额计算）

A.应税合同的计税依据，为合同所列的金额，不包括列明的增值税税款

B.应税产权转移书据的计税依据，为产权转移书据所列的金额，不包括列明的增值税税款

C.应税营业账簿的计税依据，为账簿记载的实收资本（股本）、资本公积合计金额

D.证券交易的计税依据，为成交金额

㊕判断题

1.已缴纳印花税的营业账簿，以后年度记载的实收资本（股本）、资本公积合计金额比已缴纳印花税的实收资本（股本）、资本公积合计金额增加的，仍需按总额计算应纳税额。（知识点：应纳税额计算）　　　　　　　　　　　　　　　　　　　　　（　　）

2.应税合同的计税依据，为合同所列的金额，包括增值税税款。（知识点：应纳税额计算）　　　　　　　　　　　　　　　　　　　　　　　　　　　　　　　　（　　）

第四节　征收管理

一、纳税义务发生时间

印花税的纳税义务发生时间为纳税人书立应税凭证或完成证券交易的当日。

证券交易印花税的扣缴义务发生时间为证券交易完成的当日。

二、纳税期限

印花税按季、按年或按次计征。实行按季、按年计征的，纳税人应当自季度、年度终了之日起15日内申报缴纳税款；实行按次计征的，纳税人应当自纳税义务发生之日起15日内申报缴纳税款。

证券交易印花税按周解缴。证券交易印花税扣缴义务人应当自每周终了之日起5日内申报解缴税款以及银行结算的利息。

三、纳税地点

纳税人为单位的，应当向其机构所在地的主管税务机关申报缴纳印花税；纳税人为个人的，应当向应税凭证书立地或纳税人居住地的主管税务机关申报缴纳印花税。

不动产产权发生转移的，纳税人应当向不动产所在地的主管税务机关申报缴纳印花税。

四、缴纳方式

印花税可以采用粘贴印花税票或由税务机关依法开具其他完税凭证的方式缴纳。

印花税票粘贴在应税凭证上的，由纳税人在每枚税票的骑缝处盖戳注销或画销。

随堂演练

㊕单选题

1.证券交易印花税按（　　）解缴，证券交易印花税扣缴义务人应当自每（　　）终了之日起（　　）内申报解缴税款以及银行结算的利息。（知识点：纳税期限）

A.周、周、5日　　　　　　　　　　B.月、月、15日

C.季、季、15日　　　　　　　　　　D.年、年、30日

2.纳税人为单位的，应当向其（　　）申报缴纳印花税。（知识点：纳税地点）

A.机构所在地的主管税务机关　　　　B.应税凭证书立地

C.单位法人居住地的主管税务机关　　D.生产经营地的主管税务机关

⑥多项选择题

1. 印花税实行按季、按年计征的，纳税人应当自（　　）内申报缴纳税款。（知识点：纳税期限）

A. 季度终了之日起15日　　　　　　　B. 年度终了之日起15日

C. 季度终了之日起7日　　　　　　　　D. 年度终了之日起7日

2. 印花税实行按次计征的，纳税人应当自（　　）起15日内申报缴纳税款。（知识点：纳税期限）

A. 纳税义务发生之日　　　　　　　　　B. 书立应税凭证当日

C. 完成证券交易当日　　　　　　　　　D. 经济业务发生当日

多选题

随堂演练

⑥判断题

1. 不动产产权发生转移的，纳税人应当向不动产所在地的主管税务机关申报缴纳印花税。（知识点：纳税地点）　　　　　　　　　　　　　　　　　（　　）

2. 印花税只能采用粘贴印花税票的方式完成税款申报缴纳。（知识点：纳税方式）（　　）

判断题

随堂演练

第十四章　耕地占用税

🖊 知识导航

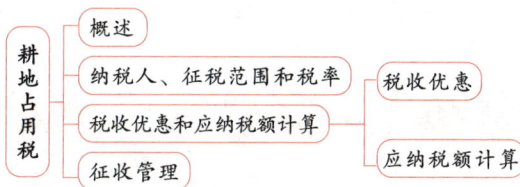

🖊 知识目标

1. 了解耕地占用税的开征意义
2. 识记耕地占用税纳税人、征税范围和税率的具体规定
3. 描述耕地占用税应纳税额的计算原理
4. 识记耕地占用税税收优惠政策的具体规定
5. 描述耕地占用税纳税义务发生时间、纳税地点及纳税期限的具体规定

🖊 技能目标

1. 能判断确定耕地占用税的具体应税项目
2. 能判断确定应税项目可享受的税收优惠，准确计算耕地占用税应纳税额
3. 能对耕地占用税纳税义务发生时间、纳税期限及纳税地点作出正确的选择

🖊 素养目标

1. 从耕地占用税立法看国家对保护耕地资源、促进土地资源合理配置的决心
2. 引导学生与时俱进探索学习耕地占用税最新法规，培养自主学习的能力

☞知识点☜

第一节　概　述

　　粮食安全是国之大者，耕地是粮食生产的命根子，保障国家粮食安全的根本在耕地，保护好耕地，端牢饭碗，在党和国家事业全局中具有基础性、战略性意义。为此国家于1986年出台了《中华人民共和国土地管理法》，明确了土地用途管制制度、耕地总量动态平衡制度、耕地占补平衡制度、永久基本农田保护制度、农用地转用审批制度、土地开发整理复垦制度、土地税费制度等一系列措施。为了合理利用土地资源，加强土地管理，保

护耕地，国务院于 1987 年 4 月 1 日发布了《中华人民共和国耕地占用税暂行条例》。2007 年 12 月 1 日，国务院对该条例进行了修改。2018 年 12 月 29 日，第十三届全国人民代表大会常务委员会第七次会议通过了《中华人民共和国耕地占用税法》（以下简称《耕地占用税法》）。《耕地占用税法》的出台，既体现了我国税收法治的治国理念，也必将从更高层级，以更大力度贯彻落实国家最严格的耕地保护制度，以经济手段保护有限的土地资源，尤其是耕地资源，促进土地资源的合理配置。

根据我国现行《耕地占用税法》的规定，耕地占用税是对占用耕地建设建筑物、构筑物或从事非农业建设的单位和个人，就其实际占用的耕地按面积征收的一种税。

第二节　　　　纳税人、征税范围和税率

一、纳税人

耕地占用税的纳税人是指在中华人民共和国境内占用耕地建设建筑物、构筑物或从事非农业建设的单位和个人。

经批准占用耕地的，纳税人为农用地转用审批文件中标明的建设用地人；农用地转用审批文件中未标明建设用地人的，纳税人为用地申请人。其中，用地申请人为各级人民政府的，由同级土地储备中心、自然资源主管部门或政府委托的其他部门、单位履行耕地占用税申报纳税义务。

未经批准占用耕地的，纳税义务人为实际用地人。

二、征税范围

耕地占用税的征税范围为中华人民共和国境内被占用的耕地。耕地是指用于种植农作物的土地。

（一）应缴纳耕地占用税的占地行为

1.纳税人因建设项目施工或地质勘查临时占用耕地的。临时占用耕地，是指经自然资源主管部门批准，在一般不超过 2 年内临时使用耕地并且没有修建永久性建筑物的行为。

2.占用园地、林地、草地、农田水利用地、养殖水面、渔业水域滩涂以及其他农用土地建设建筑物、构筑物或从事非农业建设的。其中：

（1）园地，包括果园、茶园、橡胶园、其他园地。

（2）林地，包括乔木林地、竹林地、红树林地、森林沼泽、灌木林地、灌丛沼泽、其他林地，不包括城镇村庄范围内的绿化林木用地，铁路、公路征地范围内的林木用地，以及河流、沟渠的护堤林用地。

（3）草地，包括天然草地、沼泽草地、人工牧草地，以及用于农业生产并已由相关行政主管部门发放使用权证的草地。

（4）农田水利用地，包括农田排灌沟渠及相应附属设施用地。

（5）养殖水面，包括人工开挖或天然形成的用于水产养殖的各种水面及相应附属设施用地。

（6）渔业水域滩涂，包括专门用于种植或养殖水生动植物的海水潮浸地带和滩地，以及用于种植芦苇并定期进行人工养护管理的苇田。

（二）不征耕地占用税的占地行为

1.建设直接为农业生产服务的生产设施占用园地、林地、草地、农田水利用地、养殖水面、渔业水域滩涂以及其他农用地的。直接为农业生产服务的生产设施，是指直接为农业生产服务而建设的建筑物和构筑物。

2.建设农田水利设施占用耕地的。

三、税率

耕地占用税采用地区差别定额税率，见表14-1。

表14-1　　　　　　　　　　　　耕地占用税平均税额表

人均耕地占用面积 （以县、自治县、不设区的市、市辖区为单位）	每平方米年税额（元）
不超过1亩的地区	10～50
超过1亩但不超过2亩的地区	8～40
超过2亩但不超过3亩的地区	6～30
超过3亩以上的地区	5～25

各地区耕地占用税的适用税额，由省、自治区、直辖市人民政府根据人均耕地面积和经济发展等情况，在税法规定的适用税额幅度内提出，报同级人民代表大会常务委员会决定，并报全国人民代表大会常务委员会和国务院备案。各省、自治区、直辖市耕地占用税适用税额的平均水平，不得低于税法规定的平均税额，见表14-2。

表14-2　　　　　　各省、自治区、直辖市耕地占用税平均税额表

省、自治区、直辖市	平均税额（元/平方米）
上海	45
北京	40
天津	35
江苏、浙江、福建、广东	30
辽宁、湖北、湖南	25
河北、安徽、江西、山东、河南、重庆、四川	22.5
广西、海南、贵州、云南、陕西	20
山西、吉林、黑龙江	17.5
内蒙古、西藏、甘肃、青海、宁夏、新疆	12.5

在人均耕地低于0.5亩的地区，省、自治区、直辖市可以根据当地经济发展情况，适当提高耕地占用税的适用税额，但提高的部分不得超过税法规定适用税额的50%。

占用基本农田的，应当按照税法规定确定的当地适用税额，加按150%征收。

占用《耕地占用税法》规定的农用地的，适用税额可以适当低于当地占用耕地的适用税额，但降低部分不得超过50%，具体适用税额由省、自治区、直辖市人民政府提出，报

同级人民代表大会常务委员会决定，并报全国人民代表大会常务委员会和国务院备案。

随堂演练

⊕单选题

1.下列占用土地的行为中，不需缴纳耕地占用税的有（   ）。（知识点：征税范围）

A.占用耕地建房   B.占用耕地从事非农业建设

C.占用鱼塘从事非农业建设   D.河流、沟渠的护堤林用地

2.根据耕地占用税法规定，人均耕地低于0.5亩的地区，耕地占用税的适用税额可以适当提高，但提高的部分不得超过规定税额的（   ）。（知识点：税率）

A.10%   B.50%   C.30%   D.20%

⊕多选题

1.耕地是指用于种植农作物的土地，以下用途的土地属于耕地的有（   ）。（知识点：征税范围）

A.种植粮食作物的土地   B.种植经济作物的农田   C.菜园地

D.果园地   E.田间道路

2.以下行为应视同占用耕地征收耕地占用税的有（   ）。（知识点：征税范围）

A.占用苗圃用地建房

B.占用园地建房或从事非农业建设

C.占用天然牧草地建房

D.占用渔业水域滩涂用地建房

E.居民点内部的绿化林木用地

随堂演练

第三节　　税收优惠和应纳税额计算

一、税收优惠

（一）免征耕地占用税优惠

1.军事设施占用耕地。

2.学校、幼儿园、社会福利机构、医疗机构占用耕地。

（1）免税学校，包括县级以上人民政府教育行政部门批准成立的大学、中学、小学、学历性职业教育学校以及特殊教育学校，以及经省级人民政府或其人力资源社会保障行政部门批准成立的技工院校。学校内经营性场所和教职工住房占用耕地，依法纳税。

（2）免税幼儿园，限于县级人民政府教育行政部门登记注册或备案的幼儿园内专门用于幼儿保育、教育的场所。

（3）免税社会福利机构，是指依法登记的养老服务机构、残疾人服务机构、儿童福利机构以及救助管理机构、未成年人救助保护机构内，专门为老年人、残疾人、未成年人、生活无着的流浪乞讨人员提供养护、康复、托管等服务的场所。

（4）免税医疗机构，限于县级以上人民政府卫生行政部门批准设立的医疗机构内专门用于提供医护服务的场所及其配套设施。医疗机构内职工住房占用耕地的，依法纳税。

3.农村烈士遗属、因公牺牲军人遗属、残疾军人以及符合农村最低生活保障条件的农村居民，在规定用地标准以内新建自用住宅占用耕地。

（二）减征耕地占用税优惠

1.铁路线路、公路线路、飞机场跑道、停机坪、港口、航道、水利工程占用耕地，减

按每平方米2元的税额征收耕地占用税。

（1）减税的铁路线路，限于铁路路基、桥梁、涵洞、隧道及其按照规定的两侧留地。专用铁路和铁路专用线占用耕地的，依法纳税。

（2）减税的公路线路，限于经批准建设的国道、省道、县道、乡道和属于农村公路的村道的主体工程以及两侧边沟或截水沟。专用公路和城区内机动车道占用耕地的，依法纳税。

（3）减税的飞机场跑道、停机坪，限于经批准建设的民用机场专门用于民用航空器起降、滑行、停放的场所。

（4）减税的港口，限于经批准建设的港口内供船舶进出、停靠以及旅客上下、货物装卸的场所。

（5）减税的航道，限于在江、河、湖泊、港湾等水域内供船舶安全航行的通道。

2.农村居民在规定用地标准以内占用耕地新建自用住宅，按照当地适用税额减半征收耕地占用税，其中农村居民经批准搬迁，新建自用住宅占用耕地不超过原宅基地面积的部分，免征耕地占用税。

3.2022年1月1日至2024年12月31日，增值税小规模纳税人、小型微利企业和个体工商户可以在50%的税额幅度内减征耕地占用税。

二、应纳税额计算

耕地占用税以纳税人实际占用耕地的面积为计税依据，以每平方米为计量单位。耕地占用税应纳税额计算公式如下：

应纳税额=实际占用耕地面积（平方米）×适用定额税率

【做中学·计算题】2024年10月农村居民陈某因住宅受灾倒塌，经批准占用150平方米耕地新建自用住宅，当地耕地占用税税率为20元/平方米。假设陈某新建用地符合税法规定的用地标准，计算陈某应缴纳的耕地占用税。

计算：根据耕地占用税法规定，农村居民在规定用地标准内占用耕地新建自用住宅，按照当地适用税额减半征收耕地占用税。

应缴纳耕地占用税=150×20×50%=1 500（元）

◆ 随堂演练

⒈单选题

1.下列各项中，属于免征耕地占用税范围的是（　　）。（知识点：减免税收优惠）

A.飞机场跑道占用耕地　　　　　　B.医院占用耕地

C.铁路线路占用耕地　　　　　　　D.农村居民占用耕地新建住房

2.下列单位占用耕地从事的行为，应该依法免征耕地占用税的是（　　）。（知识点：减免税收优惠）

A.幼儿园占地建保育场所　　　　　B.自然人占地建房自住

C.国家机关占地建办公楼　　　　　D.国有企业占地建厂房

3.下列项目中，属于免征耕地占用税的是（　　）。（知识点：税收优惠）

A.军事设施占用耕地　　　　　　　B.医院内职工住房占用耕地

C.学校内经营性场所占用耕地　　　D.建设为农业生产服务的生产设施占用林地

4.2024年9月，某公司在郊区新设立一家分公司，共计占用耕地15 000平方米，其中800平方米修建幼儿园、2 000平方米修建学校，当地耕地占用税税率为20元/平方米。该公司应缴纳的耕地占用税为（　　）元。（知识点：税收优惠、税额计算）

A.244 000　　　　　　　B.260 000　　　　　　　C.284 000　　　　　　　D.30 0000

5.某农户有一处花圃，2024年9月该农户将大部分用地改造为果园，其余100平方米用于建造住宅。已知该地适用的耕地占用税的定额税率为每平方米25元。则该农户应缴纳的耕地占用税为（　　）元。（知识点：减免税收优惠）

A.1 250　　　　　　　B.2 500　　　　　　　C.15 000　　　　　　　D.30 000

⑪多选题

1.下列选项中，不属于免征耕地占用税范围的有（　　）。（知识点：减免税收优惠）

A.学校占用耕地　　　　　　　　　　　　B.医院占用耕地

C.铁路线路占用耕地　　　　　　　　　　D.军事设施占用耕地

E.农村居民占用耕地新建住宅

2.根据耕地占用税的相关规定，下列说法中正确的有（　　）。（知识点：减免税收优惠）

A.军事设施占用耕地免征耕地占用税

B.农村居民占用耕地新建住宅免征耕地占用税

C.公路、铁路线路占用耕地减半征收耕地占用税

D.免征耕地占用税后，改变原占地用途不再属于免征情形的应补缴耕地占用税

E.农村居民经批准搬迁，凡新建自用住宅占用耕地不超过原宅基地面积的，免征耕地占用税

3.下列说法中，符合耕地占用税税收优惠政策的有（　　）。（知识点：减免税收优惠）

A.军事设施占用耕地免征耕地占用税

B.宗教寺庙占用耕地免征耕地占用税

C.市政街道占用耕地免征耕地占用税

D.学校、幼儿园占用耕地免征耕地占用税

E.养老院、医院占用耕地免征耕地占用税

第四节　　　　　　　　　　　征收管理

耕地占用税由税务机关负责征收。

耕地占用税纳税义务发生时间为纳税人收到自然资源主管部门办理占用耕地手续的书面通知的当日。纳税人应当自纳税义务发生之日起30日内申报缴纳耕地占用税。自然资源主管部门凭耕地占用税完税凭证或免税凭证和其他有关文件发放建设用地批准书。

纳税人占用耕地或其他农用地，应当在耕地或其他农用地所在地申报纳税。

纳税人因建设项目施工或地质勘查临时占用耕地，应当依法缴纳耕地占用税。纳税人在批准临时占用耕地期满之日起1年内依法复垦，恢复种植条件的，全额退还已经缴纳的耕地占用税。

随堂演练

⑪单选题

1.下列有关耕地占用税征管的表述中，正确的有（　　）。（知识点：征收管理）

A.由村委会负责征收

B.在企业机构所在地申报纳税

C.临时占用耕地，可以暂免缴纳耕地占用税

D.占用法律规定的农用地建设直接为农业生产服务的生产设施的，不缴纳耕地占用税

2.根据税法规定，获准占用耕地的单位或个人应当在（　　）缴纳耕地占用税。（知识点：征收

管理）

A.实际占用耕地之日起 10 日内　　　　B.实际占用耕地之日起 30 日内

C.收到自然资源主管部门的通知之日起 10 日内　　D.收到自然资源主管部门的通知之日起 30 日内

3.下列各项中，符合耕地占用税相关规定的是（　　）。（知识点：征收管理）

A.经批准占用的耕地，耕地占用税纳税义务发生时间为纳税人收到自然资源主管部门办理占用农用地手续通知的当天

B.获准占用耕地的单位或个人应当在收到自然资源主管部门的通知之日起 10 日内缴纳耕地占用税

C.免征或减征耕地占用税后，纳税人改变原占地用途，无论是否属于免征或减征耕地占用税情形的，均不需补缴耕地占用税

D.占用农田的，应当按照税法确定的当地适用税额，加按 150% 征收

㊀多选题

1.下列关于耕地占用税的征收管理的表述中，正确的有（　　）。（知识点：征收管理）

A.耕地占用税由税务机关负责征收

B.自然资源主管部门在通知单位或个人办理占用耕地手续时，应当同时通知耕地所在地同级税务机关

C.获准占用耕地的单位或个人应当在收到自然资源主管部门的通知之日起 10 日内缴纳耕地占用税

D.纳税人临时占用耕地，应当依照《耕地占用税法》的规定缴纳耕地占用税

E.纳税人新占用的耕地，征收了城镇土地使用税的，就不再征收耕地占用税

2.下列关于耕地占用税的说法中，正确的有（　　）。（知识点：征收管理）

A.耕地占用税收入专用耕地开发与改良

B.耕地占用税采用地区差别税率，按年课征

C.耕地占用税的适用税额可以适当提高，但最多不得超过规定税额的 50%

D.占用鱼塘及其他农用土地建房或从事非农业建设，视同占用耕地

E.纳税人在批准临时占用耕地的期限内恢复所占用耕地原状的，已缴纳的耕地占用税不再退还

随堂演练

第十五章　城市维护建设税

✎ **知识导航**

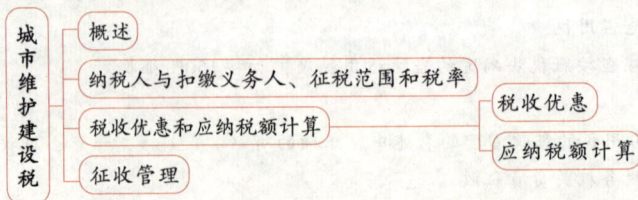

✐ **知识目标**

1. 了解城市维护建设税的开征意义
2. 识记城市维护建设税纳税人、征税范围和税率的具体规定
3. 识记城市维护建设税税收优惠的具体规定
4. 描述城市维护建设税应纳税额的计算原理
5. 描述城市维护建设税纳税义务发生时间、纳税期限与纳税地点的具体规定

✐ **技能目标**

1. 能正确选择城市维护建设税的适用税率
2. 能判断确定城市维护建设税的计税依据，并计算其应纳税额
3. 能对城市维护建设税纳税义务发生时间、纳税地点及纳税期限作出正确的选择

✐ **素养目标**

1. 从城市维护建设税立法，谈城市发展、国家治理，进行爱国主义教育
2. 引导学生与时俱进探索学习城市维护建设税最新法规，培养自主学习的能力

☞ **知识点** ☜

第一节　概　述

中华人民共和国成立以来，我国城市维护建设事业取得了长足的发展。在1979年以前，专门用于城市维护建设所需资金，基本通过征收当时的工商税附加、城市公用事业附加，以及国家下拨的城市维护费来实现。1979年，国家开始在部分大中城市，试行从上年工商利润中提取5%的资金用于城市维护和建设。1985年2月8日，国务院发布了《中华人民共和国城市维护建设税暂行条例》，标志着城市维护建设税正式开征，并规定缴纳

增值税、消费税、营业税（2016年"营改增"后并入增值税）的单位和个人应当缴纳城市维护建设税。同时规定城市维护建设税收入专项用于城市的公用事业、公共设施的维护建设以及乡镇的维护建设，城市维护建设税为其后一定时期筹集城市维护建设资金、加强城市维护建设发挥了重要作用。为贯彻落实党中央、国务院决策部署，推动完善税收法律制度，2019年12月23日，第十三届全国人民代表大会常务委员会第十五次会议对《中华人民共和国城市维护建设税法（草案）》进行了充分的讨论；2020年8月11日，第十三届全国人民代表大会常务委员会第二十一次会议通过了《中华人民共和国城市维护建设税法》（以下简称《城市维护建设税法》），并于2021年9月1日起正式施行。

根据《城市维护建设税法》的规定，城市维护建设税是对缴纳增值税、消费税（以下简称"两税"）的单位和个人以其实际缴纳的"两税"税额为计税依据而征收的一种税。该税种随"两税"的征收而征收，自身没有独立的征税对象。由于"两税"在我国现行税制中属于主体税种，而城市维护建设税属于其附加税，也与"两税"相同有较广的征税范围，能够为提高我国税收收入作出较大的贡献。

第二节　纳税人与扣缴义务人、征税范围和税率

一、纳税人与扣缴义务人

城市维护建设税的纳税人是指在中华人民共和国境内缴纳"两税"的单位和个人。

城市维护建设税的扣缴义务人是负有"两税"扣缴义务的单位和个人。

二、征税范围

城市维护建设税的征税范围包括城市市区、县城、建制镇，以及税法规定征收"两税"的其他地区。城市、县城、建制镇的范围以行政区划为标准。

三、税率

城市维护建设税适用比例税率，见表15-1。

表15-1　　　　　　　　　　　　城市维护建设税税率表

纳税人所在地区	税率（%）
市区	7
县城、镇	5
市区、县城和镇以外的其他地区	1

注：中国铁路总公司税率统一为5%；开采海洋石油资源的中外合作油（气）田所在地在海上的，适用1%税率

实务中，税率确定还应注意以下几点：

1.城市维护建设税一般按纳税人所在地的适用税率执行。纳税人所在地是指纳税人住所地或与生产经营活动相关的其他地点。

2.市区、县城、镇行政区划变更的，自变更完成当月起适用新行政区划对应的城市维护建设税税率，纳税人在变更完成当月的下一个纳税申报期按新税率申报缴纳。

3.由受托方代扣代缴"两税"的纳税人，按照受托方所在地适用税率扣缴城市维护建设税。

4.流动经营等无固定地点的纳税人在经营地缴纳"两税"的，按照经营地适用税率计征城市维护建设税。

5.纳税人跨地区提供建筑服务、销售和出租不动产的，应在建筑服务发生地、不动产所在地预缴增值税时，以预缴增值税税额为计税依据，并按预缴增值税所在地的城市维护建设税适用税率就地计算缴纳城市维护建设税。预缴增值税的纳税人在其机构所在地申报缴纳增值税时，以其实际缴纳的增值税税额为计税依据，并按机构所在地的城市维护建设税适用税率计算缴纳城市维护建设税。

第三节　税收优惠和应纳税额计算

一、税收优惠

城市维护建设税作为一种附加税，原则上不单独规定税收减免条款，一般随"两税"的减免而减免，随"两税"的退库而退库。

1.进口货物或境外单位和个人向境内销售劳务、服务、无形资产缴纳"两税"的，不缴纳城市维护建设税。

2.出口货物退还消费税的，不退还已缴纳的城市维护建设税。

3.出口货物退还增值税的，视采用的出口退税不同计算方法按下列规定执行：（1）适用"免退税法"计算应退增值税的单位，不退还已缴纳的城市维护建设税；（2）适用"免抵退税法"计算退还增值税的单位，当期免抵的增值税税额应计入城市维护建设税的计税依据计征城市维护建设税。

4.对"两税"实行先征后退、先征后返、即征即退办法的，随"两税"附征的城市维护建设税，一律不予退还。

5.2022年1月1日至2024年12月31日，增值税小规模纳税人、小型微利企业和个体工商户可以在50%的税额幅度内减征城市维护建设税。

二、应纳税额计算

（一）计税依据确定

城市维护建设税应以纳税人依法实际缴纳的"两税"税额为计税依据。

依法实际缴纳的"两税"税额，是指纳税人依照"两税"相关法律法规和税收政策规定计算的应当缴纳的"两税"税额（不含因进口货物或境外单位和个人向境内销售劳务、服务、无形资产缴纳的"两税"税额），加上增值税免抵税额，扣除直接减免的"两税"税额和期末留抵退税退还的增值税税额后的金额。直接减免的"两税"税额，是指依照"两税"相关法律和税收政策规定，直接减征或免征的"两税"税额，不包括实行先征后返、先征后退、即征即退办法退还的两税税额。

纳税人被查补"两税"和被处以罚款的，应同时对其城市维护建设税进行补税和罚款。纳税人违反"两税"有关规定加收的滞纳金和罚款，不作为城市维护建设税的计税依据。

（二）应纳税额计算

应纳税额的计算公式为：

应纳税额＝实际缴纳的"两税"税额×适用税率

【做中学·计算题】地处市区的某化妆品生产企业，为增值税一般纳税人。2024年3月份发生与流转税有关的业务如下：进口原材料缴纳进口环节增值税5万元；内销化妆品缴纳增值税13万元、消费税15万元；出口化妆品，按规定退回增值税4万元。计算该企业3月份应缴纳的城市维护建设税税额。

计算：该企业地处市区，城市维护建设税税率为7%，同时城市维护建设税实行"进口不征，出口不退"政策。

应纳城市维护建设税税额＝（13＋15）×7%＝1.96（万元）

【做中学·计算题】市区甲外贸公司2024年5月购进儿童手表10 000只，每只不含税售价80元，已取得增值税专用发票。同月将此批外购的儿童手表全部报关出口，离岸价每只15美元，此笔出口已收汇并做销售处理。请对上述出口业务相关的增值税和城市维护建设税作相关税务处理。假设美元与人民币比价为1∶7，该儿童手表的增值税税率为13%、出口退税率为10%。

计算：外贸公司出口货物业务采用"免退税法"计算增值税应退税额。

应退增值税税额＝10 000×80×10%＝80 000（元）

本例相关城市维护建设税不征也不退。

【做中学·计算题】位于市区的某生产企业2024年5月的相关资料如下：外购货物可抵扣的进项共计110万元，内销货物不含税销售额1 000万元人民币，外销货物30万美元。假设货物增值税适用税率为13%，出口退税率为10%，汇率为1∶10。计算增值税出口退税额和应交城市维护建设税税额。

计算：生产企业增值税出口退税适用"免抵退税法"计算。

当期不得免征和抵扣税额＝出口货物离岸价×汇率人民币价×（出口货物适用税率－出口货物退税率）

＝30×10×（13%－10%）＝9（万元）

当期应纳税额＝1 000×13%－（110－9）＝29（万元）

当期免抵退税额＝300×10%＝30（万元）

当期实际缴纳增值税＝29万元

当期免抵税额＝30万元

进项税额转出＝9万元

当期免抵税额应作为城市维护建设税的计税依据。

当期应纳城市维护建设税税额＝29×7%＋30×7%＝4.13（万元）

第四节　　征收管理

一、纳税义务发生时间

城市维护建设税的纳税义务发生时间与"两税"的纳税义务发生时间一致，应按照"销售货物或提供应税劳务、服务收讫销售款项或取得索取销售款项凭据的当天"的原则确定。

二、纳税地点

纳税人缴纳"两税"的地点，就是其缴纳城市维护建设税的地点。具体注意以下情形：

1.代扣代缴、代收代缴"两税"的单位和个人，同时也是城市维护建设税的代扣代缴、代收代缴义务人的，其纳税地点为代扣代缴地。

2.下属生产和核算单位不在同一省内的油田，应在油井所在地缴纳增值税，因此，城市维护建设税也应在油井所在地缴纳。

3.对流动经营等无固定纳税地点的单位和个人，城市维护建设税应随同"两税"在经营地缴纳。

三、纳税期限

城市维护建设税由纳税人在缴纳"两税"时同时缴纳，其纳税期限与"两税"的纳税期限规定一致。

附：教育费附加

教育费附加是对缴纳增值税、消费税的单位和个人征收的一种专项附加费，是正税以外的政府行政收费。国务院于1986年4月28日发布了《征收教育费附加的暂行规定》，并于同年7月1日起实施，目的是多渠道筹集教育经费，改善中小学办学条件，促进地方教育事业的发展。

教育费附加对缴纳"两税"的单位和个人征收，以其实际缴纳的"两税"税额为计费依据，分别与"两税"同时缴纳。现行教育费附加的征收率为"两税"税额的3%。同时为规范和拓宽财政性教育经费筹资渠道，支持地方教育事业发展，全面开征地方教育附加，地方教育附加统一按增值税、消费税实际缴纳税额的2%征收。

教育费附加的减免规定：海关进口商品征收的增值税、消费税，不征收教育费附加；对由于减免"两税"而发生退税的，可同时退还已征收的教育费附加，但对于出口产品退还增值税、消费税的，不退还已征收的教育费附加。

随堂演练

⊛单选题

1.某企业地处县城，2024年3月被税务机关查补增值税35 000元、消费税22 000元、所得税25 000元；还被加收滞纳金1 000元，被处罚款40 000元。该企业应补缴城市维护建设税和教育费附加（　　）元。（知识点：税额计算）

A.4 560　　　　　B.4 850　　　　　C.4 900　　　　　D.6 250

2.下列关于城市维护建设税的税收优惠政策的说法中，错误的是（　　）。（知识点：税收优惠）

A.减免"两税"时相应减免城市维护建设税

B.对由于减免"两税"而发生的退税，同时退还已缴纳的城市维护建设税

C.对出口产品退还的增值税和消费税，同时退还已缴纳的城市维护建设税

D.海关对进口产品代征增值税、消费税的，不征收城市维护建设税

3.关于教育费附加的规定，下列表述中正确的是（　　）。（知识点：税收优惠）

A.对出口产品退还增值税、消费税的，不退还已征的教育费附加

B.对海关进口的产品征收增值税、消费税，同时征收教育费附加

C.对由于减免增值税而发生退税的，不可以同时退还已征收的教育费附加

D.按现行政策，对外商投资企业不征收教育费附加

4.下列项目中，需要缴纳城市维护建设税的是（　　）。（知识点：税收优惠）

A.农业生产者销售农产品的行为 B.企业出租房屋的行为

C.进口机器设备 D.医院提供的医疗服务

5.关于城市维护建设税的适用税率，下列表述中错误的是（　　）。（知识点：税率）

A.城市维护建设税的适用税率，一般按纳税人所在地的适用税率执行

B.由受托方代收代扣"两税"的纳税人应按受托方缴纳"两税"所在地的规定税率就地缴纳城市维护建设税

C.流动经营等无固定地点的纳税人在经营地缴纳"两税"的，按经营地适用税率计征城市维护建设税

D.中国铁路总公司应纳城市维护建设税的税率统一为7%

6.位于市区的甲卷烟厂委托位于县城的乙企业加工一批烟丝，乙企业代收代缴的消费税为10万元，下列说法中正确的是（　　）。（知识点：税额计算）

A.在乙企业所在地缴纳城市维护建设税0.7万元

B.在甲卷烟厂所在地缴纳城市维护建设税0.5万元

C.在乙企业所在地缴纳城市维护建设税0.5万元

D.在甲卷烟厂所在地缴纳城市维护建设税0.7万元

7.某市一企业2024年3月被查补增值税50 000元、消费税20 000元、所得税30 000元，被加收滞纳金2 000元，被处罚款8 000元。该企业应补缴城市维护建设税（　　）元。（知识点：税额计算）

A.5 000 B.4 900 C.8 000 D.10 000

8.某市一生产企业为增值税一般纳税人。本期进口原材料一批，向海关缴纳进口环节增值税10万元；本期在国内销售甲产品缴纳增值税30万元、消费税50万元，消费税滞纳金为1万元；本期出口乙产品一批，按规定退回增值税5万元。该企业本期应缴纳城市建设维护税（　　）万元。（知识点：税额计算）

A.4.55 B.4 C.4.25 D.5.6

⚫多选题

1.按现行政策，下列作为城市维护建设税及教育费附加计算基数的有（　　）。（知识点：纳税人）

A.个人缴纳的车辆购置税 B.某个体工商户缴纳的增值税

C.某外国企业缴纳的消费税 D.某进出口贸易公司缴纳的关税

E.某生产企业出口货物实行免、抵、退税办法后，经批准的免抵增值税税额

2.下列行为中，不需要缴纳城市维护建设税和教育费附加的有（　　）。（知识点：征税对象）

A.事业单位出租房屋 B.企业进口生产线

C.油田开采天然原油并销售 D.外商投资企业销售货物

E.进口应税消费品的行为

3.关于城市维护建设税，下列说法中正确的有（　　）。（知识点：税率、征收管理）

A.纳税人直接缴纳"两税"的，在缴纳"两税"地缴纳城市维护建设税

B.中国铁路总公司应纳城市维护建设税的税率统一为5%

C.由受托方代收、代扣"两税"的，城市维护建设税适用受托方所在地税率

D.对增值税实行先征后返办法的，城市维护建设税一并返还

E.县政府设在市区，其在市区创办的企业城市维护建设税税率为7%

4.根据城市维护建设税的有关规定，下列说法中不正确的有（　　）。（知识点：税率、征收管理）

A.适用的税率均应按纳税人所在地的税率执行

B.计税依据是实际缴纳的"两税"的税额，不包括加收的滞纳金

C.海关对进口产品代征增值税、消费税，不代征城市维护建设税

D.对出口产品退还增值税、消费税的，同时退还已缴纳的城市维护建设税

E.纳税人直接缴纳"两税"的，在缴纳"两税"地缴纳城市维护建设税

5.某县城一家食品加工企业为增值税小规模纳税人，2024年3月购进货物取得普通发票的销售额合计50 000元，销售货物开具普通发票注明的销售额合计为70 000元，出租小货车取得不含税收入10 000元。下列表述中正确的有（　　　）。(知识点：税额计算)

A.应纳城市维护建设税54.13元

B.应纳城市维护建设税116.94元

C.应纳教育费附加95.77元

D.应纳教育费附加70.16元

E.不需要交纳城市维护建设税和教育费附加

第十六章　环境保护税

✏️ **知识导航**

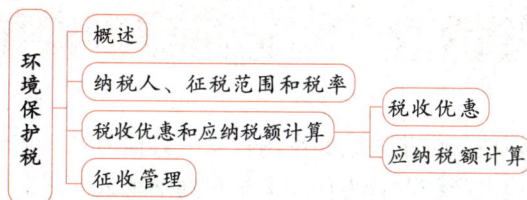

✒️ **知识目标**

1.了解环境保护税的立法意义
2.识记环境保护税纳税人、征税范围和税率的具体规定
3.描述环境保护税税收优惠政策的具体规定
4.描述环境保护税应纳税额的计算原理
5.描述环境保护税纳税义务发生时间、纳税期限与纳税地点的具体规定

✒️ **技能目标**

1.能判断确定环境保护税的具体征税项目
2.能计算环境保护税不同应税项目的应纳税额
3.能对环境保护税纳税义务发生时间、纳税地点及纳税期限作出正确的选择

✒️ **素养目标**

1.从环境保护税立法历程，学习"绿色发展"新理念，引导学生树立环保意识
2.引导学生与时俱进探索学习环境保护税最新法规，培养自主学习的能力

👉 **知识点** 👈

第一节　　概　述

为了保护和改善环境，减少污染物排放，推进生态文明建设，2016年12月25日，第十二届全国人民代表大会常务委员会第二十五次会议通过了《中华人民共和国环境保护税法》（以下简称《环境保护税法》），并于2018年1月1日起施行；2017年12月25日，国务院发布了《中华人民共和国环境保护税法实施条例》（简称《环境保护税法实施条例》）。

《环境保护税法》是党的十八届三中全会提出"落实税收法定原则"要求后，全国人民代表大会常务委员会审议通过的第一部单行税法，也是我国第一部专门体现绿色税制、推进生态文明建设的单行税法。

实行环境保护费改税，有利于解决排污费制度存在的执法刚性不足、地方政府干预等问题，有利于提高纳税人环保意识和遵从度，强化企业治污减排的责任，有利于构建促进经济结构调整、发展方式转变的绿色税制体系，有利于规范政府分配秩序，优化财政收入结构，强化预算约束。

第二节　　　　　纳税人、征税范围和税率

一、纳税人

在中华人民共和国领域和中华人民共和国管辖的其他海域，直接向环境排放应税污染物的企业事业单位和其他生产经营者为环境保护税的纳税人。

二、征税范围

环境保护税以应税污染物为征税对象。征税范围仅指《环境保护税法》规定的大气污染物、水污染物、固体废物和噪声。具体税目见表16-1。

有下列情形之一的，不属于直接向环境排放污染物，不缴纳环境保护税：

1.企业事业单位和其他生产经营者向依法设立的污水集中处理、生活垃圾集中处理场所排放应税污染物的，不缴纳环境保护税。但依法设立的污水集中处理、生活垃圾集中处理场所超过国家和地方规定的排放标准向环境排放应税污染物的，应当缴纳环境保护税。

2.企业事业单位和其他生产经营者在符合国家和地方环境保护标准的设施、场所贮存或处置固体废物的，不缴纳环境保护税。

3.畜禽养殖场依法对畜禽养殖废弃物进行综合利用和无害化处理的，不缴纳环境保护税。

三、税率

环境保护税采用定额税率，具体税额见表16-1。

表 16-1　　　　　　　　　　　　　环境保护税税目税额表

税　目		计税单位	税额（单位税额）
大气污染物		每污染当量	1.2～12元
水污染物		每污染当量	1.4～14元
固体废物	煤矸石	每吨	5元
	尾矿	每吨	15元
	危险废物	每吨	1 000元
	冶炼渣、粉煤灰、炉渣、其他固体废物（含半固态、液态废物）	每吨	25元
噪声	工业噪声	超标1～3分贝	每月350元
		超标4～6分贝	每月700元
		超标7～9分贝	每月1 400元
		超标10～12分贝	每月2 800元
		超标13～15分贝	每月5 600元
		超标16分贝以上	每月11 200元

应税大气污染物和水污染物的具体适用税额的确定和调整，由省、自治区、直辖市人民政府统筹考虑本地区环境承载能力、污染物排放现状和经济社会生态发展目标要求，在"环境保护税税目税额表"规定的税额幅度内提出，报同级人民代表大会常务委员会决定，并报全国人民代表大会常务委员会和国务院备案。

第三节　　　税收优惠和应纳税额计算

一、税收优惠

（一）暂予免征环境保护税的情形

1.农业生产（不包括规模化养殖）排放应税污染物的；

2.机动车、铁路机车、非道路移动机械、船舶和航空器等流动污染源排放应税污染物的；

3.依法设立的城乡污水集中处理、生活垃圾集中处理场所排放相应应税污染物，不超过国家和地方规定的排放标准的；

4.纳税人综合利用的固体废物，符合国家和地方环境保护标准的；

5.国务院批准免税的其他情形。

（二）部分减免环境保护税的情形

1.纳税人排放应税大气污染物或水污染物的浓度值低于国家和地方规定的污染物排放标准30%的，减按75%征收环境保护税。

2.纳税人排放应税大气污染物或水污染物的浓度值低于国家和地方规定的污染物排放标准50%的，减按50%征收环境保护税。

上述应税大气污染物或水污染物的浓度值，是指纳税人安装使用的污染物自动监测设备当月自动监测的应税大气污染物浓度值的小时平均值再平均所得数值或应税水污染物浓度值的日平均值再平均所得数值，或监测机构当月监测的应税大气污染物、水污染物浓度值的平均值。

二、应纳税额计算

（一）计税依据确定

应税污染物的计税依据根据污染物的种类不同，具体规定如下：

1.应税大气污染物的计税依据为污染物排放量折合的污染当量数。每一排放口或没有排放口的应税大气污染物，按照污染当量数从大到小排序，对前三项污染物征收环境保护税。

2.应税水污染物的计税依据为污染物排放量折合的污染当量数。每一排放口的应税水污染物，按照"应税污染物和当量值表"区分第一类水污染物和其他类水污染物，按照污染当量数从大到小排序，第一类水污染物对前五项征收环境保护税，其他类水污染物对前三项征收环境保护税。

3.应税固体废物的计税依据为固体废物的排放量。应税固体废物的排放量为当期应税固体废物的产生量减去当期应税固体废物贮存量、处置量、综合利用量的余额。固体废物的贮存量、处置量是指在符合国家和地方环境保护标准的设施、场所贮存或者处置的固体废物数量；固体废物的综合利用量是指按照国务院发展改革、工业和信息化主管部门关于资源综合利用要求以及国家和地方环境保护标准进行综合利用的固体废物数量。纳税人应当准确计量应税固体废物的贮存量、处置量和综合利用量；未准确计量的，不得从其应税固体废物的产生量中扣除。

4.应税噪声的计税依据为超过国家规定标准的分贝数。对于噪声处理，应注意如下事项：

（1）一个单位边界上有多处噪声超标，根据最高一处超标声级计算应纳税额；当沿边界长度超过100米有两处以上噪声超标，按照两个单位计算应纳税额。

（2）一个单位有不同地点作业场所的，应当分别计算应纳税额，合并计征。

（3）昼、夜均超标的环境噪声，昼、夜分别计算应纳税额，累计计征。

（4）声源一个月内超标不足15天的，减半计算应纳税额。

（5）夜间频繁突发和夜间偶然突发超标噪声，按照等效声级和峰值噪声两种指标中超标分贝值高的一项计算应纳税额。

（二）应纳税额计算

1.大气污染物应纳税额计算。

（1）查大气污染物污染当量值表将排放量换算为污染当量。

污染当量=该污染物的排放量÷该污染物的污染当量值

（2）按照污染当量数从大到小排序，以前三项为征税对象。

（3）计算应纳税额。

应纳税额=污染当量数×定额税率

【做中学·计算题】某工业生产企业2024年4月向大气直接排放二氧化硫160吨、氮氧化物228吨、烟尘45吨、一氧化碳20吨。该企业所在地区大气污染物的税额标准为1.2元/污染当量（千克）。该企业只有一个排放口，已知二氧化硫、氮氧化物的污染当量值为0.95，烟尘污染当量值为2.18，一氧化碳污染当量值为16.7。计算该企业4月大气污染物应纳环境保护税税额（保留两位小数）。

计算：

❶计算各污染物的污染当量数。

二氧化硫污染当量=160×1 000÷0.95=168 421.05

氮氧化物污染当量=228×1 000÷0.95=240 000

烟尘污染当量=45×1 000÷2.18=20 642.20

一氧化碳污染当量=20×1 000÷16.7=1 197.60

❷按污染物的污染当量数排序，确定前三项为征税对象。

氮氧化物（240 000）>二氧化硫（168 421.05）>烟尘（20 642.20）>一氧化碳（1 197.60）

第三步，计算应纳税额。

氮氧化物应纳环境保护税税额=240 000×1.2=288 000（元）

烟尘应纳环境保护税税额=20 642.20×1.2=24 770.64（元）

二氧化硫应纳环境保护税税额=168 421.05×1.2=202 105.26（元）

该企业4月应纳环境保护税税额=288 000+24 770.64+202 105.26=514 875.90（元）

2.水污染物应纳税额计算。计算步骤与大气污染物相同，但应区分污染物类别确定征税对象：一类水污染物选前五项，其他类选前三项。

3.应税固体废物的应纳税额为固体废物排放量乘以具体适用税额。

【做中学·计算题】甲企业2024年3月产生尾矿2 000吨，其中综合利用的尾矿300吨（符合国家和地方环境保护标准），在符合国家和地方环境保护标准的设施贮存200吨，适用税额为15元/吨。计算该企业2024年3月尾矿应纳环境保护税税额。

计算：应税固体废物应纳环境保护税税额=固体废物排放量×适用税额

$$=（2 000-300-200）×15=22 500（元）$$

4.应税噪声的应纳税额为超过国家规定标准的分贝数对应的具体适用税额。

【做中学·计算题】某工业企业只有一个生产场所，昼夜生产，边界处声环境功能区类型为1类，生产时产生噪声为70分贝，《工业企业厂界环境噪声排放标准》规定1类功能区昼间排放限值为55分贝、夜间的噪声排放限值为45分贝。该企业当月超标天数为昼间25天，夜间12夜。计算该企业当月噪声污染应纳环境保护税税额。

计算：昼间超标分贝数：70-55=15（分贝）；夜间超标分贝数：70-45=25（分贝）。

查税率，超标15分贝对应的税额为每月5 600元，超标16分贝以上对应的税额为每月11 200元。声源一个月内累计昼间超标不足15昼或者累计夜间超标不足15夜的，分别减半计算应纳税额。

该企业当月噪声污染应纳环境保护税税额=5 600+11 200×50%=11 200（元）

第四节　征收管理

一、纳税义务发生时间

环境保护税的纳税义务发生时间为纳税人排放应税污染物的当日。

二、纳税地点

纳税人应当向应税污染物排放地的税务机关申报缴纳环境保护税。

三、纳税期限

环境保护税按月计算，按季申报缴纳；不能按固定期限计算缴纳的，可以按次申报缴纳。

纳税人申报缴纳时，应当向税务机关报送所排放应税污染物的种类、数量，大气污染物、水污染物的浓度值，以及税务机关根据实际需要要求纳税人报送的其他纳税资料。

纳税人按季申报缴纳的，应当自季度终了之日起15日内，向税务机关办理纳税申报并缴纳税款。纳税人按次申报缴纳的，应当自纳税义务发生之日起15日内，向税务机关办理纳税申报并缴纳税款。

四、税务争议和税收法律责任

1.环境保护税由税务机关依照《税收征收管理法》和《环境保护税法》的有关规定征收管理。

生产环境主管部门依照《环境保护税法》和有关环境保护法律法规的规定负责对污染物的监测、管理。

县级以上地方人民政府应当建立税务机关、生产环境主管部门和其他相关单位分工协作工作机制，加强环境保护税征收管理，保障税款及时足额入库。

2.生产环境主管部门和税务机关应当建立涉税信息共享平台和工作配合机制。

生产环境主管部门应当将排污单位的排污许可、污染物排放数据、环境违法和受行政处罚情况等环境保护相关信息，定期交送税务机关。

　　税务机关应当将纳税人的纳税申报、税款入库、减免税额、欠缴税款以及风险疑点等环境保护税涉税信息，定期交送生态环境主管部门。

◆ 随堂演练

◎ 单选题

下列关于环境保护税计征的表述中，错误的是（　　）。（*知识点：税额计算*）

A. 环境保护税实行从量计征

B. 环境保护税实行从价计征

C. 环境保护税纳税义务发生时间为纳税人排放应税污染物的当日

D. 纳税人应当向应税污染物排放地的税务机关申报缴纳环境保护税

◎ 多选题

1. 生产经营者的下列情形中，不需缴纳环境保护税的有（　　）。（*知识点：征税范围*）

A. 向依法设立的污水集中处理、生活垃圾集中处理场所排放应税污染物的

B. 在符合国家和地方环境保护标准的设施、场所贮存或处置固体废物的

C. 依法设立的城乡污水集中处理、生活垃圾集中处理场所超过国家和地方规定的排放标准向环境排放应税污染物的

D. 生产经营者贮存或处置固体废物不符合国家和地方环境保护标准的

2. 下列情形中，属于暂予免征环境保护税的有（　　）。（*知识点：税收优惠*）

A. 农业生产（不包括规模化养殖）排放应税污染物的

B. 机动车、铁路机车、非道路移动机械、船舶和航空器等流动污染源排放应税污染物的

C. 依法设立的城乡污水集中处理、生活垃圾集中处理场所排放相应应税污染物，不超过国家和地方规定的排放标准的

D. 纳税人综合利用的固体废物，符合国家和地方环境保护标准的

3. 下列关于环境保护税税额计算的表述中，正确的有（　　）。（*知识点：税额计算*）

A. 应税大气污染物的应纳税额为污染当量数乘以具体适用税额

B. 应税水污染物的应纳税额为污染当量数乘以具体适用税额

C. 应税固体废物的应纳税额为固体废物排放量乘以具体适用税额

D. 应税噪声的应纳税额为超过国家规定标准的分贝数对应的具体适用税额

4. 下列情形中，计征环境保护税的计税依据应为当期应税污染物的产生量的有（　　）。（*知识点：税额计算*）

A. 未依法安装使用污染物自动监测设备或未将污染物自动监测设备与生态环境主管部门的监控设备联网

B. 损毁或擅自移动、改变污染物自动监测设备

C. 篡改、伪造污染物监测数据

D. 通过暗管、渗井、渗坑、灌注或稀释排放以及不正常运行防治污染设施等方式违法排放应税污染物

◎ 判断题

1. 从两个以上排放口排放应税污染物的，对每一排放口排放的应税污染物可以合并计算征收环境保护税。（*知识点：税额计算*）　　　　　　　　　　　　　　（　　）

2. 发现纳税人进行虚假纳税申报的，一律以应税污染物的产量为计税依据。（*知识点：税额计算*）　　　　　　　　　　　　　　　　　　　　　　　　　　（　　）

选择题

随堂演练

判断题

随堂演练

第五篇
税收征收管理法律制度

第十七章　税收征收管理法律制度

第十七章 税收征收管理法律制度

知识导航

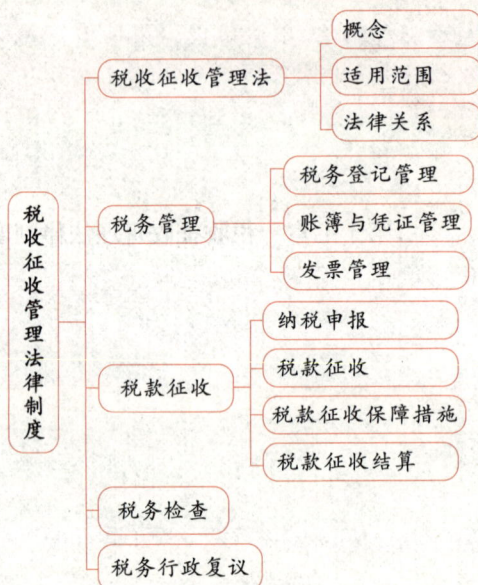

知识目标

1. 了解税收征收管理法的适用范围及基本法律关系的相关规定
2. 知晓设立、变更、注销等税务登记管理的相关规定
3. 知晓账簿设置与发票管理的基本规定
4. 知晓税款征收与缴纳的基本方法
5. 知晓税款征收保障的基本措施
6. 知晓税务检查的基本形式
7. 知晓税务行政复议的适用范围
8. 知晓税务行政复议的申请、受理、审查和决定

技能目标

1. 能根据税收征纳双方的权利与义务关系，正确履行纳税义务，维护自身合法权益
2. 能根据税务登记管理的规定，办理设立、变更、注销以及停复业税务登记事项
3. 能根据发票管理办法规定，正确使用和保管发票
4. 能正确行使税务行政复议权

> ✎ **素养目标**
>
> 1. 从税务管理、税款征收和税务检查出发，引导学生树立法治意识
> 2. 引导学生与时俱进探索学习税收征管最新法规，培养自主学习的能力

☞ 知识点 ☜

第一节	税收征收管理法概述

一、税收征收管理法的概念

税收征收管理法是指调整税收征收与管理过程中所发生的社会关系的法律规范的总称，包括国家权力机关制定的税收征管法律、国家权力机关授权行政机关制定的税收征管行政法规和有关税收征管的规章制度等。税收征收管理法是以规定税收实体法中所确定的权利义务的履行程序为主要内容的法律规范，属税收程序法。

税收征收管理法不仅是纳税人全面履行纳税义务必须遵守的法律准则，也是税务机关履行征税职责的法律依据。我国现行的税收征收管理法律制度的核心是《中华人民共和国税收征收管理法》（以下简称《税收征收管理法》，1992年9月4日，第七届全国人民代表大会常务委员会第二十七次会议通过；1995年2月28日，第八届全国人民代表大会常务委员会第十二次会议第一次修正；2001年4月28日，第九届全国人民代表大会常务委员会第二十一次会议修订；2013年6月29日，第十二届全国人民代表大会常务委员会第三次会议第二次修正；2015年4月24日，第十二届全国人民代表大会常务委员会第十四次会议第三次修正）。它是中华人民共和国成立后的第一部税收程序法，也是我国税收征管的基本法。自2015年5月1日起，国家税务总局在全国范围内试行了《全国税收征管规范（1.0版）》。该法规全面梳理了税收征管的所有具体事项，对每一个业务事项的流程、环节、操作要求作出详细规定，明确税收管理行政行为标准，压缩自由裁量空间，限定税收行政行为的随意性，更好地服务于纳税人。

二、税收征收管理法的适用范围

凡依法由税务机关征收的各种税收的征收管理均适用《税收征收管理法》。 就现行有效税种而言，增值税、消费税、关税、车辆购置税、企业所得税、个人所得税、资源税、房产税、城镇土地使用税、车船税、土地增值税、印花税、城市维护建设税、耕地占用税、契税、烟叶税和环境保护税等税种的征收管理适用《税收征收管理法》。

由海关负责征收的关税以及海关代征的进口环节的增值税、消费税，依法律、行政法规的有关规定执行。

三、税收征收管理法律关系

（一）税收法律关系

税收法律关系是指税法所确认和调整的税收征纳主体之间在税收分配过程中形成的权利和义务关系，由主体、客体和内容三部分构成。

1. **税收法律关系主体，是指在税收法律关系中依法享有权利和承担义务的当事人，** 即

税收法律关系的参与者，分为征税主体和纳税主体。

（1）征税主体，是指在税收法律关系中享有国家税收征管职权和履行国家税收征管职责的国家机关，即税务主管机关，包括各级税务机关、海关等。

（2）纳税主体，是指在税收法律关系中负有纳税义务的当事人，即通常所说的纳税人（包括法人、自然人和其他组织）、扣缴义务人和纳税担保人。

在税收法律关系中，双方当事人虽然是行政管理者和被管理者的关系，但法律地位是平等的。

2.税收法律关系的内容，是指税收法律关系主体所享有的权利和应承担的义务。

3.税收法律关系客体，是指税收法律关系主体双方的权利和义务所共同指向的对象，如所得税征纳关系中的所得。

（二）征纳双方的权利和义务

1.征税主体的权利和义务。

征税主体的权利和义务，即征税机关和税务人员的职权和职责。

（1）征税主体的权利。

❶税收立法权，包括参与起草税收法律法规草案，提出税收政策建议，在职权范围内制定、发布关于税收征管的部门规章等。

❷税务管理权，包括对纳税人进行税务登记管理、账簿和凭证管理、发票管理、纳税申报管理等。

❸税款征收权，包括依法计征权、核定税款权、税收保全和强制执行权、追征税款权等。

❹税务检查权，包括查账权、场地检查权、询问权、责成提供资料权、存款账户核查权等。

❺税务行政处罚权，如依法定标准予以行政制裁的职权，如罚款等。

❻其他职权，如委托代征权。

（2）征税主体的义务。

❶宣传税法，普及纳税知识，无偿为纳税人提供纳税咨询服务。

❷依法为纳税人、扣缴义务人的情况保守秘密，为检举违反税法行为者保密。

❸加强队伍建设，提高税务人员的政治业务素质。

❹秉公执法、忠于职守、清正廉洁，尊重和保护纳税人、扣缴义务人的权利，依法接受监督。

❺税务人员不得索贿受贿、徇私舞弊、玩忽职守、不征或少征应征税款；不得滥用职权多征税款。

❻税务人员在核定应纳税额、调整税收定额、进行税务检查、实施税务行政处罚、办理税务行政复议时，与纳税人、扣缴义务人或其他法定代表人、直接责任人有利害关系的，应当回避。

❼建立、健全内部制约和监督管理制度。

2.纳税主体的权利和义务。

（1）纳税主体的权利。

❶知情权。

❷要求保密权。

❸依法享受税收优惠权。

❹申请退还多缴税款权。

❺申请延期申报权。

❻纳税申报方式选择权。

❼申请延期缴纳税款权。

❽索取有关税收凭证的权利。

❾委托税务代理权。

❿陈述权、申辩权。

⓫对未出示税务检查证和税务检查通知书的拒绝检查权。

⓬依法要求听证的权利。

⓭税收法律救济权。

⓮税收监督权。

（2）纳税主体的义务。

❶按期办理税务登记，并按规定使用税务登记证件的义务。

❷依法设置账簿、保管账簿和有关资料以及依法开具、使用、取得和保管发票的义务。

❸财务会计制度和会计核算软件备案的义务。

❹按照规定安装、使用税控装置的义务。

❺按期、如实办理纳税申报的义务。

❻按期缴纳或解缴税款的义务。

❼接受税务检查的义务。

❽代扣、代收税款的义务。

❾及时提供信息的义务，如纳税人有歇业、经营情况变化、遭受各种灾害等特殊情况的，应及时向征税机关说明等。

❿报告其他涉税信息的义务，如企业合并、分立报告义务等。

⭐ 随堂演练

⓫单选题

1.根据税收征收管理法律制度相关规定，下列各项中，不属于征税主体权利的是（　　　）。（知识点：征纳双方权利义务）

A.税务管理　　　　　　　　　　　　　　B.税务检查

C.税款征收　　　　　　　　　　　　　　D.宣传税收法律、行政法规

2.根据税收征收管理法律制度相关规定，下列各项中，属于纳税主体义务的是（　　　）。（知识点：征纳双方权利义务）

A.申请退还多缴税款　　　　　　　　　　B.宣传税收法律、行政法规

C.按期如实办理纳税申报　　　　　　　　D.税款征收

⓬多选题

1.根据税收征收管理法律制度相关规定，下列各项中，属于税收法律关系主体的有（　　　）。（知识点：税收法律关系主体）

A.征税对象　　　　　　　B.纳税人　　　　　　　C.海关

D.税务机关　　　　　　　E.扣缴义务人

2.下列各项中，属于税务机关权利的有（　　　）。（知识点：征纳双方权利义务）

A.税务管理权　　　　　　B.税款征收权　　　　　　C.税务检查权

D.税收法律、法规和规章的知情权　　　　　　　E.行政处罚权

第二节　　　　　　　税务管理

税务管理是指税收征收管理机关为贯彻执行国家税收法律制度，加强税收工作，协调征税关系而对纳税人和扣缴义务人实施的基础性的管理制度和管理行为。税务管理主要包括税务登记管理、账簿和发票管理。

一、税务登记管理

（一）税务登记的概念

税务登记是指纳税人为履行纳税义务就有关纳税事宜依法向税务机关办理登记的法定程序。税务登记是整个税收管理的起点。税务登记的作用在于掌握纳税人的基本情况和税源分布情况，从税务登记开始，纳税人的身份及征纳双方的法律关系即得以确认。

（二）税务登记种类

税务登记包括设立税务登记，变更税务登记，停业、复业登记，注销税务登记，外出经营报验登记。

1.设立税务登记。

设立税务登记，也叫开业税务登记，是指在我国境内从事生产、经营，并经主管部门批准开业，或依照法律、行政法规负有纳税义务的单位和个人，在从事正式生产、经营之前依法向税务机关办理的登记。企业只有办理了开业税务登记手续，才算真正取得合法的经营资格，也才拥有合法纳税人的权利。

自2015年10月1日起，新设企业、农民专业合作社依照主管部门统一的登记条件、登记程序和登记申请文书材料规范，向登记机关提交申请。主管登记部门统一受理并核发"一照一码"的营业执照，企业领取载有18位"统一社会信用代码"的营业执照后，无须再次进行税务登记，也不再领取税务登记证。企业发生应税行为需办理涉税事项时，可以持"一照"在其住所地任一税务机关办税服务厅办理信息补录、核定税种，划分主管税务机关等报告业务。当企业无应税行为，无须办理涉税事项时，可暂不办理税务报到事宜。

除企业、农民专业合作社外，其他税务登记按照原有法律制度执行，即个体工商户、其他机关（编办、民政、司法等）批准设立的主体，仍按照现行有关规定执行。

2.变更税务登记。

变更税务登记是纳税人在办理税务登记后因登记内容发生变化需要对原登记内容进行变更而向税务机关申报办理的税务登记。

涉及工商登记事项的，先办理变更登记，后办理税务变更登记。不涉及工商登记事项的，直接向税务机关申请变更。

领取"一照一码"营业执照企业变更登记流程：生产经营地、财务负责人、核算方式由企业登记机关在新设时采集，在企业经营过程中，上述信息发生变化的，企业应向主管税务机关申请变更，不向登记部门申请变更。除前述三项信息外，企业在登记机关新设时采集的信息发生变更，均由企业向登记部门申请变更。对于税务机关在后续管理中采集的其他必要涉税基础信息发生变更的，直接向税务机关申请变更即可。

3.停业、复业登记。

实行定期定额征收方式的个体工商户需要停业的，应当在停业前向税务机关申报办理停业登记。纳税人的停业期限不得超过1年。纳税人在停业期间发生纳税义务的，应当按照税收法律、行政法规的规定申报缴纳税款。纳税人应当于恢复生产经营之前，向税务机关申报办理复业登记，如实填写"停业、复业报告书"，领回并启用税务登记证件、发票领购簿及其停业前领购的发票。纳税人停业期满不能及时恢复生产经营的，应当在停业期满前向税务机关提出延长停业登记申请，并如实填写"停业、复业报告书"。

4.注销税务登记。

注销税务登记是纳税人发生纳税义务终止或作为纳税主体资格消亡，或因住所、经营地点变动而涉及改变税务机关情形时，向原税务机关办理的注销登记。

应当办理注销登记的情形包括：（1）纳税人发生解散、破产、撤销以及其他情形，依法终止纳税义务的；（2）按规定不需要办理注销登记的，但经有关机关批准或宣告终止的；（3）纳税人被吊销营业执照或被予以撤销登记的；（4）纳税人因住所、经营地点变动，涉及改变税务登记机关的；（5）境外企业在中国境内承包建筑、安装、勘探工程和提供劳务，项目完工、离开中国的。

纳税人办理注销税务登记前，应当向税务机关提交相关证明文件和资料，结清应纳税款、多退（免）税款、滞纳金和罚款，缴销发票和其他税务证件，经税务机关核准后，办理注销税务登记手续。

领取"一照一码"营业执照的企业办理注销：已实行"一照一码"登记模式的企业办理注销登记，应向主管税务机关申报清税，填写"清税申报表"。待清税完毕后，受理税务机关根据清税结果向纳税人出具统一的"清税申报表"，纳税人持"清税申报表"办理后续注销事宜。

5.外出经营报验登记。

纳税人到外县（市）临时从事生产经营活动的，应当在外出生产经营以前，向主管税务机关申请开具"外出经营活动税收管理证明"（以下简称"外管证"）。税务机关按照"一地一证"的原则核发外管证。外管证的有效期限一般为30日，最长不得超过180天。

纳税人应当在外管证注明地进行生产经营前向当地税务机关报验登记。纳税人外出经营活动结束，应当向经营地税务机关填报"外出经营活动情况申报表"，并结清税款、缴销发票。纳税人应当在外管证有效期届满后10日内，持外管证回原税务登记地税务机关办理外管证缴销手续。

二、账簿和凭证管理

账簿和凭证是纳税人进行生产经营活动和核算财务收支的重要资料，也是税务机关对纳税人进行征税、管理、核查的重要依据。账簿和凭证管理是税收管理的基础性工作。加强纳税账簿和凭证管理，目的在于促使纳税人如实反映生产、经营情况，保证国家税收的正确计征，预防和打击偷税等违法行为。

（一）账簿的设置管理

纳税人、扣缴义务人应按照有关法律、行政法规和国务院财政、税务主管部门的规定设置账簿，根据合法、有效凭证记账。

1.从事生产、经营的纳税人应当自领取营业执照或发生纳税义务之日起15日内，按照国家有关规定设置账簿。

2.生产、经营规模小又确无建账能力的纳税人，可以聘请经批准从事会计代理记账业务的专业机构或经税务机关认可的财会人员代为建账和处理账务。聘请上述机构或人员有实际困难的，经县以上税务机关批准，可以按照税务机关的规定，建立收支凭证粘贴簿、进货销货登记簿或使用税控装置。

3.扣缴义务人应当自税收法律、行政法规规定的扣缴义务发生之日起10日内，按照所代扣代收的税种，分别设置代扣代缴、代收代缴税款账簿。

纳税人、扣缴义务人会计制度健全，能够通过计算机正确、完整计算其收入和所得或代扣代缴、代收代缴税款情况的，其计算机输出的完整的书面会计记录，可视同会计账簿。

纳税人、扣缴义务人会计制度不健全，不能通过计算机正确、完整计算其收入和所得或代扣代缴、代收代缴税款情况的，应当建立总账及与纳税或代扣代缴、代收代缴税款有关的其他账簿。

（二）对纳税人财务会计制度及其处理办法的管理

1.纳税人使用计算机记账的，应当在使用前将会计电算化系统的会计核算软件、使用说明书及有关资料报送主管税务机关备案。

2.纳税人、扣缴义务人的财务、会计制度或财务、会计处理办法与国务院或国务院财政、税务主管部门有关税收的规定抵触的，依照国务院或国务院财政、税务主管部门有关税收的规定计算应纳税款、代扣代缴和代收代缴税款。

（三）账簿、凭证等涉税资料的保存和管理

账簿、记账凭证、报表、完税凭证、发票、出口凭证以及其他有关涉税资料应当保存10年，法律、行政法规另有规定的除外。

三、发票管理

发票是指在购销商品、提供或接受服务以及从事其他经营活动中开具、收取的收付款凭证，是进行会计核算和实施税源监控的基础资料。建立发票管理制度，对于加强税源监控、防止税收流失，具有重要的意义。

我国现行的发票管理制度主要有《中华人民共和国发票管理办法》（以下简称《发票管理办法》）和《中华人民共和国发票管理办法实施细则》（以下简称《发票管理办法实施细则》）。

（一）发票的联次及基本内容

发票的基本联次包括存根联、发票联、记账联。存根联由收款方或开票方留存备查；发票联由付款方或受票方作为付款原始凭证；记账联由收款方或开票方作为记账原始凭证。省以上税务机关可根据发票管理情况以及纳税人经营业务需要，增减除发票联以外的其他联次，并确定其用途。

发票的基本内容包括发票的名称、发票代码和号码、联次及用途、客户名称、开户银行及账号、商品名称或经营项目、计量单位、数量、单价、大小写金额、开票人、开票日期、开票单位（个人）名称（章）等。省以上税务机关可根据经济活动以及发票管理需要，确定发票的具体内容。

用票单位可以向税务机关要求使用印有本单位名称的发票。税务机关根据相关规定，确认印有该单位名称发票的种类和数量。

（二）发票的印制

增值税专用发票由国务院税务主管部门确定的企业印制；其他发票，按照国务院税务主管部门的规定，由省、自治区、直辖市税务机关确定的企业印制。禁止私自印制、伪造、变造发票。

印制发票应当使用国务院税务主管部门确定的全国统一的发票防伪专用品。禁止非法制造发票防伪专用品。

发票应当套印全国统一发票监制章。全国统一发票监制章的式样和发票版面印刷的要求，由国务院税务主管部门规定。发票监制章由省、自治区、直辖市税务机关制作。禁止伪造发票监制章。发票实行不定期换版制度。

发票应当使用中文印制。民族自治地方的发票，可以加印当地一种通用的民族文字。有实际需要的，也可以同时使用中外两种文字印制。

各省、自治区、直辖市内的单位和个人使用的发票，除增值税专用发票外，应当在本省、自治区、直辖市范围内印制；确有必要到外省、自治区、直辖市印制的，应当由省、自治区、直辖市税务机关商印制地省、自治区、直辖市税务机关同意，由印制地省、自治区、直辖市税务机关指定的印制发票的企业印制。禁止在境外印制发票。

（三）发票的领购

需要领购发票的单位和个人，应当持"统一社会信用代码"营业执照、经办人身份证明、按照国务院税务主管部门规定式样制作的发票专用章的印模，向主管税务机关办理发票领购手续。主管税务机关根据领购单位和个人的经营范围和规模，确认领购发票的种类、数量以及领购方式，在5个工作日内发给发票领购簿。单位和个人领购发票时，应当按照税务机关的规定报告发票使用情况，税务机关应当按照规定进行查验。

需要临时使用发票的单位和个人，可以凭购销商品、提供或接受服务以及从事其他经营活动的书面证明、经办人身份证明，直接向经营地税务机关申请代开发票。依照税收法律、行政法规规定应当缴纳税款的，税务机关应当先征收税款，再开具发票。税务机关根据发票管理的需要，可以按照国务院税务主管部门的规定委托其他单位代开发票。禁止非法代开发票。

临时到本省、自治区、直辖市以外从事经营活动的单位或个人，应当凭所在地税务机关的证明，向经营地税务机关领购经营地的发票。临时在本省、自治区、直辖市以内跨市、县从事经营活动领购发票的办法，由省、自治区、直辖市税务机关规定。

税务机关对外省、自治区、直辖市来本辖区从事临时经营活动的单位和个人领购发票的，可以要求其提供保证人或根据所领购发票的票面限额以及数量交纳不超过1万元的保证金，并限期缴销发票。按期缴销发票的，解除保证人的担保义务或退还保证金；未按期缴销发票的，由保证人或以保证金承担法律责任。

（四）发票的开具

销售商品、提供服务以及从事其他经营活动的单位和个人，对外发生经营业务收取款项，收款方应当向付款方开具发票；特殊情况下，由付款方向收款方开具发票。

所有单位和从事生产、经营活动的个人在购买商品、接受服务以及从事其他经营活动支付款项的，应当向收款方取得发票。取得发票时，不得要求变更品名和金额。

不符合规定的发票，不得作为财务报销凭证，任何单位和个人有权拒收。

开具发票应当按照规定的时限、顺序、栏目，全部联次一次性如实开具，并加盖发票专用章。

任何单位和个人不得有下列虚开发票行为：为他人、为自己开具与实际经营业务情况不符的发票；让他人为自己开具与实际经营业务情况不符的发票；介绍他人开具与实际经营业务情况不符的发票。

安装税控装置的单位和个人，应当按照规定使用税控装置开具发票，并按期向主管税务机关报送开具发票的数据。使用非税控电子器具开具发票的，应当将非税控电子器具使用的软件程序说明资料报主管税务机关备案，并按照规定保存、报送开具发票的数据。

任何单位和个人应当按照发票管理规定使用发票，不得有下列行为：转借、转让、介绍他人转让发票、发票监制章和发票防伪专用品；知道或应当知道是私自印制、伪造、变造、非法取得或废止的发票而受让、开具、存放、携带、邮寄、运输；拆本使用发票；扩大发票使用范围；以其他凭证代替发票使用。

除国务院税务主管部门规定的特殊情形外，发票限于领购单位和个人在本省、自治区、直辖市内开具。省、自治区、直辖市税务机关可以规定跨市、县开具发票的办法。

除国务院税务主管部门规定的特殊情形外，任何单位和个人不得跨规定的使用区域携带、邮寄、运输空白发票。禁止携带、邮寄或运输空白发票出入境。

（五）发票的保管

开具发票的单位和个人应当建立发票使用登记制度，设置发票登记簿，并定期向主管税务机关报告发票使用情况。

开具发票的单位和个人应当在办理变更或注销税务登记的同时，办理发票和发票领购簿的变更、缴销手续。

开具发票的单位和个人应当按照税务机关的规定存放和保管发票，不得擅自损毁。已经开具的发票存根联和发票登记簿，应当保存5年，保存期满，报经税务机关查验后销毁。

◆随堂演练

⑪单选题

1.停业、复业登记是针对（　　）征收方式下的纳税人进行的。（知识点：税务登记）

A.查账征收　　　　　B.查定征收　　　　　C.查验征收　　　　　D.定期定额

2.根据税收征收管理法律制度相关规定，会计账簿、会计报表、记账凭证、完税凭证及其他涉税资料应当保存（　　）。（知识点：账簿与凭证管理）

A.3年　　　　　　　B.5年　　　　　　　C.10年　　　　　　　D.20年

3.根据税收征收管理法律制度相关规定，已开具的发票存根联和发票登记簿，应当保存（　　）。（知识点：发票管理）

A.3年　　　　　　　B.5年　　　　　　　C.10年　　　　　　　D.20年

4.根据税收征收管理法律制度相关规定，从事生产、经营的纳税人应当自领取营业执照或发生纳税义务之日起一定期限内，按照国家有关规定设置账簿，该期限是（　　）。（知识点：账簿与凭证管理）

A.10日　　　　　　　B.15日　　　　　　　C.7日　　　　　　　D.30日

5.扣缴义务人应当在法定扣缴义务发生之日起（　　）内，按所代扣、代收的税种，分

别设置代扣代缴税款账簿。（知识点：账簿与凭证管理）

　　A.15 日　　　　　　B.10 日　　　　　　C.30 日　　　　　　D.60 日

⑪多选题

1.任何单位和个人不得（　　）。（知识点：发票管理）

A.为他人开具与实际经营业务情况不符的发票

B.为自己开具与实际经营业务情况不符的发票

C.让他人为自己开具与实际经营业务情况不符的发票

D.介绍他人开具与实际经营业务情况不符的发票

E.为他人、为自己开具与实际经营业务情况相符的发票

2.下列有关发票管理的说法中，正确的有（　　）。（知识点：发票管理）

A.不得转借、转让发票、发票监制章和发票防伪专用品

B.不得拆本使用发票

C.不得扩大发票使用范围

D.通常发票限于领购单位和个人在本省、自治区、直辖市内开具

E.禁止携带、邮寄或运输空白发票出入境

多选题

随堂演练

第三节　　税款征收

　　税款征收是税务机关依照税收法律、法规的规定，将纳税人依法应当缴纳的税款组织入库的一系列活动的总称。它是税收征收管理工作的中心环节，是全部税收征管工作的目的和归宿。

一、纳税申报

　　纳税申报是纳税人按照税法规定，就定期计算缴纳税款的有关事项向税务机关提交书面报告的法定手续。实行申报纳税制度有利于明确征纳双方的法律责任，强化纳税人的纳税意识，促使纳税人依法纳税。

（一）纳税申报的对象

　　一切负有纳税义务以及扣缴义务的单位和个人，都是办理纳税申报的对象。

　　依法负有纳税义务的单位和个人，包括从事生产经营活动负有纳税义务的企业、事业单位、其他组织和个人，临时取得应税收入或发生应税行为，以及其他不从事生产经营活动但依照税法规定负有纳税义务的单位和个人。

　　纳税人在纳税期内没有应纳税款的，也应按照规定办理纳税申报。

　　纳税人享有减免税待遇的，在减免税期间应按照规定办理纳税申报。

（二）纳税申报的内容

　　为了全面反映纳税人一定时期内生产经营活动，纳税人在进行纳税申报时，要报送以下资料：纳税申报表、代扣代缴或代收代缴税款报告表、财务会计报表以及税务机关根据实际需要要求纳税人或扣缴义务人报送的其他资料。

　　我国各税种都有相应的纳税申报表，实行税源控制的税种还有由扣缴义务人填报的代扣代缴或代收代缴税款报告表。不同税种的纳税申报表格式各不相同，但申报的主要内容基本相同，一般包括：纳税人名称、税款所属期限、税种、税目、应纳税项目、适用税率或单位税额、计税依据、应纳税额等。代扣代缴或代收代缴税款报告表内容一般包括纳税

人名称、代扣代收税款所属期限、应代扣代收税款项目、适用税率、计税依据、应代扣代收税款以及税务机关规定的其他应申报的项目。

（三）纳税申报的方式

1.直接申报，即上门申报，是指纳税人、扣缴义务人在规定的申报期内，直接到税务机关办理纳税申报或税款扣缴申报。该方式是我国目前最主要的纳税申报方式。

2.电子申报，即数据电文申报，是指纳税人、扣缴义务人通过税务机关确定的电话语音、电子数据交换和网络传输等电子方式向主管税务机关办理纳税申报或税款扣缴申报。电子申报的日期以税务机关计算机网络系统收到该数据电文的时间为准。该方式是我国当前重点推广的纳税申报方式。

采用电子申报方式，必须有相对固定的计算机操作人员，并且在进行网上申报前，应向主管税务机关受理部门提出申请，附送网上申报操作人员的身份证复印件一份，办理电子签名、电子印章以及用户注册。纳税人采用电子申报的，还必须将与电子申报数据相同的纳税申报资料定期书面报送主管税务机关，或按税务机关的要求保存。

3.邮寄申报。邮寄申报是指纳税人、扣缴义务人经税务机关批准，在规定的申报期限内，通过邮寄的方式向主管税务机关办理纳税申报或税款扣缴申报。邮寄申报应使用统一的纳税申报专用信封，以邮政部门的收据作为申报凭据，以寄出的邮戳日期为实际申报日期。该申报方式主要适用于到税务机关上门申报有困难、电子申报不具备条件的纳税人或扣缴义务人。

4.简易申报、简并征期。实行定期定额缴纳税款的纳税人，经税务机关批准，可以实行简易申报或简并征期等方式申报纳税。

简易申报是指纳税人按照税务机关核定的税额按期缴纳税款，以税务机关开具的完税凭证代替纳税申报。简并征期是指纳税人按照税务机关核定的税额，采取将纳税期合并为按季、半年或年的方式缴纳税款的纳税申报方式。

二、税款征收与缴纳方式

（一）税款征收方式

税款征收方式是指税务机关根据各税种的不同特点和纳税人的具体情况而确定的计算、征收税款的形式和方法。

1.查账征收，是指税务机关根据纳税人的会计账册资料计算税额的一种方式。该方式适用于经营规模较大、财务会计制度健全、能够如实核算和提供生产经营情况、正确计算应纳税款的纳税人。

2.查定征收，是指税务机关根据纳税人的从业人员、生产设备、耗用的原材料等因素，查实核定其在正常生产经营条件下应税产品的产量、销售额，并据以确定税额的一种方式。该方式适用于生产规模小，账册不健全，但能够控制原材料或进销货的纳税人。

3.查验征收，是指税务机关对纳税人的应税商品，通过查验数量，按市场一般销售单价计算其销售收入并据以确定税额的一种方式。该方式适用于经营品种比较单一，经营地点、时间和商品来源不固定的纳税单位。

4.定期定额征收，是指对一些营业额、所得额不能准确计算的小型工商户，税务机关通过典型调查，核定一定时期的营业额和所得额，实行多税种合并征税的一种方式。该方式适用于无完整考核依据的小型纳税单位。

（二）应纳税额的核定与调整

1.核定应纳税额的情形。

纳税人有下列情形之一的，税务机关有权核定其应纳税额：

（1）依照法律、行政法规的规定可以不设置账簿的。

（2）依照法律、行政法规的规定应当设置账簿但未设置的。

（3）擅自销毁账簿或拒不提供纳税资料的。

（4）虽设置账簿，但账目混乱或成本资料、收入凭证、费用凭证残缺不全，难以查账的纳税人。

（5）发生纳税义务，未按照规定的期限办理纳税申报，经税务机关责令限期申报，逾期仍不申报的。

（6）申报的计税依据明显偏低，又无正当理由的。

2.核定应纳税额的方法。

税务机关有权采用下列任何一种方法核定应纳税额，当其中一种方法不足以正确核定应纳税额时，可以同时采用两种以上的方法核定：

（1）参照当地同类行业或类似行业中经营规模和收入水平相近的纳税人的税负水平核定。

（2）按照营业收入或成本加合理费用和利润的方法核定。

（3）按照耗用的原材料、燃料、动力等推算或测算核定。

（4）按照其他合理的方法核定。

（三）税款缴纳方式

1.纳税人直接向国库经收处缴纳。纳税人先向税务机关领取税票，自行填写，然后到国库经收处缴纳税款。该方式适用于在设有国库经收处的银行和其他金融机构开设账户的纳税人。

2.税务机关自收税款，即由税务机关直接收取税款并办理入库手续。该方式适用于由税务机关代开发票的纳税人缴纳税款；临时发生纳税义务需向税务机关直接缴纳的税款；税务机关采取强制措施，以拍卖所得或变卖所得缴纳的税款。

3.代收代缴。代收代缴是指负有代收代缴税款义务的单位和个人，在向纳税人收取款项的同时，依法收取纳税人应缴纳的税款并按照规定的期限申报解缴的一种方式。该方式一般适用于税收网络覆盖不到或很难控制的领域。

4.代扣代缴。代扣代缴是指负有代扣代缴税款义务的单位和个人，在向纳税人支付款项时，依法从支付款额中扣收纳税人应缴纳的税款，并按照规定的期限申报解缴的一种方式。其目的是对零星分期、不易控制的税源实行源泉控制。

5.委托代征。委托代征是指税务机关委托有关单位和个人，以税务机关的名义向纳税人依法征收税款的一种方式。该方式适用于零星分散和异地缴纳的税款。

三、税款征收保障措施

（一）责令缴纳

所有的纳税人都应按照税法的规定如期缴纳税款。纳税人有特殊困难，不能按期缴纳税款的，经省、自治区、直辖市税务局批准，可以延期缴纳税款，但最长不得超过3

个月。上述所述的特殊困难主要指两种情况：一是因不可抗力，导致纳税人发生较大损失，正常生产经营受到较大影响的；二是当期货币资金在扣除应付职工工资、社会保险费后，不足以缴纳税款的。纳税人在申请延期缴纳税款时，必须以书面形式提出申请，税务机关应在收到申请延期缴纳税款报告之日起20日内作出批复，批准延期内免予加收滞纳金。

从事生产经营的纳税人、扣缴义务人未按照规定的期限缴纳税款的，纳税担保人未按照规定的期限缴纳所担保的税款的，由税务机关发出限期缴纳税款通知书，责令其限期缴纳。责令限期缴纳的最长期限不得超过15日。

纳税人未按规定期限缴纳税款的，扣缴义务人未按规定期限解缴税款的，税务机关除责令限期缴纳外，从滞纳税款之日起，按日加收滞纳税款0.5‰的滞纳金。滞纳金必须是在税务机关发出催缴税款通知书，责令限期缴纳税款，纳税人未能按期缴纳税款的情况下才能加收。加收滞纳金的起止日期为法律、行政法规规定的税款缴纳期限届满次日起至纳税人、扣缴义务人实际缴纳税款或解缴税款之日止。纳税人拒绝缴纳滞纳金的，可以按不履行纳税义务实行强制措施。

（二）责令提供纳税担保

纳税担保是指经税务机关同意或确认，纳税人或其他自然人、法人、经济组织以保证、抵押、质押的方式，为纳税人应当缴纳的税款及滞纳金提供担保的行为。

1.适用纳税担保的情形。

（1）税务机关有根据认为从事生产经营的纳税人有逃避纳税义务行为，在规定的纳税期之前经责令其限期缴纳应纳税款，在限期内发现纳税人有明显的转移、隐匿其应纳税的商品、货物，以及其他财产或应纳税收入的迹象，责成纳税人提供纳税担保的。

（2）欠缴税款、滞纳金的纳税人或其他法定代表人需要出境的。

（3）纳税人同税务机关在纳税上发生争议而未缴清税款，需要申请行政复议的。

（4）税收法律、行政法规规定可以提供纳税担保的其他情形。

2.纳税担保的范围。

纳税担保的范围包括税款、滞纳金和实现税款、滞纳金的费用。费用包括抵押、质押登记费用，质押保管费用，以及保管、拍卖、变卖担保财产等相关费用支出。

（三）采取税收保全措施

1.适用税收保全措施的情形及措施。

税务机关有根据认为从事生产经营的纳税人有逃避纳税义务行为的，可以在规定的纳税期限之前，责令限期缴纳税款。在限期内发现纳税人有明显的转移、隐匿其应纳税商品、货物以及其他财产或应纳税收入迹象的，税务机关应责令其提供纳税担保。如果纳税人不能提供纳税担保，经县以上税务局（分局）局长批准，税务机关可以采取下列税收保全措施：

（1）书面通知纳税人开户银行或其他金融机构冻结纳税人的金额相当于应纳税款的存款。

（2）扣押、查封纳税人价值相当于应纳税款的商品、货物或其他财产。其他财产包括纳税人的房地产、现金、有价证券等不动产和动产。个人及其所扶养家属维持生活必需的住房和用品，不在税收保全措施的范围之内。

🔻 注意

个人及其所扶养家属维持生活必需的住房和用品，不在税收保全的范围之内，但不包括机动车辆、金银首饰、古玩字画、豪华住宅或一处以外的住房、单位价值在5 000元以上的其他生活用品。

2.税收保全措施的终止。

纳税人在税务机关采取税收保全措施后，按照税务机关规定的期限缴纳税款的，税务机关自收到税款或银行转回的完税凭证之日起1日内解除税收保全。

纳税人在限期期满仍未缴纳税款的，经县以上税务局（分局）局长批准，税务机关可以采取强制执行措施：书面通知纳税人开户银行或其他金融机构，从其冻结的存款中扣缴税款，或依法拍卖或变卖所扣押、查封的商品、货物或其他财产，以拍卖或变卖所得抵缴税款。

3.税收保全措施的法律责任。

采取税收保全措施的权力，不得由法定的税务机关以外的单位和个人行使。采取税收保全措施不当，或纳税人在限期内已缴纳税款，税务机关未立即解除税收保全措施，使纳税人的合法利益遭受损失的，税务机关应当承担赔偿责任。

（四）采取税收强制执行措施

1.税收强制执行措施的实施。

从事生产经营的纳税人、扣缴义务人未按规定的期限缴纳税款或解缴税款，纳税担保人未按规定的期限缴纳所担保的税款，由税务机关责令限期缴纳，逾期仍未缴纳的，经县以上税务局（分局）局长批准，税务机关可以采取下列强制执行措施：

（1）书面通知其开户银行或其他金融机构从其存款中扣缴税款。

（2）扣押、查封、依法拍卖或变卖其价值相当于应纳税款的商品、货物或其他财产，以拍卖或变卖所得抵缴税款。

税务机关将拍卖或变卖所得抵缴税款、滞纳金、罚款以及扣押、查封、保管、拍卖、变卖等费用后，剩余部分应在3日内退还被执行人。

2.税收强制执行措施的法律责任。

采取税收强制执行措施的权力，不得由法定的税务机关以外的单位和个人行使。税务机关滥用职权违法采取强制执行措施，或采取强制执行措施不当，致使纳税人、扣缴义务人或纳税担保人的合法权益遭受直接损失的，税务机关依法承担赔偿责任。

四、税款征收的结算

（一）欠税清缴

税务机关可以实行的欠税清缴措施主要有：

1.行使税收优先权。除法律另有规定外，税务机关征收税款，税收优先于无担保债权。纳税人欠缴的税款发生在纳税人以其财产设定抵押、质押或纳税人的财产被留置之前的，税收应当优先于抵押权、质权和留置权执行。

纳税人欠缴税款，同时又被行政机关决定处以罚款、没收违法所得的，税收优先于罚款、没收违法所得。

2.行使代位权与撤销权。为防止欠税的纳税人借债权债务关系逃避纳税，我国《税收征收管理法》引入了代位权与撤销权的概念。欠缴税款的纳税人因怠于行使其到期债权，或放弃到期债权，或无偿转让财产，或以明显不合理的低价转让财产而受让人知道该情形，对国家税收造成损害的，税务机关可依照《中华人民共和国民法典》的规定行使代位权、撤销权。税务机关行使代位权、撤销权的，不免除欠缴税款纳税人尚未履行的纳税义务和应承担的法律责任。

3.欠税公告与报告。县以上（含县）税务机关应当按期在办税场所或广播、电视、报纸、期刊、网络等新闻媒体上公告纳税人的欠缴税款情况，以督促纳税人自觉缴纳欠缴税款，保证国家税款的及时足额入库。

欠缴税款数额较大（5万元以上）的纳税人在处分其不动产或大额资产之前，应当向税务机关报告。

纳税人有合并、分立情形的，应当向税务机关报告，并依法缴清税款。纳税人合并时未缴清税款的，应当由合并后的纳税人继续履行未履行的纳税义务；纳税人分立时未缴清税款的，分立后的纳税人对未履行的纳税义务应当承担连带责任。

纳税人有解散、撤销、破产情形的，在清算前应当向其主管税务机关报告；未结清税款的，由其主管税务机关参加清算。

4.离境清税。欠缴税款的纳税人或其法定代表人需要出境的，应当在出境前向税务机关结清应纳税款、滞纳金或提供担保。未结清税款、滞纳金，又不提供担保的，税务机关可以通知出境管理机关阻止其出境。

（二）税款的补缴与追征

因税务机关责任，致使纳税人、扣缴义务人未缴或少缴税款的，税务机关在3年内可要求纳税人、扣缴义务人补缴税款，但不得加收滞纳金。

因纳税人、扣缴义务人计算等失误，未缴或少缴税款的，税务机关在3年内可以追征税款、滞纳金；纳税人或扣缴义务人因计算失误，未缴或少缴、未扣或少收税款，累计数额在10万元以上的，追征期可以延长到5年。

对偷税、抗税、骗税的，税务机关追征其未缴或少缴的税款、滞纳金或所骗取的税款，不受前款规定期限的限制。

（三）税款的退还

纳税人超过应纳税额缴纳的税款，税务机关发现后应当立即退还；纳税人自结算缴纳税款之日起3年内发现的，可以向税务机关要求退还多缴的税款，并加算银行同期存款利息，税务机关及时查实后应当立即退还；涉及从国库中退库的，依有关国库管理的规定退还。

税务机关发现纳税人多缴税款的，应当自发现之日起10日内办理退还手续；纳税人发现多缴税款，要求退还的，税务机关应自接到纳税人退还申请之日起30日内查实并办理退还手续。

随堂演练
①单选题

1.根据税收征收管理法律制度相关规定，下列关于纳税申报方式的表述中，不正确的是（　　）。（知识点：纳税申报）

A.邮寄申报以税务机关收到的日期为实际申报日期

B.数据电文方式的申报日期以税务机关计算机网络系统收到数据电文的时间为准

C.实行定期定额缴纳税款的纳税人，可以实行简易申报、简并征期等方式申报纳税

D.自行申报是指纳税人、扣缴义务人按照规定的期限自行直接到主管税务机关办理纳税申报手续

2.甲公司为大型国有企业，财务会计制度健全，能够如实核算和提供生产经营情况，并能正确计算应纳税款和如实履行纳税义务，其适用的税款征收方式是（　　）。（知识点：税款征收方式）

A.定期定额征收　　B.查账征收　　　　C.查定征收　　　　D.查验征收

3.根据税收征收管理法律制度相关规定，对欠缴税款、滞纳金的纳税人或其他法定代表人需要出境

的，税务机关可以采取的措施是（　　）。(知识点：税款征收保障措施)

A.书面通知开户银行从其存款中扣缴税款　　　B.责令提供纳税担保

C.核定、调整应纳税额　　　　　　　　　　D.依法拍卖其价值相当于应纳税款的商品

4.根据税收征收管理法律制度相关规定，下列个人财产中，不适用税收保全措施的是（　　）。(知识点：税款征收保障措施)

A.机动车辆　　　　　B.金银首饰　　　　　C.古玩字画　　　　　D.维持生活必需的住房

5.下列各项中，属于税收保全措施的是（　　）。(知识点：税款征收保障措施)

A.暂扣纳税人税务登记证件

B.书面通知纳税人开户银行从其存款中扣缴税款

C.拍卖纳税人价值相当于应纳税款的货物，以拍卖所得抵缴税款

D.查封纳税人价值相当于应纳税款的货物

⑪多选题

1.下列关于纳税申报的表述中，正确的有（　　）。(知识点：纳税申报)

A.纳税人享受减税、免税待遇的，在减税、免税期间可以不办理纳税申报

B.纳税人享受减税、免税待遇的，在减税、免税期间应按规定办理纳税申报

C.一切负有纳税义务以及扣缴义务的单位和个人，都是办理纳税申报的对象

D.纳税人在纳税期内没有应纳税款的，不需要办理纳税申报

E.纳税人在纳税期内没有应纳税款的，也应当按照规定办理纳税申报

2.根据税收征收管理法律制度相关规定，纳税人存在下列情形中的（　　），税务机关有权核定其应纳税额。(知识点：税款征收)

A.依照法律、行政法规的规定可以不设置账簿的

B.依照法律、行政法规的规定应当设置账簿但未设置的

C.擅自销毁账簿或拒不提供纳税资料的

D.虽设置账簿，但账目混乱或成本资料、收入凭证、费用凭证残缺不全，难以查账的

E.申报的计税依据明显偏低，又无正当理由的

3.根据税收征收管理法律制度相关规定，下列各项中，属于纳税担保范围的有（　　）。(知识点：税款征收保障措施)

A.应纳税额　　　　　　B.实现税款的费用　　　　　　C.税款滞纳金

D.实现税款滞纳金的费用　　　E.以上均不是

4.根据税收征收管理法律制度相关规定，下列各项中，属于税收保全措施的有（　　）。(知识点：税款征收保障措施)

A.书面通知纳税人开户银行从其存款中直接扣缴税款

B.依法拍卖纳税人的价值相当于应纳税款的商品、货物或其他财产

C.书面通知纳税人开户银行冻结纳税人的金额相当于应纳税款的存款

D.书面通知纳税人开户银行冻结纳税人的银行存款

E.扣押、查封纳税人的价值相当于应纳税款的商品、货物或其他财产

第四节　　税务检查

一、税务检查的概念

　　广义的税务检查是指税务机关依法对纳税人、扣缴义务人履行纳税义务、扣缴义务情况所进行的监督、审查和处理的总称。狭义的税务检查是税务机关下设的享有稽查权的专

业机构，依照税收法律、行政法规的规定，按照一定的程序和标准，对有税收违法嫌疑的税收管理相对人履行税收义务情况进行检查、处理的税收执法活动。税收实践中的税务检查主要是指狭义的税务检查，也叫税务稽查。

二、税务检查的形式

根据税务检查对象的来源和税务检查的目的不同，税务检查的形式有以下几种：

（一）日常检查

日常检查是指税务稽查机构对通过计算机或人工筛选出来的稽查对象进行的常规性稽查。日常检查通常是对迟申报、零申报、负申报和税负变化异常的纳税人进行的综合性检查。它是税务稽查机构的一项日常工作。

（二）专项检查

专项检查是指税务机关对根据特定目的选取的稽查对象进行的专门稽查，如增值税专用发票专项检查、企业所得税专项检查等。专项检查有较强的目的性、针对性和时间性。其检查对象是根据特定目的选取的，通常是上级或本级税务机关为查实和解决某些行业、某些税种或某些事项存有的问题而安排的。专项检查可以解决某一特定领域存在的普遍性问题，促进税收征管。

（三）专案检查

专案检查是指税务机关对举报、转办、交办等案件进行的专门检查。专案检查具有较强的针对性。其检查对象主要来源于公民举报、其他部门转办、上级交办、国际税收情报交换，或在日常检查、专项检查中发现的重大涉税案件。专案检查可以有效查处举报、转办、交办、情报交换中所列举的税收违法行为。

三、税务检查中的权责划分

（一）税务机关的检查权限

1.检查纳税人的账簿、记账凭证、报表和有关资料，检查扣缴义务人代扣代缴、代收代缴税款账簿、记账凭证和有关资料。

2.到纳税人的生产经营场所和货物存放地检查纳税人应纳税的商品、货物或其他财产，检查扣缴义务人与代扣代缴、代收代缴税款有关的经营情况。

3.责成纳税人、扣缴义务人提供与纳税或代扣代缴、代收代缴税款有关的文件、证明材料和有关资料。

4.询问纳税人、扣缴义务人与纳税或代扣代缴、代收代缴税款有关的问题和情况。

5.到车站、码头、机场、邮政企业及其分支机构检查纳税人托运、邮寄应纳税商品、货物或其他财产的有关单据、凭证和有关资料。

6.经县以上税务局（分局）局长批准，凭全国统一格式的检查存款账户许可证明，查询从事生产、经营的纳税人、扣缴义务人在银行或其他金融机构的存款账户。税务机关在调查税收违法案件时，经设区的市、自治州以上税务局（分局）局长批准，可以查询案件涉嫌人员的储蓄存款。税务机关查询所获得的资料，不得用于税收以外的用途。

7.税务机关对从事生产经营的纳税人以前纳税期的纳税情况依法进行税务检查时，发现纳税人有逃避纳税义务行为，并有明显的转移、隐匿其应纳税的商品、货物以及其他财产或应纳税的收入的迹象的，可以按照本法规定的批准权限采取税收保全措施或强制执行措施。

8.税务机关依法进行税务检查时，有权向有关单位和个人调查纳税人、扣缴义务人和其他当事人与纳税或代扣代缴、代收代缴税款有关的情况，有关单位和个人有义务向税务机关如实提供有关资料及证明材料。税务机关调查税务违法案件时，对与案件有关的情况和资料，可以记录、录音、录像、照相和复制。

（二）纳税人、扣缴义务人的权责

纳税人、扣缴义务人必须接受税务机关依法进行的税务检查，如实反映情况，提供有关资料，不得拒绝、隐瞒。

随堂演练

⑩单选题

根据税收征收管理法律制度相关规定，税务机关在进行税务检查时，不可以采取的行为是（　　　）。
（知识点：税务检查）

A.检查纳税人的账簿、记账凭证、报表和有关资料

B.到纳税人的生活场所进行检查

C.到车站、码头、机场、邮政企业及其分支机构检查纳税人托运、邮寄应纳税商品、货物或其他财产的有关单据、凭证或有关资料

D.询问纳税人、扣缴义务人与纳税或代扣代缴、代收代缴税款有关的问题和情况

⑪多选题

根据税收征收管理法律制度相关规定，税务机关在实施税务检查时，可以采取的措施有（　　　）。
（知识点：税务检查）

A.检查纳税人的会计资料

B.检查纳税人货物存放地的应纳税商品

C.检查纳税人托运、邮寄应纳税商品的有关单据、凭证

D.经法定程序批准，查询纳税人在银行的存款账户

E.税务机关调查税务违法案件时，对与案件有关的情况和资料，可以记录、录音、录像、照相和复制

随堂演练

第五节　税务行政复议

一、税务行政复议的概念

税务行政复议，是指纳税人和其他税务当事人对税务机关的税务行政行为不服，依法向上级税务机关提出申诉，请求上一级税务机关对原具体行政行为的合理性、合法性作出审议；复议机关依法对原行政行为的合理性、合法性作出裁决的行政司法活动。实行税务行政复议制度的目的是维护和监督税务机关依法行使税收执法权，防止和纠正违法或不当的税务具体行政行为，保护纳税人和其他当事人的合法权益。

二、税务行政复议的范围

纳税人及其他当事人（简称申请人）认为税务机关（简称被申请人）的具体行政行为侵犯其合法权益，可依法向税务行政复议机关申请行政复议。

申请人对下列具体行政行为不服，可以提出行政复议申请：

1.税务机关作出的征税行为。

2.行政许可、行政审批行为。

3.发票管理行为。

4.税收保全措施、强制执行措施。

5.税务机关作出的行政处罚行为：罚款、没收财物和违法所得、停止出口退税权。

6.税务机关作出不依法履行下列职责的行为：开具完税凭证、行政赔偿、行政奖励等。

7.资格认定行为。

8.不依法确认纳税担保行为。

9.政府公开信息工作中的具体行政行为。

10.纳税信用等级评定行为。

11.税务机关通知出入境管理机关阻止出境行为。

三、税务行政复议管辖

（一）复议管辖的一般规定

1.对各级税务机关的具体行政行为不服的，向其上一级税务机关申请行政复议。

2.对国家税务总局的具体行政行为不服的，向国家税务总局申请行政复议。对行政复议决定不服，申请人可以向人民法院提起行政诉讼，也可以向国务院申请裁决。国务院的裁决为最终裁决。

（二）复议管辖的特殊规定

1.对计划单列市税务机关的具体行政行为不服的，向省税务机关申请行政复议。

2.对税务所（分局）、各级税务机关的稽查局的具体行政行为不服的，向其所属税务机关申请行政复议。

3.对两个以上税务机关共同作出的具体行政行为不服的，向共同上一级税务机关申请行政复议；对税务机关与其他行政机关共同作出的具体行政行为不服的，向其共同上一级行政机关申请行政复议。

4.对被撤销的税务机关在撤销以前所作出的具体行政行为不服的，向继续行使其职权的税务机关的上一级税务机关申请行政复议。

5.对税务机关作出逾期缴纳罚款加处罚款的决定不服的，向作出行政处罚决定的税务机关申请行政复议。但是对已处罚款和加处罚款都不服的，一并向作出行政处罚决定的税务机关的上一级税务机关申请行政复议。

四、税务行政复议申请与受理

（一）税务行政复议申请

申请人可以在知道税务机关作出具体行政行为之日起60日内提出行政复议申请。因不可抗力或申请人设置障碍等原因耽误法定申请期限的，申请期限的计算应当扣除被耽误的时间。

申请人对复议范围中第1项规定的行为（即税务机关作出的征税行为）不服的，应当先向复议机关申请行政复议，对行政复议决定不服的，可以再向人民法院提起行政诉讼。申请人按前述规定申请行政复议的，必须依照税务机关根据法律、行政法规确定的税额、期限，先缴纳或解缴税款及滞纳金，或提供相应的担保，方可在实际缴清税款和滞纳金后或提供的担保得到作出具体行政行为的税务机关确认之日起60日内提出行政复议申请。

申请人对复议范围中第1项规定的行为（即税务机关作出的征税行为）以外的其他具

体行政行为不服，可以申请行政复议，也可以直接向人民法院提起行政诉讼。

（二）税务行政复议受理

复议机关收到行政复议申请后，应当在5日内进行审查，决定是否受理。对不符合规定的行政复议申请，决定不予受理，并书面告知申请人；对不属于本机关受理的行政复议申请，应当告知申请人向有关行政复议机关提出。行政复议机关收到行政复议申请以后未按照规定期限审查并作出不予受理决定的，视为受理。对符合规定的行政复议申请，自复议机关收到之日起即为受理。

五、税务行政复议审查和决定

（一）税务行政复议审查

行政复议机构应当自受理行政复议申请之日起7日内，将行政复议申请书副本或行政复议申请笔录复印件发送被申请人。被申请人应当自收到申请书副本或申请笔录复印件之日起10日内提出书面答复，并提交当初作出具体行政行为的证据、依据和其他有关材料。

（二）税务行政复议决定

1.具体行政行为认定事实清楚，证据确凿，适用依据正确，程序合法，内容适当的，决定维持。

2.被申请人不履行法定职责的，决定由其在一定期限内履行。

3.具体行政行为有下列情形之一的，决定撤销、变更或确认该具体行政行为违法：

（1）主要事实不清、证据不足的；

（2）适用依据错误的；

（3）违反法定程序的；

（4）超越或滥用职权的；

（5）具体行政行为明显不当的。

随堂演练

⑪单选题

下列关于税务行政复议管辖的规定的表述中，错误的是（　　）。（知识点：税务行政复议）

A.对计划单列市税务机关的具体行政行为不服的，向市级税务机关申请行政复议

B.对税务所（分局）、各级税务机关的稽查局的具体行政行为不服的，向其所属税务机关申请行政复议

C.对两个以上税务机关共同作出的具体行政行为不服的，向共同上一级税务机关申请行政复议；对税务机关与其他行政机关共同作出的具体行政行为不服的，向其共同上一级行政机关申请行政复议

D.对被撤销的税务机关在撤销以前所作出的具体行政行为不服的，向继续行使其职权的税务机关的上一级税务机关申请行政复议

⑫多选题

纳税人对税务行政机关的下列行政行为不服，可以申请行政复议的有（　　）。（知识点：税务行政复议）

A.税务机关作出的征税行为　　　　　　　　B.行政许可、行政审批行为

C.发票管理行为　　　　　　　　　　　　　D.税收保全措施、强制执行措施

E.税务机关作出的行政处罚行为：罚款、没收财物和违法所得、停止出口退税权

随堂演练

主要参考文献

[1] 王碧秀. 税务会计 [M]. 北京：高等教育出版社，2017.

[2] 王碧秀. 中国税收 [M]. 北京：人民邮电出版社，2016.

[3] 王碧秀. 税务会计：原理、实务、案例、实训 [M]. 5版. 大连：东北财经大学出版社，2019.

[4] 中国注册会计师协会. 税法 [M]. 北京：中国财政经济出版社，2024.

[5] 财政部会计资格评价中心. 经济法 [M]. 北京：中国财政经济出版社，2024.